I0697034

POR QUÉ ESTUVE EN LOS DOS BANDOS

Contenido

Mi familia

Hasta donde sé, mis antepasados paternos y maternos vivían en Dosson, provincia de Treviso, a unos 22 kilómetros al norte de Venecia.

El apellido Zamuner, que no suena como italiano, proviene de Austria, que tuvo mucha incidencia en esa región. Parece derivar del término alemán *müller: molinero*, que en el dialecto de esa parte del Véneto pasó a pronunciarse *muner*. Se le antepuso *Za* tal vez como nombre de pila en el mismo dialecto.

Mi bisabuelo y mi abuelo manejaron juntos una *salumería*, tienda en que vendían carne de cerdo y derivados. En ese tiempo, fines del siglo XIX, ya residían en Dosson.

Luego mi abuelo tuvo un comercio en que vendía artículos artesanales de porcelana, vidrio y hierro esmaltado.

También fue soldado del Ejército Italiano en la Primera Guerra Mundial. No tenemos noticias sobre qué hizo ni dónde estuvo. El avance de las tropas alemanas y austríacas llegó hasta el río Piave, unos 20 kilómetros al Este de Dosson, donde aún quedan construcciones dañadas en los combates.

En 1924 mi abuelo se sumó a la decisión de muchos de sus compatriotas: irse a América.

Sus tres o cuatro hermanos ya lo habían hecho, y no nos llegó ninguna noticia de cómo continuaron sus vidas. Mi abuelo y abuela maternos habían emigrado con sus hijos a Buenos Aires unos años antes.

Según mi padre, que por entonces tenía 11 años, al hablar de *irse a América* brillaban en la mente de los emigrantes las dos opciones más prometedoras: Estados Unidos o Argentina.

En 1924 mi abuelo y abuela paternos, con sus nueve hijos, se trasladaron a Buenos Aires.

Suponemos que algunos conocidos que habían llegado antes les ayudaron a establecerse.

No sé en qué trabajó entonces mi abuelo, pero el mayor aporte a la subsistencia provino de sus hijos, que iban ingresando a la edad de ganarse la vida.

En aquellos primeros tiempos alguien ofreció a mi abuelo la posibilidad de comprar un bloque de terrenos, lo que comúnmente se llamaba una *manzana*, en Villa Devoto. No parece que costara mucho, porque estuvo considerándolo. Finalmente desistió porque *aquello no era nada más que campo*.

Dos de mis tíos se especializaron en ebanistería, o manufactura de muebles finos. Con el tiempo vi que varios italianos de su región se inclinaban por el trabajo artesanal con madera.

Mi padre fue en un tiempo guarda de tranvía, y luego se dedicó a confeccionar marcos artísticos para cuadros.

La que iba a ser mi madre también había venido de Dosson. Se casaron en 1936 y tuvieron cuatro hijas, una de las cuales murió a poco de nacer (riesgo muy común hasta hace pocas décadas). Finalmente, en su intento de tener algún varón, me trajeron a este mundo en 1949.

Los años 50

Cuando nací mi familia vivía en la Avenida San Juan 3494, a cien metros de uno de los sitios lanzados a la fama por las letras de tango: San Juan y Boedo.

En la parte frontal de la casa mi padre había montado un local comercial en el que vendía marcos para cuadros, a lo que luego incorporó artículos para regalo.

Detrás del local tenía un taller donde cortaba madera con la que armaba los marcos. Luego los tallaba con diversas herramientas y pegaba en sus esquinas formas artísticas de yeso, hechas en serie mediante moldes obtenidos a partir de tallas en madera. Sobre estas estructuras se aplicaban terminaciones de diversos colores con distintos barnices o pinturas.

Mi madre intervenía en estas tareas llenando con yeso los moldes con que se hacían las esquinas, y aplicaba sobre algunos marcos el *dorado a la hoja*, con delgadas láminas de oro que se adherían a la madera y luego se frotaban con una herramienta para darles brillo.

Fuera de nuestros momentos de juego nos quedábamos junto a nuestros padres mirando lo que hacían, tomando mate con facturas, conversando y compartiendo la vida. Nos criamos en medio de cariño, alegría y trabajo.

Con nuestros padres todo fueron buenos sentimientos. También los hubo entre hermanos, aunque un poco interferidos por las disputas para *atrapar atención* o por la tendencia de los mayores a dar órdenes a los menores.

En esas mismas mesas en que se trabajaba, los sábados a la noche mi madre tendía manteles sobre los que iba esparciendo ravioles de los que preparaba el relleno y la pasta, para dejarlos reposar toda la noche y cocinarlos el domingo al mediodía. Era una de las muchas cosas ricas que preparaba, en una época en que las mujeres continuaban con la tradición de tomarse muchas horas para cocinar.

Hubo un período en que mi madre estuvo en un hospital, por alguno de esos problemas que nunca se les cuentan a los niños. Viéndolo a la distancia no puedo recordar si fue cosa de pocos días o de unos cuantos, pero viví con la sensación de que era mucho tiempo. Un buen día estuvo otra vez en casa, y recuperé la alegría de que todo volviera a ser como tenía que ser.

En los años 50 la Avenida San Juan tenía aceras muy anchas; estaba adoquinada, con vías de tranvía y "refugios" en los que detenerse al cruzar la calle.

Además de tranvías circulaban ómnibus estatales, blancos y largos. En otras zonas de la ciudad había trolebuses. Casi todos los autos eran voluminosos y negros. Los taxis se distinguían por su chapa-patente roja.

No recuerdo haber visto semáforos por entonces. En los cruces importantes había *garitas* en las que un vigilante, con aditamentos blancos en sus mangas para hacerlas más visibles, dirigía el tránsito valiéndose de un silbato.

Desde nuestro local a la calle era frecuente ver largos amontonamientos de tranvías, esperando forzosamente detrás de alguno que se había detenido por alguna falla. Debían quedarse allí, mientras los pasajeros protestaban o salían para continuar a pie, hasta que se pudiera reparar el primero.

En San Juan entre Maza y Boedo estaba la terminal provisoria, con un solo andén de madera, del subterráneo que venía de Constitución.

Ese era nuestro camino hacia un mundo fascinante: *el centro*.

Algunos sábados por la noche tomábamos el *subte* con toda la familia, y hacíamos trasbordo en Constitución hasta la estación Lavalle, donde a diferencia de otros sitios había una escalera mecánica, con escalones revestidos en madera, que nos llevaba hasta el nivel de la calle.

Allí nos encontrábamos con ese *otro mundo* que nos extasiaba: todo era luz, gente amontonada, cines, pizzerías y comercios no vistos en otros lugares. En la 9 de Julio nos quedábamos mirando el Obelisco y los carteles luminosos que cubrían completamente los edificios. En algunas calles había escaparates giratorios, que mostraban un decorado elegante con maniquíes siempre bien vestidos, y luego de unos minutos giraban para mostrar una escena distinta, con otro aspecto y otros artículos.

Puede haber sido porque en la infancia todo nos cautiva más, o porque el país fue empobreciéndose; pero después el centro ya no fue aquel universo de lujo y asombro. No volví a ver escaparates móviles ni rasgos deslumbrantes.

Como había escuchado decir que al centro se debía ir con saco y corbata, me figuré que en algún punto habría vigilantes junto a una barrera para impedir pasar a los que no vistieran así. Cuando se lo comenté a mi padre me corrigió la idea: se iba con saco y corbata por costumbre y respeto, sin necesidad de que nadie lo impusiera.

Vivíamos en una casa de principios del siglo XX, con varias habitaciones alrededor de un patio. Al lado del local de mi padre había un kiosco, atendido por unos vecinos que se pasaban el día en una habitación contigua, cuyo lado de atrás daba a nuestro patio.

Estaba en vigencia una ley por la que no se podían reajustar los alquileres, aunque aumentaban los precios de otras cosas. Por un lado eso nos permitía vivir en más espacio del que dispondríamos en otra situación. Por otro, los propietarios daban todo por perdido y jamás gastaban nada en reparar las casas. Lo que se dañaba quedaba siempre dañado. La única solución era que las reparara por su cuenta el inquilino, en este caso mi padre, que revocaba paredes o soldaba cañerías para que todo se mantuviera más o menos bien.

Lo que no tenía solución eran las goteras. Las habitaciones de mi casa eran altas, con techo exterior de chapa y cielorraso de yeso. Como desarmar techos para cambiar chapas costaría demasiado, las goteras permanecían siempre. La única opción era no dejar nada en esos puntos, colocar baldes y mirar caer la lluvia.

En los años 50 no había irrumpido en nuestras vidas el plástico. Lo único parecido eran los teléfonos negros de *bakelita*. Teníamos también algunos interruptores de luz de un plástico rígido marrón; aunque los más comunes eran de cerámica blanca, que encendían o apagaban la luz mediante una pieza giratoria. Los cables venían cubiertos de un entretejido de tela.

Y, por supuesto, no se utilizaba plástico en el comercio. Hacíamos nuestras compras en un amplio y concurrido almacén, que sobre una extensa plataforma de madera tenía alineadas bolsas de tela de más de un metro de altura, que contenían todos los productos fraccionables, como azúcar, harina, legumbres, y distintas variedades de arroz y fideos. La gente los pedía por kilogramo o fracción, los empleados del almacén los tomaban con grandes cucharas de aluminio, los pesaban y los envolvían en hojas de papel blanco. Todos los tipos de galletitas, que también se compraban por peso y se envolvían en papel, venían en envases de lata cúbicos con un círculo de vidrio que permitía ver su contenido. Otro componente de aquella escena eran unos largos cajones de madera con la inscripción *Bacalao de Noruega*, un artículo caro que no recuerdo haber probado. Cuando alguien terminaba su compra le sumaban los importes con lápiz y papel.

No recuerdo ningún otro uso del plástico. Mis juguetes eran soldaditos de plomo y cochecitos de lata o de madera.

Para sacar la basura de la casa usábamos un cajón de madera, de los usados para transportar manzanas, que dejábamos en la acera a última hora de la noche. Poco después pasaba un camión sin ningún artilugio, en cuya parte posterior iba un recolector, de pie sobre los desperdicios, al que su compañero le lanzaba los cajones desde la acera. Luego de arrojar la basura dentro de esa caja del camión, tiraba los cajones cerca de donde habían estado. Los cajones sufrían golpes y de vez en cuando había que cambiarlos, pero nadie se apoderaba del cajón de otro vecino, y cada uno encontraba el suyo para volver a llevarlo a su casa.

Teníamos desde hacía poco una cocina con hornallas y horno de gas, para la que debieron instalarse caños desde la calle. En la sala en que se cocinaba quedaba una mesa de cemento con huecos más o menos cúbicos en los que se colocaba y encendía carbón. Al instalar la cocina de gas habíamos cubierto esos huecos con una plancha de mármol. Mucha gente seguía cocinando con carbón y colocando sus cacerolas sobre esos huecos.

Para alimentar ese método existía *la carbonería*, un local con altas montañas de carbón contra las paredes, a donde íbamos a comprarlo con bolsas de tela.

Otra forma de comercio hoy extinguida era la provisión de leche. Por las tardes venía *el lechero*, con grandes recipientes de aluminio en un carro tirado por un caballo que recordaba todos los sitios en que parar. Comprábamos leche por litro, que guardábamos en cacerolas para usar hasta el día siguiente. No recuerdo que en los años 50 nadie tuviera neveras en su casa. Había heladeras comerciales en las carnicerías, heladerías, y en la *lechería*, a una cuadra de nuestra casa. A veces nos dábamos el lujo de ir allí y tomarnos un vaso de leche fría, que nos parecía la cosa más rica del mundo.

En algunos mercados había establecimientos que producían barras de hielo, donde se sentía un corrosivo olor a amoníaco. Comprábamos barras de hielo cuando hacíamos alguna fiesta.

En nuestra casa organizábamos la fiesta de *Nochebuena*, a la que venían algunos tíos y primos. Días antes habíamos disfrutado de armar entre todos el árbol de Navidad y, a sus pies, el *pesebre* o *nacimiento*. El 25 al mediodía íbamos siempre a la casa de una tía, y la noche de Fin de Año viajábamos todos, con las complicaciones propias de la escasez de transportes a última hora, a la casa que compartían tres tíos y sus familias en Caseros, a la que iban todos los hermanos de mi padre y todos sus hijos.

Nuestra mayor alegría era encontrarnos con nuestros primos. Cenábamos ante mesas con tablas en un largo patio, y como no alcanzaban las sillas colocábamos tablas sobre bancos para extender el espacio en que sentarse.

A nadie se le había ocurrido nunca que por falta de espacio, mesas, sillas o dinero, hubiera que desistir de la fiesta que queríamos. Tampoco se le ocurría a nadie que para recibir a la familia hiciera falta *terminar la casa*. Disfrutábamos nuestra fiesta entre paredes de ladrillos sin revocar.

En el momento de iniciarse el nuevo año sonaba la sirena de un cercano cuartel de bomberos. Nadie creía que hicieran falta la radio o la televisión para decirnos qué hacer, y todos levantábamos nuestras copas. Mi padre y sus hermanos cantaban juntos canciones italianas de cuando habían comenzado sus vidas, y sentían que su pasado no había quedado atrás.

Como la escasez de transportes no había sido un impedimento para llegar, tampoco lo era para irnos. Simplemente nos iríamos al otro día. Esa noche nos repartíamos en varias habitaciones porque éramos muchos, tendíamos mantas y sábanas en el suelo y, sin pensar en qué había ni qué faltaba, nos tendíamos a dormir. Al día siguiente continuábamos la fiesta e íbamos a visitar a otra gente. Más tarde volvía a haber transportes.

En épocas posteriores no persistió la misma disposición a abrir la casa a los seres queridos, a estar juntos y a festejar en las circunstancias que hubiera.

La infancia me pareció, y tal vez les haya parecido a muchos, un amanecer en que todo era juego, tranquilidad y belleza. Cuando adquirí capacidad de pensarlo me di cuenta de que no fue que hubiéramos disfrutado de una *época dorada*. El mundo fue como siempre había sido; pero sucede que los encargados de preocuparse son los adultos.

Otro recuerdo que se empeñó en quedarse conmigo fue el de los cortes de luz.

En nuestra casa, como los demás en las suyas, reiteradamente nos quedábamos a oscuras, y como consecuencia no podíamos escuchar la radio. Nuestra radio consistía en un mueble de madera, de unos treinta centímetros de ancho por cincuenta de alto, con grandes válvulas que tardaban algunos minutos en calentarse y empezar a funcionar.

Cuando se cortaba la luz encendíamos velas y, sin nadie diciéndonos nada desde otro sitio, hablábamos entre nosotros.

Entonces nos encontrábamos con eso que siempre habíamos tenido sin darnos cuenta, pero era lo más valioso y digno de escuchar. Nos contábamos cualquier cosa que hubiera pasado en el día, o cómo eran los vecinos y la gente, o qué nos gustaría hacer o llegar a ser alguna vez.

Aunque fuera para decir tonterías, valía más, me gustaba más, porque en esos momentos todo era estar con y ante mi familia; los veía y escuchaba, y me escuchaban a mí, en vez de escuchar a los de fuera.

Pareciera como que en un principio nadie se atreviera a hablar de sí mismo, y empezaba por cualquier insignificancia vista o escuchada. Al cabo de un rato la conversación iba a parar a lo que más le importaba a cada uno, y una circunstancia que no habíamos decidido terminaba llevándonos a lo que más necesitábamos.

De pronto, cuando menos lo pensábamos, se encendía la luz, y la realidad exterior volvía a imponérsenos.

Y me venía algo así como un relámpago de tristeza. Se acababa sin elección el estar nosotros con nosotros. Era como si por un rato nos hubiéramos encontrado con lo realmente valioso, y repentinamente esa magia fuera desgarrada por una claridad insolente, insensible y pobre.

Me caía mal que se levantaran inmediatamente a encender la radio, como si valiera más la pena.

Nuestras vidas y el mundo

Cuando cumplí tres años, el 26 de julio de 1952, todos llegaban a mi fiesta con un comentario triste: *"murió Evita"*.

No sé qué pensaría cada tío o tía sobre el gobierno, pero Evita parecía ser querida por encima de cualquier detalle. Siempre me contaron que ese día hubo tristeza.

Mi tío Marcelo Zamuner, que había estudiado en la Academia de Bellas Artes de Venecia, se dedicó a la pintura y la escultura. En 1950 hizo un busto de Evita en bronce por encargo de un industrial argentino, y participó en concursos promovidos por el gobierno para la realización de monumentos.

Fueran o no tareas remuneradas, hubo en mi tío, en mi familia y en mucha gente de la época, una veneración natural por Evita; una convicción de que representar su imagen constituía un acto de devoción, un reconocimiento que se sobreponía a toda confrontación de ideas.

El siguiente 26 de julio hubo otro suceso del que no se habló en mi casa pero incidiría en nuestro futuro: Fidel Castro y sus compañeros de rebelión asaltaron el Cuartel Moncada. No les fue bien y terminaron presos; aunque más adelante persistirían.

Por entonces escuché varias veces comentar que alguna autoridad había clausurado algún comercio *por agio*, palabra que ya me sonaba familiar. Después supe que consistía en vender a precios *por encima de los permitidos*.

En 1955 tuvo lugar el primer suceso público que quedó en mi memoria. Una tarde comenzamos a oír tiros y estruendos; fuimos en seguida hacia el frente del local, sobre la Avenida San Juan con vista al norte, y desde allí vimos aviones volando en una y otra dirección. No sé si fue el bombardeo a Plaza de Mayo en junio o el derrocamiento de Perón en septiembre. Mi familia estaba asustada porque todo sonaba muy cerca y parecía poco controlable; pero a mí me entusiasmó ver tantos aviones, algunos con visibles cañones en sus alas, y escuchar aquellos tableteos. No recuerdo si antes de eso habría ido alguna vez al cine. De todos modos me atrapó aquel espectáculo, que a mi edad no sugería peligro ni poseía un significado entendible.

Después, aunque no supiera bien en qué consistía ser *el presidente*, me contaron que este ya no era Perón, del que venía escuchando hablar desde siempre, sino un tal Lonardi.

Aunque no entendiera de qué se trataba todo aquello, recuerdo a la gente comentando el derrocamiento de Perón como algo que no debería haber sucedido, y opinando sobre qué se tendría que haber hecho para evitarlo. Detrás de todo lo dicho subyacía la sensación de que *habían ganado los malos*, y de que alguna vez se volverían a poner las cosas en su lugar.

En 1956 ingresé a la escuela primaria, y fui enterándome de que las palabras que conocíamos se podían representar sobre papel. En su momento pude leer los carteles de las calles, al principio incorporando una letra después de otra con esfuerzo. Más adelante me encontré con la sorpresa de que a fuerza de ejercicio se podía leer rápido, y captar las palabras al primer vistazo.

Al año siguiente dimos un salto que nos hizo sentir importantes y capaces: escribir con tinta.

En cada aula se alineaban varias hileras de pupitres, unidos uno tras otro sobre listones de madera, y en cada uno de ellos había un orificio sobre el que se colocaba un *tintero involcable*, recipiente de cerámica cuya forma interna impedía que si se caía se volcara la tinta. En ese tintero mojábamos nuestra *pluma*, pieza metálica con la forma adecuada para retener algunas gotas de tinta, escribíamos un par de letras y debíamos volver a mojarla, hasta ir completando nuestros textos con cada vez menos manchas.

Algunos alumnos se lucían como *los potentados del grupo* gracias a su *lapicera fuente*, que dentro de su cuerpo cilíndrico llevaba un tubito de goma con tinta como para escribir mucho más que con el viejo método. Volver a cargarla conllevaba el peligro de manchar cuadernos, ropas y pupitres.

Aunque ya se había inventado la *Birome* o bolígrafo, todavía no había ingresado a nuestro mundo cotidiano. Lo haría poco a poco; pero la dirección de la escuela había determinado que antes de habituarnos a ese recurso *demasiado fácil* aprendiéramos a manejar adecuadamente la pluma.

Como ingresé a la escuela en 1956, ya no me encontré con los libros de lectura *peronistas*. Después vi que mis hermanas conservaban los que habían sido habituales en sus clases. Con ellos, mientras se aprendía a leer se comenzaba a saber que Perón y Evita eran los seres más buenos del mundo, y estaban haciendo realidad el mejor modelo imaginable de país. Más adelante algún periodista comentaría que *los niños que leían esos libros no podían concebir la diferencia entre Perón y Dios*.

Aunque mi familia escuchaba por la radio lo que pasaba o dejaba de pasar, yo no recuerdo qué significaba. Se sucedieron varios presidentes, y ninguno parecía caerle bien a la gente que hablaba del tema.

En 1958, durante una clase de no sé qué, la maestra nos comentó que en Cuba había un enfrentamiento entre Fidel Castro y Fulgencio Batista.

El siguiente 1 de enero me desperté en la casa de mis tíos, donde nos quedábamos a dormir luego de la fiesta de fin de año, y escuché que la radio decía *"triunfó Castro"*.

Los años 60

La nueva década empezó mostrándome la parte indeseable de la realidad. En 1960 murió el primer perro que tuvimos. En enero de 1961 murió mi madre, durante una intervención quirúrgica de la que no me habían hablado.

La noche anterior se había quedado en casa de su hermana "para ir mañana a ver a un médico". Nos despedimos como en cualquier otro caso; o al menos eso me pareció a mí.

Así me encontré con lo que nunca había concebido: lo que *había pasado siempre* podía dejar de pasar. De un día para otro, sin avisarnos y sin preguntarnos, la realidad dejaba de ser lo que había sido. En la mesa donde siempre éramos seis en adelante fuimos cinco.

El mundo se había vuelto más desabrigado y más vacío; pero no había a quién reclamarle y hubo que continuar.

Por entonces tuvieron lugar reformas en la Avenida San Juan. Se redujo el ancho de las aceras para aumentar el de la calzada, en la que se sustituyeron los adoquines por asfalto. Luego se colocaron faroles de *vapor de mercurio*, que emitían una luz blanca más intensa que la de las viejas lamparitas incandescentes. Poco después hubo semáforos.

Aquel desmontaje y reconstrucción nos proveyó de un nuevo e inesperado escenario para nuestros juegos. Disfrutamos una etapa de aventuras en un amplio territorio sin tránsito, abundante en pozos y en montañas de arena.

Luego volvió a estar ante nosotros la avenida, ya más difícil de cruzar. Por entonces había tomado forma la industria automotriz nacional, y empezamos a ver coches de más tamaños y colores.

También se agregaron al paisaje los *colectivos* de diversos colores, que fueron reemplazando a los ómnibus estatales. Más adelante escuché que se habían privatizado las líneas porque la empresa estatal se ahogaba bajo sus propios gastos, ya que estaba pagando unos 26 sueldos por cada vehículo en circulación.

En esos años en que existía la televisión pero aún en pocas casas, era costumbre salir a últimas horas de la noche con sillas, acomodarse a tomar aire en la acera y charlar con vecinos que hacían lo mismo.

A nadie le parecía peligroso estar a esa hora en la calle. Si había gente que robaba, eran profesionales que escogían joyerías o bancos.

A partir de 1960 hubo en Buenos Aires más de un canal de televisión, y empezó a ser habitual escuchar a mis compañeros de clase contar los programas que habían visto.

Como nosotros aún no accedíamos a ese privilegio, un día por semana, después de cenar, íbamos con mi hermana Alicia a casa de unos amigos que vivían en la misma cuadra, y allí veíamos *Obras Maestras del Terror*, serie protagonizada por Narciso Ibáñez Menta. El efecto de lo experimentado era que después recorríamos con un terrible miedo los 50 metros que nos separaban de nuestra casa. La calle nos parecía un sitio pavorosamente solitario, con no sabíamos qué peligros al acecho.

Finalmente, en 1962 tuvimos nuestro televisor. Lo primero que vimos fue el desfile del 9 de Julio. Los sábados empecé a ver *Titanes en el Ring*, y los lunes disfruté de comentarlo en la escuela con el debido conocimiento de causa.

Los sábados y domingos había programas de reportajes y entretenimientos que duraban toda la tarde. Un domingo, no recuerdo a qué edad, pasé varias horas en solitario ante el televisor, hasta que lo que parecía alegría fue desalojado por algo así como un reproche contra mí mismo: estaba ahí recibiendo lo que programaban otros y aceptando todo como si fuera la única satisfacción posible. ¿Qué pasaba con lo que esperaba o tenía ganas de hacer? ¿Iba a dejarlo continuamente para después porque alguien decidía cómo entretenerme, suponiendo que *era lo mejor*? Quedarme sentado mirando la vida de otros era fácil pero espantosamente vacío. Si había alguien decidiendo qué le tenía que gustar a la gente, yo no tenía por qué sentarme a recibirlo sin pensar. La satisfacción de *mirar* era pobre, era *vivir menos*; solo podía tener sentido la satisfacción de *hacer*. Un silencioso estallido de culpa y angustia me incitó a rebelarme, a sacarme de encima aquella dependencia de lo que creían bueno otros. Aquello no era ni podía ser *disfrutar*; mi vida tenía que ser *lo que hiciera yo*.

En 1962 el mundo nos presentó el primer suceso que más o menos entendí: la *crisis de los misiles*. Como el resto de la gente, vimos el mensaje televisivo del presidente Kennedy. Su comentario sobre *cualquier ataque a cualquier país de América* me convenció de que no estábamos ante un problema que *ocurría lejos*.

Una tarde, en un clima de preocupación general, nos quedamos a conversar en una esquina con varios compañeros de clase, los padres de algunos y una maestra. Unos con visible miedo, otros jactándose de ser los más enterados, hablaron sobre qué pasaba o podía pasar. Comentaron que en la Provincia de Buenos Aires se consideraba la posibilidad de suspender las clases.

No faltó la opinión de que nuestro país podía ser blanco de un ataque por ser *aliado* de Estados Unidos. Fuera como fuera, ya nos había entrado la idea de que lo que ocurriera no ocurriría *lejos*, y que vivíamos todos bajo la misma amenaza.

Mi sentimiento de comenzar la vida, de imaginar todo lo deseable que tenía o quería tener por delante, me llevó a una especie de recriminación contra esos a los que se les ocurría ensombrecer tantas posibilidades con una guerra.

Después de unos días sin otro tema que pensar, supimos que por el momento no habría *guerra total*; pero era ya una posibilidad que se había abierto camino para quedarse en nuestro panorama de cada día.

En diciembre de 1962 finalicé la escuela primaria. Me quedó en la memoria una parte de lo que dijo el Director en la fiesta de despedida: *"Aquí aprendieron con cuadernos sobre los que es fácil corregir con una goma de borrar. En la vida que ahora empiezan verán que no todos los errores pueden borrarse para empezar de nuevo".*

Mientras tanto, mi padre había instalado una librería escolar en el local donde antes ofrecía marcos para cuadros. Mis hermanas, mayores que yo, trabajaban con él. Algunas veces ayudé a acomodar cosas y a atender al público.

En su vocación por improvisar nuevos modos de ganarse la vida, mi padre había comenzado a fabricar árboles de Navidad. En un tiempo hacíamos las ramas de los mismos con plumas que teñíamos de verde y enroscábamos sobre alambres rígidos. Luego pasamos a un material más económico: fibra de *formio*, como la que compone el hilo sisal, teñida de verde y cortada en secciones cortas, que se transformaban en *ramas* al ponerlas entre dos alambres y enroscarlos con unos dispositivos giratorios.

De junio a diciembre fabricábamos árboles de Navidad, que vendíamos a los mayoristas de San Juan y Jujuy. De enero a mayo hacíamos escarapelas y banderitas.

Además de buscar nuevos modos de agilizar cada paso de la producción, mi padre registraba en abundantes hojas de cuadernos los costos de cada parte de lo fabricado, para saber cuánto costaba cada unidad de cada modelo y a cuánto se la podía vender.

Lo más valioso que aprendí de él fue la disposición a improvisar soluciones a partir de lo que se tiene al alcance, y a pensar libremente, sin depender de enseñanzas externas ni de esquemas previos, para encontrar el modo más insospechado de mejorar lo que se hace.

En ese escenario empecé a trabajar en familia. A esa edad trabajaba un poco y luego salía a jugar con mis amigos.

Empezando a concebir un futuro

Como derivación de mis juegos o de mi afición a imaginar historias, en esa época tomaba un lápiz y las plasmaba en dibujos. Por otra parte, cuando en la escuela nos daban como tarea un dibujo, otros se lo tomaban como una carga y yo como una diversión.

Mi familia empezó a decir que yo *tenía mano* para dibujar.

Esa expresión me caía mal; me rebelaba contra la idea de que una virtud pudiera alojarse en las manos. Sabía que dibujar bien o mal tenía su causa en algún rincón más profundo de cada persona. Más adelante escuché la definición deseada en una expresión atribuida a Leonardo da Vinci: *"la pintura é cuestione mentale"*.

Por sugerencia familiar, y por mi inclinación a imaginarme un futuro, proyecté dedicarme al dibujo publicitario. No se me ocurría que dibujar posibilitara *tener trabajo* en otra área.

Habiendo terminado la escuela primaria no tenía claro por qué rumbo continuar. Mientras me lo preguntaba, en 1963 no estudié nada.

Mi padre no quiso decidir nada por mí; aunque era de suponer que no aceptaría esa indefinición por demasiado tiempo.

Por entonces leía abundantes novelas de bolsillo, más tendientes al consumo masivo que a la vanguardia literaria. Prefería las de guerra y ciencia ficción.

Con la mente acicateada por esos temas, mi tendencia a imaginar me convenció de escribir mi propia novela de ciencia ficción, en la que un personaje inventaba dispositivos tecnológicos con el plan de dominar el mundo.

Dando por sentado que aquello se transformaría en un libro publicado y muy vendido, empecé a escribir mi relato, a mano y en letra cursiva, en unas hojas grandes con márgenes y renglones, de las usadas para escritos judiciales.

Lo hice con el debido cuidado, convencido de que esas hojas serían lo que recibiría una editorial para dar forma al libro.

Así pasé de no tener experiencia a adquirir un poco. El haber pasado a la acción, y haber puesto manos a la obra, me permitió descubrir que uno nunca queda conforme con las primeras palabras y frases que lanza sobre el papel. Luego de un par de páginas me encontré con que una determinada frase quedaría mejor de otra manera. En seguida empecé a tachar parte de lo escrito para redactarlo mejor, o a cambiar parte de la trama ya pensada.

Así, esas hojas *para ser entregadas a la editorial* se transformaron en textos provisorios, llenos de tachaduras y sustituciones. De ahí en adelante escribí en cuadernos comunes, que nunca consideré definitivos.

Al final pasé de ser crítico con los detalles a serlo con el sentido del "libro". Un día me pareció decididamente *malo* y deseché el proyecto.

Con el tiempo aquello me quedó como enseñanza útil: se puede ser tan poco crítico que se escribirá cualquier cosa, o se puede ser tan crítico que se sentirá miedo y no se escribirá nada.

Estoy contento de haber empezado por el primer extremo; porque me acostumbró a ponerme en marcha; y ponerme en marcha me llevó a aprender.

De ese modo se mantuvieron mis ganas de escribir. Imaginé historias que deseché antes de llevar al papel, y con el tiempo alguna me convencería de que merecía tomar forma; en un principio para mostrársela a mis amigos.

A principio de 1964 vimos en la esquina de casa un cartel que promocionaba cursos en el Instituto Argentino de Artes Gráficas, por entonces en la calle Quintino Bocayuva, que teníamos cerca.

Ingresé en un curso de dibujo artístico. Allí fui adquiriendo más práctica y sentido estético. A fines de 1965 vino un profesor a informarnos sobre un curso de diseño publicitario, que inicié en 1966.

Mientras, continuaba trabajando con mi familia en esas actividades con las que nos ganábamos la vida. Lo conseguíamos con no pocos altibajos y pasábamos períodos de escasez. Luego, cuando mi padre hacía una entrega y la cobraba parecía retornar la abundancia. Traía comidas de una *rotisería* cercana y todo se volvía un festejo.

Entretanto íbamos enterándonos de qué pasaba en el país.

Como no circulaba muy libremente la información, el recurso habitual era enterarse de todo a través de *Radio Colonia*, que por estar en Uruguay, directamente frente a Buenos Aires, se libraba de las restricciones vigentes en nuestro país.

Desde 1955 se había prohibido nombrar a Perón, en un intento de borrarlo de la memoria colectiva. Según su simpatía o antipatía, para unos era *el mandatario derrocado en 1955* y para otros *el tirano prófugo*.

Radio Colonia lo nombraba abiertamente, y se metía en cada detalle de lo sucedido en Argentina. Presentaba todo en tono sensacionalista y a veces grotesco, en base a un estilo periodístico que atraía y hasta divertía a muchos oyentes.

Su informativo venía acompañado de una altisonante y movida cortina musical, que luego supe que se trataba de *Barras y estrellas para siempre*, marcha patriótica estadounidense. Deduje que se había elegido para recrear la atmósfera de inquietud con que se habrían difundido en EE. UU. las noticias de la Guerra Mundial.

Como su función casi esencial era ser captado en Argentina, el informativo de Radio Colonia exprimía cada hecho o rumor de nuestra actualidad: la situación política y sus detalles menos difundidos o comprobables, la vida de Perón en España, o los casos policiales más escabrosos y violentos. Fiel a su visión de las noticias y a lo que habitualmente esperaba su audiencia, abundaba en reportes sobre platos voladores, sucesos en la frontera de lo creíble y predicciones sobre el fin del mundo.

También reflejaba con el mayor dramatismo la realidad internacional, especialmente la Guerra de Vietnam, la Guerra Fría y su vertiente latinoamericana. En su momento informó que uno de los ya mayores protagonistas de sus noticias, Ernesto *Che* Guevara, proponía *crear varios Vietnam en América Latina*. La primera reacción de la gente, habituada a aterrorizarse por lo que se contaba de Vietnam, fue un disgustado *"este está loco"*. Luego el gran tema pasó a ser el de dónde estaría ese personaje, que había dejado de ser visto en Cuba.

Desde la llamada *Revolución Libertadora* continuaba en nuestro país la inestabilidad institucional. Las Fuerzas Armadas querían mantener su control sobre lo que debía o no debía ocurrir, y lo hacían con no pocas discrepancias internas.

Hubo sublevaciones y enfrentamientos entre los partidarios de imponer distintos criterios. En una ocasión, una columna de tanques y soldados avanzaba por la Avenida San Juan hacia el centro, y a la espera de vaya a saber qué novedades se quedó a pasar la noche delante de nuestra casa. Durante esas horas nos preguntamos qué pasaría si a otros militares se les ocurría atacarlos. Al día siguiente se alejaron, sin que supiéramos mayores detalles sobre el conflicto.

Luego de un período de disconformidad y de reiteradas movilizaciones sindicales contra el gobierno de Arturo Illia, el 28 de junio de 1966 un levantamiento militar lo derrocó, esta vez para quedarse a largo plazo, y se inició la época de Juan Carlos Onganía.

Desde que recuerdo, mi padre y mis tíos se pasaban largos ratos discutiendo sobre lo que pasaba en el país y en el mundo. En un principio yo no entendía sobre el tema. Después fui familiarizándome e interesándome.

En todas las conversaciones se reiteraba la convicción de que algo andaba mal en el país. No todos parecían estar de acuerdo con Perón, pero su derrocamiento era recordado como el inicio de una etapa indeseada. La sensación más extendida era la de que *el poder estaba en manos de los malos*.

Dejando mi primera casa

Un efecto del derrocamiento de Illia fue que los militares se atrevieron a lo que no se habían atrevido varios gobiernos postperonistas: derogar la ley que impedía aumentar los alquileres.

De ese modo, en los últimos meses de 1966 fue imponiéndose en nuestras charlas familiares un tema no previsto: teníamos que irnos de la casa en que estábamos.

Irme a vivir a otro lugar nunca había estado entre lo imaginable; pero poco a poco se instaló en mi mente.

Para suavizar la situación de mucha gente que pasaría de no pagar casi nada a afrontar un alquiler *verdadero*, se elaboró un reglamento según el cual, por mecanismos de los que no me enteré bien, recibiríamos una ayuda en dinero. Era una suma que nos permitiría dar un adelanto para comprar una propiedad.

La casa en que vivíamos, ya muy deteriorada, sería demolida. Deteriorada o no, antigua o no, era el sitio en el que me había sentado ante mi primera mesa familiar, donde había jugado mis primeros juegos, donde había empezado a tener seres queridos y a enterarme de cómo era el mundo. No podía menos que amar aquella casa, sin la menor ocurrencia de compararla con otras.

La empresa que construiría allí un edificio nos ofrecía un departamento en el mismo; pero mi padre nos dijo que necesitábamos una casa con un galpón, para tener dónde continuar con el trabajo que hacíamos.

Por razones de precio, no podíamos comprar algo así en la capital. En enero de 1967 mi padre y yo salimos a nuestra primera búsqueda a partir de anuncios de los diarios. Visitamos propiedades en Ramos Mejía y Haedo; algunas muy lindas, pero muy caras o sin el galpón necesario.

En la última visita del día encontramos, en Caseros, una casa de 300 M2, de los que 100 estaban ocupados por un galpón. El precio era accesible, con un saldo a pagar en tres años.

Llevamos a la familia la noticia de que nuestro futuro empezaba a definirse.

La operación nos mostró de cerca un fenómeno tristemente repetido: el vendedor era un señor que había construido el galpón en su terreno del fondo, se había dedicado a fabricar carpetas de cartón y su negocio no había resultado bien. Ahora, acosado por las deudas, debía vender la casa.

Mientras él preparaba su mudanza nos permitió empezar a utilizar el galpón.

Nosotros desmontamos de nuestra casa de Boedo todo lo construido en madera por mi padre, ya que podríamos usar ese material para acondicionar el galpón.

A principios de marzo de 1967 se firmó la escritura.

Como es usual al llegar a cierta edad, mi padre pensó en escriturar a nombre de sus hijos. Pero resultó legalmente imposible, porque a mí me faltaba medio año para cumplir los 18. Le dijimos que no se hiciera problemas, y que no tenía por qué pensar en la muerte a sus 54 años.

A mediados de marzo nos mudamos.

Esas calles casi vacías y silenciosas, con sectores de césped en las aceras, me presentaban un mundo muy distinto a lo que siempre había visto en Boedo.

Ocupado en nuestro trabajo en familia y en la adaptación de la nueva casa, me fui acostumbrando.

En abril se casó mi hermana Alicia, que pasó a vivir en las dos habitaciones delanteras de la casa. Mi hermana Esther se había casado en 1965 y vivía en Hurlingham.

Continué yendo una vez por semana al Instituto Argentino de Artes Gráficas. Ahora el viaje de ida y vuelta era largo.

Tuve amigos del nuevo barrio, con los que nos dedicamos al fútbol y al ciclismo. De todos modos mantuvieron su espacio central mis amigos de Boedo, por venir de un pasado más largo y abundante en coincidencias.

Quienes pasaron sus primeros años en contacto cotidiano con un determinado ambiente coinciden por haber sido moldeados por la misma influencia, sintonizan entre sí, disfrutan la comodidad de la familiaridad. Por eso son *más amigos* entre ellos que con los que iniciaron su vida en otro momento y lugar.

Esa afinidad se impuso sobre el factor *distancia*; me acostumbré a viajar todos los fines de semana a Boedo, y a volver de noche sin preocuparme por las limitaciones de los transportes. Después de la una de la mañana no circulaba el colectivo que pasaba por mi casa; de modo que la única opción era viajar a la estación de Caseros y desde allí caminar 18 cuadras.

Lo hice muchas veces, con la mente centrada en lo vivido con mis amigos o en el futuro hacia el que quería ir.

Décadas después, cuando en esa casa habían nacido mis sobrinos y habían llegado a la edad de salir de noche, salió a relucir hasta qué punto había cambiado el país: cuando ellos andaban por esas calles en las que nunca me había pasado nada, una y otra vez aparecía alguien a robarles dinero, zapatillas o prendas de vestir.

La primera sensación en la nueva casa fue la desconocida tranquilidad de estar en un sitio *nuestro*, donde hacíamos y planeábamos cambios que quedarían siempre para nosotros.

Luego conocimos el lado difícil: además de pagar nuestra vida y los insumos para nuestro trabajo había que cumplir con las cuotas de la casa. Cada mes debíamos hacernos mala sangre y reacomodar todo para tener en la mano el importe necesario. Luego nos aliviaba la idea de que faltaba una cuota menos.

Un domingo de 1967, de visita en la casa de unos tíos, escuchamos la noticia de que había muerto Ernesto *Che* Guevara.

Por el momento yo no pensaba nada definido al respecto. Mi padre comentó que quienes luchaban por una idea dejaban una influencia en el mundo y hasta cobraban más presencia después de la muerte.

Sobre el fin de ese año se nos fue imponiendo una nueva realidad: mi padre estaba haciéndose revisar por diversas molestias, y empezaba a ser evidente que su hábito de fumar había dañado sus pulmones. El problema no se percibía bien en las radiografías, o no lo decían abiertamente los médicos, o no nos lo decía él a nosotros. Se empezó a planear una operación en el plazo de pocos meses.

Mi trabajo

En febrero de 1968, como había finalizado mi curso de diseño publicitario, el profesor me contactó con un colega que se había independizado de una agencia y necesitaba un ayudante.

Así tuve mi primer trabajo fuera del ámbito familiar. Armábamos avisos publicitarios, y comencé a familiarizarme con la fotografía, ya que allí había un laboratorio improvisado.

En los viajes desde y hacia mi casa fui leyendo los tomos de una obra publicada en España: *La fotografía es fácil*, con la que agregué a las prácticas de laboratorio la parte teórica. No tardé en empezar a mirar todo en términos fotográficos, y a preocuparme por tener una cámara. Resultaba difícil en vista de mi bajo sueldo y la situación de mi familia; pero me mantuve pensando en el tema.

Durante la tarde volvía a mi casa y trabajaba con mi familia.

Al terminar febrero cobré mi primer sueldo, y compré bombones para festejar aquello en mi casa. Sería la primera y última celebración laboral compartida con mi padre.

Después de varias consultas a especialistas, se había dispuesto una intervención quirúrgica el 6 de marzo, con el plan de descubrir en la misma operación hasta dónde llegaba el problema. Ya estaba claro que tenía un tumor, y se probaría si era posible extraerlo completamente.

Pasamos los últimos días con él en un hospital para tratamientos respiratorios cerca de Constitución. El 5 a la noche nos despedimos, intentando cada uno parecer tranquilo y convencer a los demás de que todo andaría bien.

El 6 comenzaron a operarlo desde temprano. Cuando caía la tarde nos dijeron "está bien".

Volvimos en colectivo hasta Caseros, desgastados por la espera de todo el día y preparados para un lento proceso de recuperación.

A la mañana siguiente fui a trabajar. Ni bien llegué me dijeron que me habían llamado para informarme que debía ir al hospital.

Me fui en un taxi, y llegué para enterarme de que mi padre había muerto.

Lo habíamos supuesto más de una vez; pero el día anterior se nos había desdibujado la idea.

En seguida estuvieron allí mis tíos y otros parientes, preocupados al saber que quedábamos solos en medio del pago de la casa.

Y no hubo más remedio que continuar la vida.

Con la práctica habíamos aprendido a comprar los insumos, a fabricar nuestras escarapelas y árboles de Navidad y hacer entregas a los mayoristas. En una especie de acuerdo espontáneo sin roles de autoridad, continuó haciendo cada uno su parte. Lo que no dominábamos era el cálculo de costos; pero nos arreglamos en base a los precios conocidos, que ajustábamos de acuerdo a la inflación.

A fin de marzo me concedieron el crédito que había solicitado para comprar la cámara. Ahora se convertía en un compromiso que se agregaba al resto de las complicaciones; pero el impulso de cuando se nos mete algo en la mente me convenció de seguir adelante.

Me compré una réflex Kowa, marca japonesa que no figuraba entre las mejores, pero con un precio a mi alcance.

Llegué, ansioso, al comercio de Liniers donde debían entregármela, y me dijeron lo que me sonó a inconcebible: no la tenían allí, y se la traerían del depósito la semana siguiente.

Les respondí inmediatamente que no podía aceptar esa situación, porque como me habían dado esa fecha de entrega me había comprometido a un trabajo el fin de semana. Repitieron que no era posible; y yo volví a la carga con mi supuesta necesidad, hasta que conseguí que me firmaran una autorización para ir a retirarla esa misma noche al depósito, en una calle cercana a Once.

Les agradecí y salí apurado, como para llegar mientras hubiera alguien en el depósito. Llegué, me atendieron, y lo tantas veces imaginado se concretó el día previsto: tuve en mis manos mi cámara.

Volví en tren a mi casa como quien lleva un trofeo.

A lo que venía aprendiendo agregué la toma, revelado y copiado de fotos. A mi trabajo de las mañanas y al sumarme al de mi familia por las tardes agregué algún fin de semana la toma de fotos en fiestas.

En 1968 hubo sucesos con repercusión mundial, como el Mayo Francés y la invasión de Checoslovaquia por la Unión Soviética. No recuerdo que, en medio de mi nueva situación laboral y familiar, me hubieran despertado alguna preocupación ni inclinación a tomar partido.

Lo que más me quedó grabado de ese año fueron las dificultades para continuar nuestra actividad y pagar las cuotas de la casa. En alguna fiesta con mis amigos de Boedo, entre las escenas de diversión y despreocupación que me rodeaban se empeñaba en abrirse paso un recuerdo casi aterrador: allí afuera continuaba, a pocos días de distancia, la obligación de ir a pagar la próxima cuota. Nada nos decía hasta cuándo podríamos seguir pagando ni si seguiríamos teniendo casa. No llegábamos a hacernos idea de cómo sería nuestro futuro.

Cada vez que íbamos al domicilio del acreedor y pagábamos, a veces con retraso, nos decíamos que esa cuota ya no la debíamos. Pero el resto de la deuda era suficiente para que todo se empeñara en ser dudoso, inestable y constantemente imprevisible.

En algún momento de ese año pasé por la *Caja Nacional de Ahorro Postal* y tramité mi Libreta de Ahorro. Con un sueldo bajo y con mi situación familiar podía ahorrar muy poco; pero significaba cumplir con una vocación que me entusiasmaba.

En esa libreta me pegaban estampillas por el valor que había depositado. Al fin de cada mes me calculaban los intereses y me los agregaban por escrito. Me parecía haber adquirido un poder especial al ver que sin poner dinero me aumentaba el importe total. Después de un tiempo me di cuenta de que no había tanta magia: los intereses cobrados eran menores que el índice de inflación. Eso me llevó a querer aprender sobre el tema y a preguntarme si eran posibles otras inversiones.

Alguna vez, haciendo trámites por el centro, pasé ante las mesas de una cervecería, donde la gente tomaba cerveza y comía sándwiches que se veían muy tentadores. Me dije que ahorrar me reducía la posibilidad de vivir aquellas satisfacciones. Pero en seguida contrarresté aquello con un argumento que era casi una determinación: ahorrar e invertir me llevaría a ganar más, y como consecuencia aquellas cosas ricas se volverían una posibilidad más frecuente.

A principios de 1969 fuimos dejando la fabricación de artículos en familia.

Habíamos continuado lo iniciado por mi padre ante la urgencia de lo inmediato; pero no era una vocación a largo plazo. Mi hermana Alicia estaba esperando su primer hijo y solo quería ser ama de casa. Mi hermana mayor, Josefina, se buscaría un trabajo en los comercios de Liniers. Yo me interesaba por encima de todo en el arte; por lo que la fotografía y la publicidad se me presentaban como un buen camino a seguir.

Con el sueldo de mi cuñado, el que cobraba yo al agregar más horas de trabajo, y la ayuda en algún caso de algún pariente, fuimos afrontando como pudimos los pagos de la casa.

En mayo de 1969, después de una sucesión de huelgas y protestas, se desencadenó el *Cordobazo*. Vimos en televisión imágenes de mayores convulsiones que en otras partes y más desplazamientos de tropas. Quedamos convencidos de que había problemas serios en el país; pero yo no pensé nada más al respecto.

En julio llegó el primer viaje del hombre a la Luna. A esto le di mucha importancia, y desde varios días antes fui guardando las portadas de diarios con noticias de la preparación y el despegue.

El domingo 20 fuimos a casa de unos tíos, y al andar por la calle durante la tarde la Luna atraía a cada momento nuestra mirada y la de quienes nos rodeaban. Aunque fuera una imagen repetida ese día significaba otra cosa. Allí había seres que nunca habían estado.

Y me sobrevino un drama particular: cuando en nuestro país fueran las dos de la mañana los tripulantes saldrían a poner sus pies sobre la Luna, pero resulta que el televisor de mi casa no funcionaba.

No podía ser que me quedara sin ver aquello.

Pregunté a mis tíos si podía volver allí a la noche, pero me dijeron que se iban a dormir antes.

Sin alternativa a la vista, me fui a Boedo porque era el cumpleaños de un amigo.

Allí, imprevistamente y desde muy lejos, se me presentó la solución: se había planeado que los astronautas dormirían un poco antes de salir del módulo de alunizaje; pero su psique se rebeló contra esa opción. A pocas horas de un acto tan trascendente para todos y especialmente para ellos, manifestaron que sería inútil intentar conciliar el sueño. Como consecuencia, se dispuso que salieran primero y descansaran después. El primer paso del hombre en la Luna sería cerca de las 23 de nuestro país.

A esa hora interrumpimos la fiesta y nos ubicamos todos ante el televisor. Gracias a mis lecturas sobre fotografía sabía cómo debía tomarse una imagen televisada.

Estuve cerca de la pantalla y llegó el momento. En una imagen no muy nítida se vio una escalerilla y una figura humana descendiendo. Disparé varias veces, y en un par de segundos pasó a ser realidad lo soñado por la ciencia ficción y por los proyectos de las últimas décadas.

Vimos esos primeros pasos, y minutos después lo inusitado cobraba un tono de inimaginada normalidad cuando los astronautas conversaban por teléfono con el presidente Nixon.

Influidos por la ciencia ficción y las previsiones trazadas por entonces, nos dijimos con mi amigo que nos anotaríamos en viajes turísticos a la Luna cuando los hubiera.

Después, como tenía las llaves del lugar en que trabajaba, me fui directamente allí, con tan pocas ganas de dormir como los astronautas, y me pasé la noche revelando y copiando las fotos. No fueron imágenes de mucha calidad; pero ese momento de la historia había quedado en mi poder.

Por varios días fue casi el único tema que se habló en todas partes.

Poco después me tocó el sorteo para el servicio militar obligatorio. Se transmitía en directo por radio; pero, como mi documento terminaba en 067, cuando llegué al trabajo ya se había difundido el número que le había correspondido.

Como en los últimos tiempos había resultado favorecido por algunas rifas y juegos, me había entrado la idea de que yo "tenía suerte" y me salvaría por número bajo. Pero unos días antes me dije que no debía fantasear, y hacerme la idea de que nada era seguro.

Al no haberme enterado por la radio, trabajé todo el día sin saberlo, porque en mi casa no había teléfono como para preguntárselo a mis hermanas. Al salir compré el diario de la tarde, y allí estaba el número que la suerte había asignado a mi documento: 950.

No solo no me había salvado, sino que debería incorporarme a la Armada, donde se permanecía el doble de tiempo que en las otras fuerzas.

Ingresando a los años 70

Un día de febrero de 1970 me presenté a las 6 de la mañana en la Escuela de Mecánica de la Armada, sabiendo que desde ese momento quedaría sometido a las leyes militares y no podía prever qué pasaría en adelante.

Nos dieron la bienvenida como ciudadanos que ingresaban para defender a la Patria; nos realizaron controles médicos y algunas consultas psicológicas; nos dieron ropa, y comenzamos la vida militar.

El primer paso de esta consistió en ser informados de qué reglamentos nos regían, de la importancia de la obediencia y de desestimar todo sentimiento o pensamiento individual en aras de cumplir inflexiblemente cada orden recibida.

Y el segundo paso fue empezar a obedecer. Nos hicieron correr, saltar, hacer flexiones o tirarnos al suelo una y otra vez, dejando de lado cualquier idea de cansancio o imposibilidad. La intención era no solo el fortalecimiento físico, sino la consolidación de la voluntad, la comprobación de quién tenía tendencia a obedecer y quién no.

Y por sobre todo la *superación de la ira*. La idea más básica de una fuerza militar es que un soldado no debe dejarse llevar por la ira, ni contra sus superiores ni contra el enemigo; porque el que va a una batalla con ira obstruye sus capacidades y figura entre las primeras víctimas.

En medio de la obligación de continuar los ejercicios aunque el agotamiento llamara a dejarlos se lanzaban agravios personales al que hiciera algo mal o diera muestras de debilidad. Era fundamental obedecer sin enojarse y sin esperar ningún tipo de alivio.

En algún momento llegaba, con la hora de comer, el descanso y la satisfacción.

Todo lo que se servía me parecía bueno después de tanta corrida y gasto de energía. Sin embargo, no faltaban algunos quejumbrosos reacios a comérselo.

Estos disponían de una solución que no me cayó bien. Sobre un lado del amplio comedor había una *cantina*, puesto comercial donde se vendían algunas comidas, sándwiches y bebidas a pedido del consumidor. Su objetivo parecía ser que todos estuvieran distendidos y alimentados.

Después de cuatro días de corridas y sometimiento a la disciplina llegó el viernes, y esa tarde nos informaron cuál sería el destino de cada uno.

Fueron llamándonos y diciéndonos qué deberíamos hacer. A mí me tocaría una oficina en el centro de Buenos Aires, por lo que todos los días podría irme a dormir a mi casa. Antes de esa etapa debería pasar un período de instrucción, para el que debía presentarme el lunes en el por entonces edificio de la Armada, a la entrada de la zona portuaria.

Luego de pocos días de incertidumbre supe que mi vida continuaría sin muchas variantes. Esa tarde, con la cabeza rapada y mi bolsa de lona blanca en que llevaba mis prendas de marinero, estuve otra vez en la calle.

Llegué a mi casa, y allí se enteraron de que seguirían viéndome todos los días. El sábado se enteraron mis amigos.

El lunes me presenté en el edificio de la Armada, donde me reencontré con muchos de los reclutados la semana anterior. Nos pusimos el uniforme de fajina y nos hicieron ir en fila hasta un parque en la Costanera Sur. Allí volvimos a los habituales ejercicios de moverse, obedecer y aguantar. Luego nos sentamos en el suelo para escuchar explicaciones sobre los reglamentos militares.

Y poco después del mediodía quedamos libres, con la obligación de volver todos los días a la misma hora al mismo lugar.

Fui a ver a mi empleador y quedamos en que continuaría trabajando en horas de la tarde.

Nuestro período de instrucción continuaría hasta el *Juramento a la Bandera* el 20 de junio. Luego pasaría cada uno a la oficina a que estaba destinado.

En esas condiciones llegó marzo de 1970 y pagamos la última cuota de nuestra casa. Después de feos padecimientos pasábamos a una etapa de más tranquilidad.

Continuamos con las mañanas de corridas, esfuerzo y obediencia. Aquello se me volvió una muestra del papel que puede jugar la *voluntad*. Me di cuenta de que con esos momentos de aguantar y continuar corriendo había crecido mi disposición a hacer fuerza para lograr objetivos, y a tomar conciencia que siempre podemos más de lo que suponíamos.

Alternando con el entrenamiento físico y el *aprender a marchar* nos daban instrucción teórica. Un día se presentó un oficial del área de *Propaganda*, y nos expuso la idea de que últimamente habían aparecido *nuevos tipos de guerra*, por los cuales algunas potencias extranjeras, en vez de atacar otros países a la vieja usanza, se ocupaban de crear en ellos grupos que, aparentando una finalidad político-social, procuraban desordenar y desestabilizar una sociedad, para conseguir en última instancia tomar el poder.

Habíamos visto noticias de ataques armados a fuerzas policiales o militares. Por el momento yo no pensaba nada especial a favor ni en contra, ni me hacía ninguna idea sobre de qué se trataba aquello. Fuera como fuera, no me parecía muy creíble esa explicación a partir de *conspiraciones extranjeras*; porque era lo que escuchábamos decir a todos los gobiernos ante cualquier forma de oposición.

Además de correr, obedecer y escuchar instrucciones, algunos días fuimos al *Tiro Federal* a disparar con antiguos pero muy precisos fusiles *Máuser*.

Sobre fines de mayo, cuando estábamos aprendiendo a marcar el paso en formación y se nos instruía para el Juramento a la Bandera, vi un titular en un diario: *Secuestran a Aramburu*.

Cuando salió el tema entre mis compañeros de instrucción, en seguida uno dijo *"que lo maten a ese hijo de puta"*.

Venía escuchado desde siempre a los partidarios o detractores de Perón, y no tenía mucha noción sobre quiénes estaban en lo cierto; pero detrás de todo lo dicho y lo sucedido subyacía la sensación de que *unos pocos* se habían impuesto por las armas contra la voluntad del pueblo.

Aquel breve comentario me despertó la idea de que lo de Aramburu, como otros episodios de violencia que venían siendo noticia, podría ser ni más ni menos que la respuesta de los *maltratados*, que ahora decidían devolver los golpes.

Esa posibilidad, hasta ahora no pensada, empezó a gustarme.

Y encaminó mi atención a hacia lo que pasaba en ese caso y en noticias de ese tono.

Aquello se instaló como tema central del periodismo y de la mayoría de las conversaciones. Como siempre, la gente se dedicó a opinar en todas direcciones y sobre todas las posibilidades.

Me cayeron mal las opiniones tipo "es todo un problema entre ellos", como dando por sentado que todo permanece en manos de una minoría y nadie más puede incidir sobre la realidad. Yo tenía ganas de que no fuera así; de que *el pueblo* fuera capaz de algo más que de ser víctima.

A los pocos días se encontró el cadáver de Aramburu en una casa quinta de la Provincia de Buenos Aires.

Según versiones posteriores, aquello había estado entrelazado con la confrontación entre una tendencia *nacionalista* y otra *liberal* en el seno de las Fuerzas Armadas. Había sectores del Ejército disconformes con el proyecto de *dictadura a largo plazo* del presidente Onganía, que, ante el incremento de la tensión social que dio lugar al *Cordobazo* de 1969, alentaban un proyecto liberal de institucionalización, en el que ocupaba un rol central la figura de Aramburu.

Al parecer coincidieron la voluntad de Onganía, empeñado en mantenerse en el poder, y la de la *izquierda peronista*, deseosa de que no hubiera conciliación institucional sino *escalada revolucionaria*. Se especuló con que ambos intereses, a su vez opuestos entre sí, se ayudaron de algún modo no revelado en la operación de eliminar a Aramburu.

Una consecuencia inmediata fue que la disconformidad militar tomó otro cauce. El Comandante en Jefe del Ejército, Alejandro Agustín Lanusse, y sus pares de las otras fuerzas, lanzaron el

8 de junio un comunicado contra Onganía, que a las pocas horas se encontró sin apoyos y renunció.

Nombraron Presidente al General Levingston, poco menos que un desconocido, que estaba cumpliendo una función en EE. UU.

Así empezó la marcha hacia una salida institucional en un futuro del que nadie tenía noción.

A todo esto se acercaba el 20 de junio y el Juramento a la Bandera. Además de aprender a marcar el paso y conducirnos en la ceremonia escuchábamos una continua exaltación de su significado.

Mientras que para algunos *la Bandera* y *la Patria* no significaban nada, y se molestaban ante lo que veían como una imposición de autoridades que se metían demasiado en nuestras vidas, para mí eran sentimientos hacia algo que sí existía. *La patria* eran los héroes que una vez habían decidido enfrentar adversidades y peligros; era al nuevo mundo al que habían viajado mis padres para ser felices; era el lugar que compartíamos todos en medio de los problemas que nos tocaran; era la aspiración de vivir algún día como soñábamos.

Con o sin una autoridad sobre nosotros, existía la Patria y existía el sentimiento de quienes poseyeran un poco de nobleza, independientemente de mi descubrimiento de que no todas las personas sienten de la misma manera.

Por eso, mientras algunos se fastidiaban, otros permanecían indiferentes y otros se burlaban en voz baja de la solemnidad militar, yo hice mi juramento sintiendo que *era verdad*, que me comprometía con algo más importante que cada uno de nosotros, con un objetivo por el que tenía sentido arriesgar la vida como aquellos personajes de que desde siempre se nos hablaba.

Aquello no significaba un compromiso con quienes teníamos delante imponiéndonos obediencia: tal vez *la lucha por la patria* consistiera en rebelarse contra ellos.

Puede ser que alguno de mis compañeros de ese día haya sentido algo parecido; pero nadie se lo dijo a nadie. El terreno fue más propicio para la superficialidad de la mayoría.

En los días siguientes fueron enviando a cada uno a su *destino*. El mío era una oficina en la zona céntrica, donde dos suboficiales y algunos conscriptos realizaban tareas administrativas y de mantenimiento en despachos en los que se reunían altos oficiales de las tres armas.

Nosotros debíamos limpiar las oficinas, servir café con algún acompañamiento o salir a hacer trámites.

Fui descubriendo una curiosa diferencia entre ese ambiente y el mundo que había visto hasta entonces: mientras lo común para el resto de la gente es preocuparse por ganar más dinero y cuidarlo lo mejor posible, quienes se desempeñan en organismos del Estado no tienen la mente en eso; el dinero es algo que les viene natural y regularmente, como si lo dispusiera una autoridad celestial. Nadie necesita preocuparse por cuánto entra y cuánto se gasta. Hay una suma asignada para lo de todos los días: artículos de oficina, artículos de limpieza, provisiones para el desayuno, etc.

Como todo eso simplemente *está*, nadie se pregunta si es demasiado ni si se podría gastar menos en algo de lo que se hace. ¿Para qué serviría pensarlo? Si se ahorrara algún importe nadie podría apropiárselo, ni había nadie a quien devolvérselo.

Por lo tanto, el dinero no era un problema en el que hubiera que pensar: se lo utilizaba porque estaba en el presupuesto. Si daba para gastar en el desayuno más de lo que gastaba cada uno en su casa, se lo hacía sin pensar que pudiera *estar mal*. Nadie era ni creía ser *malo*. Cuando se hablaba de los problemas del país o del déficit fiscal nadie suponía tener algo que ver con eso.

A veces, escuchando propuestas sobre gastos o modificaciones en las oficinas, los conscriptos veíamos cierta incursión en lo ridículo y nos venía la tentación de reírnos. Pero hacíamos fuerza por controlarnos; porque para quienes habitaban aquel mundo lo nuestro hubiera sido entre incomprensible y ofensivo.

En las charlas entre oficiales o suboficiales existía la misma preocupación que entre el resto de la gente por el país y por cómo debía manejarse; y era una preocupación sana y sincera, donde no faltaba la indignación porque *todo el mundo se aprovecha del Estado*.

Así pasábamos nuestras mañanas.

Después del mediodía finalizaba la actividad, y yo quedaba libre para dedicarme a trabajar por la tarde.

Entretanto, una creciente inquietud iba instalándose en el periodismo y en las conversaciones de cada día. Ya no se sentía que el país se encaminara hacia el progreso. Se apoderaba de las mentes la idea de que *algo tenía que cambiar*. Simultáneamente se multiplicaban las noticias sobre hechos de violencia.

Un día fue baleado en la calle un militar o jefe policial, y los suboficiales de la oficina lo comentaron como *una barbaridad*; aunque paralelamente se informó que un grupo clandestino se había adjudicado su muerte por su desempeño como torturador. Este detalle indujo a los suboficiales a no estar tan seguros en su consideración del caso. Nosotros nos limitamos a escuchar sin opinar.

En mi grupo de amigos, el fútbol, los bailes, el qué estaba estudiando cada uno, fueron perdiendo espacio para dar lugar al *cómo arreglar el país*.

El tema se instalaba y extendía en todos los ámbitos en que cada uno se moviera. Mientras algunos aseguraban que *la violencia no tiene que ser el camino*, otros, demasiado acostumbrados a que los militares vinieran determinando todo por la fuerza, se sentían bien al ver que alguien resolviera disparar contra ellos.

Lo de *extenderse a todos los ámbitos* incluyó también las paredes: se veían pintadas y carteles para todos los gustos: sindicalistas promoviendo huelgas, partidos tradicionales reclamando el derecho a elegir, peronismo, antiperonismo, propuestas de cambios poco definidos o llamados a *hacer la revolución*. No faltaba el anticomunismo, con insistentes cartelitos que clamaban por defender *nuestros valores tradicionales* y alertaban sobre el avance de una amenaza poco menos que satánica.

En noviembre de 1970 asumió como Presidente de Chile el socialista Salvador Allende. La atención de muchos se orientó hacia allí para ver *qué pasaba*.

En algún momento llegó a mis manos el libro *Los que luchan y los que lloran*, de Jorge Ricardo Masetti, periodista argentino enviado en 1958 a cubrir la campaña de los rebeldes cubanos en la Sierra Maestra. Vio de cerca y describió tanto la corrupción del régimen de Batista como el movimiento puesto en marcha por Fidel Castro, y el creciente apoyo que obtenía entre los jóvenes. Su sentimiento al concluir su estadía en Cuba quedó como última frase de su libro: *"Y volví a encontrar dentro de mí una extraña, indefinible sensación de que desertaba, de que retornaba al mundo de los que lloran"*.

Fue toda una invitación a descubrir un ejemplo y cambiar el futuro de América Latina. Una invitación que aceptó en toda su dimensión él mismo: poco después puso en marcha un movimiento guerrillero en la provincia de Salta, que fue sofocado y concluyó con su muerte en 1964.

Y no pudo dejar de ser una invitación para mí. Yo no quería ser de los que lloran, ni de los que se limitan a hablar de *lo que habría que hacer*.

Tanto yo como muchos otros dejamos sin considerar que a lo nuestro le faltaba una parte: estábamos eligiendo entre *luchar y no luchar*, y no nos quedaba duda de que luchar era la elección más noble. Pero hay algo sobre lo que tampoco cabe duda: luchar consiste en *esforzarse por una solución*. Cuando uno se esfuerza por una solución tiene que tener claro *cuál es el problema*, y tener aún más claro cómo y por qué eso que está haciendo consistirá en la solución.

Esta era la parte que nos faltaba, o que no habíamos pensado lo suficiente. Cuando no hay verdadera certeza de que con lo que se hace se resolverá el problema, puede ser que luchar no sea en realidad *esforzarse por una solución*, sino simplemente *golpear a alguien* porque nos parece el culpable; puede ser que eso que llamamos *luchar* no sea otra cosa que la elección de golpearlo, simplemente porque si no hiciéramos nada nos sentiríamos mal.

En medio de ese sentimiento fue extendiéndose a todos los ambientes la preocupación político-social, o la pura y simple *rebelión* contra todo lo que no nos gustaba.

En marzo de 1971 tuvo lugar el *Segundo Cordobazo*, en un contexto de levantamientos similares en distintas partes del país.

En su preocupación por tomar ante aquello otro camino que no fuera la *fuerza bruta*, la Junta de Comandantes destituyó al presidente Levingston, porque a su criterio no cumplía con el objetivo asignado, y asumió la presidencia el líder real de la corriente en el poder: el general Lanusse.

En julio, Lanusse lanzó la propuesta del *Gran Acuerdo Nacional*, por el que restableció la actividad de los partidos políticos mientras los llamaba a una convivencia respetuosa, en la que no hubiera proscripciones pero a su vez las Fuerzas Armadas conservaran cierto poder de control. El objetivo era que un gobierno legitimado por el voto redujera la tensión social.

Comenzó una etapa en que unos partidos aceptaban la incidencia militar y otros presionaban para disminuirla o eliminarla. Apareció en el horizonte la posibilidad de elecciones cercanas.

Aunque también, ante el recuerdo de tantas intervenciones militares e imposiciones por la fuerza, y la evidencia de que iba naciendo una *respuesta por la fuerza* a esa repetida costumbre, en el horizonte de los más jóvenes asomaba la expectativa de destronar violentamente a quienes venían determinando la realidad de las últimas décadas.

En cada lugar que frecuentaba se hablaba prácticamente de lo mismo. En medio de eso conocí a alguien que se definía abiertamente como comunista, y se preocupaba por comunicárselo a todos.

En alguna de esas charlas, como lo mío era un persistente deseo de cambio aunque no tenía claro *hacia qué*, le dije que me parecía que en cualquier sistema social habría problemas originados por las características del hombre. Me contestó con una de las premisas básicas del marxismo: no existe *el hombre* como entidad siempre igual; existe el hombre formado en una clase social y en una sociedad de determinado tipo. Si se establece un nuevo orden social, en que la vida dependa de otras relaciones y costumbres, a partir de ahí *el hombre* tendrá otros sentimientos, pensamientos e inclinaciones. De modo que *todo puede cambiar* si se crean las condiciones adecuadas.

Lo tuve en cuenta en mis preocupaciones cotidianas por *la sociedad*. Tenía algunas nociones sobre el comunismo entre diversos modelos de cambio que me despertaban interés, aunque en ningún caso los había estudiado con mucho detalle.

Ante la idea de que había ricos y poderosos dominando el mundo y pagándoles poco a los que no tenían más opción que vivir de un sueldo, pensaba en distintos modos de cambiar esa realidad.

Ante la visión de *medidas de fuerza* de los trabajadores, o promesas de partidos que se presentaban como *populares*, me imaginaba a *los buenos* consiguiendo por medio de presiones o leyes que los capitalistas pagaran mejores sueldos y distribuyeran una parte mayor de lo que ganaban.

E inevitablemente me imaginaba el paso siguiente: los ricos podían comprar voluntades para desalojar a un gobierno que los molestara. También podían, ante las mismas molestias, dejar de invertir o llevarse sus fábricas a otro país. Entonces, por muchas leyes *buenas* que hubiera, se pasaría de una forma de pobreza a otra todavía más grave.

Considerando diversas opciones y sus efectos, en algún momento me dije que no habría soluciones *intermedias*; la única solución efectiva sería que *no hubiera burguesía*. La verdadera necesidad era expropiarles todos los medios de producción, o los que no hubieran llegado a llevarse, y organizar una sociedad donde las fábricas *fueran de todos*.

Así, ante mi inquietud por las noticias cotidianas de conflictos sociales, levantamientos populares y actos de pequeños grupos armados, se fue consolidando en mi mente la convicción de que habría *solución total*, cambiando la sociedad de raíz, o *no habría ninguna solución*.

Yendo más lejos, aquello no se limitaba a una preocupación económica; no inquietaba mi mente el tema de cuánto podían comprar o no *los pobres*. Tampoco me importaba mucho cuánto ganaba o dejaba de ganar yo. Lo que me inquietaba no era mi vida sino la sociedad, el descubrimiento de cómo trazar *el futuro del mundo*, la decisión de *a qué dedicarse*.

La vida se embellecía, se ennoblecía, se llenaba de gracia y valor por la simple actitud de *rebelarse*, por preguntarse qué había *allá adelante*, en los próximos pasos de la humanidad.

Eso estaba lleno de sentido; lo otro no.

Un episodio de lo más casual se sumó a eso que casi podía llamar *elección espiritual*: un día, en medio de no sé qué trámite, me tocó ir en un ascensor con un señor más bien entrado en años, vestido de traje gris, serio y pulcro en todos sus detalles.

No me gustó su no-expresión, su mirada desprovista de brillo y de interés; y casi sin darme cuenta estuve comparando esa imagen con las sugeridas por el libro de Masetti: se podía ser como aquel hombre, cuidado, asentado y vacío, o como Fidel y el Che, barbudos, desarrapados, no sabiendo qué comerían ni cuánto vivirían, pero siempre alegres y satisfechos con su elección.

Se me alternaron una imagen y la otra, y me dije que de ninguna manera yo quería ser ese hombre de gris. En el mundo y en sus conflictos podía haber no sé cuántos riesgos; pero ninguno mayor que el de una existencia vacía.

El ascensor se abrió y el señor salió a continuar lo que estaba haciendo, que nunca supe en la menor medida; pero yo continué mi vida más convencido de hacia qué quería ir.

Trabajando y mirando lo que pasaba

Tras un par de años en el ambiente de la publicidad, entre fotografías, *frases vendedoras* y anuncios para los diarios, mi casi abstracto proyecto de futuro había pasado de la lejana idea de dibujar a la de diseñar y fotografiar. En mi empeño de *seguir una carrera* se me había ocurrido que más adelante podría abrir mi estudio de fotografía publicitaria, porque me iba concentrando en la belleza y la estética. También, ante la irrupción generalizada de inquietudes sociales, me interesaba la fotografía en su sentido de *arte de mostrar el mundo*.

Mientras unos y otros temas se entrecruzaban en mi bosquejo del *más adelante*, la realidad se encargaba de mostrarnos *dónde había más trabajo*.

Los que trabajaban en publicidad recurrían habitualmente a los servicios de *Tipografía Clancy*, un establecimiento que, en el centro de la ciudad, imprimía titulares tipográficos o textos en linotipo con los que se armaban los anuncios que se enviaban a diarios y revistas.

Un buen día los dueños de *Tipografía Clancy* consultaron a mi empleador sobre la posibilidad de incursionar en un ámbito que no conocían pero del que cada vez escuchaban hablar más: la *fototipografía*, o impresión de textos no ya con el viejo método de entintar caracteres de plomo, sino mediante la proyección de letras sobre papel fotográfico. Daba una calidad muy superior, y permitía muchos y más sofisticados *tipos de letra*. En el mundo de la publicidad gráfica crecía la demanda de esta nueva posibilidad.

Luego de que mi empleador estudiara las mejores opciones, compraron una máquina importada de Alemania que imprimía letras mediante proyección de negativos en papel fotográfico. No servía en este caso para textos largos sino para títulos, porque se operaba proyectando las letras una por una y luego debía terminarse el revelado del papel. Así se creaban títulos del tamaño que se deseara, y siempre mejores que los obtenidos con los tipos de plomo.

Además compraron una *Repromaster*, también alemana, que actuaba como gran cámara fotográfica vertical para hacer *fotolitos*, o fotos con material de máximo contraste, que reproducían en negro sobre blanco cualquier imagen a cualquier tamaño.

Instalamos ambas máquinas en nuestro lugar de trabajo y empezamos a actuar como anexo de Tipografía Clancy para brindar esos nuevos servicios, que significaron cada vez más demanda de tiempo.

Así incursioné en una ocupación poco similar a mi primer *proyecto de futuro*; pero en realidad este se iba desdibujando por otra razón: cada día ocupaban más mi mente la sociedad y la política. En *mi futuro* se me superponían, alternativa y confusamente, el trabajo y la participación en esas luchas de las que cada vez recibía más noticias.

Después del mediodía salía de la dependencia militar, iba al trabajo y continuaba allí hasta la noche.

En medio de ese ritmo llegó un momento en que dejé de ir a mi casa de Caseros. Como en mi lugar de trabajo había un colchón para el caso de que conviniera quedarse allí a la noche, este recurso se volvió mi solución de todos los días. Dormía allí, me ahorraba mucho viaje y a la mañana iba fácilmente a la dependencia militar cerca de Plaza de Mayo.

Me convenía a mí y también a mi empleador. Nunca me preocupé mucho por disputar sobre cuánto debía cobrar por esa presencia casi continua. Tendía a preocuparme más solucionar los problemas que se presentaban, sin considerar de quién eran ni dejaban de ser. Las horas extras de cada día las pagaba Tipografía Clancy.

Aunque crecía mi preocupación por la sociedad, nunca me interesé en disputas inmediatas propias del sindicalismo, que según las noticias y las charlas cotidianas inquietaban a la mayoría de la gente. Me sentía bien por enfrentar los problemas, resolverlos y ver las cosas bien hechas, sin reparar en cuánto me beneficiara yo.

Mi preocupación iba enfocada directamente a *arreglar el mundo*; y como efecto no me caían bien las consideraciones sobre condiciones laborales. En cuanto a mi interés particular, llevaba a la práctica la idea de hacer las cosas bien y por eso *volverse valioso*. Ese es el mayor motivo por el que a alguien puede convenirle pagarnos bien; y si a veces conseguimos defendernos con palabras es porque previamente demostramos que hay una razón por la que pagarnos.

Se me hizo habitual quedarme allí de lunes a viernes y volver a mi casa los fines de semana.

Un viernes a la noche llegué a mi casa, entré al comedor y vi, reclinada sobre la mesa y desvanecida, a mi hermana Josefina.

Sobre la mesa había un vaso y una botella de alcohol de quemar, medio vacía.

Fui inmediatamente al dormitorio de mi hermana Alicia y su marido, los llamé y salieron. No habían visto nada anormal antes de irse a dormir.

Desde la muerte de mi padre y el cese de nuestras tareas en familia, Josefina, soltera y de 35 años, había hablado de buscarse un trabajo. Aunque lo comentara no lo intentaba con mucha convicción, y había comenzado a padecer alteraciones emocionales y mentales. Siempre había tendido a ver el mundo negativamente, a considerarse desafortunada y a no trazarse un futuro hacia el que le interesara ir.

Ningún tratamiento la había llevado al menor cambio de actitud. Nunca habíamos visto indicios de que fuera a querer quitarse la vida. Sin embargo, la escena con que nos encontramos no resultó demasiado inconcebible.

Vino una ambulancia y la llevaron a un centro médico donde quedó internada.

A la mañana siguiente nos dijeron que acababa de morir.

Fue un golpe a lo que habíamos creído un escenario familiar estable; pero era como si ya supiéramos que su vida se había acabado antes. Su permanente disgusto con todo, su apagarse interior, su *no ir hacia nada*, eran un mal no muy distinto a la muerte.

Con la tristeza que ya venía de los pasos previos, continuamos con nuestras vidas.

Así siguió pasando 1971.

En octubre me llegó el esperado fin del servicio militar.

Todos los enrolados en el distrito Capital acudimos a la cita en el edificio de la Armada para completar el trámite y *quedar libres*. Después fuimos a almorzar juntos a un restaurante de la Costanera, con la alegría de saber que ya no obedecíamos órdenes, de dejar atrás aquello que no era la parte elegida de nuestras vidas. Nuestro impulso más espontáneo fue brindar repitiendo una misma frase: *nunca más...*

Empecé a trabajar desde primera hora de la mañana. Por venganza luego de una prolongada imposibilidad y por la reciente influencia del hippismo, dejé de ir a la peluquería por un tiempo. Después me di cuenta de que el pelo largo no me quedaba bien y volví a mi costumbre anterior.

Tuve más tiempo para verme con mis amigos de Boedo.

En nuestras *charlas de bar* salía el tema que venía instalándose en la realidad y en las mentes: la creciente actividad de *la guerrilla*.

Como sucede en todo grupo, salieron a relucir las inclinaciones, opiniones y *modos de ver* de cada personalidad. No faltaron las clásicas alusiones a *locos*, a que *en la política no hay nada confiable* o a personas que se aprovechan de otras con fines ocultos. Alguien comentó que entre muchos tipos de gente había quienes *se jugaban* de verdad.

En última instancia, los juicios sobre lo que hacen otros son efecto de qué pasa en uno mismo. El que lleva dentro de sí un poco de dignidad es capaz de suponer dignidad en los demás. El que nunca la percibió en sí mismo, nunca la supondrá en nadie.

En ese tipo de charlas se manifiesta la extendida tendencia a menospreciar a cualquiera que no haga lo mismo que uno. Entre los comentarios sobre esos personajes que cobraban cada vez más protagonismo figuraba el interrogante de cómo y por qué se atreverían a meterse en semejantes peligros. La respuesta típica de ese menosprecio por los *distintos* era que para salir a hacer esas operaciones *se drogaban*.

Esa opinión me parecía tan indecente como desubicada; propia de los que están muy lejos de concebir *qué es la humanidad*. Y me indignaba porque ya no me sentía nada distinto de esos personajes de que se hablaba.

Sabíamos que había grupos con diferentes siglas, y tratábamos de explicarnos qué intentaba cada uno. Nos preguntamos cómo podían formar organizaciones grandes si debían mantenerse escondidos de la ley, y salió como explicación el sistema de *células* al que recurren los partidos en la clandestinidad.

Sin llegar a mucha claridad sobre el cómo y el para qué de todo aquello, me gustaba la idea de una rebelión *auténtica* de los oprimidos y maltratados, de los que siempre habían recibido tiros y ahora empezaban a dispararlos en la dirección opuesta.

Fuera cual fuera la realidad, yo quería descubrir que entre todo lo visible y discutible estaba ocurriendo *eso* que me caía bien.

Ese cambio de la realidad, con rebeliones masivas o grupos ocultos, era tan palpable que iba instalándonos la seguridad de que llegaría un momento en que triunfaría, se impondría sobre el viejo orden e iniciaría el futuro que de algún modo soñábamos.

En medio de todo aquello, no pasaba por nuestras mentes ninguna reflexión sobre cómo y por qué sería posible tanto cambio. *Soñábamos otro futuro* y nada más. Y lo soñábamos porque *teníamos ganas* de que fuera así. No concebíamos ningún indicio serio de que algún tipo de organización social debiera dar por resultado la felicidad esperada. Simplemente por ser *esperada* nos parecía inminente, y nos resultaba inimaginable que el futuro pudiera ser de otra manera.

Aquella suma de sucesos externos y entusiasmo interno me consolidaba poco a poco un sentimiento: si la realidad iba a cambiar hacia lo que queríamos, por la acción de muchos que se arriesgaban y unos cuantos que morirían, yo no me permitiría aceptar que únicamente se arriesgaran *otros*; no me permitiría *no estar presente* entre los que protagonizaran eso que se acercaba.

Me importaba que aquello fuera imperdible y glorioso; no me importaba que fuera peligroso.

Me importaba, y le importaba a la mayoría de los que hablaban del tema, el dilema *moral*; la decisión de *rebelarse* contra un mundo que no era como debía ser, y contra quienes querían inmovilizarlo a fuerza de armas y miedo.

Nos atormentaba, nos dolía, una afirmación demasiado escuchada en los últimos tiempos: *"todos hablan y nadie hace nada"*.

No quería aceptar que aquello fuera cierto. Estaban apareciendo *los que hacían* y empezaban a desmentir la odiosa frase; y yo quería ser de los que terminaran de desmentirla.

El desmentir aquello, ante la gente y ante uno mismo, ocupaba nuestra atención más que cualquier reflexión sobre *qué cambiar*, o sobre por qué nos creíamos capaces de cambiarlo.

Así y todo, aunque la *decisión de rebelarse* estaba tomada y determinaba todo lo demás, no faltaba mi preocupación por el *cómo*, el *para qué* y el *hacia dónde*.

Aunque un determinante de aquella escalada había sido el derrocamiento y la persecución del peronismo, y había un peronismo rebelde y no-oficial tomando las armas, no terminaba de convencerme que el peronismo fuera la encarnación de ese cambio que me entusiasmaba vislumbrar.

Aunque fuera evidente que había *varios peronismos*, ninguno podía significar otra cosa que *seguir a Perón*. Y Perón estaba vivo y en Madrid, reuniéndose a diario con alguno de esos *peronismos* y convenciendo a cada uno de que lo apoyaba.

No me gustaba esa no-definición, y no me gustaba la propuesta de supeditarme a lo que dijera esa clase de líder.

La verdadera revolución tenía que germinar en un pueblo que desplegara su propia fuerza, en seres que en vez de obedecer a alguien estuvieran convencidos por sí mismos, en el conjunto de los explotados sacándose de encima todo lo que los sojuzgaba.

Lo que se llamaba *la izquierda* se veía más acorde con lo que me parecía necesario, aunque lo mío seguía siendo una adhesión más emocional que teórica. Había escuchado hablar del comunismo y su proyecto de que *todo fuera de todos*; pero no me había hecho una idea clara sobre cuáles podían ser los pasos para llegar a eso.

El centro de nuestro empeño era avanzar hacia lo que se nos había grabado casi como una profecía: el día en que los siempre maltratados arrasaran con los opresores y con todo lo que no debería haber existido.

Cómo hacer posible ese momento, y cómo construir el *después*, era lo que quedaba desdibujado ante la excitante inminencia de *la toma del poder*. La visión del día en que finalizaran los tiros y llegaran los abrazos nos succionaba desde ese futuro indefinido pero *indudable*.

Y nos succionaba de tal modo que no podíamos aceptar no ser parte. Si era algo que *iba a pasar*, no queríamos que se arriesgaran otros sin nosotros; no queríamos ser los que lo miraran sino los que lo hicieran.

El *todos hablan pero nadie hace nada* seguía atormentándome; no ya porque no estuviera decidido a hacer, sino porque no encontraba con quién.

Pero como la ebullición crecía y se extendía por unos y otros rincones, y como los que queríamos ser parte de ella buscábamos cómo y dónde encontrarla, tarde o temprano llegaba el momento del *contacto*.

Un amigo que veía desde hacía varios años, y no me había parecido relacionado con el tema, estaba en contacto con el ambiente más empapado en aquella ebullición: las universidades.

Un buen día nos comentó, a mí y a otro con quien siempre hablábamos, la posibilidad de conectarnos con el *Ejército Revolucionario del Pueblo,* que venía convirtiéndose cada vez más en noticia.

La satisfacción se nos entremezcló con el miedo. Aquello era pasar de hablar del tema, de desear estar allí, a estar *de verdad*, a meterse en el peligro evidente y conocido que rodea a quienes *se juegan*.

No dejaba de asustar, pero en ningún momento dudamos de continuar por el camino que ya veníamos trazándonos. Después de todo lo pensado, ansiado y esperado, la posibilidad estaba ahí, y resultaba inconcebible no dar el siguiente paso.

Como todo empezaba a ser *de verdad* hubo miedo; pero el acto de la voluntad aceptando aquello fue el descubrimiento de una emoción desconocida: una nueva sensación de seguridad, una solidez interior, un saberse en medio de algo que importaba más que nosotros llenaba todo de sentido. Fue un incondicional *sentirse bien*.

Con aquella satisfacción desconocida pero fascinante, con aquel descubrimiento de que por haberlo decidido *vivíamos más*, dijimos que sí a la propuesta de planear una cita.

La militancia

Mis dos amigos y yo fuimos a un bar donde nos esperaría el *contacto*, que tendría sobre la mesa no recuerdo qué cosa como señal para que lo identifiquemos.

Era un joven de lo más suelto y normal, alegre, sin el matiz sospechoso que le imaginaría el común de la gente. Al verlo parecido a nosotros nos sentimos aún más confiados en lo que hacíamos.

Nos preguntó por el motivo que nos llevaba a sumarnos a aquello, y nos advirtió que en ningún momento deberíamos decir nuestros nombres ni referencias que nos identificaran. Hablamos de que comenzaríamos una serie de reuniones, y fijamos día y hora para otra cita.

Nos alejamos tranquilamente, tal vez pensando cada uno en su decisión, aliviados por haber conseguido lo que desde hacía tiempo nos interesaba, y al mismo tiempo descubriendo aquella nueva responsabilidad no exenta de miedo. Ya estábamos metidos en algo peligroso.

En la siguiente cita vino otro compañero para hacerse cargo del equipo que formaríamos. Comenzamos a reunirnos en la habitación que alquilaba uno de mis amigos. Lo primero que nos dijo fue que además del impulso de rebelarse hacía falta tener claro el objetivo por el que lo hacíamos, cómo había funcionado la sociedad hasta ahora y cómo era el cambio que aspirábamos a producir.

Además de ir aprendiendo cómo participar en la lucha hacía falta saber de historia, economía y política.

La revolución solo tomaría el rumbo necesario si a su frente había una *dirección* decididamente revolucionaria y consciente de qué pasos había que dar.

La experiencia de varios países había mostrado que más de un levantamiento popular había desembocado en resultados lamentablemente lejanos a una verdadera revolución, porque había consistido en un enorme estallido de energía sin conciencia propia, sin objetivos definidos y sin un plan de cómo alcanzarlos.

Por eso, desde hacía unos años varios integrantes de anteriores movimientos políticos se habían unido para dar origen al Partido Revolucionario de los Trabajadores, PRT, que se proponía liderar el torrente de rebelión que se abría cauce en nuestro país.

En medio de la marea revolucionaria iniciada en el Cordobazo y continuada por la aparición de varias organizaciones armadas, el PRT había fundado en 1970 el Ejército Revolucionario del Pueblo, para convocar a la lucha armada a todos los que quisieran alzarse contra ese orden social que no los representaba.

Ese fue el tema de nuestras primeras reuniones, en las que leíamos y comentábamos textos de líderes revolucionarios.

Nuestro amigo que nos había conectado me prestó el libro *América Latina en Armas*. Allí empecé a tener más claro de qué se trataba aquello a que por puro sentimiento había querido sumarme.

En cada uno de sus capítulos, integrantes de organizaciones revolucionarias de varios países explicaban sus ideas y su incipiente historia.

Me encontré con la idea de que la finalidad de un movimiento de guerrillas es acumular fuerzas y ejercitarse en el combate, para convertirse alguna vez en un ejército regular que termine derrotando al ejército enemigo y estableciéndose en el poder. Para eso debe empezar por ataques aislados y sorpresivos, en los que en un determinado momento y lugar reúna más fuerzas que el enemigo; entonces golpearlo, apoderarse de sus armas y dispersarse ante de que el enemigo concentre allí más fuerzas. En esa situación, escondido en selvas o en ciudades, un movimiento revolucionario va obteniendo armas y experiencia, va convenciendo al pueblo de sumarse a él y va preparando su victoria final.

Algunos integrantes de los *Tupamaros*, que desde Uruguay venían convirtiéndose en noticia y entusiasmándonos con su ejemplo, contaban cómo se habían iniciado atacando a policías sin otro recurso que algunos cuchillos, y poniendo en marcha uno de los principios básicos de la guerrilla: armarse con las armas del enemigo.

En otro capítulo, revolucionarios chilenos desmentían una especie de mito recientemente echado a rodar: el de la *vía chilena al Socialismo*. Abundaban los que creían, y casi festejaban, que por haber elegido a un presidente socialista habían abierto el camino hacia una sociedad sin clases, sin propiedad privada y sin explotación. Entretanto los verdaderamente revolucionarios se armaban y se mantenían en la clandestinidad, sabiendo que la clase capitalista jamás se resignaría a perder pasivamente su poder y su riqueza, y en algún momento recurriría a las fuerzas armadas, dispuestas desde su origen a conservar el viejo orden, para pasarle por encima a cualquier ley y eliminar al precio que sea esa amenaza a su existencia. Por eso la *vía chilena al Socialismo* era una ilusión: la única vía al Socialismo sería la de la *lucha armada*, la de la desintegración del ejército con que la burguesía de cada país contaba para defenderse.

Tras la Revolución Cubana, en cada país de América Latina habían nacido organizaciones armadas que aspiraban a emular su experiencia. En Argentina convivían organizaciones marxistas, orientadas a la expropiación de los medios de producción, con organizaciones peronistas, en unos casos con el mismo objetivo pero deseosas de alimentarse del sentimiento que desde hacía tiempo era mayoría, y en otros casos aspirando a un cambio contundente pero no del todo definido, ya que *peronismo* no podía significar otra cosa que aceptar el liderazgo de Perón, que por entonces no era un recuerdo sino una persona viva.

Con esos temas en la mente continuamos con aquellas primeras reuniones.

El primer hecho relevante ocurrido luego de nuestra incorporación fue el *Caso Sallustro*. En marzo de 1972 el ERP secuestró a Oberdan Sallustro, Director General de FIAT. Inmediatamente distribuyó un comunicado en el que informaba que, como consecuencia de su implicación en el encarcelamiento de obreros relacionados con sindicatos y movimientos políticos, un tribunal revolucionario lo había condenado a muerte. Sin embargo, esta condena sería levantada si el gobierno y FIAT aceptaban llevar a cabo varias imposiciones, entre las que se contaban repartir artículos de primera necesidad en barrios pobres de diversas partes del país.

Aquello se volvió el tema central de todas las noticias.

La primera respuesta del gobierno fue "no haremos ningún trato con delincuentes".

Y acto seguido sacó policía y ejército a controlar las calles y allanar casas, algunas sospechosas y otras no tanto. En parte para encontrar al secuestrado y librarse de la difícil situación en que se veía; en parte para introducir miedo y malestar en la gente, de modo que se disgustara con esos personajes que con su ocurrencia del secuestro habían provocado semejante alteración en la vida de todos.

Mediante trabajos de inteligencia y *operaciones rastrillo*, en las que se revisaba casa por casa algunas áreas, las fuerzas de seguridad encontraron varias *casas operativas* del ERP y practicaron arrestos.

En nuestras reuniones comentábamos cada suceso de aquellos días.

En alguna de esas conversaciones me encontré cayendo en cuenta del subjetivo optimismo con que había empezado todo aquello; dando por seguro, como quien disfruta una película de las que siempre acaban bien, que de puro audaces e ingeniosos nos burlábamos de un enemigo que se debatía en la impotencia, cuando la realidad *real* era otra: el enemigo podía atraparnos y matarnos. Estábamos en peligro de verdad; y no era un peligro para *alguna vez*; eso con lo que no queríamos encontrarnos *estaba ahí*, para caernos encima en cualquier momento a partir de ahora mismo. Al hacer lo que hacíamos debíamos tener claro con qué aceptábamos enfrentarnos.

Fue mi primer encuentro con los juegos de que es capaz nuestra mente ante una evidencia difícil de aceptar: no sabemos lo que va a pasar; y suplantamos ese *no saber* con suposiciones trazadas más o menos a nuestro gusto.

Además de lo que significaba para nosotros, el *Caso Sallustro* echó a rodar ideas y sentimientos de cada sector de la sociedad.

Una guardia de periodistas y camarógrafos permanecía a toda hora ante la casa del secuestrado, atenta a la aparición de novedades y a cada posible imagen, cuanto más dramática mejor, de su esposa e hijos.

Abundaban las charlas en programas de televisión y en la calle, condenando el sufrimiento a que estaban sometidas personas inocentes y proclamando que *"la violencia no conduce a nada"*.

También se hacían presentes, aunque más en el trato personal que en los medios, los sentimientos en la dirección opuesta. A mucha gente, acostumbrada a los padecimientos de los que tienen poco y trabajan en condiciones que no les gustan, le caía bien que esta vez sufrieran *los otros*, y con ciertas precauciones lo decía ante los demás.

Era toda una *lucha de clases* desatada en el mundo del espectáculo y las noticias cotidianas.

Al llegar la Semana Santa, el Papa Paulo VI dijo *"Cristo está siendo crucificado hoy en Argentina"*.

En nuestras reuniones comentamos que aunque habíamos sufrido bajas aquello era un *triunfo político*: estábamos determinando de qué hablaba el mundo.

Luego de tres semanas de primeras planas, búsquedas, despliegue de tropas e inquietud general, se allanó una casa de la que sus ocupantes consiguieron escapar, y en su interior se encontró el cuerpo de Sallustro, con balazos disparados unos minutos antes.

Mientras la sociedad iba teniendo más claro qué había detrás de las noticias sobre hechos de violencia, nosotros continuamos con nuestras reuniones, en las que un responsable del equipo traía textos que estudiábamos y comentábamos.

Entretanto, en mi trabajo se incrementaba el tiempo demandado por los fotolitos y fototipografía. Como esto incluía traer pedidos del local de Tipografía Clancy y luego llevar allí los trabajos hechos, los dueños de esta empresa decidieron abreviar ese tiempo trasladando esas máquinas de su propiedad a su local céntrico de Córdoba y Reconquista. Montaron allí un *cuarto oscuro*, y ese fue mi nuevo lugar de trabajo.

La consecuencia fue que me alejé de mi primer empleador, y de los compañeros con que pasábamos el día entre chistes y comentarios sociológicos.

Aquello también significó abandonar una imagen que hasta hacía poco llevaba en mi horizonte: la de una carrera en la publicidad.

No me importó mucho; porque aquella *imagen en el horizonte* había sido gradualmente suplantada por otra: la de verme protagonizando la revolución.

Eso era lo que me importaba. Todo lo planeado antes pertenecía a un mundo que alguna vez se me había presentado como digno de habitar, pero del que poco a poco me había divorciado.

A medida que teníamos más claro lo que intentábamos crecía una idea que a la fuerza se emplazaba en nuestra mente: tenía cada vez más sentido que la imagen que nos invocara desde el futuro fuera *la revolución*; pero tenía cada vez menos sentido concebir o trazar nuestro futuro individual.

Habíamos elegido *sumarnos a una guerra*. ¿Y hasta qué punto el que está en una guerra puede tener certeza sobre su futuro?

Sin que nadie hubiera intentado convencernos, nuestra situación lo hacía un poco más cada día: nos sentíamos muy bien protagonizando aquello, estábamos seguros de que nuestra vida se había vuelto más rica, más llena de sentido, más incambiable por ninguna otra, pero nada podía asegurarnos *cuánto duraría esa vida*.

Poco a poco nos acostumbramos a llevar en nuestra mente el futuro de la humanidad, la seguridad sobre cómo sería este, pero a no incluir en ese panorama ninguna presunción de que en él estuviéramos nosotros.

Como todos los que se habían metido en aquello, podíamos *no llegar*. El miedo inicial estaba dando lugar a una especie de *acostumbramiento a la incertidumbre*; a la incorporación y persistencia de la idea de *vivir sin futuro*.

Se nos volvió habitual hablar de *la revolución*, de su inevitable triunfo y de cómo transformaría al mundo; pero nunca le agregábamos el detalle de si íbamos a vivir para estar allí. Cada uno podía estar entre los que llegaran o entre los que no. De modo que dejábamos de lado cualquier referencia a nuestra vida más allá de algunas semanas o meses.

Así y todo, disfrutábamos la vida más que los que perseguían fines individuales, que los que se limitaban a esperar cambios y que los que se desvivían por evitarlos.

En alguna parte había visto la frase "no debemos temer a la muerte; porque si nosotros estamos ella no está, y si ella está nosotros no estamos".

Si la muerte consistía en no tener conciencia de nada, ¿qué razón había para temer eso?

Tal vez esto no fuera mucho problema; pero quedaba una posibilidad digna de temer e imposible de ignorar: ser atrapados y torturados.

En algún rincón de nosotros se revolvían los recuerdos de todo lo escuchado al respecto, y no dejaban de estar ahí.

La única opción era seguir adelante, sabiendo que ese podía ser el precio de todo eso que tanto nos entusiasmaba.

Y seguimos adelante, porque en caso contrario quedaba una opción demasiado inaceptable: no hacer nada.

Entretanto, para dormir más cerca del trabajo y disponer de un nuevo sitio para nuestras reuniones, alquilé una habitación próxima a la zona céntrica.

Allí continuamos reuniéndonos con nuestro responsable, estudiando textos y trazando planes de acción.

Aquello de *ser revolucionario* implicaba un avance progresivo en cuanto a comprensión, experiencia y consolidación moral. De empezar charlando sobre de qué se trataba nuestra propuesta se pasaba a las primeras acciones peligrosas, a poner en práctica nuestra convicción de *arriesgarnos* por lo que soñábamos.

Esas primeras acciones eran en realidad *levemente peligrosas*, como dejar impresos de propaganda en las universidades o hacer *pintadas* de noche en las calles. No era lo que se dice combatir, pero estaba claro que si se nos atrapaba haciendo aquello se sabría que pertenecíamos a esas organizaciones que el estado se empeñaba en desbaratar, y se intentaría arrancarnos información para capturar a cuantos integrantes fuera posible.

Esas acciones más o menos simples eran nuestro primer contacto con el *miedo*; nuestro modo de saber que respondíamos, nuestro acostumbramiento psicológico y moral para avanzar hacia mayores niveles de compromiso.

Alguien dijo que como la supervivencia de la guerrilla rural depende de conocer cada entresijo de selvas y montañas, la de la guerrilla urbana depende de la *compartimentación* de la información.

Aunque nos comprometíamos y alentábamos a *no hablar* en caso de ser torturados, quedaba fuera de lo predecible lo que haría o dejaría de hacer cada persona en una situación extrema.

En consecuencia, la mejor medida para evitar que alguien dé una información es que *nunca posea esa información*.

Todo lo que organizábamos debía sustentarse en ese principio: cada uno tenía un *nombre de guerra* para que los demás no conocieran su identidad. Nadie debía hablar de dónde vivía, de dónde trabajaba, ni mencionar nada que fuera a quedar en la mente de otro como información aprovechable por el enemigo.

Cuando íbamos a reunirnos en un sitio conocido por alguien, como la habitación que yo alquilaba, nos citábamos más o menos cerca, y el que conocía el sitio llevaba a los otros tratando de desorientarlos con recorridos indirectos y no repetidos, mientras los otros se ocupaban de desorientarse a sí mismos, mirando disimuladamente hacia el suelo y evitando enfocar su atención sobre ningún detalle de lo que les rodeaba.

Lo mismo hacíamos al retirarnos; de modo que sabíamos aproximadamente en qué zona habíamos estado, pero nada más.

Esto era un problema para los propensos a hablar demasiado espontáneamente, sin pensar cada palabra antes de decirla. A veces alguien se descuidaba y dejaba escapar algún dato *prohibido*. Entonces venía el paso de continuar con el mismo juego y evitar cualquier gesto de sorpresa o cualquier alusión a lo dicho, de modo que ese dato pasara lo más desapercibido posible y no quedara muy grabado en la memoria de los otros.

Como al fin y al cabo éramos compañeros entrelazados por el afecto, a veces nos atrevíamos a una ligera violación de esa norma: nos decíamos cuándo era nuestro cumpleaños, para saludarnos y permitirnos algún festejo.

Quiénes éramos

Como muchos se interesan por la política para que les aporte algo, hay quienes lo hacen porque les interesa la sociedad, casi independientemente de su vida.

Su sentirse bien o mal depende de un factor que a otros les importa poco: cómo funciona la sociedad.

Por alguna razón como esta, los que *militábamos* habíamos respondido a aquel llamado de las circunstancias.

Habíamos comenzado a planear nuestro futuro más o menos como el resto de la gente. Unos estudiando en universidades, otros trabajando o intentando encontrar cómo, y en algún punto del tránsito por nuestra vida particular se nos hizo presente *eso otro*.

No es que tuviéramos algún problema en nuestra vida cotidiana y necesitáramos resolverlo por aquel medio. Nuestra vida podría haber continuado como la de cualquier otro, sin demasiado drama. Pero resulta que entre todo lo posible elegimos la militancia, por la misma razón que se elige cualquier otra cosa: *era lo que teníamos ganas de hacer*.

Como otros disfrutan de las posesiones, de los logros, de las sensaciones, de divertirse o de ser queridos, nosotros disfrutábamos de lo que pasaba en la sociedad, y de estar presentes haciendo nuestra parte.

Es muy común repetir que *los políticos* hacen lo que hacen sin otro fin que aprovecharse del resto de la gente y *llenarse los bolsillos*. Y se lo seguirá repitiendo, porque nadie concibe otros sentimientos que los que haya experimentado él mismo. Si nunca existió en él la satisfacción o insatisfacción por la sociedad, nunca se le ocurrirá que otro vaya a sentir algo así.

Es como si un ciego se preguntara por qué alguna gente va a exposiciones de cuadros. Si en una discusión sobre los *porqués*, o sobre la moralidad o inmoralidad de lo que haga otro, quisiéramos hacerle entender eso que no entiende, tendríamos que decirle que no lo entiende porque nunca vivió determinadas experiencias, y no las vivió porque carece de una determinada capacidad.

Además de no poder concebir una capacidad que él no posee, lo más probable es que se enfurezca con nosotros por lo que le decimos.

Quien haya experimentado un sentimiento hacia algo que no sea su vida individual, entenderá a otros que lo sientan. Quien nunca haya sentido algo semejante no los entenderá, y no parece que sirva de mucho cualquier intento de explicárselo.

No faltan en el terreno de la psicología explicaciones sobre por qué algunas personas, al verse ante demasiada dificultad para conseguir lo que desean para su propia vida, se evaden de todo afán particular adhiriendo a ideales fantasiosos o extremos, ya sea en política o en religión.

No deja de ser posible, y tal vez comprobable entre todo lo que suele hacer la gente. No deja de ser *sospechable* en ninguna persona y puede que tampoco en nosotros.

Lo que sí puede asegurarse es que *eso* a lo que adherimos en nuestro país y en nuestro momento no resultaba de ningún modo *fantasioso* ni *extremo*: era tan omnipresente, tan efervescente, que resultaba fácil tomárselo como lo más natural y *elegible* del mundo.

Esas *tendencias del momento* pueden explicar por qué la gente de una época es tan distinta a la de otra en sus elecciones y aspiraciones, hasta tal punto que resulte incomprensible para quienes nazcan después.

Lo nuestro era más que incompatible con la teoría de que *se hace política para llenarse los bolsillos*. No nos llenábamos los bolsillos ni nada parecido; más bien *salíamos perdiendo* en todo lo que estima razonable el común de la gente: abandonábamos la inquietud por beneficiarnos con nuestra actividad particular, abandonábamos la seguridad, la tranquilidad y el descanso. Elegíamos una vida que para la gente *normal* resultaba absurda y casi aterradora. Podíamos ir presos en cualquier momento; dejábamos todo lo que podría beneficiarnos para dedicarnos a lo que a otros no les importaba; nos preocupábamos por un futuro al que tal vez no llegáramos.

Pero una cosa era segura: no estábamos *sacrificándonos*; estábamos *disfrutando*.

Habíamos tomado aquel rumbo tal vez por sentirnos moralmente obligados; pero sobre todo por sentirnos *atraídos*. En todos y en cada uno era visible la convicción de que lo que hacíamos significaba *más vida*.

¿Cuánto sería comprensible todo esto para el resto de la gente? Era un punto por el que no nos preocupábamos.

Un argumento muy usual del *anticomunismo* es que los integrantes de movimientos como el nuestro no suelen ser quienes padecen los mayores grados de pobreza. En base a esto lanza el veredicto de que *engañan a los demás* al decir que lo suyo es una lucha entre ricos y pobres.

Pues algo hay de cierto: no nos metimos en aquello por ser los más pobres, sino por ser los que más sentimos y pensamos el futuro del mundo.

Nuestro motivo por el que estar ahí no eran las privaciones económicas. Sin embargo, ese motivo *por el que estar ahí* no quita ninguna validez al motivo *por el que hacer una revolución*.

Otro argumento del anticomunismo es que los movimientos como el nuestro nacen de una aspiración deshonesta: facilitar la propia vida apoderándose de lo que tienen otros.

Nunca vi indicios de algo así entre los que ingresábamos en esa etapa. Las complicaciones en que nos metíamos eran lo más lejano a cualquier intento de *facilitar la propia vida*. La burguesía no era para nosotros una fuente de la que extraer riquezas consumibles, sino un *obstáculo a derribar* para plasmar nuestro sueño; un sueño que no consistía en *absorber lo ya producido*, sino en *empezar a producir* de un modo más eficaz que los hasta ahora vistos.

Si alguna falla había en nuestro sueño, no eran las presentadas por esos argumentos mezquinos y de corto alcance. De modo que todo eso que escuchábamos era incapaz de hacer el menor rasguño a nuestra convicción.

¿Por qué algunas personas, independientemente de cuántos problemas sufran, sienten la necesidad, o la vocación, de dedicarse más a *la sociedad* que a la propia vida? Tal vez la respuesta esté más allá de todas las explicaciones *sociológicas*.

Lo cierto es que los que sentíamos esa necesidad o vocación *estábamos ahí*.

El marxismo y *el tener la verdad*

Lo que había comenzado como el puro afán de rebelarme, de sumarme a una marea social en marcha, dio paso al estudio acerca de en qué consistía todo aquello.

En algún momento comencé a leer a Marx.

Lo que hasta entonces era una escena en mi mente, el día en que triunfaríamos y daríamos origen a un mundo nuevo, se interrelacionó, y se fortaleció, con el pensamiento en términos económicos.

Me encontré con la explicación de cómo las innovaciones en los medios de producción disminuyen la necesidad de trabajo humano; de cómo los que habían sido artesanos o pequeños fabricantes se convierten en asalariados; de cómo la menor necesidad de trabajo sigue desechando asalariados y de cómo se llega a la paradoja de que una mayor capacidad productiva genera dramas en vez de satisfacciones.

Lo que no vi en las obras que leí, o tal vez fue poco visible durante la vida político-literaria de Marx, es la idea de que la disminución de necesidad de trabajo humano *para producir un determinado producto* puede generar un efecto distinto del empobrecimiento, la desesperación y la necesidad de *cambiar todo*.

Marx no parece considerar lo que con el tiempo sucedería en las sociedades más industrializadas: la capacidad productiva desalojada, consistente en personas que pueden trabajar y en dinero que puede alimentar actividades, no queda desaprovechada de una vez y para siempre: tarde o temprano se desplaza hacia la fabricación de productos que antes no existían. De ese modo, aunque por el camino haya convulsiones, crisis y desórdenes, el dinero que se ahorran los consumidores al comprar a precios menores les servirá para comprar los nuevos productos creados por esa capacidad productiva que había quedado ociosa. El resultado es que surgen nuevas empresas y nuevos empleos para ofrecer más *variedad* de productos, y el efecto de tener acceso a más variedad de productos no es la supuesta desesperación que lleva a una revolución, sino una sociedad en la que casi todos acceden a más abundancia.

Tal vez este efecto sería más visible en etapas posteriores. Pero los escritos más difundidos de Marx predicen un panorama en que la industrialización genera un empobrecimiento que no puede producir otro efecto que la insurrección de los desposeídos.

Tal vez este pronóstico haya sido poco discutible en tiempos de Marx; pero lo fue más en épocas posteriores.

De todos modos esa discusión no nos importó a nosotros. Nos aferramos al presagio *catastrofista* de que la industrialización llevaría inevitablemente a la revolución social, porque *era lo que más nos gustaba*, lo que más coincidía con el *modelo de futuro* que estábamos incorporando a nuestras vidas.

Esa presunción de un futuro con productos cada vez más baratos, pero con gente cada vez más imposibilitada de obtenerlos, enciende un acto de rebelión instintiva y mental, que lleva a decirse que, como más productividad tiene que significar más abundancia, lo que hace falta es organizar la sociedad de otra manera.

Y esa *otra manera* debe consistir en que las máquinas no trabajen en un mundo dividido en *propietarios y asalariados*, que no sean de unos pocos sino de todos. En una sociedad sin clases no producirían otra cosa que un beneficio generalizado y permanente.

Dejaría de tener valor el concepto de *derecho a la propiedad*, e incluso dejarían de importar las leyes de esa sociedad en crisis, si lo que estaba en juego era el futuro de la humanidad.

Los actuales dueños de las máquinas tratarían de evitar esto; pero, al decir de Marx, ellos mismos habían ya dado origen a sus propios sepultureros. Esa inmensa mayoría de seres que dejaron de ser necesarios para producir, pero no dejaron de necesitar alimentarse, terminarían necesariamente forzados a derribar el viejo orden.

El sistema basado en la propiedad privada de los medios de producción no solo desaparecería porque había un modo mejor de organizar la sociedad; desaparecería porque llevaba a cada vez más gente a la desocupación y a la desesperación.

Esa concatenación de pensamientos nos llevaba a dos conclusiones: 1) la revolución era indispensable para transformar el mal en bien; 2) la revolución era el destino hacia el que se dirigía inevitablemente el mundo civilizado.

Con este escenario en la mente, era prácticamente imposible preocuparse por otra cosa. Todo lo demás dejaba de tener sentido.

El interrogante sobre si ese esquema de Marx era necesariamente *la verdad* o constituía una interpretación entre otras, discutible cuando se consideraban más factores, no existía para quienes experimentaban ese *encuentro* con sus ideas en condiciones similares a las mías.

Había por lo menos dos razones subjetivas.

Cuando alguien con vocación de pensar se introduce a un campo de conocimiento que no conocía, cuando pasa de escuchar simples lamentos sociales a leer un análisis con pretensión científica, el primer autor que le presenta algo así lo entusiasma, casi lo enamora. Y esto no sucede porque sea *el mejor*, sino porque es *el primero*, y es por el momento el único que conoce. El aspirante al conocimiento queda extasiado por esa *apertura al mundo* y por quien se la presentó en primer término, y casi sin proponérselo queda aferrado a esas ideas.

La otra razón es que en una determinada etapa de la vida, quien comienza a embeberse en los problemas del mundo reacciona deseando impaciente y casi apasionadamente una solución. Y si un conjunto de ideas, o una propuesta, le dibuja en el horizonte una solución, se adhiere a ella porque *es lo que buscaba*. No importa si ese esbozo de solución es sensato o posible; importa que a partir de entonces se puede ir por la vida sintiendo que *allá adelante* hay una solución.

La vida es mejor, o parece serlo, cuando se está convencido de que va a ocurrir lo que tenemos ganas de que ocurra. Esa es la causa por la que, con o sin conocimiento, la gente elige cualquiera de las múltiples creencias que le pintan un *futuro mejor*.

Como esta interpretación de la realidad satisface nuestro deseo previo, nos autoconvencemos, como se autoconvence todo el que adhiere a alguna creencia, de que eso que leemos es verdad; más todavía: de que es *la* verdad; y discutimos lo que sea contra quien sea para afianzar con la mente eso que eligió el sentimiento.

Pero en algún momento, cuando se es capaz de parar de pensar y de mirarse mejor a sí mismo, es posible vislumbrar un *porqué* más determinante. Más de una vez me di cuenta de que imaginarme esa sociedad futura no me despertaba tanto entusiasmo. Mi mayor satisfacción, mi verdadero motivo por el que estar ahí y no aceptar otra posibilidad, era el puro acto de *levantarme contra lo establecido* y contra sus defensores; era una simple y desnuda elección entre valentía y cobardía.

Saber que decidía eso me despertaba una satisfacción, una *plenitud* sin razonamientos ni argumentos. Me veía plantando cara ante *el mal* y ante el peligro, y *sabía* de algún modo inexplicable que nada podía haber en la vida mejor que eso.

Debe ser lo que habrán sentido todos los que se incorporaron por decisión propia a una guerra. Es elegir la dignidad en lugar de la indignidad; es sentirse *insuperablemente bien* por lo que se decide. Eso deja en segundo plano toda consideración sobre *en qué bando se está* y por qué motivo.

Tal vez millones de combatientes, a través de miles de años, hayan sido más movidos por ese *elegir la dignidad* que por la utilidad de la guerra que les tocó. Tal vez eso explique aquello de que *los hombres se cansan de todo, excepto de la guerra*.

Si el marxismo nos presentaba un panorama de solución definitiva a los problemas sociales, por la vía de un también definitivo enfrentamiento, cumplía perfectamente la función de respaldar aquel sentimiento puro y abstracto de *rebelarse*.

Es posible que lo hayamos considerado verdad porque teníamos ganas de rebelarnos, y nada más.

Mucho después, habiendo visto y vivido mucho más, me convencí de que la gente no suele pensar lo que piensa porque haya probado que es verdad, sino porque se siente mejor con esa idea que con otra.

Excepto los espíritus *muy científicos*, todos los otros *eligen* de esa manera.

Como unos se sienten bien contando sus ganancias; como otros se sienten bien rezando en una iglesia o alentando a *su equipo* en un estadio, yo me sentí bien con el marxismo, sus explicaciones y sus propuestas.

Era lo que en ese momento quería vivir.

Pasos adelante

La preocupación del PRT, y casi su razón de ser, era conseguir que la marea de rebelión que crecía en la gente *tuviera hacia dónde ir*.

Una suma de voluntades que se alzan contra el orden establecido no se plasma siempre en *una revolución*. Puede tener mucha capacidad de golpearlo y hasta de derribarlo; pero en algún momento será necesario descubrir la necesidad de tomar el poder, y, más todavía, de *qué hacer con él*, para que esa ebullición colectiva no se limite a una explosión de furia que no transforme la sociedad.

Es necesario que esa marea humana tenga una dirección consciente, conocedora de qué medidas tomar para no solo consolidarse en el poder, sino para transformar la sociedad burguesa en *sociedad sin clases*, y hacer que los medios de producción comiencen a generar todo lo que realmente pueden.

Por eso es indispensable la existencia de una vanguardia revolucionaria que sepa *hacia dónde ir*; y esta debe construirse cuidadosamente desde el inicio de sus luchas.

Por eso una tarea básica de quienes nos sumábamos a ese intento era *estudiar*.

Leíamos y comentábamos las obras clásicas del marxismo, la historia de varias revoluciones exitosas o frustradas, y qué había determinado uno u otro desenlace.

Esa vanguardia revolucionaria que estábamos llamados a integrar debía ser una suma de conocimiento más voluntad. Además de saber hacia dónde ir, sus integrantes debían estar dispuestos a todo por convertir esa aspiración en realidad.

También hacía falta *moral revolucionaria*, en cada uno de nuestros actos y en nuestra disposición al combate.

Para todo eso, visiblemente difícil, era necesario fortalecerse en múltiples pasos preparatorios, como nuestras primeras acciones de propaganda.

Luego nos llegó la etapa de familiarizarnos con las armas. El responsable trajo una pistola para que aprendiéramos a desarmarla, limpiarla y cargarla. Así aquello fue transformándose en convivencia con el peligro. Tener un arma en la mano significaba saber que podía dispararse, y que sufriríamos serias consecuencias si se nos encontraba con ella. Ese primer contacto fue una silenciosa e inevitable imposición de seriedad; una sensación de que avanzábamos cada vez más en nuestro compromiso.

Lo siguiente fue empezar con actos de propaganda más comprometidos. Luego de haber dejado varias veces propaganda impresa en aulas de la Ciudad Universitaria, pasamos al acto directo de *arengar*.

Cuando me tocó a mí prepararme para subir a la mesa de una gran aula y lanzar un discurso, fui escribiendo un texto sobre la reciente masacre de Trelew, en la que pretextando un intento de fuga se había acribillado a tiros a 16 guerrilleros presos. Tras esto hacía alusión al Gran Acuerdo Nacional, promovido por el gobierno de Lanusse, y finalizaba con un llamado a la única salida: la guerra revolucionaria.

Preocupado por si sería capaz de coordinar lo que decía tras aparecer bruscamente ante mi audiencia, me repetí el texto hasta saberlo de memoria, de modo que no tuviera que improvisar sino repetirlo una vez más.

Llegó el día de hacerlo. Los pasillos y aulas de la Ciudad Universitaria se habían vuelto una acumulación de pintadas, carteles de papel en las paredes y carteles de tela colgados de los techos. Allí, rodeados por las propuestas de múltiples partidos y agrupaciones, los estudiantes pasaban la mayor parte de sus horas hablando de política.

Como siempre, se nos entrelazaba el miedo con la casi alegre satisfacción de no hacerle caso.

Entramos a un aula de Arquitectura muy concurrida. Nadie estaba dando clase porque solo había mesas de prácticas. Mis compañeros se ubicaron en distintos sectores y yo me subí a una mesa en el sector más visible.

Comencé con el discurso preparado, y mi concentración en que me saliera bien me llevó a decir todo al pie de la letra. Mientras, unos compañeros de equipo repartían volantes y otros vigilaban por si aparecía algún problema.

Previamente había imaginado que aquello podía desembocar en una salva de aplausos, en la aparición de la policía o en la intervención de militantes de derecha, escasos pero peligrosos.

Ocurrió algo menos previsto: la acción, o interferencia, de los múltiples grupos que por entonces constituían la *izquierda*. Cada uno estaba seguro de poseer la verdad absoluta, y de que los que no pensaban lo mismo estaban muy equivocados. De modo que por más que dijeran ser el mismo bando recelaban unos de otros y se mostraban disgustados ante lo que hicieran.

Junto a la pared opuesta, varios partidarios de otros grupos se empeñaron en hacer ruido para sabotear lo que yo decía. Como íbamos preparados para mantenernos firmes en lo resuelto, alcé mi voz y finalicé mi discurso tal como lo tenía preparado.

Me bajé de la mesa y nos retiramos. Como siempre, vigilamos los pasillos para ver si alguien intentaba seguirnos.

No importaba tanto qué repercusión obteníamos, sino cómo cumplíamos con lo que nos importaba. Yo salí satisfecho de haber ido más adelante en mi convicción.

Salida electoral y *fiesta peronista*

A medida que avanzaba 1972 se perfilaba la *salida electoral* propuesta por el gobierno. Las circunstancias, entre las que se contaba la escalada de violencia, determinaban que esta vez no debería haber ningún tipo de proscripciones.

Lo que siempre había sido una especie de profecía, *el retorno de Perón*, se veía ahora como un hecho casi consumado. Las fuerzas armadas, con Lanusse a su cabeza, intentaban establecer una democracia donde mantuvieran cierto poder de control. Durante varios meses hubo una puja en la que Lanusse proponía que Perón volviera al país y ayudara a su pacificación en los términos que deseaban los militares. Perón impulsaba un plan similar, pero no sujeto a otra voluntad que la propia.

En algún momento Lanusse sacó una resolución: solo podrían ser candidatos a presidente quienes estuvieran en el país el 25 de agosto de 1972. Perón dijo que nadie podía condicionar sus decisiones, y que volvería cuando se le diera la gana a él.

El resultado, planificado o no, fue que Perón no ingresó al país en el plazo indicado y no pareció inquietarse por ser candidato. Informó que regresaría el 17 de noviembre.

De ese modo fue estableciéndose el panorama deseado tanto por Lanusse como por Perón: en el horizonte visible ya no primaba la escena de una rebelión contra la dictadura; porque casi no se sentía que hubiera dictadura. Esas condiciones favorecían la desaprobación de la violencia y el aislamiento de quienes la practicaban. Se consolidaba la sensación de que las cosas iban a ir bien, de que el pueblo *había triunfado* y en no mucho tiempo sería una realidad el gobierno tantas veces soñado y tantas veces proscripto.

En poco tiempo *ser peronista*, antes una opción elegida por unos y enfrentada por otros, se volvió el valor más defendible y generalizado, un signo de *normalidad*; un modo de sentirse acompañado y apreciado por la gente con que cada uno se cruzaba todos los días.

Buena parte de lo que llamamos derecha e izquierda sentía que podía tener su espacio en aquello. Perón se las arreglaba para que cada sector creyera ser su preferido, y se mantuviera en ese conjunto sujeto en última instancia a sus directivas.

La izquierda peronista, incluyendo sus organizaciones armadas, no dejaba de participar de ese fenómeno.

Para unos, ser revolucionario y presentarse como peronista significaba obtener la adherencia, la calificación de *compañeros* de esa mayoría que sentía el peronismo como una insurrección de los carenciados y postergados. Por ese camino, ganar más poder determinaría que si Perón seguía viviendo se viera forzado a ser la cabeza visible de las transformaciones que ellos impulsaban; y si Perón moría en no mucho tiempo, casi todos los peronistas tomarían a esas organizaciones armadas como sus más auténticos representantes.

Para otros, lo único que había era una adhesión emocional al *poder gravitatorio* de la mayoría. Costaba trabajo estar fuera de esa corriente. Era difícil calificarse como *movimiento popular* y no vivir entremezclado con *la gente*, con esa mayoría que se sentía hermanada con quienes se le parecieran y distanciada con los que no. Decirse peronista era *disfrutar de la fiesta*. Decirse otra cosa era quedar fuera, solo, desamparado.

Nosotros, convencidos de que el capitalismo llevaría a la exclusión de mano de obra, al hambre y forzosamente a la revolución proletaria, nos decíamos que esa *fiesta peronista* no era más que la celebración de un espejismo con apariencia de *futuro mejor*. Tarde o temprano se impondría la realidad y la necesidad de emerger hacia una *sociedad sin clases*. En consecuencia, no había que relacionarse en lo más mínimo con la voluntad de Perón, sino indicar desde un principio cuál era el camino.

El efecto de este estado de cosas fue que las organizaciones armadas peronistas, antes en la misma trinchera que nosotros frente a la dictadura, se nos distanciaron casi con resentimiento, como lamentando que no reconociéramos cuál era el movimiento de masas que protagonizaría su anhelada *liberación nacional y social*.

Incluso algunos de nuestros compañeros, sin dejar de estar convencidos de *la línea del partido*, mostraban cierta tristeza por no estar al lado de la gente y de su esperanzada alegría. Les importaba más la alegría de la gente que la validez o invalidez de la apariencia de solución que atrapaba su sentimiento.

Ahí se hizo evidente por qué hacía falta un partido que tuviera claro cómo y hacia dónde ir. Esta convicción, ya sostenida por Lenin, movía a todos los grupos, tanto de la izquierda clásica como de la peronista. Y cada uno, entre ellos nuestro PRT, se veía a sí mismo como *el partido que lideraría la revolución*; bajo cuya dirección se aglutinaría tarde o temprano todo el torrente de cambio en marcha.

Otra consecuencia fue que un sector de nuestros compañeros se escindió para crear el *ERP 22 de agosto* (fecha del fusilamiento de Trelew), que se decía abiertamente afín al movimiento peronista y a su representación en las elecciones.

Fue un nuevo caso en que integrantes de un partido o grupo de la izquierda argentina dieron origen a otra sigla entre todas las que había, cada una convencida de *tener la verdad* en un ámbito en el que todos los otros se equivocaban.

Llegó el 17 de noviembre, en el que Perón arribaría en un vuelo contratado especialmente para que lo acompañaran figuras de la vida pública interesadas en adherir a su retorno o en ser vistas a su lado.

El gobierno militar, hasta cierto punto satisfecho por ese paso hacia la *pacificación* y hasta cierto punto preocupado porque los ánimos no se agitaran más allá de lo controlable, dispuso severas medidas de vigilancia en las calles y restringió el acceso al aeropuerto, para que todo se limitara a un acto del peronismo *oficial e institucional.*

Como nadie sabía a ciencia cierta qué podía pasar, y no faltaba la hipótesis de movilizaciones populares que podían desembocar en enfrentamientos con las fuerzas de seguridad, el ERP resolvió estar presente para sumarse a cualquier posible insurrección, que llevaría a nuevas alturas la *ebullición prerrevolucionaria.*

Envió equipos a barrios populares en que podían darse esas situaciones. Al nuestro le tocó ir a la estación Munro.

Nos encontramos a primera hora en un bar, para ver que había muchas perspectivas de lluvia y ninguna noticia de gente en la calle.

Pasaron las horas, y el único cambio fue que comenzó a llover.

Las calles se veían más vacías que antes, y por ellas anduvimos, mojándonos por carecer de paraguas y comprobando que en ninguna parte pasaba nada en especial.

Pasado el mediodía finalizamos nuestra misión, sin haber participado en otro acto que el de empaparnos.

Luego supimos que mucha gente se había movilizado para llegar a Ezeiza; pero muy poca lo había conseguido, porque los militares habían montado un operativo de control sobre todas las vías de acceso.

Hacia última hora de la tarde fui a la que había sido mi casa en Caseros. Ya sin lluvia, vi por el camino un camión con peronistas que cantaban festivamente.

Poco después, con mi hermana Alicia, su marido y su hijo, veíamos las imágenes de esa mañana en el aeropuerto, donde Perón y su comitiva posaban para las fotos bajo paraguas, en un ambiente emocionado pero pacífico.

Entretanto, en las Fuerzas Armadas se discutía sobre hasta qué punto dejarlo circular hacia donde quisiera.

En los días siguientes, Perón visitó distintos sitios y se reunió con representantes de partidos e instituciones. Todo en un ambiente de mucha vigilancia y precauciones ante posibles aglomeraciones en las calles. No protagonizó actos públicos en espacios abiertos, aunque salió reiteradamente al balcón de la casa que habitó en la localidad suburbana de Vicente López, para saludar a la gente reunida frente a la misma.

En diciembre volvió a España, dispuesto a protagonizar un retorno más triunfal y festivo cuando gobernara el peronismo.

Varias tendencias del peronismo aspiraban a imponer su propio candidato a presidente. Perón resolvió este conflicto designando candidato a Héctor José Cámpora. Esto se hizo público una vez que hubo dejado el país, para que nadie se presentara a cuestionarle nada ni a solicitarle otra cosa.

En marzo de 1973 fueron las elecciones.

Según la reforma impuesta por el gobierno militar, cada presidencia debía durar cuatro años, y si ningún candidato llegaba al 50% de los votos habría una segunda vuelta entre los dos más votados.

La fórmula Héctor J. Cámpora/Vicente Solano Lima obtuvo el 49,5%, y debía ir a una segunda vuelta contra el líder radical Ricardo Balbín; pero este, previendo que perdería, renunció a presentarse a la segunda vuelta, por lo que Cámpora quedó instituido como presidente.

Ante esta perspectiva de un presidente con mucho apoyo y afín a los movimientos de izquierda, el ERP anunció que iniciaría una etapa de tregua en la que no consideraría enemigo al nuevo gobierno; pero no daba por finalizada la lucha porque la sociedad continuaba siendo como había sido. A partir de la asunción de Cámpora no atacaría a la policía ni a instituciones gubernamentales, pero continuaría el indispensable estado de guerra contra las fuerzas armadas, bastión último de la sociedad burguesa.

Lanzó públicamente la consigna "Ninguna tregua al ejército opresor; ninguna tregua a las empresas imperialistas".

Matar y morir

En el tránsito hacia cada vez más compromiso, me llegó la etapa de tomar armas.

Eso que suponíamos tener que enfrentar alguna vez, y ante lo que nunca sabíamos cómo responderíamos, fue un día la realidad a mi alrededor. Me tocó ver compañeros heridos y muertos, y decidir avanzar hacia donde pasaban las balas.

De algún lado sacamos las fuerzas, y la aversión al sufrimiento, o a la idea de que nuestra vida acabe ahí, son barridas por la convicción de que no aceptamos retroceder, de que la vida se volvería demasiado vacía y miserable si no respondiéramos con dignidad.

La dignidad es una satisfacción que no se puede explicar, hasta que llega el día en que *toma el mando* dentro de nosotros. Con dignidad aceptamos todo; sin dignidad no aceptaríamos nada. Es la causa de que todo lo otro deje de importar.

Cuando se piensa que una fuerza se empeña en evitar cambios y otra empuja para que las capacidades de la humanidad aporten lo que realmente pueden, lo que está en el medio, o sea los individuos incorporados a una o a la otra, pasan a importar muy poco ante eso tan grande que está en juego.

Cada uno se importa a sí mismo y a quienes tiene cerca; pero si es capaz de concebir la transformación en marcha es capaz de restar importancia a la propia vida, y a la de quienes por un juego de las circunstancias disparan contra él. Nos vemos como piezas que la crisis de la sociedad llevó a chocar, y en la medida que nos importa el resultado final del choque dejan de importarnos los individuos, ya seamos nosotros o *los otros*.

Hay quienes van a la guerra con odio; porque alguien se lo inculcó o simplemente porque viven odiando. Pero quien ante todo se apasiona por *lo que vendrá después* no odia; simplemente avanza hacia eso que siente necesario. Sabe que el que alza un arma contra él no es necesariamente *odiable* ni *malo*: es alguien que con más o con menos conciencia se ha convertido en un obstáculo ante el *todo o nada* de la sociedad. Tal como desestimamos nuestra vida desestimamos la suya, y no sufrimos al disparar.

Hay quienes se horrorizan ante esta idea; pero no sienten lo mismo cuando mueren los que le caen mal a ellos. En el fondo, mientras no se sea un fantasioso que no miró bien el mundo, se sabe que en algún bando, en alguna de esas guerras donde no deja de haber atrocidades, hay quien combate con dignidad.

78

Siempre sucede: a medida que avanza una guerra cada vida pasa a valer menos; o a *valorarse* menos, por el simple hábito de verlas apagarse con más frecuencia.

Quien sea menos capaz de valorar *la sociedad* sufrirá más por la suerte de cada persona; pero cuando *la sociedad* se valora y se siente, cuando se sabe qué pasaría si no se hiciera nada, se es capaz de aceptar el precio de que el mundo sea como debe ser.

El cine y las historietas muestran personajes cargados de odio o de satisfacción casi gozosa al atacar a un enemigo. Es una fantasía, o es el ideal de los *odiadores*.

En el mundo real se sale *con tristeza* de donde hubo muertes, sean propias o ajenas.

La convicción de por qué se combate coexiste con la tristeza de ver muertes. No se atacan ni desalojan entre sí.

Proletarización

De acuerdo a Marx y Lenin, la revolución debía ser conducida por el proletariado, porque era la única forma de asegurar todos sus pasos hasta las últimas consecuencias.

Como, especialmente en la etapa inicial, muchos de los que se incorporaban al PRT provenían de otras clases, este proponía, con más preocupación que otros partidos, que los no-proletarios se *proletarizaran*. Para ser revolucionario en todos los sentidos había que incorporarse a la práctica laboral y a las condiciones de vida del proletariado.

Esto nos permitiría además estar presentes en los centros de producción, a los que llevaríamos nuestra propuesta revolucionaria para que surgieran nuevos militantes.

Nuestro equipo fue asignado a la zona norte de los alrededores de Buenos Aires.

Busqué en los avisos clasificados las solicitudes de operarios publicadas por empresas industriales.

Con cierta tristeza pero mucha convicción, me fui de Tipografía Clancy e ingresé a una fábrica de baterías para automóviles.

Allí me enteré casi inmediatamente de la mentalidad y hábitos del sindicalismo *clásico*. A un par de horas de haber comenzado se me acercó un delegado a decirme que yo hacía las cosas *demasiado rápido*, y me pidió *en nombre de los compañeros* que trabajara más despacio, porque de lo contrario la empresa aprovecharía para exigir más esfuerzo a todos.

Nunca me había gustado ese sindicalismo. Veía las luchas obreras como un punto de arranque hacia la revolución; por lo tanto esa concentración en conseguir comodidades y reformas parciales, siempre menospreciadas por los líderes revolucionarios, me sonaban a mezquindad y mediocridad. Ni siquiera perseguían el ideal reformista de *ganar más*; lo que les interesaba era *trabajar menos*.

De todos modos, mi preocupación por *la fuerza del movimiento obrero* determinó que aceptara la propuesta. Además de mantenerme en buenas relaciones con el conjunto, si esa conducta agudizaba la crisis del capitalismo favorecería las condiciones para la revolución.

Mientras trabajaba en esa fábrica asumió el gobierno de Cámpora, y otorgó un aumento salarial por decreto.

A la hora de comer hubo comentarios sobre el tema. El aumento era muy escaso en relación a lo que se esperaba de un *gobierno popular* que para la imaginación colectiva, acicateada por la idealización del peronismo, iba a iniciar una era de satisfacciones casi milagrosas.

Empezaba a instalarse la sensación de que no estábamos ante tanta transformación como se había prometido.

Después de un par de semanas me llegó una carta para informarme que me aceptaban en SKF, empresa metalúrgica mucho más importante.

Me presenté y pasé a trabajar allí.

Además de esa incorporación a la clase obrera, en cada equipo poníamos en práctica el comunismo: juntábamos los sueldos de todos para hacer gastos de mutuo acuerdo. La *proletarización* incluía el modo de vida cotidiano, en el que nos preocupábamos por alimentarnos bien pero descartábamos toda afinidad con hábitos burgueses o pequeñoburgueses.

Para mí no representaba gran problema, porque en mi vida anterior no había sido más rico que la clase obrera ni mucho menos.

La *etapa legal*

El 25 de mayo de 1973 asumió el nuevo gobierno. Como en su propaganda venía repitiendo que *"una plaza vacía es un gobierno sin pueblo"*, comenzó desde temprano la afluencia de gente a Plaza de Mayo.

Fuimos con un compañero a ver qué pasaba. Aunque todo era sol, banderas, carteles y sensación de libertad, no nos sentíamos parte de una fiesta. Aunque a muchos les bastaba ver gente contenta para disfrutar, nosotros cruzábamos la misma escena sabiendo que no había por qué disfrutar de una suposición. Nada nos decía que un cambio institucional significara una solución de fondo. De todos modos, valía la pena estar en medio de todo aquello y tomarlo como un modo de aprendizaje.

Cerca del mediodía tuvimos la evidencia de lo que ya sabíamos: no había *triunfo popular consumado* ni se habían acabado los problemas.

En los actos peronistas cohabitaban la izquierda y la derecha. Para la primera, *peronismo* era la irrupción del pueblo hacia una revolución más o menos socialista. Para la segunda, *peronismo* significaba estabilización y orden bajo la autoridad de un líder incuestionable.

Aquello no tenía más remedio que desembocar en violencia.

Cada sector quería ubicarse con sus carteles y pancartas en primera línea ante el balcón de la Casa de Gobierno, para ser más visible y escuchable ante el Presidente y ante los medios de difusión. Se lo intentaba llegando a la plaza lo más temprano posible, o posteriormente metiéndose en cuña desde un lateral para acceder a la posición central.

Desde la avenida Leandro Alem, donde desemboca en la subida por la calle Rivadavia hacia la plaza, algunos grupos empujaban para llegar ante la Casa de Gobierno y otros resistían para impedirles avanzar. En algún momento alguien intentó resolver aquello a tiros. Comenzó a haber disparos, desbandadas y vehículos incendiados.

Al poco rato unos comprobaban lo que habían sospechado, mientras otros se decepcionaban ante la señal de que de ningún modo empezaba una etapa de paz y satisfacciones.

En ese ambiente fueron concretándose los pasos del cambio de gobierno.

Nos fuimos de la plaza con la mente enfocada en lo que se había promocionado con material impreso entre la multitud: *"esta noche, todos a Devoto a exigir la libertad de los presos políticos"*.

Se venía hablando del tema desde hacía varias semanas. Los que para Lanusse eran *delincuentes*, para el gobierno electo habían sido *militantes populares contra la dictadura*. No todo el peronismo estaba de acuerdo en qué hacer con ellos. Para algún sector debían continuar presos; para otro se debía estudiar las causas una por una, y había quienes ante el cambio institucional consideraban adecuada una amnistía general.

Nosotros, así como la izquierda peronista, sabíamos que una amnistía no significaría la liberación inmediata sino un proceso prolongable. Lo único que los pondría en libertad inmediatamente sería un indulto presidencial. Se había hablado de esta posibilidad; pero las disputas entre sectores mantenían todo en un territorio neblinoso, que el presidente electo no se atrevía por el momento a aclarar.

Sabíamos que en esa *disputa entre sectores* iba a incidir lo que pasara esa noche. El dilema se resolvería en base a cuánta fuerza se hiciera por la liberación de los presos.

Mientras caía la tarde llegué a la estación Devoto y me reuní con mis compañeros de equipo.

Supimos dónde estaba la cárcel al ver el rumbo que tomaba la gente.

Llegamos ante el muro, en una calle donde ya había amontonamientos.

A unos cuantos metros al otro lado, se alzaba un edificio alargado del que veíamos el extremo, en el que había grandes ventanales enrejados. En uno de los pisos superiores, agolpados contra las rejas, se veía a los presos políticos.

Uno de ellos, con un megáfono, nos decía que en medio de los desórdenes propios del día habían roto alguna barrera para juntarse todos en los pasillos y ver hacia fuera.

En la calle respondieron con ovaciones. Abundaban los carteles de organizaciones armadas y de diversos partidos. Se arrojaban volantes al aire. Se cantaban consignas. Poco a poco las paredes externas de la cárcel quedaron cubiertas de pintadas con aerosol.

Pasaron las horas; se hizo de noche y siguió amontonándose gente. En medio de griteríos y agitar de banderas, rodeábamos al que tuviera una radio para estar al tanto de qué pasaba. Nos enteramos que esa escena se repetía ante otras cárceles del país.

Los gritos de los de adentro y los de afuera, el paso del tiempo y la falta de noticias fueron incrementando la impaciencia. Los que estaban ante los portones de la cárcel los golpeaban para mostrar que las cosas no podían seguir así. Otros lanzaban insultos a los guardias que, intranquilos, transitaban por la parte superior del muro.

Allí salió a relucir un efecto del cambio institucional que acababa de producirse y de la finalidad que lo había alentado: algunos militantes peronistas, sintiendo que ahora estaba en ejercicio *su* gobierno, llamaban a que se reclamara sin desórdenes, mientras otros lanzaban una andanada de silbidos contra su propuesta.

Hasta un día antes éramos un conjunto de voluntades contra la dictadura. Ahora algunos pedían calma y desmovilización porque creían *todo solucionado*.

Muy entrada la noche, en medio de gritos y cantos cada vez más impacientes, estalló una ovación entre los presos agolpados contra el ventanal. El que tenía el altavoz gritó *"Compañeros: ¡nos vamos!.."*

Acababa de llegar la noticia de que el Presidente había firmado el indulto.

La ovación se extendió por las calles. Por un rato largo todo fue fiesta.

Al poco rato, con una inquietud poco conocedora del ritmo de los trámites oficiales, todos esperábamos que se abrieran las puertas para abrazar a quienes estaban en manos enemigas como habíamos podido estar nosotros.

Ante el paso del tiempo sin la concreción de lo anunciado, con cada vez más inquietud y desconfianza se acrecentó la furia ante los muros.

Llegó el momento en que aquello confluyó ante uno de los portones, donde los golpes para reclamar dieron paso a embestidas simultáneas de cada vez más gente.

Y llegó la respuesta: desde la parte superior del muro abrieron fuego.

Casi mágicamente las proximidades del muro se vaciaron. Quedaron algunos cuerpos en el suelo.

Tras unos minutos de silencio escuchamos ambulancias. Después, ya conociendo los límites de lo posible, se reanudaron los gritos de reclamo.

En algún momento se informó que la operación de cumplir con el indulto estaba en marcha. En el interior de la cárcel comenzaban a poner orden entre los presos, a identificarlos y a tramitar su puesta en libertad.

Mis compañeros de equipo y yo nos retiramos. Al día siguiente vimos la conclusión en los diarios: *Liberaron a todos los presos políticos*.

En vista de que la idea de la democracia como *factor pacificador* traía aparejada la de poner en marcha la totalidad de sus postulados, quedó claro que el nuevo gobierno debía respetar una condición ausente desde hacía tiempo: la total *libertad de expresión*.

La seguridad de que nada estaría prohibido nos llevó a prepararnos para otra modalidad de lucha, no acostumbrada pero digna de aprovechar mientras existe. Desde los viejos tiempos se postula que la legalidad es *aire fresco* para los revolucionarios, y debe ser aprovechada para proclamar abiertamente, a toda la gente y a todo volumen, lo que antes se difundía a escondidas.

Durante la tregua declarada no encararíamos acciones armadas contra el nuevo gobierno. Ahora nuestras tareas pasarían a ser otras, y debíamos adaptarnos a la nueva situación.

Nuestro periódico *Estrella Roja*, hasta ahora impreso clandestinamente por medios precarios, y repartido en ambientes de confianza o en acciones de propaganda en las que nos arriesgábamos, pasó a estar presente, y a todo color, en los kioscos de diarios.

Algunos compañeros que por haber estado presos se habían convertido en nombres conocidos aparecieron en debates televisivos o dieron charlas en lugares públicos, para insistir en la idea de que *no habrá solución dentro del capitalismo*. Tarde o temprano habría que convertir los medios de producción en propiedad social, y tarde o temprano la clase que los posee movilizaría sus fuerzas armadas para impedirlo. Por eso tampoco habría solución si no se creaba un ejército revolucionario.

Previendo esa perspectiva de enfrentamiento futuro, aprovechábamos esa etapa en que todo parecía tan fácil; pero sin dejar de mantenernos lo más escondidos que pudiéramos. Era muy evidente que alguien estaría recopilando datos para el día en que pasara de respetar la ley a exterminar todos los enemigos a su alcance.

Por razones similares, no tardó en llegar el momento en que la *fiesta peronista* fue convirtiéndose en drama. Dentro de lo que se llamaba *peronismo* había sectores y propuestas irreconciliables entre sí.

Con el peronismo ya a cargo de todas las instituciones, se planeó el *verdadero* retorno de Perón, ya con toda la gloria y sin las limitaciones de cuando regía el gobierno militar.

La fecha sería el 20 de junio, festivo por ser el Día de la Bandera.

Ni bien llegado, Perón hablaría al público desde un palco montado en un puente sobre la autopista a Ezeiza. El presidente Cámpora había viajado a España, y luego de visitar a autoridades locales volvería con Perón en el mismo vuelo.

Como un compañero de mi equipo manejaba un taxi, fuimos con él desde el norte del Gran Buenos Aires hacia Ezeiza, para presenciar el ambiente de un día que tenía que quedar en la historia.

Nos llegaron noticias de que había allí más de un millón de personas. Cumpliendo con una variación de estimaciones casi tradicional en cada acto peronista, algunos llegaban a hablar de tres millones, cifra tal vez nunca alcanzada en otros sucesos históricos del mundo, que significaba que uno de cada ocho argentinos estaba esa tarde allí.

Deseosos de ver de cerca todo aquello, íbamos comentando las noticias y otros temas, hasta que poco a poco el tránsito se enlentecía y obstaculizaba. Luego empezamos a ver una circulación mayor de la previsible de vehículos en el sentido contrario.

Como eso no coincidía con lo esperado, encendimos la radio.

Así nos enteramos de que ante el palco preparado en las proximidades de Ezeiza se había desencadenado un tiroteo, ya convertido en un enfrentamiento largo y feroz. Como había comenzado antes de la llegada de Perón, se había tomado la precaución de desviar su vuelo a otro aeropuerto.

De ese modo, no hubo discurso ante la multitud ni *fiesta del retorno*.

A partir de esas noticias, no del todo precisas porque aún no podían serlo, y del conocimiento de qué solía pasar en los actos peronistas, deducimos lo que estaría pasando.

Ante la ausencia transitoria de Cámpora, la organización del acto había quedado a cargo de la derecha peronista, principalmente sindicalistas *ortodoxos* y personajes afines al fascismo.

Estos se aseguraron las ubicaciones más cercanas al puente. Por su parte los Montoneros, la Juventud y la izquierda peronista, buscando como siempre figurar en primer plano ante las cámaras e impregnar con su tono el acto y el movimiento peronista, habían intentado copar las ubicaciones más visibles.

Previendo esos conflictos, muchos militantes de la izquierda habían llevado pistolas. Pero la derecha, más institucionalizada y con más respaldo económico, se había instalado en el puente desde temprano con armas más sofisticadas, planeando no solo defender su protagonismo de ese día sino comenzar directamente el exterminio de los que llamaban *infiltrados marxistas*.

Una vez ganadas las elecciones y asumido el poder, la puja entre sectores había dejado de disimularse. Comenzaba la decidida *depuración* del peronismo.

Las versiones sobre la cantidad de muertes fueron muy disímiles.

Al día siguiente, Perón habló por todos los medios de difusión y, sin decir una palabra sobre la *masacre de Ezeiza*, llamó a todos sus seguidores a subordinarse al orden constitucional. Advirtió que *"los que ingenuamente piensan que pueden copar nuestro movimiento o tomar el poder que el pueblo ha reconquistado, se equivocan (...) Por eso deseo advertir a los que tra-*

tan de infiltrarse en los estamentos populares o estatales que por ese camino van mal".

Al mes siguiente, el presidente Cámpora y el vicepresidente Solano Lima renunciaban a sus cargos. Dijeron hacerlo para abrir paso a la ahora posible candidatura directa de Perón.

Pudo ser que renunciaran voluntariamente o que fueran presionados. No se difundieron más detalles de cómo se llegó a ese punto; pero todo hacía evidente un avance de la derecha sobre las instituciones. Diversos ministros y funcionarios fueron reemplazados por otros más conservadores.

La *ley de acefalía* dictaba que al no haber presidente ni vice debía asumir el vicepresidente del Senado. Pero unos días antes José López Rega había influido para que este viajara al exterior en una misión no especificada. Entonces la presidencia interina fue otorgada a Raúl Lastiri, presidente de la Cámara de Diputados y yerno de López Rega.

Mientras se pintaba la futura presidencia de Perón como un triunfo popular que no merecía otra cosa que festejos, avanzaron las operaciones para desmantelar la tónica *demasiado izquierdista* con que se había iniciado el gobierno. Tras dos meses de libertad de expresión retornaron las prohibiciones de libros.

Se convocó a elecciones para el 23 de septiembre.

Como Perón tenía 78 años y parecía poco probable que completara los cuatro años de su mandato, el gran dilema fue quién sería su vicepresidente, cargo que para los diversos sectores en pugna auguraba el acceso a la cúspide del poder.

La fórmula para evitar excesivas disputas fue otorgar la candidatura a la esposa de Perón, María Estela Martínez, o *Isabelita.*

Entretanto, el ERP llevó a la práctica su consigna de *ninguna tregua al ejército opresor.* El 6 de septiembre se valió del eterno punto débil de las fuerzas armadas: la presencia de conscriptos en sus cuarteles. Uno de ellos facilitó el copamiento del Comando de Sanidad del Ejército, en Capital Federal.

Como efecto de un descuido en el control de sus prisioneros, los atacantes terminaron rodeados dentro de la unidad y fueron arrestados.

Mientras todo esto pasaba en Argentina, el 11 de septiembre se esfumó el mito de *la vía chilena al socialismo*: las fuerzas armadas, al mando de Augusto Pinochet, tomaron el Palacio de Gobierno, donde el presidente Salvador Allende se suicidó, y se lanzaron al exterminio de quienes en los últimos tres años habían alterado el orden previamente vigente.

Inmediatamente nos preparamos para participar en las movilizaciones de protesta. Compramos tela blanca, celeste y roja, en distintas tiendas para no despertar sospechas, y confeccionamos una bandera del ERP lo más grande posible, con palos acoplables para sostenerla en lo alto. Esa misma noche las ciudades argentinas se llenaron de manifestantes.

En un palco improvisado en la Plaza del Congreso hablaron representantes de distintos partidos. No solo se manifestaba el repudio al golpe, sino que se reclamaba al gobierno democrático argentino, que un par de meses antes había recibido, abrazado y respaldado a Salvador Allende, que no permaneciera indiferente ante el avasallamiento de los derechos de un pueblo hermano.

Por mucho que, invocando el principio por el que nuestra Constitución otorga derecho a tomar las armas contra todo intento de interrumpir su vigencia, se solicitó el envío de armas y voluntarios a Chile, el gobierno argentino, ya en pleno viraje a la derecha, permaneció en silencio.

Pero no hubo silencio por parte del pueblo. Esa noche y las siguientes, columnas interminables de gente de casi todos los partidos recorrieron las calles con carteles, banderas y cánticos.

Costaba creer que nosotros, hasta hace poco acostumbrados a actuar a escondidas, nos viéramos en las calles en cantidades de las que no terminábamos de sorprendernos, a todo volumen y a todo color, ante gente que aclamaba desde las aceras y las ventanas.

No dejamos de pensar que alguien podría estar vigilando y fotografiando rostros para cuando llegara su posibilidad de contraatacar.

En medio de la repercusión de aquello en todos los medios, cuando se buscó la respuesta personal de Perón se obtuvo el comentario de que la democracia chilena se había echado a perder *"por culpa de los apresurados de siempre"*, y la declaración de que *"no debemos intervenir en los asuntos internos de otro país"*.

Pocos días después, como consecuencia del ataque al Comando de Sanidad, el presidente interino firmó un decreto por el cual se ilegalizaba al ERP, prohibiendo incluso mencionarlo por su nombre en los medios de difusión.

Pasó a ser designado como la organización declarada ilegal.

Agravamiento de la situación

Tras unos meses de aquel tan mentado *aire fresco*, las cosas se volvieron cada vez más difíciles para todo el que no apoyara al gobierno.

El 23 de septiembre Perón ganó las elecciones con el 61% de los votos.

A principio de octubre, en una reunión del Consejo Superior Peronista a la que asistió Perón poco antes de asumir, se declaró el *estado de guerra* contra *los infiltrados marxistas en el movimiento*, llamando tanto al *esclarecimiento ideológico*, para destacar las diferencias entre justicialismo y marxismo, como a la lucha *por todos los medios que se consideren eficientes*.

Hubo noticias de secuestros y muertes no relacionados oficialmente con procedimientos policiales.

El 12 de octubre asumió Perón, y llamó a todos los sectores sociales a acordar entre sí bajo su liderazgo, para que el país iniciara un proceso sostenido de desarrollo.

Insistió en que no todos los que decían apoyarlo representaban los principios auténticos del justicialismo, y que se debería encarar una *depuración*, tanto del movimiento como del país.

Esto incidió sobre qué nos tocaba enfrentar y hacer.

En la fábrica en que trabajaba vi de cerca los procedimientos del sindicalismo ortodoxo, empeñado decididamente en excluir a todo sospechoso de afinidades con la izquierda, peronista o no peronista.

Sabiendo que los sindicatos pueden ser el ámbito donde crezcan las tendencias revolucionarias más peligrosas, tanto los gobiernos militares como el *peronismo oficial* habían establecido una especie de alianza con el sindicalismo más conservador, en la que le permitían obtener algunas reivindicaciones a cambio de que actuara como contención del comunismo.

Ese sindicalismo ortodoxo se había convertido en una sólida y hábil burocracia que se presentaba como la más legítima defensora de los trabajadores, mientras aprovechaba su estructura institucional para impedir la elección de representantes no afines a ella.

A tal fin recurría a artilugios legales, formaba grupos de presión y de difamación dentro de las fábricas, y llegado el caso organizaba agresiones fuera de ellas.

Esto formaba parte de un decidido avance en todos los ámbitos contra la izquierda, y más especialmente de una *depuración* del peronismo, dispuesto a aislar y desalojar a la *tendencia revolucionaria* que hasta hacía poco aceptaba en sus filas.

Fuera como fuera, los líderes de *la tendencia* se empeñaban en ser vistos por la gente como parte del peronismo, para *heredar el movimiento* cuando Perón no estuviera. En sus periódicos aparecían los más rebuscados argumentos, según los cuales Perón seguía tan junto a ellos como en los viejos tiempos, y hacía lo que hacía *como táctica para desorientar a la derecha*.

Inevitablemente, la generalidad de la gente no percibía esa pretendida *unidad del movimiento*: había quienes dejaban de creer en los Montoneros y había quienes dejaban de creer en Perón; porque iba haciéndose visible que lo experimentado bajo el nuevo gobierno se parecía muy poco al peronismo *de antes*.

Nosotros continuábamos la ya trazada senda de no relación con el peronismo, aunque incorporábamos a nuestras filas a no pocos peronistas que, decepcionados, mantenían su convicción de que no había otro camino que *rebelarse*.

Y sabíamos que ya no estábamos en la *etapa legal*. Ya no había *tregua*. Nos encaminábamos hacia un futuro de cada vez menos propaganda y más combate.

Dentro de la escalada de atentados parapoliciales contra la izquierda, en noviembre de 1973 tuvo lugar el primero en que su brazo ejecutor se presentó por su nombre: Alianza Anticomunista Argentina, o *Triple A*.

Ante este montaje de una fuerza de choque al margen de la ley, nuestra respuesta fue no caer en la trampa de distraernos buscando ni combatiendo a ese nuevo brazo armado de la clase dominante, porque significaría contribuir a que el enfrentamiento izquierda-derecha fuera visto como un conflicto entre grupos de civiles. Nosotros no nos distraeríamos con eso: seguiríamos atacando al verdadero núcleo del poder de la burguesía: las fuerzas armadas, la policía y los empresarios que intervenían en acciones represivas.

Nos acostumbramos a que todo fuera más difícil. Cada día y a cada paso se nos presentaba el *todo o nada*; pero estábamos más seguros que nunca de que cumplíamos con lo que queríamos, de que no había para nuestra vida otra opción digna.

Una madrugada, levantándome temprano, poniéndome un arma en la cintura y saliendo hacia una acción, sentí más que nunca la serenidad interior, la satisfacción total de estar cumpliendo con lo más valioso que creía. Los humanos nos desvivimos por la felicidad haciendo la inconcebible variedad de lo que hacemos, la más de las veces para darnos cuenta de que nunca terminamos de conseguirla y nos sigue faltando algo. Pero en aquel momento, donde en vez de todos los bienes perseguidos solo había incomodidad y peligro, experimenté por encima de todas las dudas que la felicidad nace del *hacer*; de hacer eso de lo que se está convencido, de no temer ni obedecer a *todo lo otro*.

Por más que fuera una satisfacción breve, indefinible, fugaz, era una satisfacción superior a todo, porque consistía precisamente en *dejar todo*.

No sé si la infinidad de personas que buscan y consiguen otras cosas, incluyendo las más exitosas en lo que es más común desear, habrán podido alcanzar en un momento de sus vidas esa alegría de *dejar todo* e ir hacia delante. No sé si los que se desviven por *obtener* pueden experimentar algo cercano a la inalterable felicidad de *desprenderse*.

En un mundo donde todos buscamos satisfacción, aprendí en unos segundos qué hace falta para alcanzarla.

Mucho después, dudando de si había hecho bien en meterme en todo aquello y en fijarme aquella finalidad, me dije que si hubiera elegido cualquier otro rumbo no habría llegado a vivir aquel momento.

1974

Para incrementar nuestro contacto con la gente iniciamos la modalidad de ir a barrios de trabajadores, llamar a cada casa y ofrecer directamente nuestros periódicos.

Los resultados variaban entre el rechazo, el miedo a comprometerse, el quedarse con el periódico sin querer hablar mucho, la charla breve y, en algunos casos, el deseo de seguir conversando.

No ignorando el nivel de riesgo de ese método, pasamos a visitar con frecuencia a algunos simpatizantes y hablarles de cuál era nuestro objetivo. Algunos lo tenían más o menos claro. Así y todo, al tratar con nosotros comprendían más a fondo el porqué y el cómo de lo que hacíamos.

En enero de 1974 el gobierno presentó al Congreso el proyecto de endurecer las penas a lo que llamaban delitos con finalidades políticas; es decir, lo que hacíamos nosotros y organizaciones similares.

Planeamos manifestaciones para la tarde en que se votaría; y el gobierno se empeñó en evitar que tomaran cuerpo como para ser fotografiadas y difundidas por los medios.

Llenó las inmediaciones del Congreso con policías a pie, a caballo o en *carros de asalto*, furgonetas con varios asientos y sin puertas laterales.

Esas mismas calles se llenaron también de grupos de jóvenes que caminaban disimuladamente hasta el momento propicio para agruparse en número suficiente para ser una manifestación.

A veces comenzaba una agrupación y era disuelta ferozmente en pocos segundos. En otros casos la policía cargaba contra todo grupo que caminara por ahí, sin preguntar sus intenciones.

En esa situación, con mis compañeros de equipo y algunos más ingresamos a Avenida Callao desde una calle lateral, y ahí nos encontramos con policías que, ante la duda, salían de su carro de asalto y venían hacia nosotros con algo parecido a bates de béisbol.

No tuvimos más opción que lanzarnos a correr hacia delante. En medio de mi carrera alcancé a ver una figura que se me acercaba desde el lado de la calle, y mientras me esforzaba por acelerar recibí un golpe en la frente.

Caí al suelo, sintiendo mucha sangre en el ojo derecho. Mi primer impulso fue intentar abrirlo para comprobar que veía, y en ese momento alguien comenzó a levantarme tomándome del lado de atrás de la camisa. Un segundo después me soltó y me dejó en el suelo, seguramente por verme muy ensangrentado y pensar que sería muy complicado llevarme.

Casi inmediatamente, cuando el centro de la acción había pasado unos metros más adelante, tuve a mi lado a un compañero. Con un pañuelo o algo parecido me ayudó a cubrirme la parte golpeada. Llegué a abrir un poco el ojo y darme cuenta de que veía.

Como fuimos hacia el lado opuesto al Congreso, las calles permitían caminar sin complicaciones. En seguida estuvimos en casa de algún pariente de quien me llevaba, y de algún modo contactaron a un compañero médico, que vino hasta allí con los medios para tratarme y coserme la herida.

Me aplicó varios puntos. Tenía una abertura vertical sobre la frente y la nariz. Al impactar el golpe allí se había salvado mi ojo derecho, que pudo haberlo recibido directamente.

Me quedé a dormir en esa casa. Por la mañana desayunamos y nos fuimos.

Continué con mis actividades habituales. Como estaba en vacaciones de verano no fui a la fábrica. Tampoco realicé otra actividad que no fueran reuniones de equipo.

Las nuevas leyes represivas se habían aprobado, sin que la gente consiguiera armar manifestaciones en los alrededores.

Estuve una semana con el ojo cubierto, comprobando las dificultades de no poder percibir la realidad en tres dimensiones. Después volvimos a la casa en la que habíamos estado, a donde volvió el médico y me quitó los puntos.

Me quedó una cicatriz que se hizo menos visible con el tiempo. Cuando volví al trabajo, dije que mientras pintaba mi casa se me había venido encima una escalera y me había pegado con su borde superior de chapa.

A dos años de aquella primera cita para empezar a enterarme e ingresar a lo que ahora era mi vida, los peligros que antes nos inquietaban se habían vuelto una costumbre. Y lo que se vuelve costumbre lleva al hábito de disminuir la atención.

Todo eso para lo que tiene sentido extremar precauciones pasa a parecer menos peligroso cuando, a costa de repetirse, nos graba el engañoso esquema de que *lo que no pasó no va a pasar.*

Una cosa es que disminuyan el miedo y el sentimiento de *novedad*; pero otra muy distinta es que disminuya la responsabilidad, que se deseche el trabajo de encarar con la disciplina mental necesaria operaciones que, por mucho que se repitan sin problemas, no dejan de ser situaciones de peligro. Nunca se justifica dejar de lado las medidas de precaución; pero el hábito y la inclinación a la comodidad nos acostumbran a hacerlo.

Alguna vez, después de recorrer algunos sitios con dos compañeros en un coche expropiado y sin documentación, y después de haber pasado todo el tiempo improvisando chistes y riéndonos, nos dijimos que nos habíamos alejado mucho del estado de ánimo adecuado para moverse al margen de la ley.

Nos dimos cuenta de que no era lo conveniente; pero nuestro estado de satisfacción y alegría por lo que hacíamos era más poderoso, y nos llevaba a no tomar conciencia de eso que merecía más atención.

Es lo más simple del mundo: tomar precauciones *cuesta más trabajo que no tomarlas*; y nuestro instinto prefiere siempre reducir el esfuerzo.

En marzo de 1974, tras la operación habitual de *mover un coche* para que no quedara mucho tiempo en un mismo lugar, lo dejamos cerca de una estación de tren, y mientras mi compañero se iba hacia otro lado yo me dispuse a ir caminando a la casa que alquilábamos allí cerca.

En ese momento apareció *Ernesto*, que había llegado en tren para ir hacia la misma casa, y continuamos juntos. Yo llevaba un bolso con dos pistolas, que siempre teníamos disponibles al *mover coches*. Nuestra despreocupación desestimó la diferencia entre llevarlas en el bolso o en la cintura, porque en pocos minutos estaríamos en la casa.

Íbamos por la calle más transitada del barrio, casi a punto de llegar, cuando escuchamos detrás de nosotros el sonido de ruedas sobre el borde de piedras que rodeaba la calzada.

Nos volvimos y vimos un coche con dos policías. Uno de ellos nos apuntaba con una metralleta.

Si lo hubiera hecho con una pistola se me podría haber ocurrido lanzarme a correr; pero me pareció muy poco posible que no me alcanzara ninguna bala.

Por una fracción de segundo recordé que últimamente algunos compañeros habían caído presos y salido en poco tiempo. Me imaginé quedando libre en unos meses.

Acto seguido levantamos las manos.

En prisión

El que llevaba la metralleta se nos acercó y en seguida tomó el bolso para revisarlo.

Inmediatamente dijo *"Uyyy... Perdieron..."*, y nos obligó a tirarnos al suelo.

Y nos pidió *"la llave del coche"*; por lo que supimos que habían salido a buscarnos ni bien lo habíamos dejado.

Nos esposaron.

Luego de palparnos para ver qué llevábamos nos hicieron ingresar al auto y agazaparnos en el piso junto al asiento trasero, mientras no dejaban de apuntarnos.

El auto partió velozmente, mientras terminaba de alojarse en nuestra mente la nueva realidad: estábamos presos.

En su apresuramiento por saber más, y no conscientes de la inconveniencia de interrogar a dos detenidos sin separarlos, nos preguntaron qué estábamos haciendo.

Les dijimos lo primero que se nos ocurrió: estábamos llevando las armas y la llave, que nos había entregado alguien que se hacía llamar *el negro*, a un sujeto que nos había prometido dinero si participábamos con él en planes que después nos diría. Le inventamos un nombre: *Juan Carlos*.

Poco después nos sacaban del coche en un destacamento amplio y abierto. En seguida nos cubrieron la cabeza para que no viéramos nada.

Varios efectivos empezaron a golpearnos y a preguntarnos. Como seguíamos uno cerca del otro, agregamos más detalles a la historia que improvisamos.

Luego nos metieron en la parte trasera de un camión de transporte de presos, con divisiones metálicas en la que cada uno quedaba aislado, con una superficie en que sentarse y con escaso espacio para estirar las piernas.

En esos primeros momentos de silencio, fuimos preparándonos para lo que adivinábamos que vendría.

El sentimiento que me había llevado a todo aquello no había alcanzado su máxima expresión en lo hecho hasta el momento; la máxima expresión, la máxima prueba, empezaba ahora.

Tuve tiempo de pensar en qué hubiera convenido hacer en lugar de lo que hicimos, y en que habíamos ido demasiado lejos con nuestro hábito de despreocuparnos.

Inmediatamente me convencí de la inutilidad de imaginar *modificaciones del pasado*. Lo que ya ocurrió ya ocurrió, quedó atrás y será para siempre inmodificable.

Después de un par de horas se abrió la puerta y estuvo ante mí el que parecía ser jefe del destacamento. Volvieron a cubrirme la cabeza y me llevaron a un lugar cerrado.

Allí el jefe me dijo que me convenía decir ahora mismo todo lo que sabía.

Inmediatamente me ordenaron quitarme la ropa.

Me esforcé por hacer el papel de quien no conoce esa situación. Repetí una y otra vez que *no había hecho nada*.

Me acostaron en una superficie plana y me ataron manos y pies.

Ante su requerimiento volví a contar la historia de un sujeto que nos esperaba en un bar para recibir las armas y las llaves. Me preguntaron *¿A dónde lo vamos a buscar?* Les dije que nos esperaba cuando nos detuvieron, que ya se habría ido y que no estaba enterado de nada más.

Acostumbrados a casos similares, no me creyeron y siguieron con su procedimiento.

Me sujetaron cables, me dijeron que si estaba dispuesto a hablar abriera y cerrara una mano, y en seguida empezaron con las descargas eléctricas.

Quise con todas mis fuerzas no estar ahí.

La electricidad siempre nos sacude y nos descontrola.

Recurrí a abrir y cerrar la mano para conseguir que se detuvieran. Repetí, dramatizando lo más posible, que no sabía otra cosa.

Continuaron con las descargas.

Pensé en mis compañeros que, sin saber dónde estábamos, seguían en sus casas y en sus actividades. Recordé todo lo que habíamos vivido juntos. De ninguna manera podía ser que ellos se vieran ante lo mismo.

Todo lo que había sentido sobre nuestros sueños, sobre la alegría de estar entre compañeros y la satisfacción de cada día por lo que hacíamos, todo eso tenía sentido si se le era leal siempre y en todas las condiciones, si se le era fiel hasta el extremo de *no hablar* en ningún caso. Si no se le podía ser fiel todo se apagaría, todo se echaría a perder, todo pasaría a ser parte de una vida que quizás no se aguantara continuar.

Recordé haber escuchado que al que habla lo torturan más tiempo, porque se dan cuenta de que están obteniendo resultados.

Una y otra vez hice señas con la mano para detener aquello, y continué con el papel de quien no sabe nada y está desesperado por convencerlos. Les dije que no sabía nada más sobre ese que nos esperaba, pero podría hacerles un dibujo de su cara.

Nada los convenció. Su trabajo era obtener información y hacer cuanto antes todos los arrestos que pudieran.

Me preguntaron *"¿Cuántos hechos tenés?"* Buscando relacionarme con algún delito y convertir nuestra detención en un éxito mayor.

No dieron indicio de sospechar alguna actividad política. Siguieron pensando en robos y en posibles cómplices a encontrar. Yo continué con lo mismo.

Después de no sé cuánto tiempo escuché que el jefe decía *"Bueno"*...

¿Sería posible que aquello terminara?

Me retiraron los cables, me desataron y me dijeron que me vistiera.

Lo hice, con ganas de que aquello acabara pero sin estar del todo convencido.

Seguramente estaban muy acostumbrados a que se les mintiera, pero parecían medio desorientados ante lo escuchado y ante la perspectiva de cómo continuar.

Me dejaron nuevamente en el compartimiento del camión, y se llevaron a Ernesto.

Más tarde lo trajeron y nos dejaron allí.

Permanecimos en silencio, sospechando que podrían escucharnos; pero principalmente porque estábamos asimilando nuestra nueva situación, pensando en lo que nos tocaba enfrentar y en lo que fuera a pasar en adelante.

Pasó el tiempo. Empecé a ver que por pequeñas aberturas del compartimiento llegaba la luz del día.

Transcurrieron horas vacías de novedad pero llenas de incertidumbres. Sobre cómo iba a continuar aquello, sobre los compañeros que esperaban vernos como todos los días y estarían preguntándose qué nos habría pasado, sobre todo lo que quedaba por hacer allá afuera, sobre mi familia que no tardaría en enterarse...

Era inevitable presentir una nueva sesión de tortura. Una técnica al respecto es atormentar y desgastar a los prisioneros sometiéndolos a intervalos completamente irregulares, intercalando esperas angustiantes con nuevos tormentos cuando todo parece haber acabado.

Todo continuó sin respuesta. Volvió la noche. En algún momento estuve durmiendo; luego continué ante una incertidumbre donde lo único que se movía era mi pensamiento, y mi atención hacia cualquier sonido que significara un cambio, para bien o para mal.

Volvió el día, y la repetición de aquella permanente ausencia de novedad. Sentí hambre y sed, y sentí que algo andaba mal en mis piernas y pies por la permanente imposibilidad de estirarse a descansar.

Volvió la noche y volvió el día, sin cambios en uno ni en otro sentido.

Al caer la tercera noche nos sacaron a un costado del camión y nos dieron algo de comer. Seguimos sin enterarnos de qué iría a pasar.

Durante la tarde del cuarto día nos sacaron y nos permitieron acostarnos en un terreno donde daba el sol.

Después nos hicieron entrar a un vehículo y partimos.

Al parecer habían averiguado la procedencia del coche expropiado. Poco después estuvimos en una comisaría y nos dejaron allí.

La comisaría

Nos mantuvieron de pie en un pasillo mientras anotaban nuestros datos en alguna documentación. Seguimos padeciendo la apenas interrumpida necesidad de estirar las piernas.

Luego nos llevaron al fondo de la comisaría, donde había dos celdas con varios presos en cada una.

Nos quitaron las esposas y nos dejaron en una de ellas. En seguida los presos nos preguntaron de dónde veníamos y por qué habíamos *caído*.

Les contamos la misma historia que a la policía. Por razones distintas, no nos creyeron mucho.

En seguida estuvimos tomando conciencia de que veníamos de mundos muy distintos. Desconocíamos el de ellos como ellos desconocían el nuestro.

Para ellos era habitual contarse sus delitos, y estar seguros de que todo lo dicho no trascendería más allá de las celdas.

Como nosotros no estábamos nada al tanto de aquel ambiente, y como nos aferramos a la circunstancia de que no se nos hubiera vinculado con la política, nos mantuvimos hablando poco del tema, en el papel de quienes empezaban a meterse en el mundo delictivo bajo la dirección de otros.

En la celda había una superficie de cemento a modo de cama, y algunas frazadas que se extendían en el piso para que durmieran varios presos. Pudimos sentarnos en el piso y descansar las piernas. Y por la noche tuvimos comida, que los familiares de los presos les llevaban al visitarlos.

En los días siguientes vinieron los padres de Ernesto y mis hermanas con sus maridos. De alguna manera nuestros compañeros los habían localizado y les habían informado de nuestra desaparición. Mis hermanas se habían reunido con abogados relacionados con movimientos políticos, y me habían buscado un par de días hasta encontrarme allí.

Más o menos les había contado sobre mi militancia, y siempre habían tratado de hacerme desistir.

En los días siguientes supimos que se nos había encausado por dos delitos: *Robo de automotor* y *Tenencia de armas de guerra*. Según los otros presos, eran causas *pesadas*, y no cabía esperar una salida fácil.

Las charlas de los presos eran sobre sus causas judiciales y su posibilidad de salir, o sobre su vida antes de ir a parar allí.

Cada uno era estimado en más o en menos según a quién le robara. Era toda una estratificación social. El que asaltaba bancos *valía más* que el que se dedicaba a objetivos más fáciles, y el que ostentaba más antecedentes y condenas, y había protagonizado algún tiroteo, merecía más respeto que los recién iniciados.

Para su forma de ver el mundo, el resto de la gente estaba conformado por los *poderosos*, hábiles para aprovecharse de todo, y los *giles*, que aceptaban ese poder y trabajaban por sueldos que no les daban una vida digna de vivir. Por encima de estos estratos poco apreciables estaba el de *los que se atrevían a robar*.

Cualquiera que clasifica al mundo en sectores se ubica a sí mismo en *el más valioso*. Aunque la vida que llevaban podía durar poco, o sufrir largas interrupciones entre rejas, era la vida que *valía la pena*, y no la cambiaban por ninguna otra.

Alguno contó que en un caso había intentado dedicarse a trabajar y dejar de meterse en problemas; pero no había aguantado hacer todos los días lo mismo y *ganar tan poco*.

Pasábamos los días charlando sobre todo eso, jugando al ajedrez o al truco y escuchando la radio, en la que lo más preferido eran los programas con canciones de moda.

Más de una vez nos acordábamos de la *otra* vida, de lo que hasta hacía poco llenaba nuestros días y repentinamente había quedado lejos. Era lo que sentíamos y queríamos. Allá afuera seguía cada uno de nuestros compañeros, todo lo que habíamos vivido juntos y todo lo que quedaba por hacer.

La novia de Ernesto empezó a ir a mi casa y a entregarnos mensajes de los compañeros por medio de mi hermana Alicia.

Los leímos, añorando aquel mundo del que habíamos sido arrancados. Les contestamos enviando saludos a todos, alentándolos en su lucha y resaltando nuestra resolución de volver a continuarla.

Un par de semanas después nos llevaron al juzgado por la causa del automotor.

Los otros presos nos habían recomendado no repetir lo dicho a la policía. En el juzgado se puede ser condenado por cualquier cosa que se diga. Por lo tanto había que *negar todo*: nos habían arrestado por la calle por vaya a saber qué motivo, sin que lleváramos armas ni llaves.

En este caso todo pareció fácil. El secretario de un juez me preguntó *¿vos cometiste estos delitos o no?* Le dije que no, él lo escribió en un expediente y la policía volvió a llevarnos a la comisaría.

Después hubo en la comisaría una *ronda de reconocimiento* a la que asistió el dueño del auto. Nos pusieron con otros presos ante él. Como nosotros no habíamos estado en esa operación, no reconoció a nadie.

Llegó el 1º de mayo, con Perón volviendo a hablar desde la Casa Rosada.

Los de la celda de al lado lo escucharon; los de la nuestra prefirieron seguir con la música.

Nos enteramos de que la izquierda peronista gritaba contra el visible *giro a la derecha* del gobierno. Perón insistió en que ahora que estaban poniendo en marcha al país no podían permitir que *un grupo de imberbes* pretendiera llevarlo en otra dirección. Luego recalcó que *"seguiremos en nuestro rumbo pese a esos estúpidos que gritan"*.

No faltaron los que quisieron seguir siendo parte del movimiento a cualquier precio. Pero muchos de los asistentes se fueron de la plaza. Las tensiones ya no daban para que el peronismo siguiera siendo una sola cosa.

El 12 de junio Perón improvisó otro encuentro en Plaza de Mayo, sin un tema identificable y en una fecha no relacionada con ninguna conmemoración. La causa real debió ser que se sabía muy próximo a la muerte.

Los últimos días de junio empezamos a ver un clima fuera de lo común entre los policías, y en seguida supimos que *estaban acuartelados*. Se habían tomado medidas extraordinarias con todas las fuerzas de seguridad; porque *algo pasaba con Perón*.

En medio de incertidumbres y rumores, se empezaron a difundir partes médicos sobre su salud, mientras se extendían las medidas de seguridad en todos los espacios públicos.

El 1 de julio, María Estela Martínez comunicó por todos los medios el fallecimiento de Perón.

Algunos diarios que llegaron a nuestras manos nos mostraron las escenas del sepelio. Llovía y hacía frío, pero había multitudes en los alrededores del Congreso. Algún medio se refirió a *los dos sepelios de Perón*: el de las instituciones y el de la gente común.

Hubiéramos preferido que viviera más tiempo para que se definiera mejor el divorcio entre los *dos peronismos*, y quedara más claro que él no comulgaba con los que aspiraban a grandes cambios. Pero la realidad era lo que había ocurrido, y la historia seguía adelante desde el escenario en que nos encontrábamos.

Era fácil presentir que el país se encaminaba a más conflicto e inestabilidad, con la democracia seriamente amenazada. Asimismo, se volvería más definida y entendible la existencia de dos bandos, cada uno con un modelo de futuro.

Asumió como presidenta María Estela Martínez, o *Isabelita*.

A mí me inspiraba cierta lástima, porque más que un personaje de la vida política era una víctima involuntaria. La habían llevado a todo aquello las circunstancias de su vida personal, y las perspectivas eran que se le vinieran encima padecimientos para los que no tenía preparación ni vocación.

Desde mediados de 1974 empezó a haber noticias sobre la guerrilla rural en Tucumán. En un principio los militares afirmaron tener cercado a *un grupo de insurgentes*. Después se supo que, como suele ser habitual en un ámbito selvático-montañoso, el cerco no había podido completarse. Los guerrilleros seguían rondando por la zona y hasta tomaron transitoriamente algún poblado. Desde entonces el enfrentamiento en esa área fue parte de las noticias cotidianas.

En esas circunstancias, luego de unos meses en que vimos llegar y salir algunos presos y escuchamos la realidad exterior por la radio, un día nos dijeron que preparáramos nuestras cosas, nos hicieron subir a un camión y nos trasladaron.

La cárcel

Luego de un viaje largo, algún detenido que venía en otro compartimiento comentó que estábamos en la Unidad 9 de La Plata.

Nos hicieron ingresar en un recinto donde revisaron lo que traíamos, anotaron nuestros datos y nos consultaron por nuestros antecedentes sanitarios.

Luego nos llevaron a través de un largo pasillo, a cuyos lados se veían entradas a pabellones. En una y otra intersección abundaba lo que se volvería nuestro entorno más habitual: rejas.

Ingresamos a un pabellón, un pasillo flanqueado de puertas con aberturas por donde pasar platos, y nos dejaron a cada uno en su celda.

En cada celda de ese pabellón, más o menos nuevo, había una cama y una mesa de cemento, un inodoro, un lavabo, y un ventanal revestido de bloques de gruesos vidrios moldeados, que traslucían la luz pero no permitían ver qué había fuera.

Después de casi todo un día de novedades, me encontré de lleno con el lado más indeseable de aquello: nada que hacer, nada que mirar ni nadie con quién hablar.

Volví a decirme que aquella situación era parte de todo eso a lo que había decidido arriesgarme. Había llegado el momento de atenerme a las consecuencias. El valor moral de nuestra decisión nacía precisamente de esto: saber que nos traería consecuencias indeseables; y se convertía en valor de verdad en el momento en que nos caían encima y nos manteníamos convencidos de lo mismo.

Me senté en el banquito que estaba ante la mesa, me quedé mirando la celda y pensando en cómo continuaría mi vida.

Recordé lo leído sobre que *la cárcel es una escuela para los revolucionarios*. Allí donde no parece haber nada que hacer está la posibilidad de leer y de trabajar con la mente. De algún modo me encontraría con esa posibilidad.

Por el momento encontré algo en que ocuparme: hacer un poco de gimnasia.

Supe que los presos que ingresaban pasaban dos días en la celda antes de *salir a recreo*.

Mirando el pasillo por la abertura de los platos, y escuchando a algunos presos que cumplían tareas de limpieza, empecé a enterarme de cómo eran las cosas allí.

Llegada la noche vinieron los *rancheros*, presos que cumplían la función de llevar un carrito con grandes recipientes de comida y servirla en platos de aluminio al ocupante de cada celda. Me sirvieron un plato de sopa y otro de un guiso con varios componentes. En la celda había un jarro metálico en el que servirse agua. Debíamos comer con una cuchara y un tenedor de madera.

Luego de la etapa de la comisaría, marcada por su poca regularidad con la comida, aquello era una mejora.

Más tarde, unos altavoces indicaron lo mismo que todos los días a esa hora: *se ordena silencio*.

Se apagaron las luces de pasillos y celdas. Lo único que quedaba por hacer era dormir.

La cama estaba provista de un colchón, sábanas y frazadas. Allí me acomodé y dormí, descansando de las novedades del día y preparándome para un futuro donde no habría demasiadas.

Por la mañana sirvieron el desayuno, con un conjunto de panes que debían alcanzar para todo el día. La cama debía quedar bien armada, y no se permitía que durante el día los presos durmieran o estuvieran acostados.

Luego del inicial *encuentro con el vacío*, en el que se descubre con cierta angustia que no hay nada que hacer ni que mirar, la repetición de lo mismo parece asentarse y tranquilizarnos. Si se es capaz de descubrirlo, es bueno estar con uno mismo. Siempre es posible, y siempre es provechoso, mirarse a sí mismo y mirar la vida.

A la mañana del tercer día me abrieron la puerta para salir al recreo. A través de un pasillo rodeado de alambrados llegamos a un espacio cuadrado también rodeado de una valla metálica, de unos treinta o cuarenta metros de lado, con algunos bancos de cemento en el centro.

Allí ingresaban los presos y disponían de dos horas para comunicarse y moverse. Nos llamó la atención su costumbre de caminar, en grupos de dos o más compañeros de charla, más o menos rápido desde un límite al otro, darse vuelta para volver al mismo ritmo hasta el límite opuesto, y así sucesivamente. Se supone que cuando no hay a dónde ir no hay por qué apurarse; pero si se vive en poco espacio la necesidad de moverse se impone ni bien le es posible.

Allí estaba Ernesto, y al poco rato, por mimetización o por necesidad, caminábamos juntos a ese ritmo.

Aprovechamos para hablar de todo lo que al estar amontonados con otros no era tan posible: cómo tomarse el *estar presos* en medio del ideal que habíamos abrazado; cómo habíamos vivido todo lo que repentinamente nos tocó vivir; cómo entendíamos ese mundo al que acabábamos de ingresar; cuántas ganas teníamos de volver a lo de antes; cómo nos dábamos cuenta de nuestro exceso de descuido, y qué perspectivas se nos presentaban en adelante.

Poco a poco fuimos hablando con otros presos. Se empezaba siempre por el mismo tema: por qué estaba allí cada uno, cómo marchaba su causa judicial y en cuánto tiempo esperaba salir.

Fuimos enterándonos de las condiciones y costumbres de la cárcel.

Los días de visita, no muy frecuentemente debido a la distancia, venía Laura, la novia de Ernesto, que nos informaba de cómo andaban nuestros viejos compañeros y de la situación del país. Con algo menos de frecuencia venían mis hermanas.

También vino a vernos un abogado. No era de los conocidos como defensores de presos políticos, porque como no parecía haber sospechas de que estuviéramos relacionados con la política no convenía despertarlas. Nos dijo que por la causa de las armas podían sentenciarnos a tres años o más. Para quien no tuviera antecedentes, una condena de tres años podía permitirle salir en libertad condicional a los ocho meses. En cambio, con un período mayor hacía falta cumplir dos tercios de la condena. Si esta fuera de cuatro años, *la condicional* sería posible a los dos años y ocho meses. Por el momento nuestro futuro era incierto.

Poco después, en el área administrativa de la cárcel, nos encontramos sorpresivamente con un compañero que conocíamos de una etapa anterior. Nos saludamos, pero como él sabía de nuestra detención y de que no se nos había relacionado con la política, continuamos hablando disimuladamente.

Por él supimos que allí había un pabellón de presos políticos, y que además tenían contacto con un preso común que en otra cárcel había hablado mucho con ellos y simpatizaba con nuestro objetivo.

Por su medio, y por el de presos que hacían tareas de limpieza y podían entregar mensajes de unos a otros, empezamos a recibir noticias del pabellón de *los políticos*, y luego algún material de lectura.

El vacío inicial fue dando paso a una vida cotidiana con más cosas que hacer. Se nos volvieron familiares los temas de conversación de los presos y sus entretenimientos en el recreo.

Como, para evitar juegos con apuestas, no se permitía tener ningún tipo de barajas, se había inventado una equivalencia entre las fichas de dominó y las cartas de la baraja española. Así, algunos jugaban con ellas al truco. Como las fichas de dominó permitían equivalencias muy simples, solo se podía jugar una variante sin *envido* ni *flor*.

Algunos mostraban en el recreo sus trabajos artesanales, propios de quien dispone de mucho tiempo para hacer cada cosa. También se jugaba a las damas o al ajedrez.

El ajedrez

En un tiempo veía a mi padre y mis tíos jugar al ajedrez. A veces quería jugar con ellos, pero por mi edad, y por carecer de rivales adecuados, estaba lejos de entenderlo.

En la comisaría había empezado por repasar cómo se movía cada pieza y a jugar algunas partidas. En la cárcel abundaba el tiempo para avanzar en el tema.

Como en todo, se comienza perdiendo y cayendo en cuenta de en qué se falló. Luego se descubre cómo evitar errores demasiado gruesos, y se le va encontrando gracia a la ocupación de pensar, descubrir posibilidades mejores y ver que dan resultado.

Comenzar perdiendo y volverse capaz de no perder es un encuentro directo con las condiciones que rigen el mundo. Podemos no conocerlas y pagar el precio de cada error, o podemos ir descubriéndolas, tanto al mirar como al movernos, para pasar de recibir golpes a llevarnos mejor con la realidad.

Y nos damos cuenta de que lograr lo que se quiere tiene un precio: jugamos en un mundo tangible, en el que tenemos *posición, material o calidad*, y con cada decisión sacrificamos un poco de esos valores por algo que queremos conseguir. Poco a poco descubrimos que también existe un mundo intangible, en el que la dedicación a pensar genera poder en un nivel superior; un poder con capacidad comparativamente ilimitada de dominar el mundo tangible.

Descubrimos el poder de la inteligencia por encima de los otros factores que determinan las cosas.

Detrás del pensar en piezas, movimientos, ubicaciones y posibilidades, está el acto puro de *pensar*, más allá y por encima de las cosas pensadas.

Como unas formas de arte se disfrutan al oír y otras al ver, en algún momento se descubre cuánto se disfruta al pensar, y cuánta admiración despierta una obra del pensamiento. Una partida de ajedrez se despliega ante nosotros casi como un ballet o una sinfonía, y termina fascinándonos por sus movimientos y por la inteligencia que adivinamos detrás de su sucesión.

Para que las partidas terminen alguna vez, y si hay espectadores se queden a mirarlas, se asigna un tiempo limitado a cada jugada. Pero podría no asignársele, y nos veríamos ante el desafío de probar hasta dónde y hasta cuándo somos capaces de pensar. Las posibilidades son ilimitadas, y el límite lo pone la capacidad de cada uno para mantenerse concentrado en un tema.

Siempre me pregunté si en el ajedrez gana el más inteligente o el más capaz de aguantar eso que tiene en la cabeza; porque todo consiste en mantenerse pensando y recordando una cantidad de posibilidades en teoría ilimitada, pero en la práctica limitada por cuántos contenidos soporta un jugador en su memoria.

Por encima de la capacidad de pensar, por encima de la capacidad de aguantar, y tal vez como causa básica de esta última, está la facultad que determina el destino de todo lo que hacemos: la voluntad.

Si alguien es capaz de retener tantas jugadas en su memoria, y exigirse continuar en vez de decirse que no puede más, es porque está más *decidido a ganar* que quien tiene enfrente.

Como en todo lo que lleva al hombre hasta el límite de lo conocido o cognoscible, tal vez nunca sepamos hasta qué punto pueden llegar la inteligencia y la voluntad en cada individuo, y nunca podamos decir que una de ellas puede más que la otra.

En los temas realmente profundos, nunca lo sabemos todo.

En todas las actividades se entrecruzan el pensamiento puro y el impulso, que nos empuja a movernos y ver de una vez un resultado. En el ajedrez está la posibilidad de que trabaje exclusivamente el pensamiento, sin que hagan su parte las emociones. Pero como no solo tenemos esas emociones, sino que vivimos durante un período limitado, siempre irrumpe *lo otro* en medio de la pura racionalidad.

Ante ese panorama teóricamente ilimitado, mi actitud fue procurar ganar sin extenderme a niveles muy abstractos del pensamiento. Nunca leí un libro *teórico* de los que leen los grandes jugadores. No supe nada sobre las *estrategias de ataque y defensa* que están escritas en alguna parte. Simplemente aprendí cómo se mueven las piezas y respondí como se me ocurría en cada momento.

Por detrás de todas las técnicas termina saliendo a relucir la personalidad de cada jugador. Mi preferencia de siempre tal vez no sea la más eficiente para el ajedrez: no querer quedarme toda la vida pensando, sino obedecer al deseo de pasar a la acción y ver de una vez los resultados. Si eso es un defecto, el hecho de haber visualizado las posibilidades del ajedrez me permitió descubrirlo.

Por esa disposición interior, o por mis temas mentales de entonces, si lo mío podía llamarse *estrategia* era similar a la de una *guerra de guerrillas*. No concebía estrategias de largo plazo ni tenía ninguna gana de pensar en algo así; comenzaba cuidándome de no perder, y de ahí en adelante, trazándome el encadenamiento de unas cuantas jugadas posibles, descubría un modo de que al final de esa sucesión el otro terminara perdiendo una pieza. Luego de haber alcanzado ese objetivo, volvía a mirar el panorama y a planear cómo quitarle otra pieza. Solía darme resultado porque tal vez el otro buscaba descubrir mi plan con la suposición de que me movía otra finalidad. Si conseguía lo mismo dos o tres veces en una partida, llegaba un momento en que el otro, al mejor estilo de un acosado por las guerrillas, quedaba debilitado y terminaba perdiendo.

Esa forma de encarar el juego me daba ciertos resultados, aunque para saber hasta qué punto se es bueno o malo hace falta medir el nivel de los rivales, lo que nunca es del todo fácil.

Cuando ingresamos a un nuevo ámbito comenzamos pensando lenta y cuidadosamente, en un acto que se parece más al tantear que al ver. Cuando estamos más empapados de experiencia, lo que una vez se pensó con esforzada concentración pasa a convertirse, en algún nivel profundo y casi inconsciente, en una síntesis silenciosa y sutil que responde ante la realidad con insospechada rapidez, como si todo se pensara solo o ya se supiera. Es como cuando aprendemos a leer: empezamos despacio hasta que sin darnos cuenta estamos leyendo rápido. Un día miramos el tablero y casi en silencio estamos viendo jugadas futuras. Esta *sutilización* del pensamiento despierta una satisfacción antes desconocida, por la que valen la pena todos los esfuerzos.

Todo esto me pareció tan atrapante, tan poderoso en su capacidad de desarrollar sentido común, *sentido de realidad* y crecimiento de nuestras facultades, que me dije que alguna vez, cuando hubiéramos plasmado nuestra revolución y yo fuera un jubilado en una sociedad futura, me dedicaría a jugar al ajedrez en condiciones de *pagar el precio* de tanto éxtasis: invertir todas nuestras capacidades y quedarnos sin tiempo para nada más.

Entre todo lo que jamás sucedió estuvo el no llegar a tal situación. Siempre hubo algo más para hacer.

El ajedrez, y su despiadada imposición de *dejar de pensar en todo lo otro*, siguió en el ámbito de lo que podía quedar a un lado en nombre de otra prioridad.

De todos modos estoy satisfecho de haber preferido *lo otro* en cada caso que me tocó elegir.

Una y otra vez nos vemos ante la evidencia de que *no hay tiempo para todo*.

Alguien dijo *"la vida es corta; el arte es largo"*. Para colmo, además del arte nos interesan otras cosas.

Hay muchísimas cosas buenas para hacer, y como son muchísimas no tenemos tiempo para todas.

Ocupaciones de esa etapa

Lo que en un principio parecía un panorama angustiante fue dando lugar a un aprovechamiento del tiempo en prepararse para lo que viniera más adelante.

Así y todo, el vacío no deja de acosarnos. Siempre vuelve ese malestar de no tener nada que hacer porque no se está en el sitio en que habría cómo hacerlo.

Uno se repite que todo eso *se podrá más adelante*, y pasa a concentrarse en lo que está a su disposición.

Hay una soledad de cuando se está solo y una soledad de cuando se está con otros. En algunos recreos hablábamos con Ernesto de lo que de verdad nos interesaba, de cómo entendíamos cada vez mejor aquello que nos proponíamos, y de cómo nuestra idea de estar presos pocos meses iba siendo desplazada por una incertidumbre a largo plazo. Era un precio más alto que el imaginado, pero que seguíamos aceptando.

Cuando hablábamos con otros, siempre aparecían temas con los que más o menos nos entreteníamos. Pero esa *soledad de estar con otros* nunca llega a disiparse. Una vez que nuestra mente se estableció en el núcleo de lo que más nos interesa, de lo que tiene más sentido para nuestra vida, todo pensamiento ajeno a ese núcleo resulta insípido, insustancial, vacío de interés y de satisfacción.

Hablamos con otros sabiendo que no son los que quisiéramos tener a nuestro lado, que lo que decimos no es lo que realmente nos importa. Cada uno tiene su propio universo interior; por eso tiene amigos con los que sintoniza, *con los que puede ser él mismo*, y por otro lado compañías ocasionales.

Quienes iban a nuestro mismo patio vivían su propia vida en su propio universo. Solo coincidíamos con ellos en estar donde no queríamos estar, en extrañar nuestros respectivos mundos y en especular sobre cuándo saldríamos.

Algunos, con un área de intereses más amplia, daban lugar a más posibilidad de charla. Se podía hablar sobre *el mundo*, sobre las relaciones de las que cada uno había quedado separado o sobre la vida en la cárcel. Siempre se sintonizaba mejor si comentábamos todo con un poco de humor.

Poco a poco pudimos conectar con los temas que más nos interesaban, aunque más en las celdas que en el recreo. Conseguíamos intercambiarnos mensajes con los presos políticos. Así recibíamos copias furtivas de partes de nuestros periódicos y nos contábamos lo que íbamos sabiendo de la situación política.

Las visitas de algunos conseguían, en la medida en que pudieran filtrarlos a través de la vigilancia, hacer entrar algunos libros. Por medio de presos que limpiaban los pasillos y disponían de cierta libertad de movimientos recibimos materiales de lectura.

En un tiempo tuve y fui leyendo la historia contada por un teniente del Ejército Rojo sobre lo ocurrido al combatir a los nazis cerca de Moscú. También leí el libro de un líder del Partido de los Trabajadores de Vietnam, contando idas y venidas de su interminable guerra contra japoneses, franceses y estadounidenses. Gracias a ellos aprendí mucho sobre política y arte militar.

Hasta que un día, luego de una de las *requisas* que hacían los guardias en las celdas, buscando principalmente drogas o armas punzantes creadas con trozos de metal, me encontré con que ambos libros habían desaparecido. Eran los riesgos habituales de la cárcel, y no había forma de reclamar por eso. Reclamar podría significar atraer demasiada atención sobre lo que uno leía.

Hubo un caso en que a un preso le encontraron un libro sobre un tema nada conflictivo, pero con portada de fondo rojo. Se vio en apuros porque los guardias se pusieron a decirle *"esto es comunismo"* sin siquiera leer el título.

También aprovechamos la biblioteca de la cárcel, donde se podía tomar libros en préstamo. Tuvimos cuidado con qué retirábamos, porque allí trabajaba como voluntario un preso que vivía exaltando a Perón y predicando contra la izquierda.

El libro que más recuerdo es *El Universo*, que comienza con cómo se concebía en cada época la totalidad de lo existente, va contando cómo se pasó desde las primeras observaciones y teorías hasta las actuales, y explica en qué consisten las estrellas, galaxias, agujeros negros y el resto de los fenómenos. Así pasé de tener una idea vaga de eso que vemos en el cielo a entender mejor cada fenómeno y el proceso que le dio origen.

Mi necesidad de tener algo que hacer me llevó entre otras cosas a escribir, en pequeñas hojitas que entregaba a mis hermanas cuando venían, largas explicaciones sobre la historia de los sistemas socioeconómicos, los conflictos sociales y la consiguiente necesidad de eliminar la propiedad privada de los medios de producción. Intenté mostrarles cómo la aspiración de todos a una vida mejor se relacionaba con la lucha a que yo me había sumado. No sé hasta qué punto les habrá interesado leerlo, porque de lo único que estaban convencidas era de repetirme que dejara todo aquello.

Tarde o temprano, gran parte de los presos se pone a llenar su tiempo con trabajos manuales. Yo empecé transformando panes de jabón en pequeños animales o vehículos, mediante el método de rasparlos con la punta de un clásico capuchón de bolígrafo.

Es otro camino por el que aprender a planear, observar y distinguir entre fealdad y belleza. El efecto más importante termina produciéndose sobre uno mismo; porque la finalidad de *ocupar el tiempo* nos lleva a trabajar sin la inquietud del que hace algo *para terminarlo*.

Es bueno empezar cada día desde donde se llegó el anterior, y obligarse a sí mismo a no ingresar en la trampa de *querer terminar*. Cuando *queremos terminar* estamos, tanto con nuestras manos como con nuestro sentimiento, *empujando hacia el futuro*; y el efecto es que, además de disminuir nuestra capacidad de ver, vivimos en tensión, en el *estado de esfuerzo* propio de todo el que empuja. Cuando en vez de *empujar la realidad* disfrutamos serenamente del *estar trabajando*, no solo descubrimos la satisfacción de emanciparnos del tiempo, sino detalles del objeto creado que en otro estado nunca habríamos visto. Eso es lo que tiene sentido atender. En nuestra conciencia está el objeto sobre el que trabajamos, su perfección o imperfección, y llegan a desvanecerse el deseo de *terminar* y la idea de cuánto nos falta. Tomar en las manos un trabajo es ingresar a un continuo y feliz *presente*, en el que se han esfumado todas las perturbaciones con que suele maltratarnos el hábito de *concebir el futuro*. Solo existe uno mismo y el hacer el trabajo bien o mal, con el descubrimiento adicional que cuando hacemos algo mal es porque irrumpió el *apuro*.

En algún momento me encontré imaginando a los habitantes de culturas muy diferentes a la nuestra; seres que parecían tener todo el tiempo del mundo, a los que solemos admirar por su paciencia y quietud mental, y entendí mejor que nunca la idea de hasta qué punto podemos ser diferentes unos de otros.

Otro material disponible en la cárcel es la miga de pan. Amasando, moldeando y endureciendo la miga de pan me puse a hacer piezas de ajedrez. Sobre la marcha me di cuenta de que había empezado *con poca exigencia*, y llevado por las ganas de ver todo terminado había pensado muy poco en cuánto se puede perfeccionar cada detalle. Entonces, negándome a dejar ingresar la pregunta de cuándo terminaría, comencé todo otra vez y me propuse modelar cada pieza concentrándome mejor en sus curvas, rectas y proporciones. Cada pieza me llevó dos, tres o cuatro días; pero ¿qué importaba el tiempo si era lo que allí sobraba?

Con fragmentos de papel quemado y luego triturado teñí las piezas que debían ser negras. Todo el trabajo me llevó no sé cuánto tiempo, pero terminé muy conforme con lo hecho. Finalmente había que proveer aquel conjunto de un tablero. Lo único disponible era una hoja grande de papel blanco y grueso. Allí fui trazando cuadraditos cuidadosamente medidos y llené los correspondientes con trazos paralelos de bolígrafo negro.

Cuando llevé el juego al recreo hubo comentarios de asombro. No parecía creíble que alguien tuviera tanta paciencia.

Aquello también me sirvió para improvisar partidas ficticias en la celda. Aunque actúe el mismo cerebro detrás de blancas y negras, las complicaciones del juego llevan a variaciones y finales insospechados, que contribuyen a multiplicar la rapidez con que se conciben las jugadas.

Sobre el final de 1974 nos llevaron al Juzgado Federal de San Martín a declarar por la causa de las armas. El secretario del juez nos interrogó a cada uno separadamente. Fue más complicado que la declaración por la otra causa, pero con un trato amable y no coercitivo.

En el informe de la policía se había escrito que nosotros veníamos en el auto y debieron disparar dos tiros para que nos detuviéramos. Como en algún párrafo decía que quisieron revisarnos *porque no parecíamos del barrio*, ese informe sonaba inconsistente; porque nadie se pone a considerar si la gente que va en un auto *es del barrio*.

Declaré que, como trabajaba cerca de allí, estaba llevando al otro detenido, al que había conocido hacía poco, a conocer sitios en los que podía ir a pedir trabajo, y que en ese momento apareció la policía, que debería haber encontrado ahí cerca un coche con armas, nos arrestó y nos llevó.

Me preguntó algunos detalles sobre los que improvisé respuestas más o menos coherentes, y él fue anotándolos. De pronto me lanzó una pregunta no conectada con lo que declaraba: ¿*"y qué hacían con esas armas"*?

Le contesté "No. Ya le dije que no teníamos ningún arma".

No me discutió ni agregó preguntas. Era una técnica para provocar una reacción en el interrogado. Aunque le contesté lo más conveniente no pude evitar el cambio emocional generado por ese recurso.

Luego me comentó que *"se va a hacer una pericia dactiloscópica sobre las armas"*, también con intento de observar mi respuesta, no en palabras sino en movimientos o actitudes. Seguramente tendría catalogadas las actitudes de los que tienen y de los que no tienen relación real con el hecho investigado.

Sin más comentarios, nos trasladaron de nuevo a La Plata.

Por esa fecha supimos que habíamos sido sobreseídos en la causa del automotor, ya que al no haber sido reconocidos se agregaba nuestra carencia de antecedentes.

Nos preguntamos qué habría pasado si en aquella manifestación en las cercanías del Congreso no hubieran decidido dejarme en el suelo, sino terminar de levantarme y llevarme arrestado. También Ernesto había conseguido en ese caso escapar por muy poco. Habíamos estado a un paso de adquirir un *antecedente político* que hubiera incidido en lo de ahora.

En esos días mi familia me trajo otra noticia: se había vendido la casa en que vivían mis tíos Marcelo, Carlos y Bruno; el sitio en el que casi desde el inicio de mi vida recibíamos el Año Nuevo en familia.

Allí mi tío Marcelo, que había muerto de cáncer en 1962, tenía junto con su vivienda su taller de pintura y escultura, al que en un tiempo íbamos sus sobrinos a observarlo trabajar.

Luego de su muerte el taller quedó tal como lo había dejado, hasta que en 1974, cuando desarmaban todo para irse de aquella casa, habían quitado un gran panel de madera que revestía toda una pared, en el que mi tío tenía colgadas sus herramientas y varios cuadros.

Al quitarlo, se encontraron con que detrás había un cuadro al óleo, de entre dos y tres metros de altura, que representaba a Eva Perón. Mi tío lo había escondido allí, sin que ni siquiera su esposa lo supiera, cuando en 1955 fue derrocado y proscripto el peronismo.

El cuadro sobrevivió a las proscripciones, quemas de símbolos y manifestaciones de odio de la época posterior. Ahora, con todos los cambios habidos y con el peronismo reinstalado en el gobierno, la familia decidió donarlo para que pasara a estar a la vista de mucha gente.

Mi tío Antonio se encargó de tramitar la donación y de contar la historia del cuadro para que quedara expuesta junto al mismo.

Mis hermanas me mostraron una foto de mi tío Antonio junto al cuadro en el sitio en que había quedado expuesto: una sala del Ministerio de Bienestar Social.

Luego de tantas turbulencias, aquel cuadro parecía haber recobrado la dignidad y la seguridad. Pero acabó saliendo a la luz antes de tiempo; porque le quedaba por delante un escollo al que no debe haber sobrevivido: la dictadura que se iniciaría en 1976.

Nuestra situación y la del país

Todo 1975 lo vivimos sin traspasar las paredes de aquella cárcel, ni para ir a juzgados ni para ninguna otra cosa.

En esto incidieron las reiteradas huelgas de los empleados judiciales. Otros presos se quejaban de esa demora con un *"que los echen a todos"*... Nosotros nos decíamos que por adhesión a toda lucha de los trabajadores teníamos que aceptar las consecuencias.

Allá afuera se multiplicaban huelgas y conflictos. Desde la muerte de Perón crecía la sensación de vacío de poder, y cada uno la aprovechaba para sus propios fines.

José López Rega había acrecentado su influencia sobre la presidenta, formando poco a poco un gabinete a su criterio.

Las organizaciones con intenciones revolucionarias acrecentaban su dimensión y su actividad. Las últimas actitudes de Perón habían generado cierto rechazo contra la *izquierda peronista*; pero, como se habían dado durante un período breve, no habían provocado una ruptura total, y cada sector aspiraba aún a convencer a la gente de que lo suyo era *el verdadero peronismo*.

El sindicalismo aprovechaba para conseguir ventajas económicas. Algunos sectores mantenían diversos grados de alianza con López Rega en su cruzada anticomunista, mientras otros aspiraban a desplazarlo y ocupar su sitio. Desde una u otra posición, cada sindicato hacía fuerza para obtener los mayores incrementos de sueldos, por lo que todo se volvía cada vez más caro en cada vez menos tiempo.

Como nadie tenía poder para contrarrestar la presión sindical ni para enfrentarse a la guerrilla, para lo que no alcanzaba la represión parapolicial, cada día sonaba más creíble una repetida premonición argentina: *va a haber un golpe*.

Y nada sugería la idea de otra posibilidad.

Mientras, nosotros fuimos acomodando nuestra vida a las condiciones disponibles. Como existían varias funciones cumplidas por presos, solicitamos y conseguimos ingresar a la sección *Quinta*, que se encargaba de cuidar espacios verdes y pequeños sembrados dentro de la prisión.

Más adelante, Ernesto y yo conseguimos establecernos en un espacio sembrado con plantas de tomates, que limitaba, rejas mediante, con el patio de recreo de los presos políticos.

Así nos resultó fácil comunicarnos con ellos, a veces hablando, a veces entregándonos mensajes escritos, en la mano o dejándolos enterrados junto a la reja. Pasamos a enterarnos mejor de cómo andaba todo.

Como a los presos que trabajaban se les pagaba un pequeño importe en concepto de sueldo, que se ingresaba en una cuenta con la que se podían hacer compras en la proveeduría de la cárcel, entre otras cosas nos suscribimos a un diario. Elegimos *El Cronista*, que trataba con seriedad temas económicos y políticos.

También dispusimos de receptores de radio, que nos trajeron nuestras visitas. De modo que ya no estuvimos tan aislados de la realidad exterior.

Lo que no pudimos evitar fue la tristeza de no estar presentes en ese mundo que, al otro lado de rejas y muros, se movía agitadamente hacia lo que suponíamos el futuro previsto por Marx.

Fuimos enterándonos de que en Vietnam, en la que había parecido una guerra interminable de la que EE. UU. se había retirado para sacarse el problema de encima, los comunistas del Norte se consolidaban, y con insospechada rapidez conquistaban una tras otra las ciudades del Sur, hasta terminar unificando el país bajo su poder.

Siempre habíamos estado convencidos de que de todos los movimientos revolucionarios del mundo el de Vietnam era el más puro y el más sólido, autoconstruido a través de décadas de pacientes e inigualables sacrificios. Ahora acababa de alcanzar su objetivo.

En junio hizo crisis la presión sindical, que determinaba constantes aumentos de salarios mientras la producción decaía porque los inversores sentían cada vez más miedo.

Ingresó Celestino Rodrigo como Ministro de Economía, y lanzó un plan para modificar bruscamente la relación precios-salarios. Decretó una fuerte devaluación, aumentos muy altos de tarifas y combustibles, e incrementos mucho menores de los sueldos.

Aunque este plan fuera matemáticamente sensato, resultó inviable en el mundo real; porque nada pudo impedir que los sindicatos, ahora acompañados por el resto de la gente, multiplicaran su movilización contra mejoras salariales que consideraban insignificantes.

Tuvo lugar el primer paro general contra un gobierno peronista. El reclamo mayoritario no era contra Isabel, sino contra el gobierno que había formado o permitido formar.

Como efecto de la acumulación de protestas, en julio renunciaron Celestino Rodrigo y José López Rega. La caída de este último significaba el fin de una etapa del gobierno. Para disimular la fuga a que lo forzó su pérdida del poder, la presidenta lo envió a España con el cargo de *embajador itinerante*, y desde entonces no hubo más noticias de él.

El nuevo respaldo de la presidenta fue el sindicalismo más conservador; y su consecuencia fue una aceleración de la competencia entre sindicatos por obtener para su sector el salario más alto. En seguida se licuó la correlación de precios establecida por Rodrigo, y la inflación se llevó por delante todo intento de poner algún orden. Ese año alcanzó el hasta entonces máximo índice de la historia argentina: 777%.

Mientras casi a diario había movilizaciones por reivindicaciones inmediatas, que nadie era capaz de impedir, crecían las actividades con fines revolucionarios. Además de haber ataques a cuarteles en distintos puntos del país, se intensificaba la guerra rural en Tucumán. El ejército y la fuerza aérea llevaban adelante el *Operativo Independencia*, en el que además de movilizar tropas regulares organizaron grupos que operaban sin uniforme para secuestrar a sospechosos y mantenerlos en centros clandestinos de detención.

Los últimos días de 1975 escuchamos noticias sobre múltiples enfrentamientos en el sur del Gran Buenos Aires. Después de dos o tres días tuvimos información más definida, por la radio y por datos comunicados a nuestros compañeros. El ERP había atacado el Batallón de Monte Chingolo, en una amplia operación que incluía grupos encargados de controlar las inmediaciones; pero los atacantes no solo habían sido rechazados, sino perseguidos y casi exterminados.

Después se supo que los militares conocían de antemano el plan, por medio de un agente infiltrado y algunas operaciones de inteligencia. Su respuesta fue preparar disimuladamente trincheras y fuerzas adicionales para acribillar a los atacantes en el primer momento, y luego disponer cercos en las zonas aledañas. De ese modo produjeron muchas bajas en la guerrilla, tanto en el ataque inicial como en las persecuciones posteriores.

Inmediatamente después el Comandante del Ejército, Jorge Rafael Videla, declaró que ante la ineficiencia del gobierno estaba seriamente amenazado el futuro de la nación, y dio a entender que las Fuerzas Armadas lo emplazaban a renunciar en menos de noventa días.

Empezamos 1976 de la misma manera que 1975: despertándonos a medianoche por los estallidos de la pirotecnia y añorando el mundo del que habíamos quedado separados.

Por medio de Laura, la novia de Ernesto, tuvimos noticia de que aquel mundo había dejado de ser como lo recordábamos. Habíamos conservado la idea de que todo seguía como antes y nos esperaba; pero nuestro apego al pasado resultó herido por el comentario de que, como cuando veíamos aquello de cerca, algunos compañeros caían presos, otros pasaban a otras zonas y otros dejaban la militancia, mientras a su vez ingresaban otros nuevos. Ahora *había mucha más gente y todo era distinto.*

Las noticias del país seguían presentándonos lo mismo: reclamos salariales para ganarle la carrera a los precios, huelgas, movilizaciones, cortes de caminos, violencia callejera y, por sobre todo, incertidumbre generalizada sobre el futuro.

La presidenta, en un intento de que se vislumbrara algún futuro hacia el que ir, planeó fijar una fecha de elecciones presidenciales a fines de 1976, cuando el traspaso del mando debería ser en octubre de 1977.

Los otros partidos insistían en que tomara cualquier medida para que, por el recurso que fuera necesario, se produjera una concordia más o menos amplia que evitara la ruptura del sistema democrático.

Se popularizó una propuesta del líder radical Ricardo Balbín: *"debemos llegar al 77 aunque sea con muletas".*

Así y todo, el peronismo no accedió a ninguna forma de acuerdo. Se negó a todo lo que significara *dejar de ser peronismo*; pensando en conservar su identidad para algún futuro en que pudiera volver.

Continuó creciendo el desorden; se volvió inusual que en algún sitio se trabajara con cierta regularidad. Se movilizaba cada vez más gente en calles y caminos sin que nadie estuviera dispuesto a impedírselo.

Así llegó el 24 de marzo.

Nos despertamos antes de lo previsto, porque varios presos habían encendido sus radios y sonaban marchas militares.

Fuimos enterándonos de la situación: "Las Fuerzas Armadas han tomado el control de la Nación"... "La población deberá abstenerse de manifestarse".

Durante el día, en que no salimos a los recreos ni a las áreas de trabajo, supimos que a primera hora los militares habían irrumpido en la Casa de Gobierno y se habían llevado arrestada a la Presidenta. También habían sido arrestados algunos gobernadores y dirigentes políticos, para que nadie estuviera en condiciones de intentar ninguna respuesta.

Aunque no se lo difundiera, dábamos por sentado que habría innumerables detenciones inmediatas, de personas con antecedentes o simplemente sospechosas. Comenzaba el *contraataque* largamente planeado, ya sin ninguna limitación impuesta por las leyes.

Y dábamos más por sentado todavía que los presos eran quienes quedaban más fácilmente a disposición del nuevo poder. Más de una vez nos preguntamos qué pasaría si alguien sospechaba algo más de nosotros, que hasta ahora éramos *presos comunes*.

Después de algunos días volvimos a trabajar en la quinta. El cambio más visible fue que la vigilancia sobre el muro había quedado a cargo de militares.

Ahora apenas se difundían noticias. Repentina y silenciosamente había empezado a *haber orden*. Nos dijimos que, exceptuando los que impulsaban una revolución o los que aspiraban a la felicidad por la vía de las huelgas, mucha gente se sentiría aliviada por emerger del largo desorden en que le había tocado vivir.

Según notas que nos enviaron desde el pabellón de políticos, la guerrilla llevaba a cabo muchos más ataques que los que se difundían en los diarios.

El control de la información había pasado a jugar en nuestra contra. Si uno de los bandos consigue que nadie se entere de lo que pasa, tiene la guerra casi ganada.

Al poco tiempo escuchamos el rumor de que todos los presos comunes seríamos trasladados, porque esa cárcel se destinaría exclusivamente a presos políticos; los que ya estaban más los que se planeaba arrestar.

En mayo empezaron a llevarse grupos de presos. Sobre la mitad de junio nos tocó a nosotros.

Empaquetamos dentro de una frazada todo lo que teníamos; nos pusieron en fila para comprobar nuestros datos y nos hicieron entrar en camiones.

Cada uno fue en un compartimiento individual. En el trayecto pude ver un poco de mundo exterior por unas delgadas aberturas de ventilación. Lo que más saltó a mi vista fueron las pintadas políticas en las paredes; muchas más que las habituales en nuestros primeros tiempos.

Llegamos al penal de Olmos, en las proximidades de La Plata.

Salimos de los camiones, fuimos por pasillos donde no faltaron quienes nos dieron algunos golpes para convencernos de quién mandaba allí, terminaron de registrar nuestros datos y nos distribuyeron en pabellones.

Los pabellones eran pasillos largos donde había celdas colectivas, diseñadas para unos cuarenta presos pero ocupadas por más. Sobre cada superposición de dos camas se había colocado una tercera, porque las cárceles no alcanzaban para todos los que se acumulaban allí.

Ernesto había ido a parar a otro pabellón u otra celda. En la que estaba yo había algunos presos conocidos de la otra cárcel, y aparecieron dos que había visto en lejanos tiempos en la comisaría.

Al lado del sector de camas había un comedor. Allí desayunábamos, almorzábamos y cenábamos. Durante la tarde salíamos dos horas a un patio rodeado de altas paredes. Fui acostumbrándome a ese nuevo ambiente.

Una semana después me llevaron al sector administrativo, me tomaron las impresiones digitales y repasaron otros datos. Aquel no era un ambiente donde cayera bien preguntar por qué.

Esa noche, luego de dormirme a la hora de siempre, escuché que me llamaban por mi apellido.

Cuando bajé de la cama, dos guardias que miraban desde el pasillo me dijeron *"está en libertad"*.

Mientras iba convenciéndome de lo escuchado empaqueté mis cosas. Otro preso se apresuró a pedirme un espejo enmarcado en plástico que me había visto. Les dejé a los demás algunas cosas que usaba allí y podían servirles.

Salí de la celda luego de identificarme por mi fecha de nacimiento y número de documento; saludé a los presos con un *"Chau, suerte para todos"* y me fui con los guardias.

Bajamos por un ascensor y llegamos a una oficina donde estaba Ernesto. Nos miramos sin terminar de creernos aquello.

Me contó que por la tarde lo habían llevado también a tomarle huellas y datos. Le había tocado alguien más amable, que le anticipó la noticia: *"te vas en libertad"*...

Luego lo comentó en su celda sin terminar de creérselo. Le dijeron que era el procedimiento habitual en ese caso. De modo que lo sabía desde unas horas antes.

Preguntamos por el dinero que teníamos en la otra cárcel en la cuenta de cada uno y debería haberse trasladado. Nos dijeron *"aquí no ingresó nada"*.

No había ambiente para discutir si era cierto ni para reclamar nada. Mientras pensábamos cómo haríamos para viajar nos entregaron unas notas que certificaban nuestra puesta en libertad por haber sido *absueltos por el juez*.

Todo indicaba que el gobierno militar había puesto fin a las huelgas judiciales y había acelerado las causas para liberar espacio en las cárceles. En la causa por las armas no se habrían encontrado pruebas concretas, y lo más simple había sido absolvernos.

Lo que realmente nos interesaba era estar cuanto antes fuera de allí; pero de todos modos era un alivio salir sin un antecedente de condena.

Había un punto que habíamos planeado hacía un tiempo: cuando saliéramos en libertad debíamos prever una situación que se daba en más de un caso: como un preso que sale a la calle deja de ser responsabilidad del sistema penitenciario, podía ser esperado clandestinamente y asesinado para que dejara de representar un problema, o ser secuestrado y torturado para extraerle información.

En consecuencia, aunque no conociéramos los alredededores de la cárcel, lo primero que debíamos hacer sería meternos donde fuera posible pasar desapercibidos, y alejarnos luego de esperar un tiempo prudencial.

Cuando finalizaron los trámites llegó el momento de encaminarnos hacia la salida.

Era habitual que algunos guardias fueran hostiles o molestos con los presos, y más cuando la dictadura había disuelto toda legalidad.

En nuestro caso tuvimos a favor que al mismo tiempo salió un acusado de violación, blanco habitual de la hostilidad de presos y vigilantes.

Le hicieron preguntas agresivas, y él respondió que se iba porque se había comprobado que no cometió el delito. De todos modos continuaron con sus comentarios y centraron su atención en él.

En esa situación nos abrieron la puerta y salimos.

Lo que siguió después

Lo primero con que me encontré fue un cielo con más estrellas que nunca, porque la oscuridad de la calle permitía verlo sin interferencias.

Frente a la salida de la cárcel había una calle vacía, y más allá un parque o terreno.

No lo pensamos más. Cruzamos, nos metimos allí y caminamos sobre el césped, porque no era el terreno propicio para que se nos acercara un vehículo.

No sabíamos hasta qué punto se puede escapar de un intento de secuestro bien preparado; pero valía la pena intentar cuanto estuviera a nuestro alcance.

Anduvimos sobre un terreno amplio y aparentemente abandonado, o no arreglado como parque ni nada parecido.

Cuando nos hubimos alejado lo suficiente vimos un grupo de árboles rodeados de un área vacía y oscura. Nos sentamos al pie de uno de ellos, más o menos oculto por otros cercanos.

Ese comenzar a estar quietos nos permitió tomar conciencia de que era cierto que estábamos en libertad. Vivir mucho tiempo en una situación lleva a no creer que sea realmente posible otra cosa.

Allí hice el cálculo: habíamos estado presos dos años, tres meses y nueve días.

Aunque no terminaba de abrirse paso en nuestra mente, empezaba el *después* tantas veces imaginado.

Teníamos claro que salíamos para reincorporarnos a nuestra lucha.

A algunos cientos de metros y medio oculto por los árboles se veía el frente de la cárcel. Detrás de él sobresalía la torre de cemento con el gran tanque de agua que antes veíamos desde los patios de recreo.

Aquello empezaba a ser el pasado.

Allá arriba seguía esa atrapante infinidad de estrellas.

Mirando hacia otro rumbo se alcanzaba a ver un camino sobre el que circulaban vehículos.

Después de más de una hora sin ver nada sospechoso, nos levantamos y caminamos hacia allí.

Había llegado el momento de regresar al mundo.

Avanzamos por un extenso terreno vacío. Al llegar cerca del camino me pareció sumamente inusual ver lo que una vez había sido lo más común del mundo: vehículos andando sobre ruedas. Luego de tanto tiempo de ver únicamente personas caminando, esos bloques voluminosos que se desplazaban de forma tan horizontal y sin oscilaciones eran lo más desacostumbrado para mi mente.

Llegamos al camino, por el que circulaban algunos autobuses, y nos acercamos a una parada.

Aquello era nada menos que estar en el mundo, caminando libremente entre seres que vivían su vida y se disponían a viajar.

Como no conocíamos para nada la zona, nos quedamos hasta que vimos en un autobús un cartelito con una referencia conocida: *Quilmes*.

Subimos e hicimos lo único que podíamos: mostramos al conductor nuestros certificados de libertad, le dijimos que acabábamos de salir de la cárcel y no teníamos dinero. Nos dejó pasar.

Segundos después estábamos sentados y viajando como el común de las gentes. Casi nos asombraba el panorama visible por las ventanillas y los pasajeros que entraban. Para ellos éramos dos personas más; para nosotros la gente, los asientos, las ventanillas y las calles eran fenómenos largamente esfumados de nuestra memoria.

Íbamos acercándonos a lo nuestro. No sabíamos si podríamos seguir viajando sin pagar; pero teníamos asegurada más de la mitad del camino. Si no hubiera más remedio podríamos continuar a pie.

Luego de un largo recorrido estuvimos en Quilmes. Mientras empezaba a presentarse la luz del día volvimos a ver calles concurridas, y en ellas un agregado que antes no estaba: camiones del ejército en algunas esquinas.

Bajamos en una avenida por donde iban muchos transportes hacia la capital. Subimos a uno que decía *Constitución* y repetimos el mismo pedido. Volvió a dar resultado.

Poco después cruzábamos el Riachuelo y entrábamos a la capital. En seguida estuvimos en Constitución, y recuperamos la familiaridad con nuestro mundo conocido.

Otra vez me asombraron tantos vehículos sobre ruedas, tanto espacio, tanta luz solar y tanta gente entrecruzándose. Era una extrañeza impregnada en alegría.

Entramos al subterráneo, volvimos a mostrar la nota escrita y volvió a dar resultado.

Logramos completar nuestro trayecto sin dinero. No habría sido tanta molestia caminar; pero sí demorar demasiado tiempo.

Salimos a la calle y caminamos hasta la casa de Laura. Llamamos por el videoportero; atendió ella y dijimos *"somos nosotros"*.

Nos abrió la puerta de calle, pero por nuestra posición ante la cámara no parecía habernos reconocido, o no asimiló la idea de que estuviéramos de verdad allí.

Al llegar ante su departamento nos abrió y dijo *"no lo puedo creer"*...

Entramos, terminó de convencerse de que era cierto y le contamos cómo habíamos salido. También estaba su madre, poco conforme desde siempre con su militancia y ahora con nuestra presencia. De todos modos nos saludó y escuchó nuestros comentarios. Desayunamos todos juntos.

Laura llamó a una amiga que había militado en la izquierda peronista y sabía de nosotros. Después de un rato estuvo allí, nos saludó y nos dijo que disponía de un departamento vacío, de un tío que había muerto hacía poco, donde podríamos alojarnos por unos días.

Esa tarde nos llevó al departamento y nos dejó comida.

Lo primero que hice fue escribir una carta a mis hermanas para contarles que habíamos salido, y que antes de ir a verlas estudiaría mejor la situación, porque nada nos aseguraba que no hubiera alguien intentando vigilarnos.

La amiga de Laura nos comentó, visiblemente preocupada, sobre el extremo peligro que acechaba a todo tipo de militantes. Sabía de varios conocidos que habían sido secuestrados, y ella misma no estaba segura de si era vigilada o no. Las operaciones represivas no se encuadraban en ninguna ley, y caían con la misma brutalidad sobre militantes o simples sospechosos, para extraerles información y lanzarse sobre cualquiera que pareciera relacionado con ellos.

Esa tarde la pasamos en el departamento, preparándonos sándwiches, disfrutando de poder hablar de todo lo que nos interesaba y asimilando la idea de que de un día para otro nuestra vida había cambiado.

A la mañana desayunamos viendo que al otro lado de la ventana no estaban ya los pabellones saturados de rejas, sino la Avenida Cabildo.

Como me habían sorprendido los vehículos rodantes, ahora me sorprendía ver cucharas y tenedores metálicos en vez de los de madera, y platos de cerámica en vez de los de lata. Parecían objetos de un mundo desconocido, que poco a poco me convencían de que alguna vez los había visto.

Como Laura solía ir a la casa de mi hermana Alicia para llevarle noticias, ese día fue a contarle de nuestra llegada y de cómo íbamos retornando al mundo. Por la tarde volvió con mi Libreta de Enrolamiento, con la que ya podría andar por la calle como una persona normal.

Aunque nada me hacía pensar que no fuera posible, sentí cierta desconfianza ante la idea de salir.

Esa noche terminé de decidirme, y anduvimos por Avenida Cabildo entre gente que paseaba mirando comercios como siempre.

Continuamos unos días en ese departamento.

Ante cualquier plan de alojarnos momentáneamente en otros sitios nos encontramos con que, como eran de gente que sabía lo que hacíamos, había mucho miedo de su parte y en seguida mostraban reticencias.

Laura, aunque últimamente no estaba militando, conseguiría en breve una cita con los compañeros que lo hacían.

Planeamos un mecanismo regular para volver a encontrarnos cerca de su casa, y decidimos lo que tenía más sentido aunque nos despertara miedo y sospechas: irnos cada uno con su familia.

Decidí ir a la casa de mi hermana Esther, en Hurlingham, donde había menos movimiento de gente y transportes que en Caseros, y era más fácil detectar posibles observadores. Así y todo, sabíamos que en algunos casos los organismos del estado organizaban redes de vigilancia tan complicadas que no se podían detectar.

Me tomé el tren, disfrutando de una sensación que se me hizo habitual por un tiempo: la satisfacción de dar cada paso libremente por ese mundo del que había estado alejado. Algo tan simple como sentarse en un asiento y ver paisajes por la ventanilla era un hecho casi glorioso. La luz del sol, y la amplitud del espacio en todas direcciones, eran lo más común para el resto de la gente pero no para mí.

Llegué a casa de mi hermana. Me recibieron con abrazos y con el dramatismo de saber lo que ya les había dicho: mi voluntad era continuar en aquello.

Cuando me preguntaban "¿qué vas a hacer ahora?", yo siempre respondía "lo mismo; pero con más cuidado".

Así retomé más o menos normalmente mi vida en familia.

Después de unos días volvimos a encontrarnos con Laura, y dijo que nos había conseguido una cita.

Era en la zona Sur del Gran Buenos Aires, muy lejos de los sitios que había conocido antes.

Debíamos caminar por una calle a una determinada hora, y desde el lado opuesto vendría el *contacto*. Nos reconoceríamos porque él nos preguntaría la hora y nosotros le diríamos una distinta a la real.

Fuimos, Ernesto, Laura y yo, por esa calle. Del otro lado venía un joven de veintitantos años. Nos reímos al comentar *"tiene cara de andar en eso"*.

Efectivamente nos preguntó la hora, le dijimos la *contraseña* y nos saludamos.

Comentamos un poco nuestra historia y él nos contó cómo andaban las cosas.

Convinimos una nueva cita. Nos dijo que las citas debían ser en movimiento por las calles. Ya no era nada conveniente encontrarse en un bar. Todo se había vuelto más peligroso.

Volví a Hurlingham. Mientras se iba resolviendo el tema de cómo continuar, me contaron que en un corralón de materiales cerca de ahí necesitaban un ayudante.

Mi hermana suponía que al tener un trabajo querría quedarme allí a vivir *normalmente*. Yo me preocupaba por no vivir a costa de los demás, y por pasar esos días juntando dinero para los pasos que vinieran después.

Me presenté en el corralón y tuve trabajo.

Un domingo a la tarde, como derivación de relaciones con parientes y conocidos, estuvimos charlando ante la casa de un vecino de allí cerca. Como era muy habitual, surgió el tema de la represión a todo cuestionamiento al gobierno y a todo reclamo de los trabajadores. Ese vecino se veía muy convencido de que *había que rebelarse* contra esa minoría que determinaba qué debía pasar o no en el país, y aprobaba toda forma de lucha contra los problemas que padecía la gente.

Luego de que terminamos muy de acuerdo en lo que sentíamos todos, se me ocurrió volver un rato más tarde, tocarle timbre y preguntarle si le interesaba recibir un periódico editado por la guerrilla.

En seguida sacó el comentario de que eso ya sería meterse en mucho problema, que él tenía una familia y no podía arriesgarse.

Nos saludamos y me fui.

Esa respuesta podía explicar toda la diferencia entre una vanguardia que iniciara una rebelión y un movimiento masivo que consiguiera arrasar con el viejo orden.

Lo que hasta ahora estaba en marcha era un conjunto de voluntades inclinadas a pensar en términos sociales e inquietarse por el futuro del mundo, a las que se sumaban quienes se contagiaban el entusiasmo de la rebelión.

Se trataba de una especie de *núcleo especial* de lo nuevo alzándose contra lo viejo. Era una corriente de pensamientos y sentimientos poco habituales en el conjunto de la gente. No era un torrente motorizado por la desesperación de la necesidad. En el *conjunto de la gente* era común mostrarse muy disconforme a la hora de hablar, pero desistir de todo compromiso ante la más simple invitación de pasar a algo más.

La vanguardia de los *distintos* podía ser exterminada por la represión; porque esa voluminosa mayoría no había decidido dar el siguiente paso.

En los escritos e informes del partido se hacía alusión constantemente al *estado de ánimo de las masas*, sabiendo que de ese factor dependía que la lucha armada multiplicara sus protagonistas al extenderse a esa mayoría acuciada por la necesidad.

Tal vez la subjetividad de nuestro deseo nos indujo a mantener constantemente la idea de que *estábamos a un paso* de que las masas tomaran las armas junto a nosotros.

Mientras tanto, en esa vanguardia impulsada más por el pensamiento y el entusiasmo que por la necesidad había, por lo mismo que había dicho aquel sujeto, más jóvenes que padres de familia.

Ese factor de la *vida personal* tenía su incidencia, aunque el más determinante parecía ser el de poseer *inquietudes poco habituales* en la sociedad.

Es muy difícil tratar todo eso como una ciencia, ni aun cuando puede significar la diferencia entre el triunfo o la masacre. La diferencia entre imaginación y evaluación suele tener su origen en el deseo de materializar nuestros sueños; más todavía cuando tras el deseo hay una teoría que presenta esos sueños como predestinados forzosamente a cumplirse.

Uno de esos días, viajando en colectivo, vi un titular en un kiosco de diarios: *Mataron a Santucho*.

Llegué a casa de mi hermana y puse la radio. Informaron que un grupo especial de militares, prosiguiendo una investigación iniciada hacía tiempo, había irrumpido en una vivienda donde inmediatamente se había desatado un tiroteo. Habían resultado muertos el fundador del PRT-ERP y algunos más. Por el momento no se daban más detalles.

Era un golpe a nuestros sentimientos; pero la misma teoría que nos impulsaba a aquello nos convencía de que la revolución era un proceso irreversible, empujado por la misma estructura de la sociedad.

Con unas u otras personas, todo seguiría adelante.

Al otro día nos encontramos con Ernesto y Laura, y comentamos que una noticia así no se podría falsificar, porque en tal caso terminaría desmintiéndose y desprestigiando al gobierno.

Volvimos a encontrarnos con el contacto, que nos preparó una cita con otro compañero que se encargaría de formar un equipo.

Días después, Ernesto y Laura me dijeron que querían *tomarse un tiempo*, porque sentían que su necesidad era *fortalecer la pareja*, y por lo tanto no irían a esas citas para retomar la actividad. Decidieron seguir viéndose únicamente conmigo, para conversar y contarnos novedades. Más adelante también dejaron esos encuentros, en los que presentían que se metían en peligro.

Sabíamos que cuando alguien empieza con esos comentarios entra en un camino que no desembocará en otra cosa que dejar la militancia. Ni argumentos ni charlas consiguen nada contra ese *cambio de vocación* en las profundidades del sentimiento.

Se me hizo más visible un fenómeno sobre el que me mantendría concentrado, sin alcanzar nunca una respuesta con tinte de *veredicto definitivo*: cuando alguien tiene algo definido que hacer para sí mismo, como una vida en pareja o en familia, disminuye o se disuelve su disposición a *hacer algo para el mundo*.

Ese fenómeno se puede pensar también en la dirección opuesta: la inclinación a trabajar *para el mundo* ¿es efecto de la imposibilidad, o la dificultad, de hacer algo *para sí mismo*? Muchas veces ese idealismo, o abrazo a una propuesta colectiva que se recibe ya pensada, puede ser una opción más cómoda que la complicada vía de encarar la propia vida del modo en que *en el fondo* se quisiera.

En tal caso no hay tantos héroes como parece. O tal vez todo sea una cuestión de *graduación* en el interior de cada persona. Hay quienes abrazan en todos los casos y a cualquier precio una meta por encima de su vida personal, incluso cuando ya poseen todo lo deseable en esa vida personal. Y, sin llegar a tanto, hay quienes abrazan un ideal ya trazado porque no tienen claro qué hacer con su propia vida, o porque hacerlo les costaría demasiado esfuerzo interior; un esfuerzo más difícil que el de arriesgarse por una lucha colectiva.

Tal vez existan verdaderos héroes; pero no sean tantos como parece.

Así, fui sin ellos a la cita con el otro compañero. Le comenté su decisión de no venir y él también entendió de qué se trataba.

Me dijo que se comenzaría a formar un nuevo equipo y que me convenía alojarme en esa zona.

Dejé la casa de mi hermana en Hurlingham y mi empleo en el corralón de materiales.

Con el dinero cobrado alquilé una habitación en una casa cerca de Florencio Varela, y me quedó algo para vivir por un tiempo. Dentro de no mucho debería conseguir otro trabajo.

En esos temas, como nuestra vida se había vuelto un hábito continuo de arriesgarse, no pensábamos mucho en las posibilidades de conseguir o no algo tan serio como un medio del que vivir. Simplemente tomábamos una decisión e íbamos adelante.

Me encontré con el compañero que comandaría el equipo al que yo me incorporaría. Su *nombre de guerra* era José.

Me comentó que mientras no consiguiera trabajo había una posibilidad transitoria que según algunos conocidos daba cierto resultado: allí cerca, una fábrica de galletitas vendía en bolsas sin marca las galletitas rotas que no le convenía envasar con las enteras. Había que ir a primera hora de la mañana, comprar unas cuantas bolsas y salir a venderlas por los barrios cercanos. Se obtenían buenos resultados porque eran baratas. Me recalcó que ese buen resultado era posible con las galletitas dulces, ya que la gente no acostumbraba comprar las saladas.

Días después me presenté en esa fábrica, para enterarme de que no quedaban galletitas dulces. Como estaba muy impaciente por empezar y ver qué pasaba, compré las que tenían poco gusto.

Y salí a vender, o a intentarlo.

Me puse a llamar a todas las puertas, para descubrir que no las querían. Muchos recibían frecuentemente a vendedores de lo mismo, y me decían que solo compraban las dulces.

Después del mediodía, habiendo vendido una sola bolsita y habiendo cargado varias horas un peso que nunca disminuía, me dije que había sido un error desoír lo escuchado y dejarme llevar por la impaciencia.

Volví a mi habitación con todas las bolsas restantes, sabiendo que había gastado un dinero que me haría mucha falta si no conseguía trabajo. De todos modos aquello era comida, lo más necesario en esas condiciones.

Pasé unos cuantos días subsistiendo a base de esas galletitas y alguna cosa barata que compraba.

Una tarde, andando sin rumbo por la calle, vi a una señora de unos cuantos años tratando de mover un carrito lleno de leña al que se le había salido una rueda.

La ayudé a colocar de nuevo la rueda y a evitar que el carrito se cayera mientras iba llegando a su casa.

Me agradeció y me comentó que yo habría dejado de hacer otra cosa para acompañarla. Le dije que en realidad no tenía nada que hacer porque estaba sin trabajo.

Entonces me comentó que frente a su casa se estaba remodelando una fábrica, y que como su marido era el peluquero del barrio conocían a los dueños. Se comprometió a llevarme al día siguiente y presentarme como un sobrino suyo.

Al otro día fui con ella; me tomaron a prueba y tuve un trabajo estable.

Tres hermanos italianos habían comprado las instalaciones de una fábrica anterior y estaban remodelándolas para fabricar puertas, ventanas y otros artículos metálicos. Allí fui alternando entre albañilería y metalurgia.

Después de unos días pedí un adelanto de sueldo y volví a comer normalmente.

Fue la única vez que pedí un adelanto. Luego, tanto en ese trabajo como en otros, fue habitual ver a casi todos yendo a pedir adelantos porque se habían gastado todo lo que tenían. Por ese medio se obtiene la ilusión de poder comprar más, pero tarde o temprano la realidad se impone; porque cuando el empleador les dio todo lo que ganaron hasta ese mismo día se niega a adelantarles lo que todavía no ganaron. Al final, nadie gasta en un mes más que su sueldo real.

Tampoco vi que nadie se pusiera a hacer ese cálculo. Simplemente gastaban el dinero, se encontraban sin nada e iban a pedir, a veces tomándose la molestia de tener que discutir y rogar. Siempre sufrí al presenciar esa fea consecuencia del *pensar a corto plazo*. También me dije que en realidad no era pensar, sino dejarse llevar por el impulso.

Como por las refacciones en la fábrica también venían albañiles, y al mediodía comíamos todos juntos, les escuché comentar sobre obras en construcción en las que podían conseguir trabajo. Alguien comentó que una de ellas era la mejor porque *pagan los sábados*. Me entristeció esa dependencia de lo inmediato cuando está al alcance de uno organizarse y librarse de esos problemas. Alguien podría sacar el argumento de que *eso pasa porque ganan poco*. Pero cualquiera puede entender que ni cobrar los sábados ni pedir adelantos produce el milagro de gastar más de lo que se gana.

Me preocupó esa indiferencia ante la posibilidad de mirar la propia vida y ponerle un poco de orden. Incluso partiendo de la idea de que eran *los explotados* y en otro tipo de sociedad su vida cambiaría, era evidente que para liberarse del yugo de una clase dominante hacen falta *voluntad y capacidad*. No se puede vivir esperando que *todo cambie* a costa de que los cambios los produzcan otros.

Algo andaba mal

José fue viniendo más o menos regularmente, trayendo impresos y novedades de nuestra organización. Todo se había vuelto muy difícil, como efecto de la brutal campaña para buscar *subversivos* en cada rincón, que se ensañaba con cualquier sospechoso y por encima de toda consideración legal. Habían caído presos muchos compañeros.

En esos días volví a tomar contacto con un arma. La llevé encima una noche que salimos a hacer pintadas sobre la muerte de Santucho y la continuación de nuestra lucha.

Lo hicimos José y yo solos. Por el momento no iba adelante la formación del equipo planeado.

Después me dejó el libro en que Trotsky contó su vida, desde su infancia hasta su *desplazamiento* por Stalin y los suyos. Fue un valioso aprendizaje sobre el ser humano, la guerra y la actividad política.

Desde nuestros primeros tiempos pensábamos que la burocratización, y todos los defectos de la Unión Soviética, se debían a que Stalin había desplazado y luego despojado a Trotsky de todo resto de poder. Nos decíamos que si el ganador de esa puja hubiera sido Trotsky el comunismo ruso habría coincidido más con el ideal trazado en un principio.

Fui trabajando, volviendo por las tardes a estudiar, y sintiendo que aquello era *poca acción* comparándolo con la apretada acumulación de tareas de la etapa anterior a caer preso. Hubo veces en que José no vino el día y hora que habíamos fijado. Luego aparecía, medio irregularmente, y seguíamos estudiando material escrito mientras hablábamos de planes futuros.

Mientras tanto, no aguanté aquella escasez de acción y apliqué un postulado que nos guiaba desde los primeros tiempos: la militancia no consiste en esperar que nos digan qué hacer. Un revolucionario no tiene mejor guía que su propia voluntad, y debe ponerla en marcha de la manera que se le ocurra para sumar fuerza a la revolución que se propone.

Compré un juego de letras de goma de los usados para armar sellos, y una almohadilla grande con tinta roja. En un comercio que hacía sellos encargué uno que dijera, en un tamaño algo mayor, *Pedro Presti*. Algunas de esas letras, todas mayúsculas, sirvieron para armar las siglas PRT - ERP. Luego tomé una goma de borrar y le di forma de estrella de cinco puntas.

Así tuve mi mini-imprenta, lenta pero efectiva. Fui imprimiendo volantes en hojitas de papel, que dejaba de noche en sitios por donde podía pasar sin ser visto pero durante el día eran muy transitados.

También escribí consignas en etiquetas autoadhesivas para cuadernos. Las pegaba en respaldos de asientos de colectivos y trenes cuando podía sentarme solo. Luego pasaba disimuladamente a otra ubicación.

A ese sentirme bien por continuar en acción se sumó la satisfacción de saber que la gente se encontraría con que *seguíamos estando allí*. Ni el recrudecimiento de la represión ni la censura sobre las noticias conseguía hacernos desaparecer.

Pasó demasiado tiempo y José no se asomaba por allí, ni irregularmente ni de otra manera.

Llegó el momento en que recurrí a nuestro sistema previsto para situaciones de desconexión: las *citas de recambio*.

Cada equipo tenía dispuesta una cita de recambio para cuando fallara algún encuentro planeado. Consistía en ir un día de cada semana, a determinada hora, a caminar por una calle desde un punto prefijado a otro. Como cada uno hacía ese recorrido en direcciones opuestas, por más que hubiera habido problemas terminarían reencontrándose.

Lo hice todas las semanas, cuatro, cinco o seis veces, hasta terminar convenciéndome de que ya no me encontraría con nadie.

Era fácil suponer por qué. Entre todos los que en esos días eran atrapados podía haber estado mi *contacto*, la única persona que conocía en mi recién retomada militancia.

Por un tiempo me abracé a la idea de que me reconectaría de vaya a saber qué manera, y continué con mi tarea individual de propaganda, mientras seguía trabajando en la fábrica.

En un viaje en colectivo pasé por una esquina desde la que se veía una comisaría. Desde hacía dos o más años, las calles que pasaban frente a las comisarías estaban bloqueadas por vallas metálicas en las esquinas, para impedir cualquier intento de *copamiento*, o simplemente el paso de un vehículo desde el que se pudiera disparar.

Esta vez me llamó la atención un cambio: se habían quitado todas las vallas; vehículos y peatones circulaban frente a la comisaría como en los viejos tiempos. Para mí, que llevaba en la mente la convicción de un constante incremento de la *guerra popular*, fue un destello de decepción.

Se me ocurrió que la dictadura recurría a ese cambio visual para meter en la gente la idea de que había ganado la guerra; de que ya *no había enemigo*. Después, no dejé de pensar que podía estar pasando de verdad.

Nuestra fe en la revolución no se sostenía sobre la consideración de *cuántos éramos*, ni sobre las luchas presenciadas o conocidas. Era una convicción nacida mucho antes, con la afirmación de Marx de que la industrialización llevaba forzosamente a descartar mano de obra, y que esa *mano de obra* consistía en seres humanos tan necesitados de alimento como siempre.

Si cada vez más gente necesitaba un sueldo y cada vez menos lo recibía, el efecto inevitable sería que esa masa de desplazados se lanzara contra los dueños de las máquinas y los exterminara como clase.

Si no había solución dentro del capitalismo, el capitalismo iba a desaparecer.

Con esa seguridad casi matemática, jamás dudábamos de que íbamos camino a triunfar; por mucho que una dictadura dañara a las fuerzas revolucionarias con más ferocidad que en otro momento.

De modo que ese cambio de escena en las calles no disminuyó mi convicción: podríamos demorar un tiempo más, pero ganaríamos.

Mientras tanto, yo estaba solo.

En diciembre de 1976 les conté a mis hermanas que había quedado aislado y *no estaba haciendo nada*. Empezaron a sentirse aliviadas.

Esta vez recibí el nuevo año en familia.

Una noche de febrero de 1977 andaba por el centro de Buenos Aires, cuando vi que estaba en cartel la película *Recuerdos del Futuro*, de la que años antes había oído hablar. Como tenía tiempo libre entré a verla.

Se trataba de un documental basado en un libro de Erik von Daniken, que sostenía que varios logros de la antigüedad, como la construcción de las pirámides o de estatuas egipcias que en el siglo XX debieron ser cortadas en partes para moverlas, no podían ser explicados a partir de los recursos técnicos de entonces. Estas obras, al igual que otros vestigios enigmáticos del pasado, despertaban la sospecha de la intervención de tecnologías mucho más avanzadas, que solo podían haber provenido de civilizaciones de otros mundos.

Cuando Julio Verne escribió *De la Tierra a la Luna* dio origen, antes de que nadie hubiera visto un avión ni concebido nada semejante, a la idea de *nave espacial*. ¿Qué habría pasado si, de acuerdo a lo entendible por nuestra cultura actual, en otros mundos se hubieran desarrollado seres capaces de inventar medios con los que llegar al nuestro? ¿Qué habrían pensado, escrito o dibujado los humanos de hace miles de años al ser testigos de cosas que no podían concebir?

No es descabellado considerar que muchas referencias antiguas a *dioses*, o a hechos aparentemente imposibles, se hayan originado por la presencia de visitantes con tecnologías desconocidas. Yendo más lejos, cabe imaginar que esos seres pueden haber trasmitido a la humanidad algunas enseñanzas, luego registradas en lo que hoy llamamos *libros sagrados*.

Salí del cine pensando que, por más que aquello fuera discutido y discutible, el pasado de la humanidad no había sido tan simple como sugerían mis escasos estudios, o las visiones despectivas de quienes calificaban a los antiguos de *inferiores*.

Había mucho que agregar a mi conocimiento, que por el momento se limitaba a fenómenos socioeconómicos de los últimos siglos.

Mientras mantenía la idea de que de alguna manera y con algún desconocido ritmo seguiría adelante *la revolución*, fui leyendo libros sobre el origen de las civilizaciones y sobre otras áreas de las inquietudes humanas.

A partir de las ideas del marxismo sobre el desarrollo de las fuerzas productivas y las formas de sociedades resultantes, imaginé qué pasaría si esos procesos derivaran en la posibilidad de viajar a otros mundos y en contactos con seres en otros estados de desarrollo.

Podía sonar muy fantasioso; pero el encuentro entre navegantes europeos y aborígenes americanos no había sido demasiado distinto.

Fuera como fuera, había en el pasado de la humanidad mucho enigma por resolver, y tanto eso como lo que me había preocupado hasta ahora se me presentaban en última instancia como lo más digno de estudiar.

Mientras convivía en mi habitación con nuevos libros y temas de pensamiento, se me fue abriendo paso la idea de que ya no tenía nada que hacer en esa zona, desconectado de la militancia y alejado de mi familia, de cines, librerías y de todo lo que constituía mi mundo conocido.

Viajaba para pasar un fin de semana en Caseros y otro en Hurlingham, sabiendo que lo único que me llevaba los lunes a Florencio Varela era trabajar para ganarme la vida.

Me puse a buscar otras posibilidades de trabajo.

Como mi hermana Esther tenía su vivienda en Hurlingham, habíamos convenido que la casa de Caseros quedara para Alicia y para mí. Ella, su marido y sus hijos vivían en la parte ya edificada al frente, y yo me quedaría con el galpón para construir allí lo que quisiera.

Como ya había dejado atrás la hipótesis de ser investigado o perseguido, mis perspectivas eran las de lo que se dice una vida estable.

Solo me hacía falta trabajar más cerca.

Volver

En mi búsqueda supe que me harían falta certificados sobre empleos anteriores.

No podía pedirlo en mi trabajo actual porque no quería comunicar la idea de que me iría. Tampoco en la empresa en que estaba al caer preso, porque luego de varias inasistencias había desaparecido misteriosamente. El único sitio en que había permanecido más era Tipografía Clancy.

Cuando decidí ir me encontré con que ya no estaba donde había estado. Por medio de un número telefónico que recordaba me enteré de que se había trasladado a la calle Chacabuco, cerca de Avenida de Mayo.

Aparecí por allí un sábado a la mañana, me atendió uno de los dueños y le comenté que necesitaba un certificado de trabajo.

Pareció medio incómodo, seguramente porque yo no había estado registrado muy legalmente. Me dijo que volviera el martes.

El martes fui y me preguntó si me interesaba volver a trabajar.

Le pregunté cuáles serían las condiciones. Conversamos brevemente y me ofreció un sueldo mejor que el de los viejos tiempos y el de mi trabajo de ese momento.

Convenimos que empezaría el siguiente lunes.

En la semana fui a casa de mi hermana Alicia y se lo conté. También les pedí que pasaran a buscarme en auto el sábado, para llevarme lo que tenía en la habitación que alquilaba.

Ese mismo sábado avisé que me iba del otro trabajo.

Al mediodía vinieron por allí mi hermana y mi cuñado. Fuimos hasta mi habitación y cargamos todo lo que tenía.

Esa tarde estuvimos en Caseros, en la que había sido y volvía a ser mi casa.

Fui acomodando mis cosas. Por el momento dormiría en una cama adicional en la habitación de mis sobrinos. Después empezaría a organizar mi propia vivienda en el fondo.

Mis hermanas se sintieron muy aliviadas con ese cambio que aún no terminaban de creer. Era como si acabaran de rescatarme de un mundo que las aterrorizaba y ya les había traído demasiados padecimientos.

El lunes tomé el tren hasta Once y el subterráneo hasta la estación Piedras. Volví a mi antiguo trabajo, y me saludaron con sorpresa los que conocía desde antes. Para ellos era alguien que por alguna conveniencia se había ido y por otra había vuelto. No imaginaban el mundo o los mundos distintos que había transitado en esos cuatro años.

Por mi parte los imaginé a ellos volviendo allí cada día como siempre, tal vez hablando de la muerte de Perón, de la época de Isabel y del golpe militar, pero sin que eso les significara demasiados cambios. Fuera como fuera, nunca dudé de seguir prefiriendo la vida que había elegido.

En un par de horas volví a familiarizarme con los fotolitos y la fototipografía. Mi reaparición había resultado muy oportuna; porque desde hacía tiempo esa tarea, poco afín a las otras de la empresa, había sido encarada por el hijo de uno de los dueños, que se complicaba la vida alternando entre esa y otras actividades.

La Repromaster, a la que se le había roto la manivela central que trababa y destrababa la tapa, debía cerrarse ahora con dos presillas metálicas. Por varios días me duró el automatismo de llevar la mano a donde había estado esa manivela.

Durante esa primera semana envié el telegrama de renuncia a mi anterior trabajo, y una tarde fui a cobrar la liquidación.

Entonces volví a la que había sido mi vocación casi innata, con o sin ideas revolucionarias: ahorrar e invertir.

Fui repasando el tema de quién ofrecía mejores condiciones en depósitos a plazo fijo, sin caer en la tentación de cobrar intereses altos en instituciones poco confiables. Era un tema en el que siempre pensaba, y hasta calculaba los importes de que dispondría al finalizar el mes y los que recibiría en concepto de intereses.

En las siguientes semanas compré materiales de construcción con vistas a transformar un sector del galpón, separado del resto por paredes improvisadas, en mi primera habitación.

Mi primer plan fue hacerle un techo, con perspectivas de quitar alguna vez el techo de chapas del galpón. Como en mi trabajo reciente había visto de cerca esos temas, fui preparando el armazón metálico y el encajonado de madera para hacer una columna.

Lo rellené con concreto y piedras en las proporciones que había aprendido. Luego agregué una viga hasta una de las paredes, y sobre ella monté las mini-vigas y los ladrillos adecuados para formar el cuerpo del techo. Cubrí este con una capa de hormigón, y quedó lo principal para dar a mi habitación la terminación interna que quisiera.

Siempre había preferido hacer las cosas yo en vez de contratar a otros. Por un lado me ahorraba la complicación de discutir sobre cómo deberían quedar; por otro, pagaba mucho menos.

Yendo todos los días al trabajo fui instalándome emocionalmente en una nueva situación, que me parecía rara, inimaginada, pero confortable. Iba por la calle sin el riesgo de ser observado ni arrestado; no llevaba encima ni tenía en mi casa nada ilegal.

Aquello era una novedad que no había previsto. Casi sin darme cuenta, el mundo se había vuelto un lugar cómodo, en el que podía andar descansadamente y disfrutar de lo que veía.

El aire fresco, el sol, la belleza de los edificios de Avenida de Mayo, estaban todos los días a mi alrededor.

No parecía que todos los que iban por la calle disfrutaran mucho su viaje al trabajo. Para mí todo era brillante y digno de aprovechar.

Un día, viendo unos niños en la calle, caí en cuenta de que ya carecía de sentido mi prolongada imposición mental de *no saber cuánto viviría*. Se me había vuelto posible *suponer un futuro*, y en ese futuro podrían estar mis hijos.

La suspendida y recobrada idea de que mi vida podía ser larga pasó a dar más sentido a cada actividad.

La sección donde trabajaba era un *cuarto oscuro* separado del resto de las áreas. Durante la mañana me acompañaban el hijo del dueño y un ayudante. Durante la tarde quedaba yo solo, y si habían entrado pocos pedidos me sobraba el tiempo.

Como la puerta solo se abría desde dentro, para evitar el riesgo de que entrara luz cuando se procesaba material fotográfico, todo se conjugaba para aprovechar el tiempo leyendo.

Mi curiosidad de ese momento eran los libros sobre el pasado de la humanidad y sus enigmas, para entender cómo habían sido otras civilizaciones.

Hasta entonces mis conocimientos de historia se limitaban a hilvanar hasta cierto punto la sucesión *esclavismo, feudalismo, capitalismo*; sin ir más allá de las relaciones productivas que *debían desembocar* en el comunismo.

Ahora descubría cuánto más había en la historia, y a cuántos temas prestaba atención el hombre además de la economía. Fue ingresándome la idea de que otras civilizaciones no habían sido *atrasadas* sino *distintas*. En la actualidad menospreciábamos a quienes no valoraban ni dominaban la tecnología como nosotros, cuando en realidad se trataba de gente a la que le interesaba otra cosa.

Entre esos temas que me interesaban estaba el de la posibilidad de que se originara vida en distintos puntos del cosmos, de que esta creciera progresivamente en inteligencia, y de que un siguiente paso fuera ir más allá del propio mundo y encontrarse con los habitantes de otros.

Si nuestra especie estaba empezando desde hacía unas décadas a salir al espacio, ¿de qué sería capaz una que lo hiciera desde miles de años atrás?

En ese momento volvíamos a presenciar un fenómeno que cada tanto se repetía en las preocupaciones de la gente: una oleada de noticias sobre OVNIs y sucesos que no parecían tener explicación en base a lo conocido. Se estaba finalizando e iba camino a estrenarse *Encuentros Cercanos del Tercer Tipo*; y no se sabía cuál era la causa y cuál el efecto, pero todo el mundo hablaba de temas similares.

Leí publicaciones sobre ese asunto, donde abundaban fantaseos y simplificaciones casi infantiles. No faltaban quienes convertían aquello en un culto casi religioso con el que llenar sus vidas.

En esos medios se incursionaba a menudo en temas espirituales; no en el sentido de doctrinas escritas, preceptos y creencias sobre la creación del mundo, sino en el del conocimiento sobre el hombre, su vida interior y su búsqueda de la felicidad. Encontraba en esas enseñanzas más profundidad que en las creencias trasmitidas por tradiciones o costumbres mayoritarias.

Esa ampliación de mis temas de lectura significó una ampliación del alcance de mis pensamientos. Entre todo lo pensado y pensable por la humanidad había mucho más que las consideraciones del marxismo sobre los cambiantes sistemas de producción. Valía la pena enterarse de todo eso. Aunque decir *todo* era pretender demasiado; la totalidad de los conocimientos que *valían la pena* no cabían en el término de una vida humana.

Aun con ese afán de ampliación respecto a lo que sabía o podría saber, no había abandonado la convicción básica que traía desde años antes: las sociedades que habitábamos se encaminaban hacia la liquidación del sistema de producción sustentado en la propiedad privada.

La historia mostraba que en las agitaciones sociales se sucedían períodos de *pleamar y bajamar*. La represión había producido un *reflujo* en el avance de las masas hacia el poder; pero este retomaría su fuerza de vaya a saber qué manera en vaya a saber qué período. Recordé la Revolución Rusa, y el modo en que lo que no ocurrió en 1905 terminó ocurriendo en 1917.

Hubiera o no otros temas que pensar, la necesidad de ganarse la vida seguía presente en cada integrante de la sociedad, y con la misma determinación con que los seres vivos buscan alimento la sociedad se modificaría hasta volverse capaz de cumplir con su razón de ser.

En medio de esa aspiración a aprender más, del placer de andar libremente por las calles, y de la misma vocación por el ahorro y las inversiones, se empeñaba en seguir presente mi voluntad de ser parte de esa corriente de transformación social. A veces me pregunté si estaba haciendo todo lo realmente posible o había caído en la trampa del dejarlo para *algún día*.

Pensé en modos de volver a conectarme con quienes en alguna parte podían continuar militando. No los encontré.

Ni mi tarea de hacerme una vivienda y *normalizar* mi vida, ni mi incursión en la *cultura universal* llenaban un vacío que se empeñaba en hacerse notar. Lo que había sido una etapa saturada de complicaciones y riesgos, pero llena de compañeros, de la satisfacción de *estar cumpliendo* y de la convicción de *estar avanzando*, había dado lugar, luego del intervalo de la prisión, a este presente sin nada que hacer, sin nadie con quien compartir tareas y sueños.

Antes de que absorbiera mi vida la militancia la llenaban mis amigos de Boedo. Muchas de mis ahora horas libres las pasé recorriendo aquellos sitios donde siempre me los encontraba.

Pero ya no estaban ellos ni sus casas. Aunque por las calles circulaban tantos desconocidos como en los viejos tiempos, todo había quedado despiadadamente vacío.

No hay mayor soledad que la de cuando nadie quiere hablar lo mismo que uno.

Filosofía

En noviembre de 1977, luego de andar por el centro en una tarde muy calurosa, iba hacia Plaza de Mayo para tomar el subterráneo y volver lo antes posible a mi casa.

En la calle San Martín vi a mi derecha una puerta amplia y antigua, junto a la que había un panel en el que unas letras plásticas decían *"Hoy 20:00 horas, Conferencia: 'Extraños poderes energéticos de las pirámides"*.

Las pirámides eran uno de los temas centrales de *Recuerdos del Futuro* y de las publicaciones que se concentraban en los enigmas de la historia; revelaban capacidades mucho mayores que las que les suponíamos a los pueblos antiguos.

Así como me molestaba el calor, me interesaba el tema. Si hubiera tenido que esperar que llegara la hora, o hubiera sido una actividad ya empezada, lo más posible es que hubiera seguido de largo. Pero resulta que eran exactamente las 20:00.

Como nunca había ido a eso que tomaba el nombre de *conferencias*, me pregunté si el acceso sería libre para cualquiera que quisiera entrar. Acto seguido ingresé por un pasillo, subí por una escalera y estuve en un amplio salón, con muchas sillas y unas cuantas personas esperando.

Por el momento no había comenzado. Minutos después apareció un sujeto vestido de traje e informó que estábamos en el salón de actos de la Fundación Nueva Acrópolis, que se dedicaba a promover las ciencias humanísticas Ese día presentaba a un profesor que comentaría descubrimientos poco conocidos o tenidos en cuenta sobre las pirámides.

Se presentó ese profesor y comenzó su conferencia. Supimos que además de la enorme dificultad que había representado la construcción de las pirámides existían otros detalles que evidenciaban un nivel de conocimientos que no imaginábamos. Su ubicación y alineación demostraban que sus constructores estaban al tanto de datos geográficos y astronómicos muy similares a los actuales. Un detalle poco atendido eran las irregularidades que sufrían en sus instrumentos los aviones que las sobrevolaban.

En síntesis, fue un llamado a darnos cuenta de que aquellos pueblos que suponíamos poco tecnificados poseían conocimientos no orientados a lo mismo que nos interesa a nosotros, pero sumamente valiosos en cuanto depende de la inteligencia.

Aquello fortaleció mi convicción previa: había mucho que aprender sobre el pasado de la humanidad, y yo quería prestarle atención.

Después de la conferencia, que desató un prolongado aplauso, nos informaron que esa fundación realizaba diversas actividades culturales, y que el sábado siguiente daría comienzo a un curso de Filosofía.

Como informaron que en este caso era gratuito, se disolvía la sospecha de que intentaran vendernos algo. Como en esa época yo era muy receloso con el uso del dinero, me dije que no habría problema en ir a ver de qué se trataba.

Uno de los temas que figuraba en el programa era *Sabiduría Antigua*, lo que en ese momento atraía más mi atención.

El sábado, en horas de la tarde, me tomé el trabajo de viajar desde Caseros hasta allí.

El curso constaba de dos materias: una sobre concepciones éticas de distintas culturas, y otra sobre filosofía de la historia y formas de sociedades a través del tiempo.

Era la relación del hombre consigo mismo y con sus semejantes; los temas que constantemente me interesaban.

Parte de lo expuesto tenía muy poco que ver con mi enfoque marxista del hombre y el mundo. Pero a mí no se me ocurría que quienes veían las cosas de otra manera estuvieran equivocados o debieran ser combatidos. Todo el que observa el mundo con real intención de aprender termina describiendo algún aspecto de la realidad, y siempre es digno de escuchar.

Decidí continuar yendo. No solo me dije que valía la pena seguir en contacto con esos temas, sino que sentí que en medio del vacío de los últimos tiempos había encontrado algo tan importante que todavía no alcanzaba a valorarlo.

El siguiente sábado ya estábamos todos comentando en los recreos los temas de la clase y de la vida. Encontrara lo que encontrara en esas materias de estudio, allí ya estaba aquel factor tan echado en falta: gente que quiere hablar de lo mismo que uno.

En el grupo, de unas veinte personas, había tres asistentes de más o menos mi edad que viajaban hacia el Oeste en el Ferrocarril Sarmiento. Empezamos a volvernos juntos todos los sábados, siempre buscando cuatro asientos donde filosofar y reírnos durante todo el viaje. Cada uno se sentía triste al llegar a su estación y tener que separarse.

En poco tiempo pasamos a reunirnos en nuestras casas; porque repasábamos juntos los temas de estudio y disfrutábamos compartiendo comentarios sobre el mundo.

El curso siguió adelante con estudios sobre el modo de ver al hombre y la sociedad en distintas culturas. Me parecieran familiares o no, esas concepciones merecían conocerse, y mostraban cuánto más y en cuántos sentidos más es posible descubrir la realidad.

Entre todo lo que estudiamos hubo un detalle que encontré muy revelador, y me acompañó el resto de mi vida para echar luz sobre casi todo lo pensable: entre los conceptos tradicionales del Hinduismo aparece un término en Sánscrito: *Kama Manas*, que se traduce como *Mente de deseo*. Se refiere a una parte de nuestra mente que trabaja exclusivamente bajo la influencia del deseo. Se la puede imaginar como una esfera flotando en el agua o entre nubes que solo dejan sobresalir una pequeña parte al aire libre.

En esa pequeña parte superior la mente es capaz de pensar por encima del deseo; pero resulta que muy pocos son capaces de emanciparse de esa turbiedad. En consecuencia, la inmensa mayoría de lo que pensamos no es pensamiento ni conocimiento *puro*, sino un acomodamiento de ideas que no fue creado para representar *la realidad*, sino para convencernos y convencer a otros de que la mejor de todas las opciones es la que coincide con nuestro deseo.

Una vez que entendemos esto se nos hace claro un altísimo porcentaje de los *porqués* que subyacen bajo nuestras ideas y argumentos. Excepto unos pocos capaces de librarse de esa tiranía silenciosa y casi todopoderosa, los seres humanos creen *verdad* la opción que más se ajusta a sus intereses.

En adelante podremos librarnos del interminable esfuerzo de discutir contra lo que parecen razonamientos pero en ningún momento lo fueron; porque, aunque ni su mismo autor se dé cuenta, son elaboraciones de una voluntad que quiere conseguir un fin.

Cuando un abogado arma argumentos para convencer a todos de que su defendido es inocente, cuando alguien quiere demostrar que es más inteligente que los demás, cuando alguien supone *verdadera* la creencia con la que está más cómodo, cuando la *ideología de la burguesía* se enfrenta contra la *ideología del proletariado*, estamos viendo el despliegue de la *mente de deseo* en pos de sus objetivos.

Ese panorama debe advertirnos que nuestros propios pensamientos no son tan *racionales* como nos parecen. Lo más posible es que estemos elaborándolos con esa parte de la mente sumergida y condicionada.

Solo pueden pensar sin subjetividad los que se atreven al enorme esfuerzo de observar la realidad por encima de *lo que quisieran*: los verdaderos científicos, o los maestros espirituales que purificaron su mente para luego pensar con libertad, o Sócrates al intentar que el hombre *se dé cuenta de que no sabe* para empezar a saber.

Esta y muchas enseñanzas que valían la pena estaban a nuestra disposición entre lo que reflexionó y aprendió la humanidad.

El curso nos sirvió para vislumbrarlas.

La Fundación Nueva Acrópolis, retomando la aspiración que había cobrado forma en la antigua Acrópolis de Atenas, se proponía alentar el conocimiento, las virtudes y el desarrollo superior del hombre.

Como ese desarrollo superior no se limita a conocer y pensar, sino que constituye una actitud ante la vida, la propuesta era estar allí en nombre de esa finalidad y no por conveniencia propia. Los profesores, y los que trabajaban para organizar y mantener la escuela, no solo lo hacían sin cobrar nada, sino que a medida que ocupaban un cargo más alto pagaban una cuota mayor para sustentar su funcionamiento.

A los cuatro que siempre nos reuníamos nos gustó aquello. También a otros, aunque no todos los que habían empezado continuaron estudiando.

En mayo de 1978 terminó ese curso, dimos un examen y pasamos a segundo año.

Además nos enteramos de otra propuesta: iniciar un curso especial para incursionar en más conocimientos y llegar a ser profesores de la institución.

Los otros tres se entusiasmaron con la idea y hablaron de inscribirse. A mí no se me ocurría tomármelo como perspectiva. Sin embargo, como esos temas me parecían interesantes, y como continuaba con la sensación de no tener nada que hacer, decidí ingresar para ver qué pasaba.

Aceptando desafíos

Luego de tanto mencionar y exaltar la propuesta, de los cuatro ingresamos solo dos.

La actividad consistía en estudiar más materias, varios días por semana.

Y, para terminar de probar la voluntad de cada uno, también había clase los domingos. Ese día nos reuníamos a la mañana, y cada domingo dos integrantes distintos del grupo preparaban la comida. Al mediodía comíamos todos juntos y continuábamos con más actividades por la tarde.

Esa suma de estudios más tareas a resolver era un desafío que determinaba que solo estuviéramos allí los que realmente queríamos. Si la finalidad era desarrollar virtudes y trasmitírselas al mundo, el modo de lograrlo era empezar aceptando el desafío y siendo capaz de dedicarse a eso a que tan poca gente se dedicaba.

¿Por qué lo hacíamos?

Tal vez no hubiera una sola respuesta. Tal vez la respuesta con más sentido no sea la que se diga a los demás sino la que se dé cada uno a sí mismo, si es que se observa lo suficiente para saberla.

La respuesta a qué hacer los domingos es la de hacer lo que más se quiere.

Es muy común decir que es el día para descansar. Sin embargo, son muchos los que lo dedican a practicar deportes, divertirse, comprar, viajar o ir a visitar a alguien; y con alguna de esas opciones se termina más cansado que otros días.

El *qué hacer los domingos* define cómo es cada persona. En el fondo cada uno hace lo que más quiere; y si dedica ese día a descansar es porque nada le importa más que descansar.

Para mí no era un esfuerzo ni era *sacrificar tiempo*; era hacer lo que más me importaba: estar con quienes se preocupaban por lo mismo que yo, contestarme preguntas serias, verme ante desafíos y volverme más capaz.

Eso era *llenar mis días*; lo de los últimos meses había sido *sentirlos vacíos*.

Como esos conocimientos y ese prestar atención a la vida me habían llevado a una transformación *para mejor*, le encontraba todo el sentido del mundo a comunicar aquello a quienes no vivían mejor porque no habían descubierto lo mismo.

Toda elección de dedicarnos a lo que no se dedica la mayoría nos lleva a distintos niveles de conflicto con quienes nos rodean. Esa es una incitación más a superar miedos, definir ideas y fortalecerse en las profundidades del pensamiento y el sentimiento.

Cuanto menos se parece nuestra elección a lo más usual en la sociedad, más se empeñan *los otros* en cuestionarnos. Es como si se sintieran obligados a *impedir* que alguien viva una vida distinta a la de ellos.

Aunque a mí me disgustara ver cómo vivían otros, tarde o temprano llegaba a la convicción de que eso *era su vida* y la vivían ellos. La mejor opción era no preocuparse más de la cuenta y dejar que siguieran su rumbo.

Sin embargo, hay quienes ante el *cómo viven otros* no pueden dejar de enfurecerse, de empeñarse en hacerlos desistir de lo que hacen; incluso al precio de faltarles el respeto y hasta faltarse el respeto a sí mismos, porque convierten su vida en un tormento del que no se atreven a salir.

Muchas veces me pregunté cuál era la mayor diferencia que veía entre unas personas y otras; cuál era la clasificación más importante que me llevaría a decir que hay dos tipos de seres. No es una pregunta fácil ni tiene siempre la misma respuesta; pero la que más tiendo a darme es que la humanidad se divide en *los que aprecian* y *los que desprecian*.

Los que *aprecian* pueden ver que otros viven vidas muy distintas a la suya, pero en el fondo tienden a suponer algún motivo entendible para lo que hacen. Los que *desprecian* se disgustan mucho más con los que no se les parecen, y en todos los casos, inmediatamente y sin la menor duda, lanzan el veredicto de que son ignorantes, perversos o idiotas.

Nada de lo que haya hecho de noble el ser humano dejó de ser blanco del ataque de *los que desprecian*. La convicción fundamental de los que desprecian es que *no puede ser* que alguien sea mejor que ellos. O somos todos exactamente iguales, o los que no son como ellos *son peores*. Si hay organizaciones benéficas, educativas o políticas con finalidades que ellos nunca tuvieron, tiene que ser porque están integradas por tontos o por mentirosos que se aprovechan del resto de la gente. Si alguien sabe mucho sobre algún tema, es porque se preocupa por cosas inútiles. Si alguien se destaca por cualquier cosa que hace, es un charlatán que engaña a los demás. Si alguien tiene más dinero que ellos, es porque se lo robó a otros o porque *se vendió*.

En el fondo todo está determinado por el factor más importante: los que nunca tuvieron un sentimiento noble *no están enterados* de que este existe; no pueden concebir lo que jamás experimentaron. En consecuencia, los que no son como ellos *son peores*.

Sabiendo que *hagas lo que hagas alguien hablará mal de ti*, que de todas las organizaciones se dijo o sospechó algo malo, y que incluso aunque haya mentirosos también puede haber nobleza, los que sienten o presienten *algo más* se dedican a vivirlo porque es su vocación, y no se preocupan por qué dicen ni por cómo son quienes no lo sienten.

Por estas o similares razones estábamos allí los que estábamos.

Además de historia en general, historia de la filosofía, psicología, conceptos básicos de la ciencia y otros conocimientos concretos, estudiábamos y practicábamos cómo exponer ideas ante una clase.

Detrás y por encima de todos los conocimientos entraba en juego lo más valioso: el fortalecimiento de la voluntad.

Ese *entender el mundo*, ese observarse a sí mismo y verse más claramente, esa consolidación de voluntad, fue convenciéndome, o demostrándome, que si hay una *fórmula de la felicidad*, o de reducir la infelicidad, es el crecimiento de la propia capacidad, el desarrollo de las facultades que todo ser humano posee *en potencia*.

Eso, y no las condiciones que nos rodean, hacen posible el persistente ideal de *ser feliz*, o de acercarse a serlo.

En esas circunstancias llegó una que veníamos previendo a través de todo lo ocurrido en los últimos años: el Mundial de 1978.

Varias organizaciones civiles, además de partidos y grupos de izquierda, habían promovido campañas para que, como respuesta a las desapariciones de personas y violaciones de derechos en Argentina, el mundo no se tomara aquello como una fiesta, y decidiera no acudir a un país en que el gobierno que había masacrado a tanta gente proclamaba la idea de que todo estaba maravillosamente bien.

Hubo algunas discusiones y alguna repercusión internacional. Pero los que intentaron aquello no tuvieron idea de con qué se metían: el mundo, y el mismo país golpeado por la dictadura, siguieron amando el fútbol. Los que adhirieron a esa propuesta de sabotaje fueron casi invisibles.

Los argentinos dejaron todo de lado para abrazarse a lo que tanto esperaban: ver desde cerca lo que tantas veces habían visto desde lejos, y confiar en que *jugar en casa* favoreciera el logro deseado desde el principio de los tiempos.

Nadie reparó en protestas nacionales ni internacionales. El fútbol barrió con cualquier otro tema de pensamiento.

Y la dictadura aprovechó para instalar una sensación que tomó forma en un slogan: *Argentina de pie ante el mundo*.

El que había sido un país en crisis y convulsionado por una guerra interna debía ser visto como *pacificado* y encaminado al progreso. Los jefes militares temidos y odiados eran ahora organizadores de actos que despertaban admiración, y más todavía: *hinchas* que alentaban al equipo en las tribunas.

Resultó como se esperaba. No hubo mucha adhesión a los militares ni tampoco mucho sentimiento en contra. Lo que se hizo fue mirar los partidos.

Se vio lo que desde hacía tiempo estaba prohibido: multitudes en las calles. Entre ellas aparecía cada tanto un bombo con símbolos políticos que habían sido tapados con pintura. Ahora solo se pensaba en el fútbol.

Entre los que nos juntábamos a estudiar filosofía conversamos sobre cuánto importaba o dejaba de importar aquello. Pero con o sin justificaciones racionales se impuso el sentimiento de nación o tribu, y nos sentimos hermanados con todos los que en otro tema no lo estaríamos.

Entre abundantes loas a esa *unión de todos* se repitió la pregunta de por qué no estábamos unidos en el resto de las cuestiones. La única respuesta filosófica sería que los deportes son más fáciles de pensar, y que el deseo de que la gente coincida mucho en otros temas es pedir demasiado.

El domingo en que se jugó la final no tuvimos clases. Estuve en las calles del centro viendo amontonamientos, multitudes y felicidad. Ya muy de noche volví a mi casa en el Ferrocarril Sarmiento, en cuyos vagones continuaba la aglomeración y la fiesta.

Durante la semana continuaron los ruidos, las banderas y los papelitos arrojados desde los edificios.

En el trabajo había un compañero que casi todos los días me preguntaba *"¿Viste el partido ayer?"*; yo le contestaba que no y él se indignaba porque yo no viviera pensando en el fútbol. Esta vez me preguntó y le dije que sí.

Esos días se publicó en un diario una tira de historieta con tinte filosófico: en el primer cuadro aparecía el protagonista con una sonrisa de lo más alegre bajo una profusa lluvia de papelitos; en el segundo los papelitos iban siendo menos; en el tercero menos todavía; en el cuarto, ya sin papelitos, se veía al personaje con cara de incertidumbre preguntándose *¿Y ahora?..*

Y ahora, después de un *recreo* agradable, venía la continuación de la vida.

Nosotros continuamos con nuestros estudios.

Al encontrarme con enseñanzas sobre la posibilidad del hombre de activar todas sus potencialidades, y de acceder a la tan buscada felicidad por la vía de superar sus complicaciones psicológicas y mentales, se me abrió paso la idea de que mis consideraciones sobre formas de sociedad, revoluciones y cambios de sistemas de producción, habían sido un enfoque muy limitado de una realidad mucho más rica.

Hasta poco antes había vivido con la perspectiva de que el mundo se encaminaba a un cambio de sistema; de que a pesar de la represión habida todo volvería a tomar ese rumbo, y de que hasta podría hablar de aquello en mi nuevo ambiente y extraer de allí nuevos *militantes*.

Ahora no estaba tan seguro de que la humanidad marchara en ese rumbo. La humanidad parecía ser *mucho más*, y mi ocupación actual era descubrir todo eso a lo que no había prestado atención.

En medio de estas ocupaciones, tener cada vez más cosas que hacer me convenció de que era un desgaste absurdo viajar a Caseros cada noche, pasando por calles a las que debería volver en pocas horas, tras dormir poco y hacer el mismo viaje en sentido opuesto.

Aplicando las enseñanzas escuchadas, terminé desapegándome de mi plan de construcción de una vivienda. Tenía más sentido ganar tiempo para la vida que encaraba ahora.

Con cierto desgarro interior, pero convencido de lo que estaba haciendo, me dije que por mucho que cuesten, importen o hagan falta, las casas se vuelven insignificantes ante lo que más vale: lo que necesita vivir cada persona.

Conocía historias de quienes se habían desvivido por construir o pagar una casa, para luego encontrarse con que no podían convivir entre ellos, o con que por algún motivo les resultaba mejor estar en otro lugar.

Alquilé una habitación en la calle Piedras, muy cerca de mi trabajo, y el simple hecho de irme a dormir se me volvió simple de verdad.

Poco después le tocó mudarse a la Fundación. Debió dejar el edificio de la calle San Martín, y apareció uno adecuado en Hipólito Yrigoyen al 1100. Como era en un área de preservación histórica, no podía ser demolido ni reformado, por lo que había quedado en desuso mucho tiempo. Se nos eximió de pagar alquiler por seis meses a cambio de limpiarlo y rehabilitarlo.

Allí nos apareció una nueva oportunidad para lo que más nos gustaba: encarar tareas que nunca se le ocurrirían al resto de la gente.

Pasamos a estudiar menos para dedicarnos a trabajar. Empezamos limpiando todo. Los que sabían del tema se encargaron de instalar cables y luces. Yo me dediqué a hacer divisiones y estructuras de madera.

Como efecto de los viejos tiempos en que trabajaba con mi padre, tenía alguna experiencia en cortar maderas y clavar clavos.

Todo aquello fue una muestra de hasta qué punto las personas son condicionadas por sus disposiciones psicológicas o enseñanzas recibidas. Abundaban los que llevaban en su mente el esquema de *no saber* sobre determinadas actividades, y continuaban su vida sin encarar nada que no se les hubiera enseñado previamente.

Me di cuenta de que yo, en vez de preguntarme si había aprendido o no sobre algo determinado, nunca ponía en marcha la idea de *no saber* y empezaba a hacerlo. De un modo u otro se va aprendiendo a hacer todo, y lo que hace falta termina haciéndose.

Nos divertimos mucho convirtiendo aquel sitio abandonado en aulas y pasillos blancos e iluminados. En la planta baja improvisamos las divisiones necesarias, pintamos todo, colocamos alfombras y tuvimos un nuevo salón de conferencias.

Llegado el momento, aunque no estaba todo terminado ni mucho menos, hicimos la mudanza del viejo al nuevo edificio.

Alguien que asistía a la escuela y trabajaba con transportes nos consiguió camiones a bajo precio.

El mayor volumen de cosas lo trasladamos un domingo, porque al no tener otras ocupaciones éramos más los que podíamos sumarnos a esa tarea.

Nos pasamos el día cargando muebles y cajas con la alegría del que está contento con lo que hace. Al caer la tarde, mientras continuábamos tan festiva y despreocupadamente como a primera hora, vi que el conductor del camión, que no era un compañero de la escuela sino un empleado de la empresa de transporte, se mantenía sentado ante la entrada de una casa vecina, con tremenda expresión de impaciencia, hastío y ganas de irse lo antes posible.

Fue un insuperable modo de descubrir que la posibilidad de sentirse bien o mal, y hasta la de cansarse o no cansarse, dependen de qué se tenga en el sentimiento y en la mente. Me convencí aún más de cuánto valía la pena aprender lo que aprendíamos, aunque fuéramos pocos en un mundo que se dedicaba a otra cosa.

Continuamos varios meses con los arreglos en el edificio, aprendiendo a solucionar todo sobre la marcha.

En algún momento reiniciamos conferencias y clases, consiguiendo que más gente nos conociera.

El conjunto de lo que aprendíamos, en el que figuraban las vidas de personajes admirables por su capacidad de independizarse del mundo, nos sugería que nuestra existencia estaría *dividida en dos* si exaltábamos todo eso pero al salir de allí vivíamos de una manera muy distinta, por mucho que fuera la habitual de nuestra época. No podíamos sentirnos seguros de nosotros mismos si no nos acercábamos en cada decisión a aquellas vidas ejemplares.

Esta inquietud por convencerse de que se está de verdad a la altura de lo que se proclama, más una persistente voz interior acerca de que *donde esté tu tesoro, allí estará tu corazón*, terminaron de convencerme de que esa aspiración se contradecía con mi vieja vocación de guardar y acumular dinero.

Con no poca pena, pero por eso mismo convencido de que era una decisión valiosa, vendí los *Valores Nacionales Ajustables* existentes por entonces y me aparecí en la sección Economía de la escuela a donar todo ese dinero, algo más de lo que valdría un coche.

Parte del desafío fue verme cara a cara con el asombro de quienes lo recibieron y con la suposición de que yo era un santo o algo parecido, cosa que en ningún momento me creí.

El efecto fue quedar muy armonizado por *no tener mi corazón en dos mundos* y no muy preocupado porque aquello fuera un error o no. Ninguna consideración sobre lo que conviene o deja de convenir es más poderosa que el *sentirse bien*.

Y continué con mi actividad en la escuela.

Entre otros estudios seguíamos un curso de Oratoria, con el fin de que todos fuéramos capaces de hablar en público. Se comenzaba con la corrección de los defectos al principio habituales, y se continuaba con el desarrollo de capacidades psicológicas, comunicativas y artísticas.

Había una especie de definición o consigna que inspiraba esas prácticas: *el orador debe ser al mismo tiempo filósofo, poeta, moralista y actor.*

De todas esas cualidades se exaltaba la de *moralista*. La propuesta sobre la que giraba todo era la decisión de defender ante el mundo una *actitud*. En nombre de esa actitud ante la vida y el mundo era posible plantarse ante la gente y decir todo lo valioso que se pensaba y sentía.

El factor que nos haría más capaces, antes que la técnica, la práctica y la experiencia, sería la *superación del miedo*. La audacia, y la voluntad de decir algo valioso al mundo, deberían llevarse por delante el miedo a exponerse a la mirada y al juicio de los demás.

Desde un principio me convencí de que además del *atreverse*, acto casi central de todo lo que proponía nuestra escuela, hacía falta *conocimiento*. El conocimiento también era parte de la *actitud moral*. Era casi inmoral presentarse con la pretensión de decir algo importante sin saber con cierta profundidad de qué se estaba hablando. Eso determinaba la diferencia entre un conferencista y un charlatán.

Para acostumbrarnos gradualmente a esa experiencia, nuestra primera aparición en público consistiría en presentar una conferencia que daría un profesor ya habituado a esa práctica. Debíamos dar la bienvenida al público y comentar brevemente qué se hacía en la escuela. Era lo que yo había visto aquella primera noche en que la curiosidad me había incitado a entrar, hacía ya casi dos años.

Me llegó el momento y lo hice. Fue posible y me salió bien.

Un factor poco tenido en cuenta fue el efecto de recibir la mirada y la atención de la gente. Unos segundos después del impulso que nos movió a ese punto al frente de todos, se empieza a sentir que la mirada de la gente recae y *pesa* sobre uno; es como una corriente que nos llega de frente y tiende a paralizarnos. El paso siguiente es darse cuenta de que seguimos allí con vida, de que la gente *no nos come* y podemos continuar; pero con una tensión que se nos ha incorporado, y que solo se superará manteniéndose ahí.

Durante varios días me persistió el efecto en forma de tensión y acidez en el estómago. O la mirada de la gente tiene *un peso* o todo lo hace nuestro miedo. La única *curación* de ese malestar es continuar con esa práctica hasta que nos acostumbremos. Todo lo aprendido sobre hablar en público empieza a ser aplicable el día en que dejamos de *perder la calma* porque nos miran y nos juzgan.

Todas las actividades más o menos difíciles nos llevan a momentos en que la dificultad, el encuentro con lo desconocido que aún no pasó a ser conocido, nos apabullan, nos marean y nos agotan. En esa situación queremos, por sobre todas las cosas, *descansar*.

El secreto del éxito en todo lo que se encare es darse cuenta de que en momentos así no hay una opción sino dos: *abandonar todo* o simplemente *descansar y volver*.

Después de haber descansado se vuelve a ver todo con nuevos ojos y nuevas fuerzas. Lo que parecía demasiado voluminoso para pensar pasa a verse más claro; vuelven la alegría y las ganas de seguir adelante.

Esa diferencia hace que caigamos o salgamos fortalecidos. Y cada vez que elegimos la opción de fortalecernos crece en nosotros *lo valioso*, lo que da sentido a que nos presentemos a hablar ante los demás.

Éramos testigos directos de ese juego de fuerzas. Los inscriptos en el curso para llegar a ser profesores habían sido casi treinta, y ahora quedábamos menos de diez.

Una vez más salía a relucir la diferencia entre *querer* algo, siendo capaz de *pagar el precio*, o deslumbrarse ante lo que parece maravilloso porque todavía no se vio lo que aparecerá por el camino.

En ese estado de cosas, aceptando desafíos y aprendiendo, a fines de 1979 me encontraría con Alicia.

Continuando en compañía

Algunos psicólogos afirman que cada persona lleva dentro de sí un *proyecto afectivo*.

Hay quienes se lanzan al contacto impulsivo e inmediato con el otro sexo, sin ningún tipo de *proyecto*, de sentimiento que trascienda ese contacto ni mucha consideración por *quién es* la otra persona.

Hay quienes además de impulsos tienen *sentimientos*. Sus relaciones tienden a ser algo más que un encuentro momentáneo. Se unen a alguien *en todos los niveles*, incluyendo esos que los del primer grupo nunca conocieron. Así y todo, aunque se viva intensa y profundamente una relación, sigue siendo *una relación* entre otras que podrían darse; se la vive *en el ahora* y nada más, sin ninguna aspiración a un *después*.

Y para otros solo existe el proyecto del *amor a largo plazo*. En ellos el impulso, el sentimiento, la aspiración a *ser querido*, se integran en una búsqueda en la que nada es ignorado. Además de la atracción impulsiva los mueve el amor a la belleza, la necesidad de que la otra persona *los prefiera* más que a nadie, más la necesidad de encontrar en ella todas las virtudes que se llegue a concebir. Se busca a alguien que sea *todo eso a la vez*. Si no, no hay disposición a acercarse. Y esto se unifica con el sentimiento de que sea *para siempre*.

Se dijo que el acto de *elegir a alguien*, aunque parezca un impulso irreflexivo, define *cómo es* una persona y cuánto se valora a sí misma. Todo indica que de ninguna manera *somos iguales*; hay inconcebibles diferencias entre lo que sienten unos y otros, tanto en su vida interior como en todas sus relaciones con el mundo.

Sin habérmelo preguntado, sin haberme autoclasificado, yo traía desde un principio el proyecto del *amor a largo plazo*. No le agregué la idea de *obligación* impuesta por creencias y tradiciones. Se puede aspirar a que un amor sea *para toda la vida* sin creérselo demasiado, sabiendo que distintos cambios o complicaciones pueden llevar a que un día se acabe.

Con ese *proyecto* en mi mundo interior, presentía que ese *amor para toda la vida* aparecería alguna vez en aquella escuela. No se me ocurría que pudiera estar donde se viviera otra cosa.

Alicia, que había sido traída de España por su padre a los cuatro años, había ingresado a la escuela algunos meses después que yo, inquieta por los misterios de la vida, por el desarrollo personal y por relacionarse con la gente.

Trabajaba en una sección donde se vendían libros y apuntes. Yo la veía cada vez que iba por allí en busca de algún libro.

En ese entrecruzarse con personas conocidas o recién llegadas, que suelen caernos mejor o peor, alguna vez uno se encuentra con que está acordándose más especialmente de una de ellas. Fue un comienzo silencioso y poco pensado, una sintonía que *estaba ahí*.

Poco a poco ese *acordarse especialmente* se acentúa, para ganar espacio y tiempo en nuestra vida.

Como nuestras tareas en la escuela estaban sujetas a cierta rotación, para que con el tiempo aprendiéramos un poco de todo, Alicia pasó al área de Relaciones Públicas, que atendía en la entrada al salón de conferencias a quienes venían a informarse sobre nuestras actividades.

Después de un tiempo me asignaron a mí a esa área, y no pude dejar de decirme que esa sintonía espontánea iba camino a convertirse en ese *algo más* a que me sentía llamado. Al impulso inicial se sumó mi convicción de que *no podía ser* que aquello quedara en la nada.

Por varias semanas nos vimos todos los días, y casi saltaba a la vista la alegría de sentirnos cerca.

Llegado el momento le dije qué sentía al estar con ella y qué quería que fuera nuestra vida en adelante.

En pocos días todo se definió. Los dos traíamos el proyecto del *amor a largo plazo* y lo pusimos en marcha decididamente.

En esos primeros momentos de estar ante una mesa, mirándonos y sabiendo que nos elegíamos, me di cuenta de una sensación que se presenta en nuestra vida muy de vez en cuando: la sensación de que lo que se vive en ese instante *tiene sentido* más que ninguna otra cosa. Una seguridad tal vez encendida por la vocación más intensa de todo lo existente: dar vida a seres con cada vez mejores cualidades.

Ya establecido en la comodidad de ir a pie al trabajo y a la escuela, la resigné para tomar todas las noches el subterráneo y acompañar a Alicia hasta la puerta de su casa, en Primera Junta. La primera vez me preocupé por si no quería que algún vecino nos viera juntos. A ella no le preocupó.

Y continuamos con nuestra vida en la escuela; ahora con nuevas perspectivas.

Entre todo lo que teníamos para hacer, nos reservábamos los sábados a la noche para ir al cine, a restaurantes o a largos paseos.

Con el tiempo tuvimos un plan tanto para nuestra vida como para nuestra vocación de esos últimos años: irnos a vivir a un lugar donde fundaríamos desde la nada una nueva filial de la escuela.

Esa inquietud porque otra gente descubriera lo que habíamos descubierto allí, sumada al permanente llamado de aceptar desafíos y poner a prueba la voluntad, había determinado que algunos integrantes de la escuela fundaran nuevas sedes donde antes no las había.

Después de algunos meses le conté a Alicia la historia de mi militancia política, con violencia y prisión incluidas. Como ella tenía diez años menos que yo había estado muy poco al tanto de lo ocurrido en ese período. Le pregunté qué pensaba luego de saber todo aquello, y me dijo *"lo mismo que hasta ahora"*.

No mucho después estuvimos haciendo planes para casarnos.

Todo eso que queríamos era para vivirlo y no para imaginarlo. Nunca me cayó bien la gente que quiere o dice querer algo y lo mantiene como proyecto para *alguna vez*. Los que se casan al cabo de varios años es porque no están tan seguros de quererse o porque dependen mucho de la mentalidad imperante sobre posesiones y comodidades, con más preocupación por ser vistos por los demás que por vivir la propia vida.

Nosotros no pensamos que antes de vivir juntos hubiera que pasar un largo período comprando cosas. Y menos todavía una vivienda, que obligaría a estirar el período previo a costa de postergar la vida que se quiere.

Alquilamos un departamento de un solo ambiente en las proximidades de Once, para lo que tanto mis empleadores como los de ella aceptaron firmarnos garantías. Después compramos algunos muebles de segunda mano y tuvimos lo que se necesita para vivir.

Resolvimos que nos casaríamos en noviembre de 1980, un año después de habernos confirmado que nos elegíamos.

Siguiendo con mi convicción de no postergar nada por falta de dinero, propuse que hiciéramos una fiesta lo más sencilla posible. No es que no me gustaran las grandes fiestas, sino que no justificaba que algo así nos obligara a tomarnos demasiado tiempo.

Pero las tías de Alicia se preocuparon por eso y planearon una fiesta en un salón.

Sabiendo de esa imposibilidad de conseguir todo a la vez, no invitamos a todos los que hubiéramos querido.

Tampoco nos importó contratar un *coche de bodas*. Nos llevó uno de mis cuñados con su Fiat 1500.

Y nos casamos.

Casi con sorpresa vimos que apareció a saludarnos gente para la que no habíamos supuesto ser importantes, que nos había conocido en nuestros trabajos y en otras relaciones.

Y tuvimos nuestra fiesta, con torta, brindis y baile.

A la mañana siguiente iniciamos nuestro viaje hacia el norte argentino, porque había sitios que queríamos ver y porque, como en Rosario y Córdoba ya había filiales de Nueva Acrópolis, íbamos con la idea de elegir dónde fundaríamos nuestra escuela.

No viajamos con planes contratados. Encontramos hoteles y compramos pasajes a medida que se nos ocurría cuál sería el siguiente paso.

En algún momento pasamos por los montes tucumanos, donde años antes todo había sido guerrilla y enfrentamiento.

Miré aquello como al otro lado de mucha distancia. Era distancia en tiempo y en forma de mirar; pero sin ningún veredicto de qué era mejor o qué era peor. Tanto observando mi vida como la de cualquier otro me encontraba con que nada era del todo glorificable ni del todo condenable. Se puede cuestionar las acciones humanas por sus efectos; pero valorarlas moralmente es mucho más difícil. Todas tienen algún sentido en el mundo de los sentimientos y motivaciones.

Era un momento del pasado, y ahora estaba haciendo otra cosa.

Poco después estuvimos en Salta, y la convicción nos entró por los ojos: sería allí donde abriríamos nuestra filial.

Nos quedamos unos días observando todo, y seguimos hacia el norte.

Abordamos un autobús a La Quiaca. Pasamos por el Valle de Humahuaca y nos fascinamos ante montañas y colores. Supusimos que al bajarnos en La Quiaca nos rodearía un paisaje así; pero resulta que ya estábamos en el altiplano, y la parte más vistosa había quedado atrás.

Bajamos, nos alojamos en un hotel y a la mañana siguiente salimos a mirar todo.

Nos habíamos dicho que allí finalizaría nuestro recorrido porque se acababa el país; pero resulta que ahí cerca se veía un puente por el que iban y venían a pie muchas personas. Se podía pasar a la ciudad boliviana de Villazón.

Yo nunca había estado en otro país, excepto cuando pisé unos metros de territorio chileno en una excursión al Cristo Redentor.

La curiosidad nos llevó en seguida hacia allí.

No había control fronterizo para los que iban a pie.

Así nos encontramos caminando por Bolivia, con cierta extrañeza de sentirnos *afuera* de donde siempre habíamos estado. Recorrimos calles de Villazón, donde todo parecía del color ocre de la tierra de esa zona. Nos llamó la atención que allí, ya casi a las puertas del verano, la mayoría de la gente anduviera con ropa de lana de mangas largas. Parece ser porque a esa altura la luz del sol atraviesa menos atmósfera y quema más. Además, los que nacen allí están corporalmente adaptados a la diferencia de presión.

En esas calles nos sorprendió algo que desde hacía tiempo no veíamos en nuestro país: carteles de propaganda electoral.

Ante esos rostros invariablemente sonrientes y esas frases pomposas demasiado escuchadas, mi primer pensamiento fue *"menos mal que nosotros nos libramos de esto"*.

¿Qué significaba esa sensación? ¿Me disgustaba que la gente pudiera elegir?

El problema real no era con la democracia, sino con la estrechez de pensamiento, con la falta de respeto encarnada en cada recurso fácil con el que se cree que se convencerá a la gente. El problema era con quienes no se presentan con más altura mental y moral.

Así y todo, detrás de ese mini arranque de fastidio puede haber una inclinación de la que hay que cuidarse: la comodidad de acostumbrarse a vivir sin tener que ocuparse de esos temas. Vivir sin elegir puede ser más fácil; pero lo más posible es que luego no nos gusten las consecuencias.

Luego volvimos a cruzar el puente.

Otro rasgo destacable de lo que vimos fue la actitud de la mayoría de los residentes de la zona. Para ellos los turistas o visitantes blancos, venidos de sitios desconocidos pero *avanzados y ricos*, son como seres superiores a los que corresponde temer o respetar, y tienden a saludarlos como sintiéndose obligados, como necesitando su aprobación y consideración.

Nos entristeció esa especie de sumisión implantada por prolongados hábitos de pensamiento.

Como bastaba un día para ver todo, esa noche abordamos un tren hacia Salta.

Allí presenciamos lo que era cosa de todos los días: el control sobre qué llevaban encima los que viajaban.

Cuando hubieron llegado todos los pasajeros a sus asientos, ingresaron varios policías y gendarmes a revisarlos uno por uno. No se fijaron en nosotros ni en otros fácilmente identificables como provenientes de otras regiones. A los demás les controlaron los equipajes y les palparon el cuerpo. Más de uno traía varios relojes pulsera en cada brazo, u objetos poco voluminosos pero valiosos, para venderlos en buenas condiciones en las ciudades argentinas hacia las que iban.

Hubo excusas sobre por qué los llevaban, más algunas discusiones y protestas. De todos modos, todo ese cargamento ilegal fue requisado. En el área fronteriza era muy habitual conseguir mercancías de dudoso origen o libres de obligaciones fiscales. Todo pasaba con facilidad por el puente, pero se encontraba con rigurosas revisaciones en los medios de transporte.

Después de un rato largo con esa complicación el tren partió, y al día siguiente estuvimos otra vez en Salta.

Repasamos un poco lo visto y nos volvimos a Buenos Aires.

Al mismo tiempo que disfrutábamos en el hogar que acabábamos de crear se asentaba en nosotros una convicción: nuestra aspiración a encarar el crecimiento interior nos decía que solo estaríamos cumpliendo *de verdad* con aquello cuando además de leer y hablar tomáramos decisiones difíciles, como la de dejar seres y sitios queridos para dar un salto hacia lo desconocido, empezando con el acto básico de encontrar cómo ganarnos la vida.

Nos asustaba y nos entusiasmaba, como todo lo que se hacía en la escuela.

O precisamente porque nos asustaba nos entusiasmaba. Nadie sabe si está realmente a la altura de su ideal si no sale a encontrarse con *lo difícil*. No aceptábamos hablar sobre personajes ejemplares y quedarnos en una comodidad tan lejana a esas vidas.

Un poema que leíamos y admirábamos en la escuela finalizaba diciendo *"Cierra los ojos, y arremete"*.

De eso se trataba. La vida adquiría sentido y satisfacción si cumplíamos con ese llamado.

Por mucho que nos gustara aquella vida en nuestra vivienda, en esa escuela que ya existía y con personas con que ya compartíamos nuestros días, no dudamos en ir preparando nuestra desconexión de todo aquello; porque el efecto sería que otras personas se encontraran con lo mismo.

En abril de 1981 Nueva Acrópolis arribó a un punto crítico que venía gestándose casi en silencio.

Desde un principio valoraba la espiritualidad y la *aristocracia* en sentido platónico. Exaltaba una realidad hasta cierto punto evidente: hay quienes encarnan las mejores virtudes de lo humano y quienes no. Somos parte de una humanidad de *desiguales*.

En nombre de esos principios recalcaba lo sostenido por algunos filósofos antiguos: la democracia no es la mejor forma de gobierno. En un mundo con pocos *virtuosos* no es bueno que gobierne las sociedades la opinión del conjunto de la gente.

Aunque continuemos toda la vida discutiendo sobre formas de gobierno, hay no poco fundamento en esa visión.

Yo había estado ahí sin hacerme mucho problema por eso; porque lo que había encontrado de valioso era el conocimiento del hombre y su aspiración a la felicidad.

En algunos textos de la escuela había visto expresiones de desprecio al comunismo que me habían caído mal. No dejaba de ser entendible que lo que para mí había sido bueno como propuesta económica les cayera mal a otros por su ateísmo y su concentración en las necesidades materiales.

Sin embargo, la repetición de expresiones similares evidenciaba demasiado ensañamiento para ser un simple efecto del antagonismo *espiritualidad-materialismo*. Algunos integrantes antiguos comentaban que la escuela había encarado actividades decididamente *anticomunistas*. Para otros, el tradicional ideal *aristocrático* derivaba hacia una *veneración de la jerarquía* y una subordinación incondicional a la autoridad, muy cercana a diversas modalidades de fascismo.

Por mucho que ahora viera defectos al comunismo, no me sentía nada bien con esas actitudes, que en algunas sedes de la escuela, de acuerdo a quién las encabezara, eran más acentuadas que en la de Buenos Aires.

Finalmente, en una reunión de abril de 1981 esa disonancia no pudo seguir existiendo en una misma organización. La fundadora de la escuela residía en Buenos Aires y su marido, con quien había dejado de convivir, residía en Madrid, donde cobraba más fuerza esa actitud cercana a la militancia política.

En esa reunión terminó de definirse la ruptura: las sedes de Europa siguieron existiendo con el nombre de Nueva Acrópolis, y la fundadora, seguida por las sedes de Argentina y varias de América, se separó para crear una organización centrada exclusivamente en la espiritualidad y la vida interior. A la hora de ponerle un nombre eligió *Hastinapura*, que en Sánscrito significa *Ciudad de la Sabiduría*.

Tanto Alicia como yo nos sentimos bien con ese cambio. Nuestra escuela pasaba a ajustarse a lo que realmente nos gustaba.

En esas condiciones proseguimos preparándonos para la fundación de la Filial Salta.

Planificamos todo para dar ese paso a principios de 1982.

Fuimos ahorrando lo que pudimos para subsistir hasta que tuviéramos trabajo allá, y recibimos datos de personas a las que podríamos contactar.

Como era de suponer, la gente no relacionada con la escuela ni con nada distinto de las costumbres generalizadas dijo que aquello era una locura, no explicable ni recomendable. Nada les parecía más importante que *conservar el trabajo que se tiene*.

Siempre sale a relucir la pregunta de *qué se gana* con una determinada decisión. Antes de responderla hace falta definir qué entiende cada ser humano por *ganar*. Las diferencias de finalidades no se resuelven con conversaciones ni explicaciones.

En diciembre tuvimos vacaciones y viajamos a Salta, a terminar de informarnos lo más que podíamos y a contactar con quienes, por tener conocidos en común, podían indicarnos dónde conseguir trabajo.

Me recomendaron ir a una imprenta, donde informé de mi experiencia afín al tema. Me dijeron que cuando fuera a vivir allí volviera a pasar, sin asegurarme nada.

Volvimos del viaje, y comentamos en nuestros trabajos que renunciaríamos en poco tiempo porque nos mudaríamos a Salta.

Volvía a irme de Tipografía Clancy, con la misma tristeza e incertidumbre de la vez anterior; pero con la misma determinación de aceptar lo que fuera a venir después.

El 31 de enero vino un camión en donde cargamos todo lo que había en nuestro departamento, y lo despaché en una terminal de cargas de Retiro. Quedaría en una terminal de Salta hasta que tuviéramos un domicilio al que llevarlo.

Esa noche llegó el brindis de despedida en el patio de la escuela.

Sufrimos por separarnos de nuestros compañeros de todos los días. Hablamos de que los extrañaríamos, pero sabíamos que nos estaban extrañando, y con más tristeza porque no sabían que existíamos, quienes necesitaban una escuela cerca de ellos.

Como en ese tiempo no existía la Terminal de Ómnibus, nos llevaron en auto a una empresa de transportes en la zona de Once, desde donde saldríamos hacia Córdoba.

Vimos a nuestros compañeros saludándonos al otro lado de las ventanillas. Luego quedaron atrás y solo estuvimos nosotros, alejándonos de nuestro mundo conocido.

En Salta

Dormimos intermitentemente en el viaje, y a la mañana siguiente estuvimos en Córdoba.

Por la tarde iniciamos el trayecto hacia Salta.

Llegamos durante la mañana, para encontrarnos con una duradera llovizna que nos dificultaría el primer paso: encontrar dónde alojarnos mientras empezábamos todo.

Como no podíamos quedarnos todo el día sin hacer nada, dejamos nuestras maletas en un servicio de guardaequipajes de la terminal de ómnibus, sacamos paraguas y empezamos a andar.

Consultamos diarios donde aparecían anuncios de alquileres de pequeñas habitaciones. Ayudándonos con un mapa fuimos recorriendo calles, mientras no dejaba de llover.

Como el paraguas no impedía que se me mojaran los pies, me vino la idea de que podía resfriarme. Inmediata y casi furiosamente la desalojé; no podíamos darnos el lujo de interrumpir lo que hacíamos.

Durante la tarde encontramos una habitación donde estar los primeros días.

A la mañana siguiente despertamos con un pensamiento inusual: no estábamos "de viaje", sino en la ciudad en que seguiríamos viviendo.

Me presenté en la imprenta y me tomaron; con cierta indecisión del dueño, al tanto de que la situación del país presagiaba una época de poco trabajo.

Mi tarea consistía en montar textos e imágenes en celuloide sobre planchas de acetato que luego se copiarían sobre chapas para impresión offset. El paso siguiente lo aprendí allí: copiar cada plancha y "revelar" la chapa mediante compuestos químicos. Finalmente quedaba sobre la chapa la imagen de lo que se iría a imprimir. Había que hacer una chapa para cada color: negro, amarillo, cian y magenta, e incorporarle *cruces de registro* para que los cuatro colores coincidieran exactamente en su ubicación. El menor error causaría una pérdida de materiales valiosos.

Allí empecé a presenciar la irrupción de la informática en las artes gráficas. Tenían un ordenador, cosa hasta entonces poco vista, con el que, sobre una pantalla negra con letras en verde brillante, escribían los textos que antes se hacían en linotipos. Como aún no había impresoras digitales capaces de llevarla al papel, el texto digitalizado se proyectaba sobre papel fotográfico que debía revelarse en cubetas. La calidad resultante era superior a todo lo visto anteriormente.

En mi etapa de Tipografía Clancy había empezado a escuchar sobre esos medios que desterrarían la tipografía de plomo, y ya por entonces era visible que había menos demanda de esta última.

Otra innovación reciente era la impresión de *formularios continuos*, largas tandas de papel con bordes perforados sobre las que algunas empresas imprimían sus facturas creadas por vía informática.

Alicia consiguió empleo en un establecimiento de venta de ropa, dentro de un área que ya conocía: preparación y archivo de facturas.

Podíamos continuar con nuestros planes porque ya teníamos sueldos; aunque eran menores que los de nuestros anteriores trabajos.

Entonces nos pusimos a buscar la casa donde funcionaría nuestra escuela. Dimos vueltas varios días, y no fue fácil. Algunas casas no eran de por sí adecuadas, otras estaban lejos del centro y otras resultaban muy caras.

Hasta que encontramos una en la que se conjugaban más o menos bien todos los factores. Sobre una avenida, cerca del centro, con tres habitaciones, una cocina y un terreno al fondo. Todas las puertas daban sobre una galería o patio cubierto. El único factor algo inconveniente era que se accedía a través de un largo pasillo descubierto, ancho como para entrar con un vehículo. Nos hubiera gustado estar más cerca de la calle para que resultara más fácil entrar a preguntar. Eso se resolvería colocando un cartel en la entrada y dejando abierta la puerta de rejas.

Como no teníamos garantes ni referencias, pagamos una cuota más como depósito de garantía.

Pagar el alquiler no nos dejaba muchos fondos para el resto de los gastos; pero aquello era parte de lo que llamábamos desafíos a enfrentar, y continuamos con entusiasmo la preparación de todo.

Compramos unas veinte sillas y un escritorio. Este debería estar en la sala de recepción e información; pero cuando hubiera clases lo pasaríamos al aula. Hice un pizarrón con un panel de madera pintado en negro mate. Armé una estructura de madera con la que montar un panel de información en la entrada y la pinté con la pintura utilizada para el pizarrón.

Compré un vidrio que iría al frente de ese panel de información. Nos quedó tan poco dinero que mientras llevaba el vidrio por la calle pensé *"si se me llega a romper no habrá escuela hasta dentro de un tiempo"*.

Habíamos traído de la sede central unos cartelitos cuya imagen de fondo era la cara del *Pensador* de Rodin, y sobre esta había un texto sobre los cursos de filosofía que ofrecíamos. Recalcábamos que eran gratuitos, para que fuera más fácil acercarse a ver de qué se trataba. A nuestros carteles les faltaba la dirección a la que dirigirse, que no supimos hasta alquilar la casa. Teníamos dirección pero no teléfono. Encargamos un sello con la dirección y se lo aplicamos a cada cartel. Pusimos uno en el panel de entrada y repartimos unos cuantos en comercios que nos permitieron pegarlos en sitios visibles.

Planeamos nuestra apertura de clases para la última semana de marzo.

Después de varios días esperando en soledad en la sala de recepción, escuchamos pasos por el pasillo. Por primera vez venía alguien a consultar.

Resultó ser una pareja que preguntó pero no se inscribió. Poco a poco aparecieron otras personas, y algunas se anotaron para el curso.

Como había un chico que había ido a la escuela de Buenos Aires y luego había tenido que volverse a Salta con su familia, contactamos con él, que estaba muy contento con su posibilidad de continuar aquello.

Él nos dio los datos de un periodista del por entonces único canal de televisión de Salta. Como no abundaban las noticias del ámbito local, tuvimos todo a nuestro favor para planear una entrevista, en la que informaríamos sobre la apertura de una escuela en la que acceder a lo mejor de la filosofía y la cultura universal.

Aparecí en televisión contestando preguntas sobre de qué se trataba aquello.

Al otro día, al llegar a la imprenta, en seguida vinieron mis compañeros a preguntarme sobre el tema. Fui conversando con alguno sobre lo que hacíamos. A casi todo el mundo le parecía poco creíble, y hasta sospechoso, que alguien se dedicara a algo que no fuera trabajar por dinero.

La difusión por televisión tuvo más efecto que los cartelitos en los comercios. Vino más gente a preguntar, y empezamos a tener una lista de inscriptos.

En medio de esa preparación, y en vista de que ya disponíamos de una vivienda estable, cumplimos con la aspiración que Alicia nunca había podido satisfacer en la casa de sus tías: tener un perro.

Nos enteramos que existía un centro antirrábico donde alojaban perros y los entregaban a quien quisiera adoptarlos. Fui un sábado y elegí a uno que se acercó a olfatearme moviendo su cola. Me improvisaron una correa con un cable, y me lo llevé a casa.

Al mediodía vino Alicia, que los sábados debía trabajar, y estuvo muy feliz de haber cumplido su viejo sueño.

Cuando el lunes nos fuimos a trabajar, nuestro perro lloró al ver que nos alejábamos.

Como Alicia había hablado de ese deseo en su trabajo, una compañera se había ofrecido a conseguirle un gatito; y como la idea había quedado pendiente se nos apareció en la semana trayéndolo en brazos.

Así nuestra casa estuvo más habitada. Más adelante tendríamos también una perra.

El día planeado dimos nuestra primera clase en Salta. Alicia daba el curso de *Ética*, sobre los principios éticos de varias culturas, movimientos religiosos y filosóficos. Yo daba en la siguiente hora *Introducción a la Filosofía*, que incursionaba en el *Problema del Ser* y el *Problema del Conocimiento*.

Aquellos primeros alumnos, unos doce o quince, se sintieron muy bien con lo que habían comenzado.

La guerra de Malvinas

El 2 de abril de 1982 fui a la imprenta como todos los días. Allí escuché comentarios como *"parece que tomaron las islas"*.

Como yo no seguía muy en detalle las noticias, no estaba al tanto del tema. Sabía que semanas antes los trabajadores de una empresa argentina contratada para desmontar una construcción en las islas Georgias habían provocado un conflicto diplomático, al parecer por izar una bandera argentina.

Cuando salí al mediodía vi algunos coches agitando banderas y haciendo sonar sus bocinas. Al llegar a casa, Alicia me contó que había escuchado noticias al respecto. En seguida pusimos la televisión.

Abundaban, uno tras otro, los reportajes a figuras conocidas que se mostraban muy satisfechas y respaldaban lo sucedido; pero no había información sobre el hecho en sí.

Poco a poco fuimos sabiéndolo. A primera hora de la mañana un contingente había desembarcado en las Islas Malvinas y había reducido al escaso personal militar británico asentado allí, actuando con la máxima precaución para no causar bajas.

Parecía la respuesta al conflicto diplomático de los últimos días. En realidad era echar mano al último recurso con que el gobierno podría conseguir adhesión en medio de un empeoramiento en todos los ámbitos. El 31 de marzo había tenido lugar en el centro de Buenos Aires, con por lo menos una muerte en las calles, una más de las manifestaciones de protesta que venían sucediéndose.

Repentinamente se trastocaron los sentimientos de todos. Mi primera idea fue la de *haber recuperado la dignidad* después de toda una vida reclamando a quienes no nos escuchaban.

Ante la posibilidad de que sobreviniera una guerra, se nos ocurrió que, tal como los estadounidenses ante la guerra de Vietnam, el pueblo inglés se negaría a ir a morir en nombre de no sabía qué al sitio en que se acababa el mundo.

Continuamos viendo noticias y enterándonos de los hechos. Las fuerzas argentinas controlaban las islas y establecían una administración propia.

El mismo 3 de abril Inglaterra dispuso una Fuerza de Tareas para enviar al Atlántico Sur.

En medio del optimismo alimentado por todos los medios imperó en Argentina la suposición de que se cumpliría el tratado impulsado por Estados Unidos en la Crisis de los Misiles de 1962: Todos los países de América se asistirían entre sí en caso de una agresión contra cualquiera de ellos.

Pero Estados Unidos había proclamado aquello ante la hipótesis de una agresión soviética; de ninguna manera iba a actuar contra su principal aliado en la OTAN, creada para enfrentar al enemigo que realmente le importaba.

Envió un representante a insistir en lo votado sobre el caso por las Naciones Unidas: si Argentina retiraba sus tropas de las islas Inglaterra detendría las fuerzas que avanzaban hacia el Atlántico Sur. Dio a entender que Estados Unidos no participaría en acciones bélicas, pero suministraría apoyo técnico y material a Inglaterra.

El presidente Galtieri no aceptó la propuesta, y se aferró al proyecto concebido desde un principio para obtener poder político: convocó a la gente a Plaza de Mayo y la arengó desde el balcón. Con un *"si quieren venir que vengan"* consiguió la adhesión de un pueblo que dejaba todo de lado en nombre de su prolongado sentimiento de nación herida.

Como muchas veces en la historia, el recurso del *enemigo externo* dio el resultado esperado. Se esfumó de un día para otro cualquier cuestionamiento al gobierno. Distintas personalidades e instituciones difundieron por todos los medios sus mensajes de apoyo.

En las siguientes clases de nuestro curso, en el lugar de trabajo de cada uno, en cualquier comercio al que se entraba, se hacía presente el tema de qué pasaba allá lejos, de si todo se resolvería en paz o de si habría una guerra que ganaríamos fácilmente.

Acostumbrado a un pasado muy distinto, un día vi en la calle un camión del ejército y ya no me inspiró la sensación de que fueran *los opresores* o representaran algún peligro; ahora eran *los nuestros*, los que estaban enfrentando en nuestro nombre al enemigo.

Mientras recibíamos noticias de que la flota británica se aproximaba y empezaba a cercar la zona, el gobierno anunció la apertura del *Fondo Patriótico*, para que todo el que quisiera aportara dinero con que sostener las necesidades de la guerra y de posteriores planes de desarrollo en las islas.

La gente empezó a responder *de corazón*, como sintiéndose obligada al mismo sacrificio que quienes se disponían a combatir. En la imprenta estuvimos todos de acuerdo en donar un día de nuestro sueldo.

A fines de abril tuvimos noticias de que los ingleses habían tomado las Islas Georgias. El 1 de mayo supimos que había combates en las Malvinas. El 2 de mayo fue hundido el crucero General Belgrano.

Las noticias, y la propaganda oficial en forma de imágenes de guerra y canciones patrióticas, presentaban todo como el preludio de un triunfo.

Entretanto cumplimos un plan preparado a despecho de todas las dificultades: viajar a Buenos Aires para una reunión anual de la escuela.

El empleador de Alicia le extendió un comprobante de empleo en el que figuraba una antigüedad mayor que la real, y así obtuvimos un crédito para viajar por Aerolíneas Argentinas. El compañero de la escuela que se había mudado a Salta antes que nosotros se encargaría de alimentar a nuestros animales.

Fue una casi inimaginable *tregua* respecto a la situación de escasez en que vivíamos; empezando por una abundante merienda en el avión y continuando por ricas y desacostumbradas comidas con nuestras familias.

En la sede central de la escuela, contentos de reencontrarnos con todos, comentamos nuestros primeros pasos sobre la apertura de la filial e, inevitablemente, nuestras inquietudes sobre la guerra.

En Buenos Aires vimos una mayor intensidad en la propaganda, en forma de más canciones patrióticas y triunfalistas acompañadas de escenas de soldados y heroísmo, de llamados oficiales a *no especular* mientras había compatriotas dispuestos a morir, de anuncios institucionales en los que las empresas dejaban de promocionar sus productos para expresar su apoyo a la nación en su momento más dramático. Nos sorprendió ver que a esto se agregaban instrucciones sobre *qué hacer en caso de bombardeos*.

Las paredes se veían cubiertas de afiches; algunos de aliento a los combatientes, otros de repudio a países americanos que no nos apoyaban, calificados de *traidores al ideal de Simón Bolívar*.

Algunos afiches, y algunos medios de prensa ofrecidos en los kioscos, abundaban en lo que abunda en todas las guerras: descalificación moral y reducción del enemigo a la condición de no-humano, exaltación de defectos visibles o imaginarios del pueblo inglés, antecedentes delictivos de la familia de Margaret Thatcher, y todo lo que agregara a los motivos de aquella guerra el motor más poderoso: un visceral e irreflexivo odio.

Ese fin de semana, en casa de mi hermana Alicia, vimos parte de un programa de 24 horas de duración, planeado especialmente para incentivar las donaciones al Fondo Patriótico.

Alternando entre reportajes, canciones y notas desde las calles, cada tanto aparecían los animadores para informar la suma de lo recaudado y los nuevos aportes recibidos. Además de las voluminosas donaciones de los que podían más, como deportistas, artistas o empresarios, conmovían y se convertían en noticia las de los que podían menos, como gente de escasos ingresos que se desprendía de lo que en su situación significaba mucho, o señoras de distintas clases sociales que se presentaban para dejar allí sus joyas.

El sentimiento, se lo dijera o no, era siempre el mismo: "si otros están dando su vida, yo no puedo quedarme mirando sin dar todo lo que puedo".

Nada une a la gente con más fuerza que un enemigo común. Esa *capacidad humana para la nobleza*, que las más de las veces presuponíamos o deseábamos, estaba allí presente, completamente despierta y en acción.

No podemos dejar de conmovernos ante ese *estado de unión* ni dejar de preguntarnos por qué no es posible en más casos. Aunque en el fondo sabemos la respuesta: puede encenderse en todos nosotros *un mismo deseo*, fenómeno que hasta entonces solo habíamos visto en los mundiales de fútbol y nos había inspirado la misma pregunta. Pero cuando pasamos a decidir qué hacer en nombre de ese deseo entra en juego, y nos separa, y nos lanza unos contra otros, la realidad que ya conocíamos: somos personas *distintas*.

Nos vimos más que nunca ante lo que ya existía en la naturaleza pero la humanidad extendió hasta su expresión más extrema: en cualquier momento pueden estallar con toda su fuerza el éxtasis o el desastre, la generosidad o la miseria, la grandeza o la monstruosidad.

Después de unos días viendo gente y calles que extrañábamos, nos tomamos el vuelo de vuelta.

Llegamos a Salta a medianoche, disfrutando el reencuentro con nuestros animales. Al día siguiente estuvimos de nuevo en nuestros trabajos.

En la imprenta me preguntaron cómo se veía Buenos Aires. Les conté que llena de gente preocupada y de afiches sobre la guerra.

Y continuamos con la actividad de la escuela. Ya con más clases, aquellos primeros asistentes se entusiasmaban con las conversaciones durante los recreos, donde por supuesto no faltaba la situación del país.

En medio de una campaña bajo la consigna *¡Argentinos a vencer!* los comunicados oficiales no trasmitían otra cosa que preanuncios de un triunfo. Todos imaginábamos a nuestro país *ampliado* con ese territorio alguna vez perdido; aunque no dejábamos de considerar que, con más o con menos superficie, seguían faltando las condiciones esenciales para el progreso real del conjunto.

El 21 de mayo se difundió la noticia de que *"el enemigo ha logrado establecer una cabeza de puente"*. Casi pasando esto por alto, continuaron los comunicados de ataques de la aviación argentina sobre tierra y mar, siempre con graves pérdidas para el enemigo.

En adelante, casi todo fueron noticias de que los argentinos derribaban aviones y hundían barcos.

El 14 de junio volví a casa a la tarde y Alicia me comentó lo que había escuchado en su trabajo: *"dicen que Argentina se rindió"*.

No tuve la menor duda de que había sido un malentendido de alguien. Aquello no podía ser cierto en una guerra que *estábamos ganando*.

Le dimos tan poca importancia que esa noche ni nos preocupamos por mirar noticias.

Al día siguiente fui a trabajar y vi, sobre el escritorio del encargado, un diario con el titular *"Alto el fuego en Malvinas"*. El mismo acto de decirlo así sugería más una tregua transitoria que una rendición.

No pude quedarme a leer toda la portada; pero por los comentarios de los demás, que sí habían visto las noticias, supe que de verdad la guerra había terminado, con ese final no solo indeseable sino también inconcebible.

Ese mediodía, ya más convencidos de mirar las noticias, nos enteramos de lo que se enteraba todo el país: nunca había existido *la perspectiva de triunfo* que se venía proclamando en todos los medios; el enemigo siempre había estado avanzando y tomando territorio, hasta que terminó de sitiar Puerto Argentino y forzó una rendición.

Habíamos leído sobre manipulación de la información durante las guerras o bajo regímenes autoritarios, y nos lo habíamos tomado como más o menos posible. Ahora nos dábamos cuenta de hasta qué dimensión podía llegar. Habitábamos una realidad diametralmente opuesta a la de un día antes, y casi nos parecía que *algo había fallado* en el mundo o en nuestras mentes.

Y con la misma brusquedad se dio vuelta el sentimiento de la gente: el gobierno pasó de ser *nuestro bando* a constituir la mayor pandilla de inútiles y mentirosos. Hubo inmediatamente una concentración en Plaza de Mayo, lanzando toda su furia contra quienes habían conducido lo que hasta días antes desataba ovaciones.

Era entendible, pero falto de consideración hacia quienes, poco visibles detrás de los que maniobraban para conseguir respaldo, habían encarado aquello con los mejores sentimientos, y hacia quienes, allá lejos, habían dado todo de sí y se habían enfrentado a la muerte. Unos la habían encontrado; otros eran traídos de vuelta en medio de un inmerecido silencio.

El *rédito político* que se pretendía con todo aquello recayó sobre un beneficiario imprevisto: Margaret Thatcher.

Galtieri supo que había perdido su última posibilidad de ser respaldado, y a los pocos días presentó su renuncia.

Lo reemplazó el general Bignone, que, consciente de que aquella pérdida de posibilidades se extendía a la totalidad de las Fuerzas Armadas, anunció que se abriría el proceso de restauración de la democracia.

Después de la guerra

En mi trabajo se acentuó la realidad que se insinuaba antes de la guerra: recesión.

Firmamos a la empresa un consentimiento de reducir nuestro horario de trabajo.

Incluso yendo menos horas, durante buena parte del día no teníamos nada que hacer. Pero el dueño de la imprenta, preocupado por si ingresaban clientes u otros visitantes, no quería que de ningún modo se vieran signos de inactividad. Nos exigió que pasáramos el día *haciendo como que trabajábamos*. Debíamos forzar la imaginación para encontrar cómo hacerlo: mover cualquier cosa de un sitio a otro, pasar trapos sobre lo que ya estaba limpio, o mirar planchas de acetato sobre las que no pegábamos nada.

Durante varios meses cobramos menos, y muy de vez en cuando hicimos trabajos reales.

Entretanto reaparecieron en el país los partidos políticos, y casi desde la nada se embarcaron en planes. Se creó la *Multipartidaria*, o agrupación de partidos que exigía la vigencia de las garantías constitucionales sin injerencia del gobierno.

Nosotros continuamos con nuestra escuela, donde estos temas pasaron a estar presentes en los recreos. Los alumnos del primer curso pasaron a Segundo Año, en el que además de estudiar nuevas materias comenzaron a pagar una cuota para el mantenimiento de los gastos, que se nos volvieron un poco más livianos. Algunos comenzaron a trabajar voluntariamente; entre otras cosas en tareas de propaganda.

Además de dejar cartelitos en comercios empezamos a pegarlos en paredes de la zona céntrica.

Un detalle significativo fue ver que la gente mostraba reticencia a detenerse a leerlos. Entre los miedos generados por la dictadura se destacaba el de mirar cualquier cosa que no fuera propaganda comercial. Ser visto leyendo un cartel podía equivaler a ser considerado *sospechoso*, con vaya a saberse qué consecuencias.

Entre otras cosas buscamos medios por los que llegar a más gente. Existía en Salta la llamada Casa de la Cultura, con espacios para exposiciones y actividades culturales. Varias veces conseguimos allí permisos para dictar conferencias.

Como un compañero de la imprenta se había comprado una pequeña impresora que trabajaba con tipografía de plomo, fue nuestro proveedor de cartelitos de bajo costo para promocionar esas conferencias.

Al comenzar cada una hacíamos lo que siempre habíamos hecho: hablar de qué era nuestra escuela e invitar a informarse en una mesa que instalábamos a la salida. Allí varios asistentes se interesaban en quedarse a charlar sobre lo escuchado, y algunos se inscribían en nuestros cursos.

Y propusimos a nuestros alumnos lo que una vez se nos había propuesto a nosotros: prepararse para ser profesores.

Se anotaron varios. Como en todas partes, algunos desistieron al cabo de un tiempo y otros continuaron.

En algunas fechas, y especialmente a fin de año, organizábamos fiestas en las que brindábamos por lo que hacíamos y a las que cada uno aportaba su parte del menú. No faltaron los platos salteños, ni quienes se trajeran guitarras para que cantáramos temas folklóricos entre todos.

Un alumno que se dedicaba a las artesanías nos facilitó moldes para hacer bolsitos de cuero, nos indicó dónde comprar herramientas y nos dio los datos de una curtiembre en los alrededores de San Salvador de Jujuy. Viajé hasta allí y compré cueros de cabra, los indicados para el caso.

Así dimos origen a otra fuente de ingresos. Vendíamos bolsitos en varias tiendas de artesanía, aunque estas también se enfrentaban a la escasez de ventas.

En 1983, ya con menos recesión, con nuestra escuela más habitada y con los partidos políticos iniciando sus propuestas, supimos que tendríamos un hijo.

Continuando con un hijo

En octubre de 1983 nació Diego.

Aunque era lo usual en esa época, no nos inspiró Diego Maradona, sino Diego de la Vega.

La perspectiva de tener hijos entusiasma y al mismo tiempo intimida; pero fue más fuerte nuestra vocación, la casi satisfacción de verse ante incertidumbres y así y todo seguir adelante. La vida siempre quiere avanzar, y si no ve por dónde hacerlo lo verá al dar el siguiente paso.

Las enseñanzas que tanto estudiábamos recalcaban que en cada elección se presenta la alternativa entre *desapego* o *riesgo*.

Sabíamos del valor de ser capaz de *desapegarse* de cosas y circunstancias, aunque sabiendo que muchas veces se llama *desapego* a la *renuncia por miedo*. En nombre de eso, muchos miedosos asumen el aparente papel de místicos. Sabíamos también que el *miedo al futuro* es más intenso cuando hay demasiado apego a circunstancias en las que no se quiere dejar de estar.

El desapego no conduce invariablemente a la renuncia. Cierto nivel de desapego nos hace fuertes para seguir adelante ante los riesgos, precisamente por no estar demasiado apegados a lo que nos arriesgamos a perder.

Estuvimos muy contentos con la llegada de nuestro hijo, y con el cariño de la gente que venía a la escuela.

Entretanto, el proyecto de retorno a la democracia había ido tomando forma, y el 30 de octubre hubo elecciones generales.

Desde que se abrió esa perspectiva había estado acordándome del convulsionado período democrático finalizado en 1976. Me había caído mal el repetido hostigamiento al no-peronismo. No ya porque yo tuviera otro proyecto político: era simplemente aspiración a vivir *sin ser molestado*.

Un gobierno que *prohíbe* es malo; pero un gobierno que *obliga a ser de una determinada manera* es peor.

El candidato con más chance de derrotar al peronismo era Raúl Alfonsín. No me fijé mucho en sus propuestas sino en su posibilidad de ganar, y para él fue mi voto.

Así tomó más forma una perspectiva que poco a poco se me había impregnado: ya no me sentía en marcha hacia una revolución que trastocara las relaciones de producción; votaba creyendo en una *mejora del futuro* dentro de las relaciones conocidas.

En noviembre, ya enterados de que Alfonsín sería el nuevo presidente, nos tocó resolver un dilema sobre cómo continuar nuestras vidas.

Sabíamos que al tener un hijo no podíamos seguir los dos como empleados a jornada completa, y que tampoco podríamos vivir con un solo sueldo. Nos habíamos esbozado el panorama de iniciar una actividad comercial en un local donde Alicia tuviera y cuidara a Diego, y donde fueran posibles algunos momentos de detención.

Ya más cerca de ese momento, nos dimos cuenta de que nuestro plan se había pasado de abstracto y optimista; no sabíamos lo suficiente sobre ninguna actividad concreta, no teníamos fondos para iniciarla en buenas condiciones ni podíamos prever cuánto ganaríamos.

Un día me saltó a la mente una actividad que había visto no recordaba dónde: confeccionar bolsas de plástico con una máquina eléctrica, no muy cara, que se accionaba manualmente.

Eso podría hacerlo Alicia en nuestra casa, y yo podría salir a venderlas y entregarlas. Las bolsas de plástico se usaban en infinidad de actividades y no podía dejar de haber demanda.

Llegado el fin de su licencia por maternidad, Alicia me dijo que el trabajo independiente le resultaba poco afín a su vida y lo presentía muy poco manejable. Me preguntó si era posible que aquello lo hiciera yo y ella volviera a su empleo.

Yo, más acostumbrado o inclinado a la actividad independiente, acepté la idea y fui trazando el panorama de cómo empezar.

Fuera como fuera, la opción de seguir en los dos empleos no era posible. Había que poner en marcha *lo otro*, aunque no lo tuviéramos del todo claro.

Antes de comprar la máquina, consulté en una empresa del rubro ubicada cerca de nuestra casa. Conociendo los costos de la materia prima y habiendo calculado a qué precio ofrecer las bolsas de cada tamaño, escribí a máquina una lista de precios, hice fotocopias y salí a visitar comercios para informar que iniciaríamos en breve esa actividad.

Como vimos cierta perspectiva de que era posible, decidimos comprar la máquina y bobinas de plástico de varias anchuras. A esto le agregamos una bicicleta apta para incorporarle unos canastos metálicos, porque sería necesaria para recorrer comercios y entregar lo que nos pidieran.

A fin de noviembre renuncié a mi empleo en la imprenta.

Una de esas noches, mientras tomábamos algo en la mesa de un bar mirando calles y transeúntes, se me apareció silenciosa pero contundentemente una idea: todo se veía como había sido siempre; excepto que cuando terminara el próximo mes no estaría mi sueldo.

Era inquietante, y demasiado distinto a todo lo vivido hasta ahora. Pero me convencí de que el *ganarse la vida* no tenía por qué funcionar de una sola manera.

Aunque mi mente pudiera concebir y calcular otra fuente de ingresos, esa sensación de *caminar hacia el vacío* se empeñó por un tiempo en continuar molestándome.

En medio de esos cambios, y por vía de un nuevo crédito de Aerolíneas, a principios de diciembre viajamos a Buenos Aires.

Otra vez las mismas calles, esta vez sin carteles bélicos; otra vez la gente que queríamos, hablándonos del inminente cambio de gobierno, de cómo nos iba en Salta, y queriendo conocer a nuestro hijo.

Mis hermanas, siempre inquietas ante mi inclinación a hacer lo que no se le ocurría a la mayoría de la gente, se sintieron muy aliviadas al verme casi completamente incorporado a la *normalidad*.

Aprovecharon hasta el último día de nuestro viaje para estar con nosotros y con Diego.

Entretanto, con la dirección nacional de la escuela tratamos el lado menos agradable de todo aquello: era visible que en Salta, tal vez por las costumbres y ritmos de vida propios de cada ambiente, no alcanzábamos una buena repercusión, incluso considerando las distintas proporciones de población con que nos encontrábamos.

Cada pueblo lleva arraigada una disposición nacida como por mimetismo, que determina el nivel de inquietud emocional y mental del común de sus habitantes. Si bien nuestra propuesta no iba dirigida a la mayoría *normal* de las gentes, la misma actitud de *adherir a otra cosa* toma forma con el mayor o menor *ritmo de vida* propio del lugar. Los que venían a la escuela se sentían muy a gusto, pero su disposición a comprometerse, a abrazar una nueva vida, era de alguna manera más *tenue* que en otras regiones.

Con estos pensamientos, y con la tristeza de las anteriores separaciones, nos volvimos.

Ese 10 de diciembre, mientras se iniciaba la era de la democracia y se escuchaba a Alfonsín en la radio, yo estaba empezando a ofrecer bolsas en comercios; esta vez para tomar pedidos concretos.

En vista de la persistencia de la inflación y de las incertidumbres sobre medidas económicas y controles de precios, mucha gente había resuelto aumentar sus precios antes de que asumiera el nuevo gobierno, como para que cualquier prohibición posterior la encontrara con un margen mayor de ganancias. Un efecto fue que el precio del polietileno aumentó de un día para otro un 60%.

Debí comenzar mi actividad con precios bruscamente aumentados, ante clientes que aún no sabían si se había vuelto más caro todo o solo eran caros mis precios.

En medio de eso, y con algunas oportunidades perdidas, fui recogiendo los primeros pedidos.

En seguida descubrimos que aquel trabajo no consistiría en confeccionar bolsas y salir un rato a entregarlas, sino en todo lo contrario: pasarse la mayor parte del tiempo buscando compradores.

Estaba muy lejos de lo que hubiera querido hacer Alicia; y aunque yo lo hice tuve claro que mi vocación más natural no era la de vendedor.

Siempre estuve dispuesto a casi todo lo que fuera necesario. Entre lo que quedaba fuera de ese *casi todo* figuraba, sin duda, visitar gente para convencerla de que comprara algo. Tenía claro que la gente compra por iniciativa propia lo que ve que es bueno.

Así y todo, hay casos en que viene bien que alguien le muestre una opción que no conocía, como un producto más barato o más fácilmente disponible. Pero aun sabiendo eso era más fuerte mi tendencia a no querer meterme en esa situación.

Como era el único medio para que lo nuestro funcionara, me lancé a hacerlo, aunque mi ánimo no sintonizaba con eso. Admiraba y casi envidiaba a los que se presentan en un sitio tras otro con una alegría casi indestructible, capaz de persistir aunque se encuentren con un "no" en la mayoría de las visitas, y son capaces de mantenerse cordiales ante la hostilidad, la desidia o la obtusidad mental de quienes les responden.

Mi ánimo no se mantenía igual al moverme mucho y vender poco, o al encontrarme con gente incapaz de razonar o de respetar. Sé que hubiera vendido más si hubiera coincidido más íntimamente con el *prototipo del vendedor*; pero la realidad era otra y allí era donde estábamos.

De todos modos, el pasarme el día viendo a desconocidos fue dando lugar a tener algunos clientes estables, y a necesitar menos horas de búsqueda a partir de la nada. Había indicios de que conseguiríamos ingresos aceptables.

En los primeros meses de 1984 ya ganaba más que en la imprenta. Iba esfumándose el *efecto fin de mes*, o la incertidumbre de saber que no habría un día en que pasaría por una oficina a cobrar mi sueldo.

El dinero, o las cosas deseables que nos aguardan tras él, no dependen, como demasiada gente cree, de que alguien *nos dé trabajo*. Ese alguien que nos dé trabajo no es una causa sino un efecto; lo que realmente necesitamos es *producir algo que los demás quieran*.

Una vez que descubrimos cómo producir ese algo dejamos atrás el miedo a no tener de qué vivir, o a que quien nos da trabajo nos lo quite.

Claro que no es una condición que se alcance de una vez y para siempre. Todo lo que un día se vende puede dejar de venderse. Hay que aprovechar los momentos en que se coincide con eso tan caprichoso e indefinible que llamamos *la demanda*, y estar preparado para cuando haga falta desvivirse por reencontrarla.

Existe la satisfacción ante los buenos resultados. Pero hay una satisfacción más feliz y más profunda, de la que no toda la gente parece capaz: la de *haber producido* esos buenos resultados, la de saber que uno fue capaz de enfrentarse con la necesidad y construirse la propia vida.

Habíamos respondido a la incertidumbre de no saber de qué vivir, y lo habíamos hecho sacando recursos de nosotros mismos; empezando por ocurrencias y continuando por esfuerzos. La satisfacción por los resultados es más profunda, más feliz, cuando es satisfacción por lo que se encaró y se decidió para conseguirlos.

Como era posible alternar elásticamente cada parte del trabajo, pasaba un tiempo en nuestra habitación haciendo bolsitas con la máquina, y simultáneamente cuidando a Diego, cambiándolo y dándole el biberón. Luego, mientras él dormía, salía en bicicleta a entregar lo producido o a buscar nuevos clientes. Como nada estaba demasiado lejos, esos períodos no se estiraban demasiado.

Al mediodía venía Alicia; cocinábamos, comíamos y disfrutábamos de estar juntos.

Fui dándome cuenta de que ese llegar cada mediodía a encontrarme con mi mujer, mi hijo, mis perros y mi gato, ese contar cómo me había ido durante la mañana, ese sentir que luchábamos juntos por la vida, me significaba más satisfacción que lo que había determinado que estuviéramos allí: llamar a la gente a *querer saber*.

Siempre habíamos hablado de lo valioso de abrazar un objetivo que trascienda la vida personal, o de que esa misma vida se vuelve más rica y amplia si se vive al mismo tiempo que un ideal universal. No pocas veces nos había parecido pobre y casi despreciable la vida de quienes trabajan nada más que para sí mismos.

Pero a medida que se vive y se aprende crece un interrogante: ¿dónde empieza y donde termina el *uno mismo*? Ese algo que nos convierte en *más valiosos* para enseñar algo a otros ¿nace del renunciar o nace del vivir lo que más íntimamente se quiere? ¿Es todo tan simple como para limitarse a la clasificación de *héroes o egoístas*? ¿La clasificación más básica es entre vida *para sí mismo* y vida *para la humanidad*, o es entre vida *superficial* y vida *profunda*?

Renació el viejo interrogante de mis distintas etapas de *hacer algo para el bien del mundo*, ¿nos dedicamos a hacer algo *para el mundo* porque en realidad no podemos o no nos atrevemos a hacerlo para nosotros mismos?

Los que abrazan un ideal impersonal y luego lo dejan ¿son en la totalidad de los casos *débiles o individualistas*?

¿Y si el verdadero acto de incapacidad fuera aferrarse a un ideal impersonal *porque resolver la vida personal es más difícil*? No faltan casos muy visibles de personas que parecen haber tomado esa salida.

Sean cuales sean las respuestas, no podemos llamarnos *filósofos*, ni creer que tenemos algo valioso que enseñar, si no nos atrevemos a hacernos esas preguntas y a bucear en ellas.

Aún con esa incomodidad, incertidumbre y demás consecuencias, hay más dignidad en padecer esas dudas que en creerse *bueno* y decirse que no se vive mejor porque *se renunció para el bien de los demás*.

Se le agregara o no alguna militancia *por el bien del mundo*, ese tener seres queridos y luchar a su lado por la vida era lo que siempre había querido; lo que de ningún modo dudaba de que era *el bien*.

Lo otro seguía siendo tan valioso como siempre; pero fui consciente de que *antes lo necesitaba más porque no tenía otra cosa*.

No había tenido tanta vocación de héroe; simplemente había tenido más tiempo libre por *tener menos vida personal*.

Siguiendo en esas condiciones con una y otra actividad, llegamos a una etapa previsible: nuestro hijo ya no era tan pequeño como para quedarse siempre acostado en su cuna, y dejaba de ser posible el recurso de las salidas intermitentes.

Se nos ocurrió una única solución: tener un auto en el que llevarlo conmigo.

Habiendo visto durante largo tiempo que los autos con varios años de uso eran muy baratos, me dije que estaba ante una opción accesible con que resolver el problema.

Con un poco de ahorro y un poco de préstamos pude acceder a mi primer auto, un Renault 4 con 16 años de uso.

Lo que no había visto de cerca, y solo al ver de cerca se conoce, es hasta qué punto esa reducción de precios se debe al desgaste ocasionado por el tiempo.

En pocos días descubrí a fuerza de padecimientos que *lo barato sale caro*; aquel auto tenía tantos problemas que no solo no nos prestó ningún servicio, sino que nos obligó a gastos imprevistos para corregírselos.

Con esfuerzo lo cambiamos por un Fiat 600 con 12 años de uso. Este anduvo mejor, y empecé a hacer mis recorridos de trabajo con Diego a mi lado. También pude ampliar mi área de distribución.

Mientras, iba siendo evidente que la escuela no crecía como habíamos supuesto.

Aparentemente el retorno de la democracia incidía en las aspiraciones de la gente. Quienes tenían inquietudes sociales podían ahora incorporarse a partidos u otras instituciones, y parecían interesarse menos en lo que ofrecíamos nosotros.

Y la idea de dedicarse a otra cosa que no fuera el trabajo remunerado, tal vez más pensable en las grandes ciudades, se activaba allí solo hasta cierto punto. Aunque le gustara todo aquello, a nadie se le ocurría otorgarle mucho tiempo.

Como en las estrellas más masivas la gravitación provoca la fusión de elementos más simples en otros progresivamente más complejos, en las ciudades más pobladas la acumulación de habitantes produce una transmutación similar: incrementa la complejidad de los seres humanos, multiplica la posibilidad de que sean *diferentes*; y la interinfluencia entre unos y otros genera nuevos niveles de riqueza, variedad y posibilidad de *llegar a más*.

En las grandes ciudades hay menos tranquilidad y más drama; pero también más posibilidad de que la gran aventura de *ser humanos* produzca, para bien o para mal, frutos insospechados.

No quiere decir que estemos condenados a ser simples efectos de nuestro ambiente. Los seres brillantes o complejos pueden emerger a la luz en cualquier sitio. Solo cabe observar que hay sitios más turbulentos que otros.

Con o sin estas consideraciones fuimos conscientes de la parte que nos correspondía: en aquellos resultados no dejaba de tener repercusión el factor de *cuánto nos interesaba* lo que estábamos haciendo. Sabíamos y sentíamos que nos interesaba menos que en otro momento.

En noviembre de 1984 la situación terminó de definirse, o la definimos nosotros.

En cada ciudad donde se fundaba una escuela se perfilaban los que más adelante serían capaces de encabezarla. Un día ingresaban para ver de qué se trataba, y con el tiempo descubrían su significado hasta convertirlo en el eje de sus vidas.

En Salta había quienes se acercaban a ese proceso; pero llegado el caso, ante planes tan simples como salir una noche a pegar carteles, les daba casi lo mismo venir a la hora convenida que no venir.

Ante esto, a lo que se sumó un fuerte incremento del alquiler a pagar en diciembre, y la incertidumbre sobre quiénes estarían dispuestos a esforzarse para cubrirlo, nos dijimos que dejaríamos de persistir en aquel intento.

Consideramos, como en algún momento nos había comentado la dirección nacional, que tenía más sentido continuar nuestra tarea en Buenos Aires.

En pocos días informamos que no renovaríamos el alquiler, conseguimos una vivienda donde quedarnos hasta el día en que retornáramos y trasladamos todo lo que teníamos.

Publicamos un anuncio en un diario y regalamos nuestros animales a gente que demostró buena disposición hacia ellos. Fue un paso más entre el amontonamiento de complicaciones de esos días. Nos atrevimos empujados por la urgencia, sin detenernos a percibir todo lo que significaba.

Los días en que estaban planeadas las siguientes clases nos presentamos ante la entrada de la que ya era la ex-escuela e informamos de la situación a los asistentes. Convenimos un modo de seguir reuniéndonos con los que estuvieron interesados.

Continué confeccionando bolsas y atendiendo a mis clientes, mientras preparábamos nuestras pertenencias y las de la escuela para enviarlas a Buenos Aires por tren.

Alquilábamos una vivienda en la azotea de la casa de una familia. Desde la ventana veíamos montañas, que a Alicia le recordaban la Asturias de su infancia y a mí me fascinaban precisamente por venir de un sitio donde no las había. Así y todo, estábamos convencidos de que nuestro lugar en el mundo era otro, y preparábamos nuestro regreso.

Por entonces el gobierno de Alfonsín cumplía un año, y emitió un anuncio oficial bajo el lema *la democracia es verdad*, en el que recordaba su promesa de que en 1984 el salario real aumentaría un 4%. Su modo de plasmarlo fue hacer un cálculo de la inflación del año, cercana al 180%, y decretar un aumento salarial de un 4% más.

Me sonó más a recurso propagandístico que a trabajo sobre la economía real, y a conformismo superficial en vez de siembra de soluciones.

Y fue un paso más en mi convicción de que me interesaba un saneamiento y una revitalización de la economía, en vez de mi pasado esquema de revolución y *hombre nuevo*.

Con ese nivel de inflación, mientras muchos cambiaban sus pesos por dólares yo los cambiaba por rollos de polietileno. Tener moneda argentina en las manos era arriesgarse a que se nos diluyera. Si necesitaba comprar otra cosa inmediatamente, la compraba; si no, después de vender mis bolsitas volvía a comprar polietileno.

Habíamos pensado que en Buenos Aires repetiría mi proceso de búsqueda de clientes y viviría de esa actividad. Parte del plan era cambiar el Fiat 600 por un coche en mejor estado; pero nos habría demandado un esfuerzo que retrasaría demasiado nuestro regreso.

Nos limitamos a mejorarle el sistema de ventilación para que resistiera un viaje largo. El plan era tomarnos el retorno con calma e ir parando muchas veces por el camino.

Mientras Diego se lanzaba a caminar y a decir sus primeras palabras, fuimos empaquetando pertenencias.

A comienzos de 1985 terminé de liquidar las existencias de polietileno e hice mis últimas entregas a clientes.

Luego preparé la máquina de confeccionar bolsas para su envío con el resto de las cosas.

Un día contratamos un camión con el que llevamos todo a instalaciones del Ferrocarril y las despachamos hacia un depósito de Retiro.

El 12 de marzo de 1985 vino a saludarnos un alumno de la escuela al que le habíamos dicho que ese día nos iríamos.

Nos despedimos de él y de la familia que nos había alojado.

Con Alicia a mi lado, con Diego en sus brazos y algunas cosas en el asiento de atrás, arrancamos e iniciamos el regreso.

Salimos de la ciudad ascendiendo por los cerros que la rodean. A nuestro coche le costó trabajo la cuesta arriba, como si el pasado se resistiera a dejarnos ir.

En la parte superior del cerro vimos Salta casi desde el cielo, como el día en que habíamos llegado.

Después de la siguiente curva quedó atrás y fuera de nuestra vista.

Recomenzando en Buenos Aires

Teníamos por delante 1600 kilómetros.

Ese primer día fuimos dejando atrás la zona más montañosa. Paramos cada tanto a comer, caminar un poco, mirar el mundo y dejar descansar al auto.

Cenamos y pasamos la noche en San Miguel de Tucumán.

Al siguiente mediodía almorzamos en Santiago del Estero.

Continuamos, y mientras iba cayendo la tarde nos adentramos en un clima pre tormentoso.

Después de un par de horas avanzando con un fuerte viento de frente, sin que hubiera pensado nada se me encendió un sutil pero brusco sentimiento de *algo malo*.

Medio segundo después dejó de haber camino ante mis ojos, y al cabo de otra fracción de segundo me di cuenta de que tenía ante mi vista el capot.

Adivinando no sé cómo la dirección hacia la que ir conseguí frenar sin salir del camino. Me pareció ver roturas en el cristal delantero, pero solo eran rajaduras en la pintura del capot.

En ese momento me acordé de haber escuchado algún caso en que el viento en contra había provocado ese efecto. Era una posibilidad previsible, y además sabía que nuestro capot no tenía un buen sistema de seguridad. Podía haberlo recordado antes y haberlo evitado; pero no tenía sentido pensar hacia atrás.

Salí al exterior, reacomodé el capot e hice lo no hecho antes: lo aseguré con una especie de aro de alambre.

Vi con alivio que el parabrisas seguía intacto. El capot había quedado algo abollado y con partes despintadas.

Apliqué instintivamente la mejor opción para cuando se afrontan complicaciones: no permitir a la mente dejar ingresar un solo problema más.

Teníamos que continuar el camino, llegar y recomenzar nuestras vidas, con o sin abolladuras en el coche.

Volví a entrar. Durante lo sucedido no se nos había cruzado nadie; ni para vernos ni para obstruirnos el camino.

Mientras reiniciaba la marcha me quedé pensando en esa sensación de medio segundo antes de aquello. ¿Por qué la había sentido? ¿Podía haber un efecto anterior a su causa? Alguna vez escuché teorías de que en el mundo emocional el tiempo es caprichosamente *distinto* que en el mundo mental, y que a veces hay quien *presiente* un hecho que importa a su instinto, ya sea por deseable o por peligroso.

Me quedé con la intriga. Tal vez hubiera habido un primer sonido que me había puesto en marcha un *sistema de alarma* interior; o tal vez aquello continuaba fuera de lo convencionalmente explicable.

Después de un rato avanzábamos bajo una fuerte lluvia. En esa situación, desistimos de proseguir hasta más tarde y nos detuvimos en Villa Ojo de Agua, poco antes de ingresar a la provincia de Córdoba.

A la mañana siguiente todo estaba despejado; tanto el cielo como nuestras emociones.

Reiniciamos tranquilamente el camino y paramos a almorzar en la ciudad de Córdoba, ya habiendo superado la mitad de nuestro recorrido.

A la noche llegamos a Rosario e ingresamos a un hotel que vimos. Como no había habitaciones salimos como para seguir buscando.

En ese momento, como no teníamos mucha idea de por dónde seguir buscando, veníamos cargados de impaciencia y no teníamos sueño, nos dijimos que ya que faltaban 300 kilómetros continuaríamos viajando de noche.

Y así lo hicimos. Poco a poco los carteles indicadores empezaron a mostrarnos nombres familiares, y el camino angosto fue transformándose en los carriles de la Panamericana.

En esa situación, ya más tranquilos porque estábamos cerca, en algún caso me di cuenta de que se me empezaban a cerrar los ojos. Me obligué a no dejar que pasara, porque el peligro estaba allí de verdad.

Cuando ya iba amaneciendo el 15 de marzo, la proximidad de sitios familiares y la mayor afluencia de vehículos me forzaron a estar más despierto.

Desgastados pero conscientes, cruzamos el área norte del Gran Buenos Aires y fuimos llegando a la Avenida General Paz.

Pusimos rumbo a Primera Junta, ya que nos alojaríamos en casa de las tías y la hermana de Alicia.

Junto con la alegría de ir llegando se nos entremezcló no poca nostalgia por dejar atrás aquel viaje, mitad aventura y mitad vacaciones, y no poca inquietud por saber que ahora empezaban las complicaciones de *reinstalarnos* donde tan naturalmente habíamos vivido antes.

Llegamos a casa de las tías, saludamos y contamos las últimas novedades. De ahí en adelante nuestro pensamiento era el de establecernos.

Fuimos a la sede central de la escuela y planeamos nuestro retorno a la actividad.

Alicia fue tomada otra vez en la empresa a la que había renunciado para irse a Salta.

Yo tramité el alquiler de una habitación donde guardar nuestras cosas y volver a producir bolsas plásticas.

Al mismo tiempo fui buscando proveedores de materia prima por el único medio disponible en la época: la gruesa guía telefónica.

Y en nuestros ratos libres paseamos por las añoradas calles de Buenos Aires. Además del cambio de ambiente por la vigencia de la democracia, cuyo principal rasgo eran las canciones que ahora sonaban en las disquerías, descubrimos que en el paisaje urbano había irrumpido un nuevo componente: los cajeros automáticos.

En esos días fui con un camión a Retiro a buscar todo lo que nos había llegado desde Salta. Paré en la escuela para entregar lo que le correspondía y dejé nuestras cosas en la habitación que alquilaba, donde en seguida reinstalé la máquina de soldar bolsas.

Como ya había estudiado dónde comprar rollos de polietileno, a las pocas semanas de haber retornado tenía bolsas para vender y había confeccionado una lista de precios.

Y un día salí con el coche a mi primer recorrido en busca de clientes.

Fueron varias horas de recorrer comercios sin ningún resultado. Por la tarde conseguí un primer pedido, y finalicé el día con una sensación: el panorama se presentaba más difícil que en Salta.

Por un lado incidía la inflación, que no permitía a los posibles clientes comparar precios con claridad; por otro había indicios de que aquí me vería con competidores más organizados y poderosos.

Fui consiguiendo más pedidos. Ahora tenía a mi disposición un área de trabajo más extensa; pero las perspectivas eran de ganar menos que antes.

Tras un par de meses en esa situación vi el titular de un diario: *"Durísimo plan económico"*.

A primera vista sonaba alarmante. Esa noche miré las noticias y supe que se iniciaba una política de shock contra la inflación. El gobierno la denominaba *Plan Austral*, y al enterarme mejor no me lo tomé con el sentimiento trágico del primer titular visto, que sería el de la gente exclusivamente dispuesta a lo fácil y lo inmediato. Me pareció necesaria una iniciativa para que el país funcionara de otra manera, y que requiriera empezar con pasos difíciles era lo más natural del mundo.

Cada vez que me había preocupado por el tema, desde mi vieja aspiración a expropiar los medios de producción, mi afán había sido el de cambios de raíz, la de ver una sociedad bien sustentada desde sus bases; nunca había sido el de recibir bienes sin preguntarme de dónde irían a salir.

Lo que para otros sonaba alarmante, casi a mala noticia, para mí era ni más ni menos que *sano*. Quería ver intenciones serias de solucionar las cosas, y en ningún momento me había imaginado salidas fáciles.

Esa noche habló el presidente Alfonsín, asegurando que con diversas medidas se eliminaría el déficit fiscal y *dejaría de funcionar la maquinita de imprimir billetes*. Como además de esto había que detener la *inercia* de la inflación anterior, se disponía un congelamiento de todos los precios, tarifas y salarios.

Más tarde, el ministro Sourrouille explicó los detalles técnicos del plan.

Desde mucho tiempo atrás, el cargo de Ministro de Economía venía significando erigirse como el personaje casi central de la vida argentina. Era parte del folclore nacional adjudicarle el rol casi mitológico de *ángel o demonio*. Más bien terminaba primando el de *demonio*, en vista de los resultados de las sucesivas gestiones.

Una y otra vez, en cada nuevo gobierno, renacía el interrogante de *quién sería el Ministro de Economía*, y parecía que alrededor de esa respuesta iba a girar todo.

Era ni más ni menos que el *inmediatismo* en acción. Para el inmediatismo los fenómenos no tienen otra causa que la más inmediatamente visible. Si no vivimos bien, es culpa del Ministro de Economía porque *no quiere darnos dinero*.

El inmediatismo no ve que el Ministro depende del Presidente, ni que el presidente está donde está porque hubo una *mayoría de la gente* que creyó bueno otorgarle ese cargo, y que en breve preferirá otro Presidente si el que está no satisface sus deseos inmediatos.

El inmediatismo quiere *todo ahora*; y en seguida piensa que si no lo obtiene es porque alguien *malo* está impidiéndolo. Ante esto solo concibe una respuesta: ese alguien debe ser aplastado o desplazado por la furia colectiva.

Sabiendo que todos los planes se ven obligados a coexistir con una sociedad así, escuché qué más se anunciaba.

Se sustituiría el denominado *Peso Argentino* por el *Austral*.

Por un lado se suponía que dejar atrás la era del *Peso* dejaría atrás la desconfianza casi congénita en la moneda. Por otro, esa denominación buscaba fortalecer una idea que venía impulsando el gobierno: éramos un país en el lado más *austral* del mundo, y debíamos afirmarnos como tal. Teníamos un *lado sur* casi despoblado hacia el que debíamos dirigir nuestra atención.

En los días siguientes empezamos a ver las medidas en marcha.

También se puso en marcha el lado *inmediatista* del país: la CGT proclamó a los cuatro vientos que *resistiría el plan*, casi antes de haberlo escuchado.

Después de unos días, como el malestar sembrado por la inflación había movido a mucha gente a esperar que el plan funcionara, el sindicalismo cambió de actitud y comunicó que *"estamos ante un plan que ha despertado esperanzas en algunos sectores de nuestro pueblo, y por lo tanto vamos a suspender cualquier respuesta hasta ver qué resultados hay"*.

No fue un paso del inmediatismo a la seriedad, sino una decisión forzada para no caerle mal a los muchos que ansiaban ver soluciones. Por algunos meses la inflación bajó, y el gobierno ganó las elecciones legislativas de ese año.

En este caso no voté, porque tenía domicilio en Salta y no había podido empadronarme en la fecha requerida.

En julio, luego de habernos acomodado un poco con el dinero, pudimos alquilar un departamento donde nos reinstalamos como familia y al mismo tiempo monté mi pequeña industria.

En los últimos meses del año hubo mejores expectativas económicas, aunque nada indicaba que la inflación estuviera desterrada. Pasado el desorden previo había más actividad en casi todas las áreas y también en mi trabajo, aunque no llegaba al rendimiento alcanzado en Salta.

En esa situación fueron creciendo los desperfectos del auto, sin que nos fuera posible comprar otro. En diciembre terminé vendiéndolo, y con lo cobrado compré más rollos de polietileno, para evitar tener que visitar con demasiada frecuencia al proveedor.

Con más clientes y menos necesidad de recorridos para encontrarlos, y ahora con la posibilidad de que la tía de Alicia nos tomara pedidos por teléfono, pude continuar mi trabajo por medio del transporte público, con Diego en un brazo y mi bolso de mercadería en el otro. Era más problema al comenzar los recorridos; luego se alivianaba a medida que entregaba pedidos.

Ir con un niño en brazos me puso en contacto con comportamientos llamativos de la gente, como el de proclamar ser más bueno que los demás por darme el asiento, o el de suponer que los chicos *respiran golosinas*; ya que muy frecuentemente alguna señora, por el solo hecho de venir a nuestro lado, le daba en seguida algún caramelo o pastilla.

Paralelamente continué yendo a la escuela, aunque Alicia ya no quería ir. Asistí a reuniones, di conferencias y clases de Introducción a la Filosofía. De algún modo no era lo mismo que antes. Mientras veía que los recién llegados se entusiasmaban, como alguna vez yo, sentía que esas experiencias ya las había vivido. Aunque seguía dando el mismo valor a todo aquello, ya no significaba descubrimiento ni novedad.

Me dije que tal vez ese trabajar *para la humanidad* se volvía más costoso y heroico cuando uno tenía una vida particular a la que estar aferrado. Tal vez hubiera más mérito en lo de ahora que en todo el tiempo dedicado antes. También se me impregnaba la sensación de que de alguna manera aquello pertenecía al pasado.

En marzo de 1986 la tía de Alicia me dijo que había recibido una llamada de *Rubén*, que quería *hablar de trabajo* conmigo.

Nuevo trabajo y nuevas perspectivas

Rubén había sido profesor de Hastinapura, y hacía un tiempo se había retirado. Tenía un taller en el que encuadernaba agendas y preparaba otros artículos que las empresas suelen regalar a fin de año.

En el mismo trabajaban varias personas que él había conocido en la escuela. Como yo lo había visitado meses atrás, supuse que quería proponerme trabajar allí.

Fui a verlo un sábado por la tarde. Me dijo que el pasado fin de año le habían ido bien las cosas y estaba planeando ampliar su actividad.

Luego de una breve charla tuve claro que me convenía más que mi trabajo actual. Convenimos en que comenzaría el 1 de abril.

Se lo conté a Alicia y se sintió muy convencida de que era mejor.

Fui liquidando mis existencias de polietileno, y localicé en las proximidades de Once una guardería infantil donde podría dejar a Diego desde la mañana hasta mi hora de salida.

Y comencé en el nuevo trabajo, con varios conocidos de etapas anteriores de la escuela.

Al mediodía fui a la guardería a ver cómo andaba Diego. Salió muy contento de estar allí con tantos compañeros de juego.

A la tarde volvimos a casa y le contamos nuestras novedades a Alicia, que deseaba saber cómo había sido ese primer día para cada uno.

En los días siguientes, luego de mi horario de trabajo, visité a quienes habían sido mis clientes, para acabar de liquidar mis existencias de polietileno y avisarles que dejaba esa actividad. Poco después publicamos un anuncio en un diario y vendimos nuestra máquina de soldar bolsitas.

Así comenzó otra etapa de nuestra vida cotidiana, un poco más monótona pero más segura. En poco tiempo pude retomar mi vocación de ahorrar y planificar inversiones.

Un factor hasta entonces ausente era el de tener compañeros de trabajo. Como veníamos casi todos del mismo ambiente había un clima ideal para las charlas, al mediodía o en los breves recreos intermedios.

Entre los que se desempeñaban como vendedores estaba Jesús, que había sido profesor de Hastinapura, amaba la literatura, había leído mucho y había trabajado como corrector gramatical. Desde los primeros tiempos me insistía en que mi vocación de escribir debía complementarse con un enriquecimiento del lenguaje y mucha lectura de los grandes escritores.

Ahora que no debía empeñarme en cálculos ni en busca de clientes, fui dedicando mis ratos libres a leer narraciones; unas porque me gustaban y otras porque su prestigio a través del tiempo me obligaba a enterarme de en qué consistían.

Varias veces nos vimos con Jesús en su casa o en la nuestra, y luego de nuestras charlas de sobremesa pasamos a leer mis textos y a escuchar sus comentarios sobre ellos.

Me resultó muy útil para profundizar en la utilización del lenguaje. Ponerle atención al tema lleva a tomar conciencia de que es habitual tener claro en la propia mente lo que uno quiso decir, sin que eso signifique que lo escrito esté claro para el lector.

Empezando por ahí, y siguiendo por el acostumbramiento a la limpieza y la estética de la expresión, se va pasando, en base a convivir cotidianamente con obras bien escritas, de una *educación básica* al desarrollo de un arte en toda su dimensión; o en la dimensión de que cada uno es capaz.

Una mañana de principios de junio supe que mi hermana Esther, que desde hacía tiempo sufría de hipertensión y no podía contener su tendencia a la preocupación por casi todo lo que ocurriera, había sido internada con un índice de presión muy alto. Al mediodía mis sobrinos llamaron a la casa de la tía de Alicia para informarnos que había fallecido.

Quedamos conmocionados por la brusquedad con que la vida de siempre se nos alteró de un día para otro, y repitiéndonos que aquello se podría haber evitado pero sabiendo que ya era tarde. Tenía 44 años. Quedó su marido con una hija de 20 años y un hijo de 16.

Durante las siguientes semanas salió a relucir otro de los grandes *temas folclóricos* de los argentinos: si alguien puede llegar a ser tan juzgado y criticado como el Ministro de Economía, ese alguien es el técnico de la selección de fútbol.

Todo el mundo, con o sin conocimiento de una especialidad o de la otra, está completamente seguro de *saber más* que estos personajes, y siempre dispuesto a explicar en qué se equivocan y cómo deberían hacer lo que hacen.

En este caso la Selección estaba a cargo de Carlos Salvador Bilardo, que luego de unas angustiosas eliminatorias para el Mundial se había transformado casi en el *prototipo del inútil*.

Pero resulta que llegó el Mundial y Argentina empezó a ganar. En nuestro lugar de trabajo escuchamos los partidos por la radio, y como el resto de los argentinos nos asombramos ante esa inesperada diferencia.

Después el asombro dio paso al entusiasmo de ver que seguíamos adelante. Una vez más el país fluctuó de la depresión a la omnipotencia, del *somos los peores* al *somos los mejores*.

También salieron a relucir nuestras diferencias al darse el caso del *gol con la mano*. Para unos fue la pura alegría de salir ganando, de pasar por alto o casi festejar las trampas. Para otros fue disgusto ante el empeño en *no hacer las cosas bien*. Yo estuve esperando un 3 a 1, para que la victoria no dependiera de aquel gol; pero no pudo ser.

A partir de ahí hubo una especie de *mea culpa* poco habitual en el país: entre los espectadores argentinos empezó a haber carteles de *Perdón Bilardo*, como reconociendo haber cometido un terrible error al lanzarle la andanada de ataques de los últimos meses.

Ese paso del desprecio al arrepentimiento fue en realidad otra forma del *culto a los resultados*. Los resultados fueron la causa tanto de lo primero como de lo segundo; y el lado triste fue que no se miró más a fondo cómo hacía cada uno su trabajo.

Maradona, que tras el Mundial 82 había quedado en la categoría de *bueno pero discutible*, pasó a *ser Dios*. Bilardo se ganó el título de *genio* ante el que había que inclinarse y pedir perdón.

Mucho después contó que mientras todo era festejo por ganar la final, su sentido de la responsabilidad lo llevó a pasar malos momentos, porque en pocos minutos los alemanes habían transformado el 2-0 en 2-2.

El lunes posterior al partido aproveché mi hora libre del mediodía y, sacrificando mi deseo de comer, me hice una escapada hasta Plaza de Mayo para embeberme de esa alegría de multitudes.

Entre bullicios, comentarios sobre fútbol y sobre por qué nuestro país era cómo era, continuamos con nuestras vidas.

Hacia fin de año nos enfrentamos al amontonamiento de trabajo. Como nuestro producto eran agendas y otros artículos que se regalan para las fiestas, llegó el momento de empaquetar y enviar todos los pedidos, para lo que estiramos varias jornadas hasta la noche.

De todos modos, Rubén dijo que para poder vender debió bajar mucho los precios, porque el país vivía más incertidumbres que el año anterior.

En febrero de 1987 nos fue posible una opción inalcanzable durante los años previos: hacer un viaje de vacaciones.

Semana Santa del 87

El Jueves Santo no trabajé, y me dispuse a pasar un fin de semana tranquilo, escribiendo un cuento que tenía pensado.

A Alicia le tocó trabajar, y cuando vino fuimos al supermercado a hacer compras para el fin de semana.

Mientras mirábamos artículos me preguntó *¿viste lo que pasó en Córdoba?*

Como me había pasado el día en plan de descanso, recordé que había un lugar llamado Córdoba y un mundo donde pasaban cosas. Le pregunté cuál era la noticia.

Me contó que en su trabajo se había hablado de un problema con militares sublevados.

Se entremezclaron ante mis ojos envases de detergente o paquetes de harina con imágenes de tanques recorriendo calles o tropas metiéndose en las casas.

Me di cuenta de que aquello era lo que no quería; lo que tenía que haber quedado atrás.

Llevábamos tres años y medio de democracia. Algunos gobiernos habían durado menos que eso y otros un poco más; y no dejaba de ser un hábito preguntarse si esta vez sería distinto o se repetiría lo tantas veces visto.

Pusimos la televisión y vimos a Alfonsín ante un pleno del Congreso, informando que un oficial procesado por la justicia se había refugiado en una unidad militar de Córdoba, donde el personal de la misma no solo se negaba a entregarlo, sino que exigía el cese de los juicios a militares por su participación en actos represivos.

Estaba en marcha la investigación judicial sobre las violaciones de la ley cometidas durante la dictadura. Como el Consejo Supremo de las Fuerzas Armadas no condenó a nadie, porque consideró que todo había consistido en *actos de guerra* que no debían ser juzgados, el Congreso dictó una ley por la que el tribunal de última instancia para los integrantes de las Fuerzas Armadas pasaba a ser la Corte Suprema de Justicia.

De ese modo se había comenzado a juzgar a militares por todo tipo de delitos, desde el derrocamiento de un gobierno constitucional hasta arrestos ilegales, torturas, ejecuciones y desapariciones de personas.

Para estos procesos se había determinado que en todo lo sucedido existían *grados de responsabilidad*: había habido quienes dieron las órdenes, quienes las obedecieron en condiciones que imposibilitaban toda oposición o resistencia, y quienes se excedieron en su ejecución, incurriendo en violaciones, apropiación de bienes o secuestros de menores.

Buscando poner un límite al malestar imperante en las Fuerzas Armadas, en diciembre de 1986 había entrado en vigencia la ley de *Punto Final*, por la que no podrían iniciarse causas judiciales por hechos que no se hubieran denunciado hasta esa fecha.

Mientras los juicios previamente abiertos seguían adelante en medio de una diversidad de criterios, crecía la tensión entre los militares, que en su mayoría no creían haber hecho más que cumplir con su deber.

Y ahora ocurría lo que desde hacía tiempo era previsible: un militar se negaba a entregarse, quienes lo acompañaban en su unidad se negaban a dejar ingresar a la policía, y, lo más serio detrás de todo, no parecía haber ningún sector de las Fuerzas Armadas dispuesto a actuar contra compañeros de armas, hicieran lo que hicieran.

Alfonsín insistió en que no negociaría con quienes desobedecían la ley, en que el caso fuera tratado por todos los partidos, y en que los ciudadanos estuvieran dispuestos a movilizarse para sostener la democracia.

El efecto de ese entrecruzamiento de factores fue un *estancamiento institucional* que no podía durar. Unos militares desafiaban abiertamente la vigencia de la ley, otros daban muestras de que no cumplirían ninguna orden contra los primeros, y el gobierno quedaba casi en situación de *no ser gobierno*; porque no podía mover ninguna fuerza con la que modificar ese estado de cosas.

En estas condiciones se empezaba a presentir una posible y nada nueva salida de esa inmovilización: que los militares se sacaran el problema de encima avanzando sobre la Casa de Gobierno y desbaratando ese proceso democrático que tanto les complicaba la vida.

Esta opción aparentemente tan simple era desalentada por todo lo que ya había ocurrido: las Fuerzas Armadas se habían retirado del gobierno convencidas de que nunca más les convendría volver a ejercerlo.

Pero el desaliento más poderoso no venía del pasado sino del presente: desde las primeras horas del conflicto se multiplicó la concentración de gente ante el Congreso, en Plaza de Mayo y en todas las plazas del país. Era una sociedad cansada del pasado y decidida a tratar con el futuro por un solo camino. El tan reclamado *nunca más* debería ser de verdad un *nunca más*.

A nadie se le ocurriría tomar el poder, y presentarse como salvador del país, cuando tenía a ese país gritándole a la cara que aquello era lo último que quería.

El viernes, lejos de cualquier atisbo de solución, el Teniente Coronel Aldo Rico se estableció en la Escuela de Infantería de Campo de Mayo, y sumó esa unidad a la actitud de *desobediencia y reclamo*.

No faltó quien dijera que no tenía sentido encasillar a los militares en *rebeldes* y *leales*; porque solo cabría llamar *leales* a los que obedecieran al Presidente e hicieran lo que debían contra los que violaban la ley.

Se informó que una unidad militar de Misiones se había puesto en marcha para rendir a los sublevados.

El mismo hecho de que fuera una sola unidad viniendo desde tan lejos, y luego la evidencia de su exasperante lentitud, eran la prueba de que algo andaba *demasiado mal* en las que debían ser fuerzas subordinadas al Presidente.

La única forma de contrarrestar ese *demasiado mal* era que el pueblo se convirtiera en una barrera lo suficientemente fuerte.

Esa tarde le dije a Alicia que ante esa situación no me aceptaba a mí mismo estar lejos de donde había que estar. Ella estuvo de acuerdo, y me fui hacia el centro.

Ante la multitud que ya impedía la circulación, el colectivo debió desviarse en Avenida Callao, y pisé la calle casi en el sitio en que en 1974 la policía me había dado un palazo en la cabeza.

Retomaba mi compromiso, esta vez con otros objetivos en la mente.

Fui lentamente hacia Plaza de Mayo, en medio de gente con bombos, pancartas y carteles.

Era gente de todos los partidos; los que habían votado al actual presidente y los que querían seguir pudiendo votar a otro. Aunque el gobierno había insistido en que no proponía ninguna lucha contra *los militares* en sí, sino contra quienes desobedecían la ley, el ánimo en las calles era completamente antimilitar, por la amenaza de ese momento y por todo lo sufrido desde tiempos inmemoriales.

Algunos gritaban contra la ley de *Punto Final* y contra lo que les parecía demasiada consideración hacia los ex represores.

Otros defendían incondicionalmente al gobierno. Con o sin esas diferencias, estaba clara la finalidad de todos: no tenía que volver el pasado; debía continuar la democracia, y cualquier problema se tendría que resolver en esas condiciones.

A la noche volví a mi casa, y seguimos mirando noticias. Se veía la gente en las calles de todas las ciudades y la repercusión en la prensa de otros países; pero nada daba a entender que apareciera una vía de solución.

El sábado continuó todo igual; sin noticias claras sobre las tropas *leales* que se acercaban. Nada parecía moverse en un sentido ni en otro. El gobierno mantenía un discurso abstracto en defensa del orden constitucional, sin mencionar decisiones ni acciones que estuviera encarando, y sin atreverse a dar la sensación de que en realidad no podía hacer nada. Durante la tarde se difundieron mensajes de tono y carácter *oficial*, en los que se pasaba de la actitud de informar a la de casi directamente convocar: *"la historia no se mira por televisión; tome parte en la defensa de la democracia"*.

El sábado a la noche volví al centro. Continuaba todo el mundo en la calle, y la persistencia del problema parecía traducirse en un incremento de la tensión y la impaciencia.

El domingo temprano, imaginando que el ambiente despejado de esa hora sería el más propicio para un golpe de estado, me preocupé por ir a estar presente y contrarrestar el vacío.

En la plaza había poca gente, aunque poco a poco iba llegando más.

Pude llegar muy cerca de la Casa de Gobierno. Al otro lado de las vallas llegaba de vez en cuando un coche, y cuando salía del mismo algún personaje conocido, del poder ejecutivo o legislativo, de uno u otro partido, recibía el aplauso de la gente, apoyándolo por estar allí y por ser parte de lo que unos y otros estábamos defendiendo.

El inquietante semi vacío de las primeras horas fue dando lugar a una plaza colmada.

Al mediodía, como era Pascua, almorzamos con el padre y los tíos de Alicia. Vimos todo aquello por televisión sin que aparecieran noticias concretas. Lo único con apariencia de noticia era que las tropas *leales* habían llegado a las inmediaciones de

Campo de Mayo, y así y todo no se informaba nada más. Un periodista se refirió a indicios de que algún vehículo blindado había virado para apuntar en sentido contrario, como pasando a defender lo que se suponía que iba a atacar.

El paso del tiempo sin cambios agravaba la situación.

Esa perturbadora sensación de que *algo había que hacer* determinó que poco después del mediodía Alicia, yo y una amiga que vivía cerca decidiéramos irnos a Plaza de Mayo.

Cada vez había más gente, y cada vez más inquieta. Abundaban las banderas argentinas y los carteles de todos los partidos. Se repetían los cánticos casi furiosos contra los militares, proclamando que el pueblo los había frenado en su intención y que *no se atrevían* a nada más.

Podíamos sentirnos *en la gloria* por semejante respuesta masiva. Pero el mismo hecho de que no pasara otra cosa intensificaba a cada minuto la convicción de todos: aquello no podía continuar así.

Entre otras cosas escuchamos comentarios sobre organizar una *marcha pacífica* para entrar masivamente a la unidad militar sublevada. Alguien a nuestro alrededor comentó que *podrán matar a algunos, pero somos tantos que terminaremos entrando.*

La televisión había mostrado que frente a la Escuela de Infantería había también una concentración de ciudadanos, tan inquietos como el resto, que a través de los alambrados gritaban a los militares que aquello no podía continuar. Sin hostilidad, pero con valentía no imaginada en otro tiempo, insistían en que como sufrían los militares habían sufrido los civiles, en que todos éramos el mismo país y era hora de pasar a vivir de una sola manera.

El siguiente paso de Alfonsín ha de haber sido la conclusión de un razonamiento fácil de suponer: si nadie se movía para terminar con aquello, solo quedaba la opción de que lo hiciera él mismo.

Salió al balcón de la Casa Rosada, comentó que la situación se había vuelto insostenible e inaceptable, y que iba a ir a Campo de Mayo *a intimar personalmente la rendición de los sublevados.*

Estallaron los aplausos. La gente tampoco aceptaba ese paso del tiempo sin que nadie decidiera nada.

Poco después aterrizó un helicóptero sobre la Casa Rosada, y en algunos minutos despegó y se alejó.

Nos quedamos todos a la expectativa, como sabiendo que la situación no podía prolongarse más allá de ese día.

Un rato más tarde, cerca de alguien que tenía una radio, escuchamos algo así como que el líder rebelde *habría depuesto su actitud*. Fue un comentario en medio de una situación que seguía sin aclararse.

Finalmente volvió el helicóptero, y enseguida estuvo Alfonsín en el balcón para decir *"Compatriotas: felices pascuas... La casa está en orden"*.

Otra vez los aplausos, y una ovación en la que se sumaban festejo y alivio.

Alfonsín dio una breve explicación: "Los sublevados, algunos de ellos héroes de Malvinas, no tenían intención de promover un golpe de estado. Hemos conseguido que todo vuelva a la normalidad".

No se entró en detalle de qué más había sucedido.

Mientras la sensación de *normalidad* se asentaba en nosotros, cantamos entre todos el Himno Nacional, seguros de que por un momento estábamos unidos en una misma finalidad.

Y poco a poco empezamos a caminar en sentido opuesto, yéndonos a descansar de todo lo padecido en los últimos días. Nos alejamos lentamente, con cierta tristeza por separarnos de quienes habían estado en todo aquello con nosotros, y convencidos de que *éramos los vencedores*.

El lunes fui a trabajar, y todos estuvimos concentrados en ese tema que al dejar de vernos, cinco días atrás, ni habíamos empezado a imaginar.

En los días siguientes se informó que Alfonsín se había reunido con Aldo Rico sin acompañantes ni testigos, y que había comenzado poniendo énfasis en la tensión que los rebeldes habían provocado en el país. No se informó qué más se había dicho, pero Aldo Rico había desactivado el estado de insubordinación y aceptado quedar bajo arresto.

En junio se aprobó la ley de *Obediencia Debida*, por la que se desprocesaba a los militares con grado inferior al de Coronel, bajo el concepto de que, si no habían incurrido en excesos como la apropiación de menores o de inmuebles, todo lo que habían hecho había sido en cumplimiento de órdenes.

Hubo discusiones entre distintas fuerzas políticas, en las que cada una entendía de distinta manera lo sucedido durante la dictadura. También era entendible el intento de consolidar la estabilidad apaciguando lo más posible el malestar de los militares.

Para Alfonsín, que alguna vez había dicho *"la verdadera Revolución Argentina sería que se cumpliera con la Constitución"*, el país había vivido desde 1930 una pérdida de *sentido jurídico*, un acostumbramiento a *no dar importancia a la ley*, y el reiterado uso de la fuerza para derrocar gobiernos había dado lugar al efecto más imaginable: gran parte de la población simpatizaba con el uso de la fuerza contra los que ejercían el poder.

Hacía falta que se comenzara a adquirir la costumbre opuesta: cumplir con la ley; tanto cuando convenía como cuando no convenía a la preferencia de cada sector.

Alfonsín y su partido proclamaban lo que se acostumbraba llamar *teoría de los dos demonios*, según la cual el acostumbramiento a la violencia había engendrado dos grupos enfrentados entre sí y muy peligrosos para cualquier posibilidad de convivencia social, y hacía falta desactivar tanto al uno como al otro. Aunque esto tuviera mucho sentido, en lugar del rótulo de *dos demonios* yo prefería el de *dos grupos de argentinos*, movidos en su mayor parte por su vocación por un país mejor, integrados por seres nacidos en una sociedad ya acostumbrada a la violencia, y decididos a todo porque el futuro fuera como según ellos *debía ser*.

La *crisis de Semana Santa* dejó la idea de que la democracia se había vuelto muy capaz de mantenerse. Así y todo, limpiar el pasado sería una tarea difícil de llevar adelante, y requería reconocer la existencia de fuerzas peligrosas que debían ser tratadas con mucho cuidado.

No faltaban los que siempre proponían *algo más* en el castigo a lo sucedido, como si todo fuera posible por el simple acto de decirlo. Para quien percibía los peligros reales estaba claro que había que mantener el equilibrio como para seguir adelante *en lo que se pudiera*, sabiendo que tensar demasiado la situación podía hacer saltar en pedazos lo ya conseguido.

Se le encontraran o no aspectos criticables a Alfonsín, no había dudas sobre un punto: tenía claro lo que era o debería ser la *convivencia democrática*, e intentaba que pasara a tenerlo claro un país que casi la había olvidado.

Sucesión de cambios

Preocupado por avanzar en la tarea de aprender a escribir, e incluso por hacerme una idea de en qué consistía esto, me inscribí en un taller literario de *narrativa*, a cargo de Sofía Laski, en la Sociedad Argentina de Escritores.

Cuando uno escribe algo y lo muestra a los parientes y amigos, lo más habitual es que digan *"me gustó"*, sin muchas más palabras. Eso no suele ser nada útil para aprender.

Las sesiones de lectura, crítica y sugerencias que seguía manteniendo con Jesús me resultaban útiles de verdad. Quería ir más adelante en ese rumbo.

Cuando los lectores ya no son parientes ni amigos, sino personas con inquietud por la literatura, sus comentarios van más allá, y si uno es capaz de recibir golpes sin huir saca provecho y va aprendiendo.

Sofía, con experiencia en la escritura y en la enseñanza, ponía énfasis en el aspecto más necesario, trataba un solo problema cada vez y exaltaba el lado bueno de cada uno, para que el resultado fuera un progresivo enriquecimiento empujado por el afán de continuar.

Los compañeros de clase, cada uno con su gusto propio y sin mucho sentido pedagógico, criticaban sin mala intención pero despiadadamente, recalcando uno tras otro cada detalle que no les cayera bien. No era el método más aconsejable; pero si uno era capaz de aguantar esto le sacaba provecho.

Así fui haciéndome una mejor idea sobre *el oficio de escribir*. Hasta entonces tenía en la mente el valor de las ideas y cierta noción del sentido estético. Gracias al *taller*, nombre bien puesto porque sugiere la idea de trabajar y aprender un oficio, fui adentrándome en todo lo otro, si se puede decir que alguna vez se conoce *todo*.

Entretanto seguía yendo a Hastinapura, y dándome cuenta de que lo que había sentido como el centro de mi vida había pasado a estar alrededor pero no *dentro* de mí.

Todo seguía siendo tan valioso como siempre; pero como tema para juzgar y no como *cosa a que dedicarse*.

Siempre había sido parte de la vida en la escuela el fenómeno de ver llegar gente, verla entusiasmarse y superarse, y en algún momento dejar de venir. Pasaba con los poco y con los muy destacados. También había algunos que permanecían muchos años, y adquirían una aureola de *próceres* o *semidioses*.

En uno y otro caso sentíamos pena por los que se iban, como si hubieran pasado a *vivir menos*. Algunos venían de vez en cuando de visita, y los recibíamos con afecto pero con cierta desorientación, porque sentíamos como que algo se había desconectado entre nosotros y ellos, y resultaba difícil encontrar de qué hablar.

Siempre me había preguntado por qué algunas personas se alejaban de algo tan bueno. Tenía claro cuál era el factor que incitaba a irse: aquello *era difícil*. Siempre existe la tentación de alejarse de lo difícil, pero se la desestima ante la experiencia de todo lo que se gana permaneciendo.

Sabía que, como en el caso de la militancia política, incide otro factor al que hay cierto miedo de prestar atención: el tener o no tener una vida particular.

Cuando, se sea héroe o no, se carece de una vida particular, de todo eso que en el fondo se quiere pero no se consigue, o no se intenta con suficiente valor, no hay conflicto entre la vida *colectiva* y la vida particular; se vive una vida *colectiva* porque es lo único que se tiene. Se cree ser virtuoso por ser "desinteresado", y con lo experimentado en esa vida colectiva se busca satisfacer la totalidad de las necesidades; ignorando o intentando ignorar que no todas las necesidades se satisfacen con lo mismo.

Los que estaban en la escuela desde hacía mucho y eran vistos como *semidioses* eran los que de verdad habían ido adelante en superación interna y en aprendizaje, y el efecto natural era que sabían mucho, enseñaban y eran escuchados. Sin embargo había otros, los que tal vez no se habían arriesgado a intentar una vida particular, que vivían la vida colectiva como su única vida, sin real vocación por la superación interna. La consecuencia era que no parecían muy felices ni muy sabios. Escuchaban y leían grandes enseñanzas, pero no las transformaban en vida ni en satisfacción.

Algunos, como Alicia y yo, encontraban entre los que compartían la experiencia colectiva alguien con quien iniciar la *vida particular* deseada, y lo suyo se volvía *más vida* en todos los sentidos.

Allí aparecía otra etapa en el conjunto de desafíos con que solemos encontrarnos. Tal vez el verdadero heroísmo, el verdadero *trascender el individualismo*, estuviera en continuar haciendo algo *para el mundo* cuando se tiene algo que hacer para uno mismo; tal vez cada hora de *vida colectiva* valga mucho más, sea más verdaderamente *heroica*, si está coexistiendo y disputándose el tiempo con una *vida particular* que se consiguió y se tiene.

Con esas cavilaciones continué yendo durante esa etapa en que aquello no me atraía como al principio.

Estábamos acostumbrados a asociar el *irse de la escuela* como una *caída* o acto de debilidad. Era como un mecanismo de defensa de *la escuela* como organismo del que nos sentíamos parte. Ese pensamiento nos dificultaba la decisión de dar el paso hacia fuera, o más bien la decisión de un buen día *no volver* a ese sitio que durante tanto tiempo nos había atraído.

No faltaban quienes resolvían este conflicto por la vía de la *enemistad*. Para evitar toda sospecha de alguna debilidad propia, o evitar decirse lisa y llanamente que se iban porque allí se encontraban con *lo difícil* y eso era lo que no les gustaba, iban construyéndose argumentos sobre defectos de la escuela, para convencerse de que en ese conflicto ellos eran *los buenos*, y se iban precisamente porque eran buenos.

Como en todos los temas, el ser humano es hábil para encontrar "evidencias" de que el malo es el otro. Se podía pensar que la escuela era un sitio donde unos individuos se aprovechaban de otros, o un sitio donde suponerse mejor que el resto de la gente, o donde refugiarse entre parecidos para evadir el contacto con los diferentes, o donde crearse un conjunto de ideas con las que consolarse ante un mundo difícil.

Con actitudes así, había quienes se iban cargados de rencor, y continuaban a largo plazo rumiando ideas para consolidar su convicción de que habían hecho muy bien al alejarse.

Otros se iban sin preguntarse tanto, con un ligero complejo de culpa o sin ningún sentimiento definido. Por eso visitaban de vez en cuando ese sitio con el que habían quedado encariñados.

Cuando me tocó a mí llegar a esa etapa, no caí en la trampa del odio ni en la de no atreverme a pensar. Todos mis interrogantes sobre por qué alguna gente se iba se resolvieron ante una evidencia de lo más sencilla: en el mundo hay infinidad de cosas para hacer, y como en un tiempo deseamos una después podemos desear otra.

Cuando lo decidí yo terminé de entender a todos los que se habían ido antes. Simplemente me fui *porque tenía ganas de hacer otra cosa*.

Continué sintiendo muy valioso prestar atención a las grandes enseñanzas, e igualmente bueno trasmitírselas a otros. No podía tener nada contra lo que había aportado tanto a mi vida. Todo seguía siendo tan noble como siempre, pero simplemente proseguiría sin mí.

Después de casi diez años, y no del todo libre del acostumbrado *complejo de culpa*, di una conferencia que tenía programada y salí como había salido tantas veces.

Salí sabiendo que no volvería, y me fui a mi casa convencido de que era donde me gustaba estar.

Vuelco electoral

En septiembre de 1987, ante la evidencia de que se debilitaba el control de la inflación, el gobierno perdió las nuevas elecciones legislativas.

Aunque Alfonsín cumpliera bien su rol de restablecer costumbres democráticas largamente olvidadas, no parecía que hiciera lo necesario para estabilizar la economía.

A fuerza de vivir padeciendo las consecuencias, sabíamos que la causa de la inflación era el déficit fiscal. Pero si se quería seguir indagando correspondía preguntarse *¿cuál es la causa del déficit fiscal?* Aunque no todo el mundo se atrevía a verla, había una respuesta: la causa de todos los déficits es *la poca determinación de cuidar los gastos.*

Puede ser que un problema momentáneo genere un déficit momentáneo, pero cuando este se eterniza el problema está *en el que decide qué hacer con el dinero.*

También sabemos que no se puede ser tan inflexible cuando se está sostenido en el voto de la mayoría; porque esa mayoría votará a otro y el inflexible se convertirá en ex-presidente.

Sin embargo, una y otra vez nos tocaba ver *demasiada flexibilidad,* como si fuera la única opción para quedar bien con la gente. Nadie parecía intuir que un gobierno que mostrara inflexibilidad inspiraría una confianza hasta ahora ausente, que podría convertirse en causa inicial de las mejoras necesarias.

Alfonsín continuó por una vía que no coincidía con mi gusto: concentrarse en hablar de las virtudes de la democracia, o presentar abstractas figuras retóricas, cuando la economía requería que *se hablara de economía* y se tomaran medidas con la firmeza necesaria.

Una y otra vez presentaba planes aparentemente inflexibles, pero llegado cierto nivel de tensión elegía el camino de *quedar bien con todo el mundo,* de sonreír y darse la mano con los que vivían pidiendo dinero que no había.

No se sabe cuánto se podría resistir en medio de aquella *oposición salvaje* en un mundo saturado de pedigüeños; pero más firmeza habría satisfecho una necesidad largamente postergada: la de un gobierno suficientemente sólido al que confiarle el futuro del país.

No estábamos ante un problema nuevo: hace 2500 años Solón había dicho *"en los temas importantes, es muy difícil gustar a todos".*

Detrás de todo lo que llamábamos carencias de los políticos incidían las costumbres o la poca disposición general a pensar. Ante algunos meses de malos resultados, la gente se apresuraba a votar a otro. No porque conociera sus cualidades ni sus planes; sino simplemente porque era otro.

Que esas falencias de unos y de otros hubieran determinado que el peronismo aumentara su poder en el Congreso auguraba un futuro poco prometedor.

Cuando *no hay trabajo*

Yo había continuado asistiendo al taller literario, leyendo las que me parecían las mejores narraciones, y trabajando con las agendas.

Un buen o mal día Carlos, un compañero con el cargo de jefe de taller, me comentó que nos convenía ir pensando qué hacer si la empresa dejaba de funcionar.

Era una idea para nada presente en mis suposiciones sobre el futuro. No pudo menos que agrietar los cimientos de mi tranquilidad.

Inmediatamente le pedí más explicaciones.

Me contó que Rubén no se sentía nada bien con la antes prometedora marcha de su actividad. La economía del país incidía en que se redujeran sus ventas, y para peor había tenido diferencias con un par de vendedores que se habían ido y ahora lo demandaban. Con la convicción de que *"el problema es la gente"*, tenía ganas de librarse de todas las complicaciones vendiendo o cerrando la empresa.

Después de escuchar esto mis ocupaciones y sentimientos de todos los días no podían continuar por el carril que llevaban. Me encontré con que eso a lo que tanto nos aferramos, un vislumbre aproximado de cómo será el futuro, lisa y llanamente se me había esfumado.

¿Cómo volver a sentir que *había hacia dónde ir*?

Lo hablé con Alicia y pasamos a preocuparnos juntos.

Después de unos días de intentar pensar la salida, y hasta de extrañar mi máquina de soldar bolsas y mi recurso de salir en cualquier momento a buscar clientes, me di cuenta de que la solución no aparecería en tan poco tiempo.

Más adelante Rubén nos reunió a todos y nos contó el problema. Seguiríamos adelante con las ventas de fin de año para liquidar todo lo posible. Luego intentaría vender la empresa funcionando o nos conectaría con sitios en los que podríamos trabajar. Cualquiera fuera el final, nos pagaría indemnizaciones.

Por mucho que él creyera en sus planes, estaba claro que no bastaba con la intención. Nadie puede manejar la realidad a su voluntad en todos los detalles; y nuestra realidad no era otra que la fea situación de no saber lo que pasaría.

Y aunque pareciera probable una buena salida, y aunque recordáramos las veces en que las cosas no habían resultado tan mal como habíamos temido, lo cierto era que la situación de *no saber* se empeñaba en permanecer ahí, cuando lo que queríamos era continuar nuestra vida sin eso a cuestas.

Mientras tanto, el futuro quedaba *interrumpido*.

Fue llegando el final del año, el hacer paquetes para entregar lo producido y el cobro de horas extras. Pero al *no haber futuro* todo tenía menos sabor.

Un día Carlos me comentó que hacía un tiempo él y un amigo habían planeado comprarse un taxi, que les parecía buen negocio; y como él sabía reparar autos y el otro era taxista disponían de lo necesario para sacarle provecho. Después el otro había desistido del plan, por falta de dinero o de decisión.

La incertidumbre con el trabajo, más mi vocación por las inversiones e innovaciones, me convencieron poco después de comentarle que si él seguía pensando en el tema a mí podía interesarme ponerlo en marcha.

Lo hablamos un rato, y quedamos convencidos de ir estudiando esa posibilidad.

A comienzos de 1988 nos habíamos adentrado en el tema. Había una empresa que daba créditos en australes (moneda argentina de ese momento). Uno podía elegir por qué monto pedir el crédito y qué cuota pagar. Luego la cuota se mantenía fija hasta finalizar la deuda.

¿Qué se hacía ante la inflación? A la empresa no le importaba, porque cada mes repartía el dinero recaudado entre los adjudicados y por el monto que cada uno había contratado. Si había mucha inflación el adjudicado corría riesgo de poder comprar poco o muy poco. Si había poca inflación desde que se suscribía hasta que se cobraba el crédito y se adquiría el auto el plan era conveniente. Había un poco de riesgo antes del día de la compra, y ninguno después.

En enero, viendo que los índices de precios mostraban cierta calma, suscribimos el plan considerando que podíamos salir adjudicados en marzo.

Como Carlos estaba en proceso de divorcio, no le convenía inscribir ningún bien a su nombre. Confió en mí y aceptó que yo fuera el único titular.

En febrero tuvimos vacaciones.

Con Alicia y Diego hicimos un viaje corto, más bien para no estar inactivos, porque nos dábamos cuenta que solo se disfruta cuando se está tranquilo y se tiene la vida más o menos ordenada.

En marzo vimos que no se nos había otorgado el crédito. La próxima adjudicación sería en junio.

No sería tanto problema si no fuera por la *apuesta contra la inflación* y por la incertidumbre sobre nuestro trabajo.

Yo continué haciéndome problemas; no tanto por suponer que no tendría de qué vivir como por la simple ausencia de un horizonte visible.

En marzo empecé mi segundo año en el taller literario, esta vez en la casa particular de Sofía. Iba menos gente que al principio. En algún momento hablé de la dificultad de concentrarse en aquello cuando hay una incertidumbre seria sobre el futuro. Sofía comentó que existía la posibilidad siempre enriquecedora de refugiarse en la literatura. Tenía cierto sentido, y no pocas obras habrían nacido en esas circunstancias, pero el valor de *no refugiarse* me pareció preferible al de cuánto creamos o dejamos de crear.

Ya sin el plan de imprimir agendas para comenzar la nueva temporada, nuestro trabajo pasó a consistir en *hacer tiempo* mientras se definía la situación. Rubén insistía en que de algún modo habría una solución; pero no es lo mismo escuchar hablar de soluciones que verlas concretarse.

Hasta que en mayo, tras ocho meses de interrogante sobre qué pasaría, Rubén acordó con Morgan S.A., la fábrica de agendas más prestigiosa, la venta de parte del equipamiento que poseía. Al mismo tiempo le recomendó que nos tomara a Carlos, a mí y a otros dos empleados como personas bien dispuestas y conocedoras de las tareas del rubro.

A mediados de mayo empezamos a trabajar en el taller de Morgan S.A., en la zona de Parque Patricios. Era más grande y con más gente que la empresa en que habíamos estado. En el camino de vuelta pasaba a buscar a Diego por la misma guardería a la que iba desde un principio.

Poco a poco nos volvió el alivio de tener un futuro ante nuestros ojos.

El taxi

Fuimos acostumbrándonos a la nueva empresa, con actividades conocidas pero en otro ambiente.

En su momento pedimos una reunión con el jefe de taller y le comentamos que en vista de nuestra situación anterior habíamos pedido un crédito para comprar un taxi. Le anticipamos que el plan era que lo manejaran otros, pero que en algún momento necesitaríamos algún día de permiso para completar los trámites.

En julio vimos que figurábamos entre los adjudicados.

Los sábados, o los días hábiles a última hora, visitamos con Carlos varias empresas que vendían taxis. Habíamos sido poco perjudicados por la inflación, y nos dio el presupuesto para elegir un Falcon 1983, en muy buen estado porque acababa de ser convertido en taxi.

Como yo era el titular, el día en que estuvo todo listo fui a la empresa que nos dio el crédito y me entregaron el cheque para la que nos vendía el auto. Fui allí y salí contento a bordo de nuestro taxi. Me presenté en la aseguradora y suscribí el seguro.

Al mediodía me encontré con Alicia, que quedó muy contenta con la adquisición. Luego, aliviado por el fin de los trámites, lo dejé en un estacionamiento cercano a nuestra casa y me fui a descansar.

A la hora de salir del trabajo vino Carlos, e hicimos un brindis por el comienzo de nuestra nueva etapa.

Terminamos de coordinar todo con las personas que se encargarían de conducirlo, y al siguiente lunes ya estaba trabajando.

Ese día llegué a Morgan, me encontré con Carlos y tomamos conciencia de que ya no éramos exclusivamente empleados, porque rodaba por la calle nuestra nueva fuente de ingresos.

Un sábado en que no asistió el conductor habitual hice lo que venía deseando desde hacía tiempo: salir a trabajar con el taxi.

El rendimiento de esa actividad depende de conocer varios factores, como el de dónde hay más trabajo a cada hora o cómo circular para aumentar la posibilidad de recoger pasajeros. Así como no sabía bien esto tampoco sabía cómo llegar a todos los puntos de la ciudad. Me dije que en vez de forzarme artificialmente para cargarlo en mi memoria era mejor no pensarlo tanto y aprender con la práctica. Desde mis viejos tiempo conocía las calles más céntricas, y con la distribución de bolsas plásticas me había acostumbrado a otras zonas; lo demás lo aprendería por aproximación y a fuerza de recorrer calles.

Empecé a la mañana muy temprano. Pasé un par de horas de casi decepción, porque no aparecía nadie que quisiera viajar. Me convencí de que los sábados a esa hora, y en zonas más o menos céntricas, anda poca gente por la calle.

Ya más avanzada la mañana, mientras esperaba ante un semáforo vi que al otro lado había una señora que en vez de cruzar se quedaba mirándome. Cuando arranqué levantó su mano, y como protagonizando un hecho de lo más inusitado me detuve. Estaba iniciando mi primer viaje.

Era hacia un destino al que sabía cómo ir. Llegamos, cobré y sentí que aquello funcionaba.

Cerca del mediodía los sábados adquieren más vida. Aparecieron otras personas, queriendo ir a sitios que solo conocía aproximadamente. No me atreví en ningún caso a pedir que me dijeran cómo ir; porque me sonaba a falta de responsabilidad. Enfilaba hacia donde suponía que tenía que ir, y finalmente todo se solucionaba cuando el pasajero decía *"girando a la derecha"* o *"en la próxima esquina"*.

A veces salí a trabajar a última hora de la tarde, luego del horario de Morgan, y fui aprendiendo más sobre cómo funcionaba aquello. Un problema típico de esa actividad es finalizar a la hora prevista e ir a guardar el coche. Uno supone que finalizará cerca de donde debe guardarlo; pero resulta que eso es imprevisible.

Algunas veces se me hacía muy tarde e iba a parar lejos. Entonces trataba de encontrar otro pasajero que me acercara. Pero los pasajeros no viajaban para acercarme sino para ir a donde querían ellos. Hubo casos en que debí resignarme y volver velozmente sin recoger a nadie. Siempre llegaba a mi casa muy tarde, y me exponía a la protesta de Alicia por no cumplir el horario que había dicho.

No solo se debía a que aquello era poco controlable, sino a que me dolía la decisión de dejar de recaudar.

Entre la variedad humana que se ve y escucha llevando gente, recuerdo un caso con significado social: subieron tres jóvenes, entre ellos una chica chilena que iba con sus amigos a conocer diversos sitios. Venía contando que se sentía muy mal por lo que, con asombro y tristeza, escuchaba decir sobre Pinochet y sobre lo que pasaba en Chile. Había pasado de un país donde escuchaba decir que todo iba a las mil maravillas bajo el mejor gobierno a otro donde inconcebiblemente la gente decía lo contrario. Cuando bajaron me quedé pensando, con asombro similar al de ella, en hasta qué punto se puede llegar cuando en un país existe un solo *emisor de información,* o si existen otros están silenciados. Lo comparé con nuestra experiencia de la Guerra de Malvinas y el pasmoso descubrimiento de que la realidad no era como nos habían dicho. Seguramente habrá ocurrido muchas veces más, pero en épocas y sitios que no conocí.

Mientras yo me entusiasmaba llevando gente y recaudando, a la hora de conseguir conductores para cubrir ambos turnos fuimos descubriendo que una inmensa mayoría tiende a todo lo contrario: le gusta el dinero, pero no le gusta moverse ni mantenerse muchas horas trabajando.

En nuestra nueva condición recordamos el triste veredicto de nuestro anterior empleador: *"el problema es la gente".*

224

Nuestra casa

Entretanto se dieron las condiciones para poner en marcha otro proyecto. La familia de Alicia conservaba en Asturias la casa donde había vivido y algunas parcelas de tierra aptas para la crianza de animales. Unos parientes lejanos les administraban todo y cobraban los alquileres en su nombre.

En un buen momento se trató el tema de girarnos lo recaudado a lo largo de varios años. Lo dejamos pendiente para cuando se definiera el tema de mi trabajo y la compra del taxi.

Cuando se definió acordamos que nos enviaran ese dinero. Paralelamente se sumó otra condición: el tío de Alicia, como cualquiera que quisiera ahorrar, había recurrido al método más habitual en Argentina: comprar dólares y tenerlos escondidos.

En esa situación se dijo que ya tenía muchos años como para suponer que el dinero le cambiaría el futuro, y nos lo ofreció para que, junto con lo que llegaría desde España, sirviera para comprarnos una vivienda.

Así, imprevistamente y casi de un día para otro, estuvimos buscando un departamento para comprar. Con un poco de observación y cuidado podríamos acceder a opciones aceptables.

Luego de algunas semanas de búsqueda, visitando inmuebles a los que siempre encontrábamos algún defecto o con precios fuera de nuestro alcance, apareció uno en la calle Cabrera, con una distribución que nos gustó mucho y con todas las condiciones favorables. Tenía dos dormitorios, uno más que el que habitábamos, una cocina y un amplio balcón. No había ningún detalle inconveniente como los vistos en otros sitios. Nos tocó ir de noche, y como estaba desocupado no tenía habilitado el suministro eléctrico. De modo que debimos verlo a la luz de un encendedor que llevaba el empleado de la inmobiliaria.

Así y todo, nos convenció lo suficiente para volver esa misma noche a la inmobiliaria y reservarlo. El precio se pasaba un poco respecto a lo que teníamos, e hicimos una oferta por lo máximo que podíamos pagar.

Dos días después, mientras pensábamos en de dónde sacar más dinero, llamamos a la inmobiliaria y supimos que se había aceptado nuestra oferta. Era un momento de dificultades, en el que no resultaba fácil vender un inmueble.

En seguida hicimos un boleto de compra-venta, y convinimos una fecha para escriturar. Le preguntamos al vendedor si nos permitía mudarnos antes del fin de septiembre aunque no hubiéramos escriturado, y no tuvo problema en entregarnos la llave en ese mismo momento.

Durante unos días estuve ocupado plastificando el piso y preparando todo, y por lo tanto no fui al taller literario. Cuando llamé Sofía me dijo que como también habían faltado otros había levantado definitivamente el curso. Así terminé esa actividad, habiéndole sacado mucho provecho.

A menos de un mes del primer vislumbre de la idea, estuvimos en nuestra vivienda propia.

Recordé el principio de ese año y nuestra inquietud por cómo iría a ser nuestro futuro. La realidad había sido mucho mejor que las perspectivas que nos habíamos trazado. Así y todo, cuando no se sabe lo que va a pasar está muy justificado preocuparse.

Un tema sobre el que siempre me había interesado leer era el de las habituales preocupaciones por el futuro, casi el gran factor que hace la diferencia entre vivir bien y vivir mal. Había leído *Cómo superar las preocupaciones y disfrutar de la vida* y otras obras al respecto. Me habían servido mucho; pero no me caía bien que algunos propusieran buscar ocupaciones o distracciones para evitar preocuparse. Me parecía mejor *meterse a fondo* en el problema hasta tomar conciencia de toda su dimensión y sus detalles. En esos libros figuraba una actitud de personajes con grandes responsabilidades: en cada encrucijada se preguntaban *¿qué es lo peor que puede pasar?* A partir de ahí, atreviéndose a pensar en lo realmente peor, elaboraban su plan de cómo enfrentarlo. Eso me pareció menos evasivo, más sincero y más sano. Lo que realmente nos calma no es *pensar en otra cosa*, sino estar bien preparados para responder al problema.

Aunque me parecía bueno eliminarlas, algo me decía que las preocupaciones no son del todo despreciables ni inútiles. En cierta manera se parecen a los *ejercicios militares*; porque cumplen la función de *escenificar* problemas que pueden convertirse

226

en la realidad que nos toque enfrentar. Si al pensar en todas las posibilidades, más o menos como en el ajedrez, nos obligamos a descubrir la mejor respuesta a cada una, terminaremos bien armados y preparados por si se nos aparecen de verdad.

Podríamos recriminarle a un jugador de ajedrez que se preocupa demasiado por lo que pueda pasar dentro de varias jugadas; pero lo cierto es que por tomarse esa molestia gana la partida.

Como los militares hacen un esfuerzo moviendo tropas para una simple simulación, porque así tienen más claro cómo responder ante un problema que podría ser real, cualquiera que se preocupa hasta el punto necesario termina más preparado para la situación adversa que puede aparecérsele. De modo que la preocupación siempre tiene alguna utilidad. El gran problema es aprender a identificar *el punto necesario*, más allá del cual la preocupación pasa de útil a perjudicial.

Con ese panorama más claro fuimos finalizando el año, aunque no del todo conformes por el rendimiento del taxi, a causa principalmente de la dificultad para encontrar gente lo suficientemente dispuesta a trabajar. La única vez que apareció alguien consciente y bien dispuesto, fue alguien con la suficiente capacidad para independizarse. Al poco tiempo inició su plan de comprarse un taxi y renunció.

Un recurso de empresas y propietarios de taxis era el método del *alquiler*, por el que en vez de pagar al conductor un porcentaje le cobraban un monto fijo por el turno que hacía. Así el conductor debía esforzarse por recaudar lo suficiente para pagar ese alquiler y salir ganando. No nos atrevimos a recurrir a esto, porque un efecto era que el coche resultaba muy maltratado por esa explotación apresurada e intensiva.

Al empezar 1989 pudimos irnos de vacaciones más despreocupados. A mitad de febrero volvimos, para enterarnos que mientras teníamos la mente lejos de todo había empezado una nueva *corrida hacia el dólar*. Al principio parecía un desfasaje entre el dólar *paralelo* y el *comercial*, que no iría a incidir sobre los precios de las cosas.

En marzo publicamos un aviso en un diario para solicitar un chofer de taxi. Los citamos a última hora de la tarde en mi casa.

Se formó una cola en la calle, y el encargado del edificio debió hacerlos entrar de a uno. Vino Carlos, y entre los dos fuimos escuchando a cada candidato.

Cuando terminamos habíamos anotado a más de veinte, y por lo que les escuchamos decir solo nos parecieron buenos uno o dos.

Mientras estudiábamos el tema saqué a relucir una especulación que traía en la mente los últimos meses: en vista de que no estaba muy conforme con Morgan, porque unas veces nos aumentaba el sueldo y otras lo dejaba caer demasiado ante la inflación, y además había un jefe intermedio que vivía generando hostilidad, podía resolver ambos problemas a la vez pasando a trabajar únicamente con el taxi, haciendo un turno largo que ocupara la mayor parte del día y permitiera una buena recaudación.

A Carlos le pareció más confiable un socio que alguno de los desconocidos que habíamos entrevistado. Estuvimos de acuerdo con la opción, comentando que podría haberla pensado antes de publicar el anuncio y de tomarnos aquella molestia.

Hablé con el jefe de personal de Morgan, y le dije que ante una larga dificultad para conseguir conductores había resuelto encargarme yo de la tarea. Informé que renunciaría a fin de marzo.

Pasé lo últimos días con mis compañeros en un ambiente de casi despedida. El 31 de marzo saludé a todos y me fui.

Viendo el mundo desde el taxi

El 1 de abril salí a trabajar, ya como mi ocupación de todos los días.

En esa primera jornada me enteré de que había renunciado el Ministro de Economía Juan Sourrouille, y todo indicaba que no estábamos ante una corrida cambiaria entre otras, sino ante un agravamiento que nadie adivinaba en qué terminaría.

Mientras recorría las calles me dije que si esto hubiera ocurrido antes no habría decidido renunciar tan tranquilamente a mi trabajo. También supe que mi decisión había sido más bien instintiva y vocacional, y no había por qué creer que se me hubiera ocurrido otra cosa. Finalmente me convencí de que no tenía ningún sentido reflexionar sobre lo que ya se había convertido en pasado.

En las acostumbradas *charlas de taxi* de la gente ocupó un punto central la economía. En un principio parecía que todo se limitaba a una diferencia transitoria entre el dólar *comercial* y el *paralelo*. Después empezó a imponerse la realidad: diversos precios fueron subiendo en concordancia con el del dólar *paralelo*, el único que realmente se podía comprar, y cuyo precio era la medida usual de la desvalorización de la moneda argentina. Llegado un determinado nivel de inflación no importan las fluctuaciones en los costos de cada artículo ni hay tiempo de conocerlas. Por costumbre, y ante la necesidad de no perder, se aumentan los precios de todo en la misma proporción que el dólar.

En esas *charlas de taxi* me di cuenta de que mi preocupación era descubrir soluciones, mientras que casi todos se dedicaban a *dar veredictos* sobre lo incapaces que eran los responsables de la economía, como si supieran mucho más que ellos. Entraba en juego un arraigado y precipitado desprecio por cualquiera que no sea uno mismo; aunque podía haber un factor más comprensible en medio de las amenazas que padecíamos: una descarga de furia nacida de la casi desesperación en que se estaba desembocando.

El servicio de taxis disponía de una respuesta ya organizada ante la inflación. El reloj taxímetro marcaba *fichas* en vez de unidades monetarias, y ante cada incremento de la tarifa se distribuían planillas con que mostrar al pasajero cuánto dinero representaba una determinada cantidad de fichas. La aceleración de la inflación nos obligaba a pasar con cada vez mayor frecuencia por los sitios en que se distribuían esas planillas.

Un efecto feo y cotidiano era el renovado disgusto del pasajero al ver los nuevos precios, y el del taxista al escuchar sus comentarios.

En ese momento los puestos de carga de Gas Natural Comprimido iban pasando de pocos a muchos, y se nos iba menos tiempo haciendo cola para cargar.

El problema lo tenían ahora los coches particulares. Como se informaba la fecha de cada aumento del precio de los combustibles, el día anterior se apresuraban todos a llenar su tanque, para lo que formaban largas colas. Como a su vez los expendedores no querían ser los perdedores de ese juego, solían resistirse diciendo que se habían agotado sus existencias.

Una mañana, mientras esperaba para cargar gas, escuché en la radio que un periódico inglés había publicado un artículo sobre la inflación argentina, en el que auguraba que el actual agravamiento podía ser el preludio de una real solución; porque cuando la inflación se convierte en un hábito se convive resignadamente con ella, pero cuando alcanza niveles insostenibles impone la necesidad de tomar medidas de fondo.

Ese era el dilema con que cargábamos.

Así y todo no se veía que el gobierno intentara atacar la raíz del problema. En vez de concentrarse en las raíces practicaba un *buenismo* superficial. Algunos gobernantes actúan como esos padres dispuestos a cualquier cosa con tal de que sus hijos nunca lloren; en vez de preocuparse porque aprendan se desesperan por evitarles hasta el mínimo instante de disgusto. El bien de las personas y las sociedades depende de su más íntima *fortaleza*. Las sociedades adquieren fortaleza, y sienten que hay sobre qué sostenerse, cuando ven un gobierno sólido en sus convicciones, aunque muchos se quejen de que no satisfaga sus pedidos. Cada vez que se elige postergar la siembra de fortaleza *"para que nadie sufra"* se está sembrando la causa de peores sufrimientos.

Quien supone que *no está siendo bueno* al constituir una sociedad donde no se gaste lo que no se tiene, o donde se castigue la violación de la ley, y se apresura a modificar todo cada vez que alguien llora, debería desempeñarse como anestesista y no como presidente.

A la hora de sostener planes de estabilización, base indispensable para cualquier posibilidad de satisfacciones futuras, el gobierno se veía demasiado dispuesto a conciliar con cada sector que le hiciera un reclamo.

Esa actitud no puede llevar a otra cosa que a una creciente disolución de la confianza. Pasado un determinado nivel de anuncios no cumplidos, a nadie le importa lo que diga el gobierno. Simplemente no se le cree, y cada uno actúa como si no hubiera gobierno, recurriendo a la forma más rápida de salvar lo que hasta entonces no perdió.

Como si todo eso fuera poco, había serios indicios de que el siguiente gobierno sería peronista. Esto auguraba un futuro más incierto; aunque no por eso cabía suponer que una suficiente cantidad de votantes sostuviera al radicalismo. El constante empeoramiento forzaba a responder por impulso; y el impulso más inmediato es votar contra un gobierno con el que se sufre.

Yo veía al peronismo como la amenaza mayor, en vista de lo hecho en su último gobierno. La Unión Cívica Radical estaba demostrando una mezcla de ideas poco adecuadas para estabilizar la situación; pero todo indicaba que era el mal menor. Solo cabía esperar que el respaldo de la gente la fortaleciera y la forzara a tomar medidas más serias.

El círculo vicioso en que la desconfianza aumentaba la inestabilidad y viceversa llevó a la decisión de adelantar las elecciones. En vez de en octubre serían en mayo, con lo que se crearía un horizonte cercano que sugiriera una posibilidad de estabilidad.

La UCR presentaba como candidato a Eduardo Angeloz, que se esforzaba por convencer a la gente de que aunque fuera del partido gobernante representaría un cambio. Sin embargo, lo ocurrido en los últimos meses había determinado que al tradicional *miedo al peronismo* se agregara el *miedo al radicalismo*.

Yo venía prestando atención a Álvaro Alsogaray, que había sido ministro de economía en los años 60, ampliamente odiado por sus planes de austeridad y más todavía por haber participado en 1955 en el derrocamiento de Perón. Aunque para el casi omnipresente inmediatismo representaba *la ideología de los ricos*, continuaba con su vieja prédica contra el déficit fiscal y la emisión de moneda, que iba atrayendo el interés de quien fuera un poco capaz de pensar a largo plazo. Para estas elecciones había creado la Unión de Centro democrático, *demonizada* por el populismo pero capaz de obtener cierto caudal de votos.

Un comentario repetido de Álvaro Alsogaray se mantendría trabajando en mi mente: "O se es comunista o se es liberal. Todas las otras opciones son suposiciones transitorias que no pueden sostenerse".

Ese 14 de mayo voté a Angeloz como presidente, para contrarrestar al peronismo, y a la UCD para el poder legislativo, convencido de que actuaría como apoyo a las medidas serias que hacía falta tomar.

Ese día votaron por primera vez Alicia y su hermana, que habían adquirido la ciudadanía argentina ante mi insistencia en que todo el que habita un país, y sufre las consecuencias de cómo esté gobernado, tiene un grado de responsabilidad que es mejor ejercer que desestimar.

Desde tiempos inmemoriales me fastidiaba escuchar a los que se indignaban y protestaban contra los gobiernos, y cuando se les preguntaba por su propuesta decían *"ah... yo no voto porque soy extranjero"*.

Me parecía una burla a la sociedad y a su propia dignidad que si aspiraban a quedarse en un país no se tomaran la molestia de intervenir en eso sobre lo que estaban tan dispuestos a quejarse.

Después fui capaz de ver más lejos, darme cuenta de que ese fenómeno es parte de uno mucho más amplio: una inmensa mayoría no habla de los problemas para solucionarlos, sino para distraerse o para descargar furia sobre quienes consideran culpables de todos sus males.

Esa noche se confirmó lo que temíamos, aunque nos quedara una pizca de duda como para suponer otra cosa: ganó el candidato peronista Carlos Menem.

Escuchando a través de la ventana cantos, bombos y bocinazos, sentí que nuestro país se precipitaba hacia todo lo indeseable que habíamos imaginado.

Hiperinflación

Al día siguiente se sintió el efecto sobre cada protagonista de la vida económica. Se lanzó más gente a comprar dólares, para quedarse con algo de valor en una situación en que nada funcionaba ni parecía que fuera a funcionar.

Teníamos en la memoria la inflación de 1975 y la presunción de que podíamos volver a lo mismo. La suposición *por costumbre* nos impedía concebir una situación peor; pero la realidad mostró que cuando se suman factores destructivos no hay límite para el empeoramiento. En mayo traspasamos los índices aparentemente insuperables de 1975, y los considerados *presagios pesimistas* sobre la cotización del dólar se habían vuelto cifras ínfimas algunos días después. Aquello seguía su marcha sin darnos tiempo de concebir hacia qué iba.

Hasta entonces los precios aumentaban *de un día para el otro*; pero repentinamente nos encontramos con más de un aumento en el mismo día. En los supermercados se volvieron protagonistas habituales los *remarcadores de precios*, que iban de un rincón a otro pegando nuevas etiquetas con sus maquinitas. Aún no se había implementado la lectura por *código de barras*, y los cajeros introducían manualmente los precios visibles en las etiquetas. La gente se apresuraba a tomar el artículo y llevárselo antes de que llegara el odiado *remarcador*. No faltaban los que despegaban la última etiqueta para que el cajero, al que no le cabían en la mente tantos cambios, les cobrara lo que decía la anterior.

Siempre nos parecía que cada precio había aumentado *demasiado*, porque su aceleración era mayor que nuestra capacidad de acostumbrarnos. Unas veces le echábamos la culpa al comerciante, y otras nos dábamos cuenta de que era una víctima más en el medio de una corriente fuera de todo control.

Ni siquiera llegábamos a prever qué podríamos comprar y qué no. Con mayores o menores problemas, nosotros siempre habíamos podido tomar Coca Cola; pero un día tuvimos que dejar de hacerlo.

En algún momento pensamos qué habría pasado si a todo eso se hubiera sumado la necesidad de pagar un alquiler, de la que nos habíamos librado hacía menos de un año.

Lo que recaudaba con el taxi lo gastaba el mismo día. Cada dos o tres días debía pasar a buscar una nueva planilla de tarifas, y luego escuchar a los pasajeros enojarse conmigo, como me enojaba yo cada vez que hacía una compra.

Los que no podían comprar dólares sino comida, la compraban toda a la vez cuando tenían el sueldo en la mano. Su inversión era cualquier alimento que pudiera conservarse cierto tiempo. Si se quedaban con algo de moneda argentina, en pocos días les serviría muchísimo menos.

Eso de lo que yo me libraba al cobrar y gastar el dinero cada día se volvió un drama para los asalariados. En vez de pactarse sueldos para el mes siguiente debieron pactarse sumas adicionales cada pocos días, y al cobrarlas se repetía el apuro por salir a gastarlas antes de que se volvieran inútiles.

Y si además de comer se quería hacer otra cosa aumentaba la complicación. Todo lo que se comprara en cuotas debía pagarse en dólares. Si lo que se quería era guardar dinero para después había que comprar dólares, haciendo cola en las casas de cambio y sufriendo por ver crecer los precios mientras se llegaba al mostrador.

Otro recurso era suscribir depósitos a plazo fijo, que si pasaba de siete días se volvía un plazo peligrosamente largo.

Nosotros recurríamos a esto, no sabiendo si estábamos ahorrando o simplemente reduciendo pérdidas para conservar algo de dinero sin gastar. Una vez por semana debíamos sacrificar un par de horas en el banco, sacando un turno y esperando amontonados entre gente angustiada por lo mismo. Era un empeño siempre insuficiente, porque la inflación había sido mayor que la prevista una semana antes.

Al exceso de esfuerzo de quienes necesitaban algo parecido a un sueldo se sumaba el de las empresas para comprar materia prima, producir, vender y volver a comprar. Algunas no pudieron continuar, y mucha gente se quedó sin tener de qué vivir.

A fin de mayo hubo quienes, careciendo de todo medio, se amontonaban ante algún supermercado para pedir comida. En algunos casos se les daba algo, pero fuera como fuera la necesidad seguía en pie.

A la pura desesperación se sumaron la tentación de algunos de apoderarse de cualquier cosa o la conveniencia de otros de terminar de hundir al ya tambaleante gobierno. En actos espontáneos o planificados se empezó a ingresar violentamente a los comercios para llevarse todo, desde alimentos hasta televisores o cajas registradoras.

Las estructuras a cargo de la seguridad, no planeadas para enfrentar tantos problemas al mismo tiempo, resultaron insuficientes para detener la ola de saqueos. A esto se agregó la escasa decisión del gobierno y una especificación de la sancionada *Ley de Defensa de la Democracia*, que prohibía movilizar a las Fuerzas Armadas para resolver cualquier tipo de conflicto interno.

Como si los hechos reales fueran poco, hubo quienes difundieron deliberadamente rumores que acrecentaban la alarma. Alguna emisora dijo haber recibido noticias sobre avances masivos de saqueadores sobre el centro de las ciudades. Los vecinos de algunas zonas se armaron y organizaron para patrullar las calles y defender lo que en cualquier momento podían perder.

Hasta entonces las que llamábamos crisis *habían* significado resignarse a más escasez que en otro momento. Ahora la escasez quedaba empalidecida ante un drama más angustiante y paralizante: la sensación de que se desintegraba la sociedad a nuestro alrededor, de que dejaba de haber un suelo sobre el que sostenerse.

Hasta hacía poco Alfonsín se perfilaba como el primer presidente que duraría los seis años correspondientes, logro no visto desde 1928. Ahora el 10 de diciembre parecía angustiosamente lejano, y era imposible vislumbrar más allá de un par de semanas. Nadie, en ningún área de la sociedad, podía ni quería aguantar aquello tanto tiempo.

La idea fue imponiéndose a la fuerza: si ya había un presidente electo, porque se habían adelantado las elecciones para generar una sensación de cambio en marcha, por la misma razón tendría mucho sentido adelantar el traspaso del poder.

Había disgusto con la idea de abandonar el ansiado cumplimiento de los seis años; pero de un modo u otro se daría por primera vez una transición dentro del sistema democrático. En medio de semejante caos no había por qué aceptar el tormento adicional de esperar esos larguísimos meses.

En junio, con la inflación acercándose al 120% mensual, Alfonsín terminó acordando con Menem que le traspasaría el poder el 8 de julio.

Ajuste insospechado

Luego de unos días en que ninguna previsión incidía sobre el pesimismo generalizado, empezamos a escuchar lo que nadie esperaba de un gobierno peronista.

Carlos Menem tendría claro que continuar por el rumbo conocido le habría significado ser arrasado en poco tiempo por el caos imperante; aunque decirlo antes de las elecciones habría expulsado a la mayoría de sus votantes, aferrados tradicionalmente a otras preferencias.

Informó que su Ministro de Economía no sería un peronista *clásico*, sino Miguel Ángel Roig, del grupo empresario Bunge & Born, y que asignaba algunos cargos a integrantes de la Unión de Centro Democrático.

Además iniciaría planes de reducción del gasto público y desregulación de la economía, y se fijaba un objetivo al que el peronismo se había opuesto sistemáticamente: la privatización de las empresas públicas que ahogaban al país con sus déficits.

Mientras que quienes lo habían votado segregaban disgusto y se atrevían a suponer una *traición*, quienes no lo habíamos votado nos sorprendimos como quien ve asomar el sol cuando esperaba la peor tormenta.

Si se había vuelto habitual la aversión a la reducción del gasto público, porque sugería un panorama inmediato de incomodidad, la hiperinflación había propagado un nivel de padecimiento capaz de *invertir la polaridad*. Era mucha la gente que, casi aterrorizada por lo vivido, estaba dispuesta a aceptar cualquier cosa que le presentara alguna perspectiva de alivio.

Era el momento en que la decisión de *atacar a fondo* el problema obtendría el respaldo necesario. Si antes había quienes se compadecían de cada empleado público despedido, ahora abundaban los que pasarían por alto cualquier sufrimiento ajeno si presentían un poco de estabilidad para su propia vida.

Lo sucedido había arrasado con la fantasía de perseguir *el bien de todos* sin preguntarse cómo pagarlo. Y si muchos no se habían convencido lo suficiente, tampoco se les ocurría objetar ningún atisbo de remedio a la situación que vivían.

Mi pasada adhesión al comunismo nunca había sido una aspiración a *repartir* para que los que estaban tristes pasaran a estar contentos. Mi factor determinante no había sido presenciar el sufrimiento, aunque cobraba importancia ante la convicción de que era un sufrimiento *absurdo* por deberse a una organización errónea de la sociedad. Lo que siempre me había movido era el afán de una *sociedad sana*, asentada sobre bases que pudieran durar.

Y lo que siempre había despertado mi rechazo eran las *apariencias de soluciones*, las situaciones en las que todos están contentos de puro ignorantes, recibiendo algunos bienes extraídos de fuentes que no pueden durar.

Si el recurso de eliminar la propiedad privada no *transformaba al hombre* ni echaba las bases de esa sociedad sana que tenía en mi mente, yo seguía prefiriendo los *cimientos sanos* antes que ninguna otra condición. Si los *cimientos sanos* eran la propiedad privada y el trabajar para sí mismo produciendo lo que otro compraría voluntariamente, yo estaba tan de acuerdo como con aquella opción que no había podido ser.

Prefería incondicionalmente los *cimientos sanos* que costaran esfuerzos antes que la *facilidad insana* de la impresión de billetes o el pago de sueldos a cambio de nada.

No podía menos que sentir alivio y aprobar el plan en marcha. Era mi ideal de siempre, si bien con otra estructura.

Desde hacía mucho tiempo nadie había preferido eso. Y no se podía echar toda la culpa a los presidentes; porque no se puede llevar adelante un proyecto cuando la mayoría hace fuerza en contra. Ahora mucha gente lo apoyaría, aunque no fuera por adhesión a un ideal sino por pura necesidad de sobrevivir.

Entre un anuncio asombroso y otro, intercalados con protestas de los que habían votado a Menem y ahora lo acusaban de *articular un ajuste contra el pueblo*, se nos fue estableciendo la idea de que *ahora habría futuro*. Algunos periodistas diagnosticaron que *Argentina es un país ciclotímico*, que pasa en pocos días de ser el más pesimista al más optimista del mundo.

El 8 de julio se produjo el traspaso del mando, forzosamente adelantado pero el primero plenamente constitucional en más de sesenta años, y escuchamos a Menem enumerar todo lo que dejaría de hacer el Estado Nacional, porque no le correspondía y había llegado la hora de dejar de pagarlo.

El plan anunciado entraba en vigencia ese mismo día, para borrar cualquier suposición de que habría vacilaciones.

La primera medida fue un incremento muy alto en las tarifas de servicios y precios de combustibles, encaminado a cubrir los costos y de ahí en adelante mantenerse fijo.

El lunes 10 percibimos a través de nuestra ventana una notable disminución de los sonidos del tránsito. El combustible se había vuelto tan caro que mucha gente desistía de usar sus coches, o se ponía de acuerdo para compartirlos con quienes hicieran el mismo recorrido.

Salí con el taxi, y luego de venir haciendo treinta o cuarenta viajes diarios, ese día llegué con gran esfuerzo a once viajes. Ante la escasez de pasajeros, y pensando en el nuevo coste del combustible, me detenía lo más posible en zonas concurridas hasta que alguien decidiera abrir mi puerta.

Abundaron los comentarios de que desde ahora solo se tomarían taxis para ir a hospitales u otros casos de extrema necesidad.

El plan del gobierno se proponía, luego de los incrementos de tarifas e impuestos, estabilizar bruscamente el presupuesto público. Para que el resto de los precios se acoplara a ese ritmo era necesario detener con la misma brusquedad los incrementos por inercia. Esta tarea quedaba a cargo del ministro Miguel Ángel Roig, muy relacionado con las grandes empresas, que en continuas reuniones se esforzaba por pactar precios y conseguir que se detuvieran más o menos todos a la vez, o que si algunos habían quedado descolocados se reacomodaran lentamente.

En un país que llevaba varias semanas especulando sobre qué haría, y mirándolo casi como el héroe mitológico que tomaba la espada y arremetía contra el gran monstruo, nos sorprendió un suceso propio de los antiguos mitos y tragedias: a los cinco días de haber asumido Miguel Ángel Roig murió de un infarto.

Su salud no había podido con tantas presiones y contrapresiones, en las que cada uno esperaba que se detuvieran todos los precios pero se negaba a detener los suyos.

Se le hizo un funeral similar al de un héroe caído en combate.

Lo sucedió Néstor Rapanelli, vicepresidente de Bunge & Born, que continuó con el mismo intento.

Los precios no se detuvieron inmediatamente, porque venían arrastrados por un desenfreno poco menos que incontrolable. En julio se acercaron al 200% mensual; pero en agosto se redujeron a un 40 y en septiembre a menos del 10.

Después de la casi desintegración de la sociedad, presentir una desaceleración, y ver un gobierno decidido a equilibrar las cuentas, era más que suficiente para empezar a respirar aliviados.

Después de algunas semanas sin el vértigo de recibir billetes que se desvalorizaban en cuestión de horas, me pareció sorprendente lo que siempre debería haber pasado: el dinero cobrado hacía unos días seguía siendo útil, y me permitía planes tan normales como comprar las partes del coche que hacía falta cambiar.

La hiperinflación, que si hubiera estallado antes de adquirir el auto habría volatilizado el valor de nuestro crédito, nos había favorecido al sobrevenir después. Las cuotas, fijas en términos nominales, se habían vuelto insignificantes al cabo de pocos meses. Mi último pago fue de tres cuotas juntas, porque significaban menos complicación que estacionar en la zona céntrica y dejar de trabajar un rato para dedicarlo a ese trámite.

Pude ir cada fin de mes a la casa de Carlos a entregarle su parte de las ganancias generadas.

Mientras reacomodábamos nuestra vida presintiendo un futuro al otro lado de todo aquello, nos enteramos de que íbamos a tener otro hijo.

Y el mundo siguió andando

Absorbida por la acumulación de dramas nacionales, nuestra atención dispuso de muy poco espacio para enterarse de lo que pasaba mientras tanto en Europa.

Conscientes de que desde que había asumido Gorbachov la Unión Soviética no representaba la misma amenaza que antes, varios países daban rienda suelta a su deseo de reformas.

En junio había habido en Polonia elecciones legislativas en las que por primera vez se pudo elegir candidatos no comunistas, y la mayoría optó por ellos para que siguieran adelante con los cambios reclamados.

Mientras tanto, esa corriente de aspiración al cambio se había contagiado a China, donde por varios días una multitud permaneció en la Plaza de Tiananmen reclamando más libertades. Pero en la cúpula del régimen no había nada parecido a las transformaciones de Europa del Este, y no vaciló a la hora de mostrar que en China continuaba todo igual. El ejército resolvió el conflicto saliendo abiertamente a matar manifestantes.

En agosto supimos que Hungría quitaba las alambradas que la separaban de Austria; lo que fue aprovechado por muchos alemanes del este para pasar a Austria y de allí a la otra Alemania. Nadie habló de que se abrieran fronteras, pero fue creciendo la sensación de que ya no eran lo que habían sido.

En septiembre cruzaron varios miles, y en Alemania Oriental comenzaron las manifestaciones que reclamaban reformas. El 9 de noviembre el gobierno informó que autorizaría a sus ciudadanos a cruzar la frontera hacia el Oeste. Como no quedó claro desde cuándo sería posible, el efecto inmediato fue una multitud agolpada en las proximidades del Muro de Berlín. Como tampoco los guardias sabían qué hacer, a última hora de la noche la gente empezó a cruzar sin que nadie intentara impedírselo. Al poco rato estaban festejando junto a los alemanes del otro lado, trepándose al muro y dando sus primeros martillazos contra él.

A esto le siguieron procesos similares en otros países, en una continua ratificación de lo mismo: el comunismo comenzaba a esfumarse por decisión de la gente.

En algún momento me imaginé qué pasaría en la mente y el sentimiento de quienes, como yo una vez, sustentaban su vida en la convicción de que el mundo iba indefectiblemente hacia un futuro en que todo sería *como tenía que ser* y quedaría atrás el sufrimiento humano.

Sería terrible la decepción de quedarse repentinamente sin el horizonte que se habían pintado ante los ojos. Siempre es más noble valorar la verdad por encima de la fantasía; pero cuando se trata de una fantasía de la que se espera la totalidad de las satisfacciones, la mente apela a cualquier recurso para no dejarla caer.

Y tenía todo el sentido del mundo ver el lado opuesto: esa fantasía de *sociedad ideal* había condenado al estancamiento y a la frustración a millones de seres.

Yo había dejado de creerla *buena* antes de verla disolverse.

Recordé cuántas veces había escuchado referencias de que en esos países que llamábamos *liberados* la gente no vivía tan bien, que intentaba rebelarse o arriesgaba su vida para irse a Occidente.

En uno y otro caso disponíamos de la misma respuesta: todo eso es propaganda de la burguesía; en esos países hay algunos problemas de burocratización, *porque Stalin eliminó a Trotsky*, pero son solucionables y se llegará al ideal previsto por Marx. Y si hay gente que quiere irse es porque persisten restos de mentalidad burguesa, pero están destinados a desaparecer.

Antes de esta caída política y estructural había tenido lugar la caída de esa fantasía en mi mente: el hombre no se transformará en un ser al que le dé lo mismo trabajar para sí mismo que trabajar para todos. Peor todavía: aunque se sienta parte de una sociedad fraternal y adhiera al ideal de *trabajar para todos*, seguirá con su mente enfocada sobre lo inmediato, y creerá que *está siendo bueno con los demás* mientras su instinto lo mueve a trabajar lo menos posible; porque si trabaja lo menos posible obtendrá lo mismo que si trabajara más; o eso es lo que verá durante un tiempo, porque nada lo llamará a pensar más allá de lo que está ante sus ojos.

Mi objetivo, de antes y de ahora, había sido el de vivir en una sociedad sostenida sobre bases reales, sanas y durables.

Si no era posible una sociedad sostenible *sin burguesía*, resultaba digna de defender una sociedad *con burguesía*.

La *eliminación de la burguesía* que había propuesto Marx no estaba motivada por el vulgar deseo de *repartir*, sino por la consideración de que los medios de producción se liberarían, y serían capaces de producir más satisfacciones para todos, si dejaban de estar sometidos al régimen de la propiedad privada.

Esa concepción había sido errónea, por suponer que todos los humanos conservarían la misma disposición al trabajar para el futuro que al trabajar para el presente, y al trabajar para todos que al trabajar para sí mismos.

Se podía acusar a Marx de un *error de evaluación* por no haber visto su teoría llevada a la práctica. Yo no le veía la perversión o inmoralidad más mencionada por el *anticomunismo visceral*: la pretensión de vivir a costa de los demás.

Eso era precisamente lo que yo nunca había querido; ni en el pasado ni en el presente. Mi adhesión al *ajuste* que ahora presenciábamos era la adhesión al principio de vivir de lo que realmente se produce; no de lo que se le arranca al Estado ni a *los que tienen*.

Si eso que llamamos *la burguesía* son los seres capaces de pensar a largo plazo, y de invertir el dinero en vez de gastárselo, es un factor necesario para generar los bienes que todos desean. Las sociedades que habían intentado suplantar a la burguesía por *el conjunto de todos* habían obtenido resultados desastrosos.

Si la solución es una sociedad *con burguesía*, debe ser una sociedad donde se pueda ganar en proporción a lo que se invierte, ya sea trabajo mental o dinero. Cuando se obstruye esa posibilidad, cuando se permite demasiado desorden, los que piensan e invierten *se retiran*, y el efecto es que haya cada vez menos riqueza.

Como salieron perdiendo las sociedades que eliminaron a la burguesía, también salieron perdiendo las sociedades como la argentina, donde no se la elimina pero se la trata como una casta de perversos que debe expiar sus pecados regalando lo que posee, o se espera que provea impuestos y salarios a quienes la maltratan y al mismo tiempo le piden que no se vaya.

En todas las sociedades del mundo, el que recibe más maltratos que beneficios termina yéndose. Y en un país donde se van los que planifican, piensan a largo plazo y ponen dinero para que existan las fábricas ¿de qué vivirán los demás?

El motivo por el que habían sufrido esos países lejanos era casi el mismo por el que sufría el nuestro. Y mi afán de cambio de los viejos tiempos era casi el mismo que el de ahora.

Yo nunca consideré haber cambiado de rumbo. Había querido una sociedad sana *sin burguesía*, que por lo visto no había sido viable, y había pasado a querer una sociedad sana *con burguesía*, que demostraba ser viable y provechosa en los países más desarrollados del mundo.

Mientras se sucedían esas transformaciones en Europa del Este, en Argentina recrudecía la inflación sobre el final del año, porque cualquier atisbo de problemas impulsaba a la gente a comprar dólares, y porque seguía pesando sobre el presupuesto el déficit de las empresas públicas.

En diciembre ingresó como Ministro de Economía Antonio Erman González, que al comenzar 1990 anunció un plan distinto del que esperaban el periodismo y la opinión pública: todos los depósitos a plazo fijo por más de un millón de australes (unos mil dólares) serían cambiados forzosamente por Bonex 89, bonos cuyo importe sería devuelto en un plazo de 10 años.

Esto provocó una convulsión, por ser un ataque al derecho de propiedad y por dejar a mucha gente sin el dinero con que contaba para otros planes.

Produjo una reducción de la base monetaria en un 60%, con lo que se redujo, aunque a un costo demasiado alto, la incidencia del exceso de moneda sobre los precios, y se consiguió que en los siguientes meses bajaran los índices de inflación.

A nosotros no nos afectó porque nuestro depósito no llegaba al millón de australes. Ante la incertidumbre sobre la disponibilidad de dinero nos sumamos al recurso de cambiar nuestros australes por dólares.

Esos vaivenes de inseguridad pasaron a traducirse para mí en problemas de salud. Estuve con *neumonitis* por algunos días.

Una mañana, mientras iba hacia el garaje donde guardaba el taxi, empezó a seguirme por la calle un gatito, que caminó un buen trecho maullando junto a mí.

Ante esa insistencia, lo levanté y me lo llevé hasta el taxi. Lo puse en el asiento de atrás y salí hacia mi casa. En el trayecto pasó entre los asientos y se metió prácticamente entre los pedales. Como era un trayecto corto por calles casi vacías no provocó mayores problemas.

Aparecí en mi casa con el gatito en brazos. Le dimos leche y le preparamos un sitio donde acostarse. Como tener animales era una de nuestras viejas aspiraciones, se quedó a vivir con nosotros.

Alicia le encontró en seguida un nombre: *Rayito*.

Continuando con dos hijos

En febrero de 1990 nació Martín.

Fuimos reacomodando nuestra vida cotidiana. La habitación de Diego pasó a ser *la habitación de los chicos*.

Pasada la licencia de Alicia por maternidad, comencé a llevar a Martín a la guardería a donde llevaba a Diego. Por las tardes, en el momento en que algún viaje me dejaba más cerca, pasaba a buscarlos y los llevaba a casa.

Como el resto de la gente, vivíamos condicionados por la marcha de la inflación. Desde abril en adelante quedó cerca del 10% mensual, altísima para otros países pero tranquilizadora comparada con el drama del que habíamos salido.

Entretanto, Carlos renunció a su empleo en Morgan y empezó con unos amigos a publicar una revista sobre psicología, salud mental y nutrición. Fue el primer caso en que vi encarar una actividad de diseño y artes gráficas con un ordenador personal.

Ese cambio lo llevó a la idea de abandonar el negocio del taxi. De modo que acordamos un precio por su mitad, le entregué en efectivo lo que pude y convinimos un plan de cuotas ajustables para pagarle el resto.

Después de varias vicisitudes no previstas había accedido con cierta facilidad a un bien valioso. El problema de ahora en adelante era que yo sabía poco sobre mecánica y mantenimiento. Debería pagar algo más a los especialistas, pero sería realizable.

Sobre la mitad del año vino el tío de Alicia en una de sus habituales visitas. Había emigrado a Argentina en los años 50, y ahora la edad le había hecho abandonar su prolongada suposición de que tal vez volvería a España. Nos contó que en vista de eso había decidido viajar a Asturias para vender la casa que habían dejado y algunas parcelas de tierra de su familia.

Lo ayudamos en el trámite de adquirir el pasaje y llevarse un poder para autorizar a unos parientes a formalizar ventas, y el día de su partida lo llevamos hasta Ezeiza.

Esa mitad del año trajo otro episodio que esta vez me tocó ver desde el taxi: el Mundial de Fútbol.

Además de los habituales pronosticadores de gloria o fracaso me tocó conocer casos que no había alcanzado a imaginar: sujetos para los que nada en la vida importaba más que estar presentes en el Mundial, se jugara donde se jugara.

En dos o tres ocasiones llevé a algún pasajero que le contaba a otro lo que haría para viajar a Italia. Ninguno parecía adinerado ni mucho menos, y entre los recursos para pagar su momento de gloria figuraba el pedir préstamos que no sabía si devolvería, dejar un empleo que no sabía si recuperaría, y hasta vender su casa.

Me imaginé qué pasaría en sus familias o en sus propias vidas unos meses después, y me compadecí al ver cómo un solo deseo puede llevarse por delante todo lo que sostiene el mundo habitual de una persona.

Yendo un paso más allá, también me dije que nada me aseguraba que yo *tenía la verdad* y se equivocaban ellos. En mi reiterado ejercicio de llevar y escuchar pasajeros, vi en toda su dimensión hasta qué punto somos distintos unos de otros, y cómo varía inconcebiblemente lo que cada uno entiende por *normal*.

Me rodearon más que en otros casos las multitudes que festejaban. Desde niños hasta ancianas agitaban banderas y me miraban desde las aceras como necesitados de mostrar su alegría. Aquel torrente de sentimiento se expandía por encima de todos los interrogantes, pero me quedó espacio para hacerme alguna pregunta: ¿qué significa *la nacionalidad* para que sin apenas saber de qué se trata nos aferremos a ella apasionadamente? ¿Por qué el fútbol nos lleva a esos momentos nunca antes alcanzados, donde compartimos todo y nos queremos de una manera no posible al meternos en otros terrenos?

Nada de aquello terminaba de tener explicación. Parece que todo lo soñado se vive con más fuerza al *tener compañía*, y que un país es un conjunto de seres que comparten una vida en común, un esperar algo indefinible que *tiene que ser mejor*.

Cuando intentamos definir ese algo irrumpen las discusiones y distanciamientos, y no parece que eso pueda ser de otra manera.

Pero de vez en cuando aparece el fútbol, siempre tan fácil de pensar, y consigue que todo sea sentimiento, no contaminado por las partes *complicadas* de la realidad.

Privatizaciones

Por entonces se concretó la privatización de la Empresa Nacional de Telecomunicaciones.

Con esto sí que hubo discusiones, y el taxi fue su escenario ideal.

Con indignación, tristeza y finalmente resignación, me encontré con una de las causas básicas de que los países anden mal: parecería fácil darse cuenta de que se está gastando más de lo que se puede; pero resulta que para eso hacen falta ganas de descubrir el problema y de buscarle una solución. Y el drama que arruina a los países es que muy poca gente tiene realmente esas ganas.

Es mucha más la gente que se dedica a encontrar defectos a cualquier cosa que hagan los demás, para convencerse de que es más honesta o más inteligente que ellos.

Buena parte de la astronómica emisión que desvalorizaba nuestra moneda era causada por el déficit de las empresas públicas. Por más que los gobiernos les asignaran y cambiaran directores, en ellas el poder real lo tenían los sindicatos.

Se las presentaba como empresas *de todos los argentinos*, y esto era cierto en una sola dirección: todos los argentinos sostenían su costo, pero los beneficios eran para los sindicatos y los empleados.

Y no se beneficiaban a cambio de servir a la gente. Era muchísima la gente que quería un teléfono, pero ni siquiera lo solicitaba porque sabía que sería imposible. La cantidad de líneas instaladas no crecía desde hacía varias décadas. Todos los argentinos, tuvieran teléfono o no, pagaban el costo de la empresa pública con la desvalorización diaria de su dinero.

Los sucesivos directores de la empresa, en caso de tener buena intención, vivían en puja permanente con el poder de los sindicatos. Si la empresa salía perdiendo, la pérdida no llegaba a sus bolsillos; si todos los que querían líneas las tuvieran y las pagaran, esa ganancia tampoco llegaría s sus bolsillos.

Lo que es *de todos* termina funcionando, o estancándose, como si no fuera de nadie.

La única salida era que alguien perdiera o ganara dinero *suyo* con esa empresa. La preocupación de las personas serias era que el peso de eso que andaba mal dejara de recaer sobre todo el país.

Sin embargo, esto era el pensamiento menos común; no porque fuera de verdad difícil, sino porque la inmensa mayoría no tenía ganas de ir al fondo del problema; se interesaba en discutir sobre el precio a que se vendía la empresa, en dictaminar que el gobierno la vendía para recaudar, o en imaginar un acto de corrupción detrás de cada detalle.

Y no faltaban los que, muy ofendidos, lanzaban su acusación: están vendiendo *lo nuestro*. Lo que nunca hacían era explicar en qué nos beneficiaba que aquello fuera *nuestro*.

Tal vez en todo lo dicho hubiera algo de cierto, pero lo que menos parecía preocupar era el tema de cuánto pagábamos cada mes para que existiera esa empresa. Yo deseaba que dejara de ser *nuestra* cuanto antes, para que el presupuesto público dejara de cargar con ese costo.

Mientras el taxi se saturaba de gente que sabía más que el gobierno, los empresarios y los economistas, llegó el día en que se concretó la operación.

Las redes y edificios de la empresa estatal se vendieron a dos empresas internacionales con experiencia en ese servicio. En ese momento había cuarenta mil empleados. Más adelante ambas empresas pudieron funcionar con un total de diez mil, obtener ganancias y hacer realidad lo que en nuestro país parecía milagroso: que los que querían un teléfono lo pidieran y lo tuvieran.

Algo similar fue pasando con otras empresas del estado; entre polémicas, actos de protesta e incidencias de la corrupción.

Desde un principio Menem había afirmado que "aunque hagan mil marchas seguiremos adelante con el plan económico".

Era lo que hacía falta dejar sentado.

Y en efecto hubo mil o más marchas, muy entorpecedoras a la hora de circular por las calles céntricas.

El sindicalismo no llamaba a Menem *mentiroso* como había llamado a Alfonsín; cuanto mucho repetía que *estaba equivocando el camino*, y hacía toda la fuerza posible para *torcerle el brazo*.

El resto de ese año lo pasamos como familia que disfruta de tener dos hijos y de verlos ingresar poco a poco al mundo.

Volvimos a vivir con cierto alivio al haber una inflación baja.

Un día recibimos una carta del tío que estaba en Asturias. Contaba que estaba tratando con posibles compradores, viendo parientes y visitando sitios donde alguna vez había vivido. Solía hablar poco y escribir todavía menos; de modo que volvimos a la etapa de no recibir sus noticias.

Como al conducir un taxi se recorre asiduamente la zona céntrica, desde un principio había pasado muchas veces ante el local de Tipografía Clancy, y en algún caso había llegado a entrever a alguno de los viejos conocidos. Más adelante llegó la etapa de pasar y ver la puerta siempre cerrada, sin ningún indicio de actividad. Fue un detalle más entre todo los que veía quedar atrás.

Ese 3 de diciembre salí a trabajar como todos los días, y desde temprano escuché en la radio comentarios sobre movimientos de tropas y sucesos en unidades militares.

En 1988 había habido dos alzamientos similares al de 1987, y habían terminado de forma pacífica pero con escasa información.

En este caso se informó de sublevados en el Edificio Libertador, en las proximidades de la Casa de Gobierno, y en el Regimiento Patricios, frente a la estación Palermo. No me pareció un problema seguir trabajando, ya que tampoco los pasajeros querían acercarse a esos sitios.

Esta vez las noticias hablaban de violencia y tiroteos reales. El levantamiento era liderado por el coronel Mohamed Alí Seineldín, que más que protestar por las causas contra militares intentaba promover un cambio de relaciones entre las Fuerzas Armadas y el poder político. La jefatura del Ejército reaccionó decididamente contra él y sus seguidores.

Tal vez la situación haya forzado a Menem a comprometerse en secreto con la cúpula militar, obteniendo su obediencia a cambio del compromiso de indultar a Videla y Massera, cabezas visibles de la dictadura. Lo cierto es que, a diferencia de lo ocurrido en la etapa de Alfonsín, hubo una rápida respuesta contra los sublevados, que incluyó la intervención de aviones de combate y dejó un saldo de trece muertos.

Desde entonces no hubo desórdenes dentro de las Fuerzas Armadas. Después de un tiempo Menem indultó a Videla y Massera, y esta vez el conflicto fue con amplios sectores de la sociedad, que sintieron que se despreciaba todo lo hecho por el gobierno civil y el poder judicial contra las violaciones a los derechos humanos.

Tal vez todo haya sido un entrecruzamiento de fuerzas en un sentido y en otro, donde los que intentaban *ir más allá* en el castigo a lo sucedido no encontraron sobre qué sostener su intento. Entre los factores que determinan qué ocurrirá en una sociedad juegan un papel determinante *las ideas de los que manejan las armas*, y ningún criterio demasiado lejano a estas puede llegar muy lejos.

La propuesta básica de la democracia, que los militares obedezcan incondicionalmente al gobierno constitucional, es viable en la medida en que los jefes militares estén convencidos de su conveniencia.

En esta combinación no del todo controlable por nadie, el resultado siguió siendo favorable a la continuidad democrática; aunque con grados de justicia no coincidentes con todas las aspiraciones.

Un domingo de enero de 1991, al llegar en el auto a la casa de la tía y la hermana de Alicia, nos encontramos con que allí en la esquina estaba el tío que se había ido a España.

En seguida fuimos a saludarlo e ingresamos a la casa.

Nos contó que unos vecinos del pueblo habían acordado comprarle la casa y las tierras, y que unos parientes estaban facultados para firmar la operación. Había regresado el día anterior, y la escasez de teléfonos había impedido que nos enteráramos.

Como le habían pagado un adelanto, iniciamos el plan de vender ese departamento en Primera Junta y comprar uno cerca de nuestra casa; medida muy útil ante los problemas que la edad iba trayendo a los tíos.

Y como quedaba otro importe por cobrar, nuestro proyecto contempló a la vez nuestra vocación y el respeto al esfuerzo hecho en el pasado por la familia: invertirlo para instalar un negocio.

Convertibilidad

En marzo de 1991 asumió Domingo Cavallo como Ministro de Economía.

Viendo que persistía una desconfianza casi congénita en la moneda argentina, y cualquiera fuera la conducta del gobierno se desataba en cualquier momento alguna corrida cambiaria, planeó un mecanismo simple y permanente para acabar con esa situación.

Partiendo de conocer las reservas del Banco Central y el monto de la masa circulante de australes, concluyó en que el Banco Central podía respaldar la masa monetaria con un dólar por cada diez mil australes.

El siguiente paso fue hacer votar una ley por la que el cambio en esa relación se convertía en un compromiso permanente, que solo podría revocarse si esa ley era derogada por el Congreso.

De ese modo el Estado daba un mensaje tajante: la seguridad de mantener el equilibrio fiscal y dejar de emitir era tal que el Banco Central garantizaría toda la masa monetaria con dólares, y entregaría 1 dólar a cambio de 10.000 australes a todo el que se lo solicitara.

Aunque en innumerables mentes se empeñaba en eternizarse el vaticinio de *"va a aumentar el dólar"*, lo cierto es que el Banco Central lo cambió constantemente al mismo precio.

El efecto fue que en un par de meses los índices se equipararon con los de los países más estables del mundo.

Desaparecieron las distorsiones *preventivas* de precios. Los precios minoristas se amoldaron a la estabilidad de los mayoristas y estos a la de las materias primas y demás componentes.

Los salarios, antes decretados por el gobierno, pasaron a determinarse preferentemente en acuerdos por empresa o por sector, bajo la recomendación oficial de no otorgar aumentos por encima del de la productividad y manejarse con la máxima precaución, porque en adelante el que no controlara sus precios se condenaría a quedarse sin vender.

Se nos hizo asombrosa y hasta aburrida tanta tranquilidad.

Allí descubrimos hasta qué punto la inflación absorbe toda nuestra capacidad de pensar y nos impide ver cualquier otro detalle de la realidad. Antes no podíamos prestar atención a otra cosa; ahora íbamos enterándonos de que además de la inflación podía haber otros problemas.

Muchísima gente se había acostumbrado a una fantasía mental eternizada por su propia inercia: como todo aumentaba continuamente, soñaba con que algún día, por obra de un presidente *bueno*, su sueldo aumentaría mucho más que los precios, y por esa vía le llegaría el bienestar que esperaba desde el principio de los tiempos.

Pero de pronto la estabilidad esfumaba esa fantasía y nos enfrentaba cara a cara con la realidad: un sueldo bajo sigue siendo siempre un sueldo bajo. No hay magia. Si uno quiere más gracia en su vida, debe buscársela por sí mismo. El único camino para vivir mejor es aprender algo por lo que se gane mejor.

Era lo que se dice una enseñanza valiosa. La inflación había contaminado nuestra capacidad de ver, y habíamos vivido esperando que la vorágine que giraba a nuestro alrededor terminara favoreciéndonos. Pero la insospechada salud económica nos mostraba que la verdad era otra: solo podemos ser favorecidos por nosotros mismos.

Claro que las enseñanzas son valiosas para los que se interesan en ellas. Los otros, los que esperan una vida mejor de alguien a quien puedan pedírsela, en vez de pasar a preocuparse por qué hacer continúan dedicándose a pedir, a rezongar, a odiar a quienes según ellos deberían entregarles la felicidad.

Alguien dijo que *la economía anda bien cuando se vuelve aburrida*; cuando en vez de ser un drama que miramos cada día esperando un desenlace que nos favorezca es un trasfondo que está ahí, que no constituye una sucesión de novedades sino una base estable sobre la que actuar. Entonces, lo único que puede producirnos novedades es nuestra propia acción.

El desafío de estabilizar la economía dependía de hasta qué punto se hubiera extendido en la sociedad la actitud de *ocuparse de la propia acción*. Hasta ahora esa actitud no había sido la de la mayoría; eran más los que se tomaban la economía como un espectáculo a mirar, como se mira el sorteo de la lotería para ver si se es favorecido por eso que ocurre en otro lugar y por obra de otros.

Que hubiera economistas proponiendo estabilidad y desregulación no era novedad; que eso lo hiciera un presidente era más difícil; que lo hiciera una mayoría legislativa era más difícil todavía; pero lo realmente difícil, la verdadera prueba de fuego de la iniciativa en marcha, era que fuera apoyada por las urnas.

Los inversores que comenzaban a entusiasmarse con nuestro país dependían en última instancia de eso. Sabían que la gente había votado al peronismo como alternativa a un gobierno bajo el cual estaba sufriendo, pero el nuevo gobierno había tomado el rumbo menos coincidente con lo que se consideraba *peronismo*. ¿Cómo responderían a esta sorpresa los votantes? De eso dependía que los inversores acudieran *de verdad* a ese país que de un día para otro parecía promisorio.

En esas condiciones comenzamos a utilizar el dinero llegado de España. En primer término vendimos el departamento de Primera Junta y compramos otro, con un ambiente más, a la vuelta de nuestra casa, para que vivieran la hermana de Alicia y sus tíos, a quienes por su edad les vendría bien que estuviéramos cerca.

El cambio de rumbo económico ya se reflejaba en el valor de los inmuebles, bastante por encima del pagado por nuestro departamento en 1988.

Después nos llegó un cheque en dólares enviado por los parientes que habían terminado de concretar las ventas en Asturias. Acompañé al tío a una casa de cambio en el centro, donde según lo informado nos lo cambiarían por efectivo. Nos preguntaron por el origen del dinero y otros datos. Como el agente intermediario era un banco de EE. UU., recurrieron a una innovación tecnológica disponible desde hacía poco: enviar un *fax*. Hasta entonces era imposible cualquier comprobación visual instantánea a tanta distancia. Con este medio se cumplió lo requerido y salimos, aliviados y con precaución, con los dólares en efectivo.

Al poco tiempo, un establecimiento gastronómico en el que había invertido el tío vendió sus bienes a nuevos inversores. Fuimos a una escribanía en la que pagaron a cada socio su parte. El tío, antes muy cuidadoso con sus gastos e inversiones, ya había tomado conciencia de que estaba retirándose de la vida, y dejó todo lo recibido en manos de la nueva generación. Le dejamos claro que nosotros lo invertiríamos para que continuara siendo un buen patrimonio de la familia.

Por ese entonces se había desatado la euforia bursátil. Muchos capitales se lanzaban sobre el mercado argentino, especialmente alentados por operadores eufóricos con el crecimiento inusitado de sus comisiones.

Como los valores no hacían otra cosa que subir, con breves interrupciones para recoger beneficios, aquello nos pareció más conveniente que tener los dólares escondidos. Suscribimos cuotas-partes de un fondo de inversión nacional.

Yo había empezado a prestar atención a ese terreno de operaciones, pero no estaba lo que se dice al tanto de cuáles eran precios bajos y cuáles altos, ni de la relación de los movimientos actuales con los de hacía un tiempo. De todos modos el optimismo generalizado, más mi tendencia no del todo recomendable de aprender sobre la marcha, me convencieron de que en esa situación todo se presentaba para ganar.

Entre noticias de casi invariables incrementos de los valores, la gran pregunta era cuál era el momento de retirarse, porque teníamos destinado ese dinero a otra inversión. Sabiendo o no, imprudentemente o no, el panorama se presentaba tan optimista que daba lástima no estar presente. Finalmente llegó el día en que decidí vender, en este caso con una ganancia que fortalecía nuestra situación para poner un negocio.

Alguna vez leería cuáles eran las cualidades típicas de un inversor, y me encontraría con que yo las tenía todas menos una: la capacidad de no obrar por impulso.

Por más que me esforzara por ser *mental* y considerar factores favorables o desfavorables, tarde o temprano terminaba imponiéndose mi deseo de tener *ya* los resultados en la mano, e iniciaba o finalizaba las operaciones empujado por esa especie de urgencia.

En este caso había salido ganando; pero no lo consideré un mérito ni nada parecido.

Cuando el comunismo terminó de caer

Un día de agosto trabajaba con el taxi como siempre, cuando la radio dijo algo así como que Gorbachov estaba prisionero.

Poco a poco fui enterándome de lo que pasaba.

En los últimos meses Gorbachov había visto que sus medidas de liberalización política habían dado alas a los partidarios de lo que para él eran demasiados cambios. Entonces, para evitar que las cosas se le fueran de las manos, prefirió sostenerse en la vieja guardia comunista, y colocó a las figuras más conservadoras del Partido en puestos claves de su gobierno.

Ahora, viendo que se preparaba un tratado en que la Unión Soviética dejaría más atribuciones a las repúblicas, esos sectores conservadores se sintieron necesitados de recuperar *todo el poder.* Cuando Gorbachov se tomó unas vacaciones lo encerraron en su residencia y quisieron obligarlo a declarar el estado de emergencia, para iniciar una reacción represiva a la vieja usanza.

Como Gorbachov se negó lo mantuvieron aislado, informaron que había sido reemplazado por razones de salud y había asumido el gobierno un Comité de Emergencia. Inmediatamente enviaron tanques a las inmediaciones del Parlamento Ruso, sabiendo que la mayor amenaza era Boris Yeltsin, elegido Presidente de la Federación Rusa e impulsor de más liberalización política y económica.

Pero lo sucedido en los últimos años había determinado que ya nada fuera como antes. Una multitud levantó barricadas y se emplazó en torno al Parlamento Ruso. Boris Yeltsin, sin ninguna emisora a su disposición, se subió sobre uno de los tanques allí apostados y anunció a la gente que estaba en marcha un ataque contra la Constitución.

La multitud se mantuvo rodeando el edificio, mientras en las tropas que presuntamente iban a tomar el poder empezó a haber dudas. No faltaron quienes desobedecieron órdenes y se sumaron a los opositores al golpe.

En esos dos o tres días la Unión Soviética recobró su papel de sitio donde nadie puede saber todo lo que ocurre.

A medida que recibí las noticias, empezando por las de *golpe consumado* y continuando por las de *sucesos inciertos*, mi sentimiento fue el de desear que ese viejo mundo se esfumara.

Desde hacía tiempo había dejado de creer en las pomposas declaraciones oficiales en países donde todo escaseaba. Mi observación de la conducta humana, y de las señales visibles de aquellas sociedades, había ido disolviendo el viejo esquema mental de que se trataba de *un mundo mejor*, del que solo hablaba mal la burguesía.

Incluso si fuera un mundo más ordenado que el occidental, lo que tampoco era muy cierto, se trataba de una sociedad donde se había debilitado la fuente primordial de toda riqueza: *las ganas de moverse*. Cualquiera que observe a la gente verá que esta se mueve hacia lo que tiene cerca de sus manos. Cuando alguien ve que está recibiendo lo que producen *todos*, la incitación a trabajar por un futuro distante es mucho más débil que su experiencia de todos los días, y el efecto es que siente pocas ganas de moverse, porque haga lo que haga sigue recibiendo lo mismo.

Es cierto que esa actitud, reiterada en millones de sus compatriotas, determinará que más adelante no reciba lo mismo sino menos. Pero para darse cuenta de eso hay que pensar a largo plazo; y cuando no hay ganas de mover el cuerpo ni las manos, tampoco hay muchas ganas de mover el pensamiento.

Eso que no había previsto Marx, ni después los líderes soviéticos, tampoco lo habíamos previsto quienes a lo largo del tiempo supusimos que el comunismo resolvería todos los males.

Tampoco quedaba muy claro si nuestra adhesión había sido efecto de algún cálculo sobre la producción de bienes, o en realidad nos había movido el simple impulso a rebelarnos, encendido a fuerza de ver el conflicto cotidiano entre reclamadores y represores.

Lo cierto es que aquello que ya no creía yo había dejado de creerlo el pueblo ruso, buena parte de sus soldados y no pocos de sus dirigentes.

Llegó un momento en que los partidarios de volver a lo de antes descubrieron que ya no eran obedecidos, que sus armas y estructuras largamente temidas ya no asustaban a nadie.

La gente se trepó a los tanques con las manos vacías y con ellas sacó de allí a los soldados, para nada convencidos de cumplir las órdenes de no sabían quién.

Los promotores del golpe se llevaron sus tropas y se apresuraron a pedir a Gorbachov algún tipo de acuerdo, pero no consiguieron otra cosa que ser arrestados.

La amenaza de volver atrás se había esfumado, pero Gorbachov no había sido el ganador ni nada parecido. Al caer la vieja guardia comunista no quedaba nada que detuviera el creciente afán de reformas.

Yeltsin, y luego otros, lanzaron la antes inimaginable afirmación de que el Partido Comunista era una amenaza para la sociedad. Como Gorbachov se negó a prohibirlo, Yeltsin lo prohibió en el área a su cargo: la Federación Rusa.

En escasos meses, ya sin una fuerza conservadora en pie, se concretó la generalizada aspiración a *pasar a otra cosa*, incluso aunque no se supiera de qué se trataba. Las repúblicas se apresuraron a separarse de la Unión, para librarse de cualquier peligro que esta pudiera volver a representar.

Y un buen día Gorbachov, que había pasado a no tener sobre qué gobernar, renunció al ya insignificante cargo de Presidente de la Unión Soviética.

Así terminó de hacerse visible lo que antes proclamaba la *propaganda occidental* y últimamente se venía presintiendo: el comunismo no constituía una *liberación de las fuerzas productivas*, o, dicho de manera más práctica, no mejoraba la vida de la gente.

Quedaban otros países donde parecía no haber caído; pero cabe recalcar lo de *parecía*; porque en China el Partido seguía llamándose *comunista*, pero impulsaba cambios por una vía prácticamente inversa a la de la Unión Soviética: mantenía intacto su autoritarismo político, mientras que desde poco después de la muerte de Mao había comenzado a disponer que cada uno trabajara para sí mismo, y el país iba camino de convertirse en destacado protagonista de la economía mundial. Vietnam promovía la propiedad privada desde 1986. Quedaban Cuba y Corea del Norte, pero como efectos residuales, y casi como muestra, de un sueño que no había dado resultados.

Rememorando mi *yo* de otra época, me compadecí de quienes mantenían en su sentimiento la perspectiva de avanzar con absoluta seguridad hacia un futuro de felicidad y abundancia.

En un par de años, casi en un *instante* histórico, la Revolución Mundial se había volatilizado del horizonte que se habían trazado ante sus ojos. Era difícil sentirse del todo en su lugar e imaginar su consternación ante ese porvenir *vacío*; pero no se trataba de un drama muy distinto al de cualquiera que se aferra a una fantasía.

Después vimos que ese aferramiento puede ser tan irrenunciable que lleve a creer que la esperanza desvanecida *no se desvaneció*, y puede ser reemplazada por un modelo ligeramente corregido. Hubo quienes se empeñaron en sentencias como "lo que cayó no era la auténtica propuesta de Marx, sino un comunismo *burocratizado*"; "estamos ante un simple *reflujo transitorio*, y el devenir de la historia se reencaminará hacia la *verdadera revolución*".

Preparando nuestra nueva etapa

En las elecciones legislativas, aunque sin demasiada diferencia, se impuso el oficialismo. Esto inspiró confianza, porque la gente no votaba contra el inesperado rumbo que había tomado el gobierno. Cualquier diferencia con sus gustos previos había sido contrarrestada por el factor más poderoso: buenos resultados.

Aunque crecieran la desocupación y las protestas sindicales, la estabilidad representaba una diferencia abismal con la casi desintegración social de dos años antes.

Yo voté a la Unión de Centro Democrático, que me pareció la mejor opción para consolidar el proceso en marcha.

En octubre concretamos la operación de comprar un local cerca de donde vivíamos. Al considerar a qué dedicarnos nos dijimos que lo más seguro de vender es siempre la comida, pero además de no conocer el rubro sabíamos que deberíamos competir con los supermercados. Luego de estudiar varias opciones, nos pareció conveniente y a nuestro alcance una librería-papelería, en lo que incidió mi sensación de confianza porque una vez lo había hecho con mi familia.

Pensamos lo más que pudimos sobre los pros y los contras; y observamos si se veía gente en los comercios del rubro. Así y todo llega un punto en que no se puede analizar más, o si se puede no tenemos mucha vocación por hacerlo. Deducimos que si había librerías funcionando se trataba de una actividad posible.

En vista de que además de una casa propia pasamos a tener el local, decidí decirle a mi hermana Alicia que le dejaría mi mitad de la casa de Caseros. Hicimos una escritura en la que quedó ella como única titular.

Fuimos terminando el año mientras instalábamos estanterías y mostradores en el local. A fines de diciembre compramos nuestra primera partida de artículos de librería.

Fue nuestra primera y última compra en australes, porque a partir del 1 de enero de 1992 entraría en vigencia la nueva moneda argentina, a la que se le restauraba el viejo nombre de Peso. Equivaldría a 10.000 australes, y el Banco Central seguiría cambiando un peso por un dólar.

Nos dimos cuenta de cuánto alivio significaba calcular costos y ganancias sin la alteración permanente de los aumentos de precios, una complicación para la que no estábamos preparados y hasta hacía poco había sido un tormento para todos.

En vista del cercano comienzo de nuestro proyecto, Alicia renunció a su empleo. Como la conocían desde hacía mucho le desearon lo mejor para la nueva etapa.

Yo dejé muchos días el taxi en el garaje, porque estaba muy ocupado montando nuestras instalaciones.

En enero de 1992 nos fuimos de vacaciones. Nos gustó lo que hicimos, pero me pasé ese tiempo impaciente por volver y abrir el negocio.

En esos días conseguimos algo impensable en las anteriores décadas: pedir que nos instalaran un teléfono en casa y tenerlo en seguida.

La librería

Un sábado de febrero, mientras acomodábamos todo para comenzar a atender el lunes, entró una chica y nos hizo la primera compra.

Nos pareció casi asombroso. Lo que llevábamos en la mente como escenas del futuro ocurría de verdad.

Luego de unas semanas de práctica, llegó marzo y el día del comienzo de las clases.

Enfrentamos el clásico amontonamiento de padres con sus listas de artículos necesarios. Marzo fue un mes de buenas ventas.

Como en el primer día de clase no convenía quedarse cortos con las existencias de cada artículo habíamos comprado todo lo que suponíamos que iría a venderse mucho; pero por falta de experiencia previa no fuimos muy precisos en esto. Algunos artículos, como cuadernos de determinadas marcas, se vendieron menos de lo esperado y nos quedaron durante demasiado tiempo.

Siempre hay más diferencia de la imaginable entre lo que nos parece muy vendible y lo que realmente compra la gente. El único criterio útil es dejar de lado la imaginación y observar los hechos. Así, por vía de la práctica y no por ninguna otra, se descubre cuánto se vende cada cosa.

En abril las ventas fueron menores. La asistencia de clientes era menor que la que habíamos estimado por el simple método de observar otros negocios. Consideramos que deberíamos superar poco a poco el *efecto desconocimiento*, porque la gente no se enteraba de un día para otro de que había una librería en ese lugar.

Se nos fueron haciendo conocidas las caras de los vecinos más cercanos. Algunos empezaron a conversar cotidianamente con nosotros.

Como estábamos en una esquina dividida en tres locales vendidos al mismo tiempo, compartimos la experiencia con otros dos matrimonios que habían abierto sus comercios. Muchas veces nos juntábamos en la esquina a hablar sobre cómo le iba a cada uno y, como siempre, sobre la marcha del país. Aunque bendecíamos la estabilidad, el ajuste había reducido el empleo y debilitado el consumo.

Nuestro cambio de actividad no había sido una mejora. En lo que hacíamos antes ganábamos más; pero se había impuesto nuestra vocación por cambiar. No habíamos avanzado sobre terreno conocido y probado, sino sobre la simple idea de que un *negocio propio* significaría en todos los casos una vida mejor.

En la etapa de búsqueda del local me habían preguntado varias veces si lo queríamos para instalar un negocio o para alquilarlo. Esta última opción solía indignarme, porque nos empujaba el sueño del negocio propio y de ninguna manera nos habríamos dedicado a otra cosa.

Nunca se puede decir si lo que se decide es un error o no. Una elección puede ser un *error* en relación con un objetivo, como ganar más dinero que antes. Pero si la finalidad es otra, no hay error en vivir lo que se quiere vivir.

Así y todo, si nuestra ansiada innovación se había traducido en ganar menos debíamos reconocer que no la habíamos iniciado para eso; y aunque no hubiera sido un error en todos los aspectos habíamos dejado algo sin pensar.

Fuera como fuera, seguíamos tan convencidos de continuar con nuestro empeño que nos dijimos que venderíamos más porque poco a poco nos conocería más gente, porque mejoraría el país o porque iríamos aprendiendo a incorporar productos más vendibles. De modo que nos concentramos en ese rumbo.

Aunque necesitábamos más ingresos, yo no podía estar todo el día con el taxi. Volví a tomar otro conductor, y volvimos a los problemas del poco rendimiento.

Aun sabiendo que tampoco aquí hacía las cosas del todo bien, me dije que mi vocación no era la de hacer andar los negocios a costa de una constante hostilidad con la gente. Tal vez estaba pidiendo demasiado a una realidad que no era como me gustaría; tal vez había venido imaginando una vida más fácil, con más gente dispuesta al trabajo que la que realmente se encontraba.

Si el mundo de los negocios no solo requería creatividad y audacia, sino disposición a la confrontación y al choque de voluntades, tenía un lado que no sintonizaba bien con mi aspiración. Tal vez no quisiera abrazarlo con todas mis fuerzas, y no podía pasar eso por alto.

Sobre el fin de año hubo un repunte con las ventas de regalos, y dedujimos que nos convenía fortalecer esa área.

Empezamos 1993 en situación de no poder irnos de vacaciones. Cuando llegó marzo y el comienzo de clases estuvimos mejor preparados. De todos modos, pasado ese momento las ventas fueron pocas.

En abril llegó el momento de definir qué hacer con el taxi. Llega un momento en que el desgaste hace más conveniente cambiar de coche que seguir reparando el mismo. Como continuaba sin encontrar un conductor que cumpliera en buenas condiciones, y como había que concentrarse en la librería, preferimos venderlo y dejar esa actividad.

Nos lo compró una agencia de venta de taxis, ya que aunque se había desgastado era aceptable para quien no podía pagar mucho. Resultamos favorecidos por la valorización de las licencias estimulada por la estabilidad, y conseguimos lo que no es común al vender un taxi usado: cobrar más de lo que habíamos pagado al comprarlo.

Lo sentimos como un alivio, y aunque no ganábamos bien nos dijimos que el funcionamiento de la librería tenía que mejorar. Dedicamos parte de lo recaudado a incorporar juguetes y regalos a nuestra oferta.

Preocupándome y dándome instrucciones

Las preocupaciones por los vaivenes del trabajo, más las del funcionamiento del país, tendían por un lado a desestabilizarme la salud y por otro a forzarme a pensar en hasta qué punto nos agravamos los problemas con nuestros pensamientos, sentimientos y comentarios.

Alguna vez me había encontrado con la filosofía de Epicteto y su idea de que "lo que perturba a los hombres no son las cosas, sino la opinión que sobre ellas se forman".

Mi intención de mejorar la vida había ido siempre por ese rumbo, y había pasado a leer la abundante literatura sobre *cómo superar las preocupaciones* y temas relacionados. Algunos de sus consejos me parecían muy sensatos; otros, un tanto superficiales. Aunque abundaban las recomendaciones de distraerse y no pensar en los problemas, yo veía más provechoso *meterse en el problema* y pensarlo a fondo. Las soluciones tenían que aparecer por ese camino.

Como en esa etapa persistían los escasos resultados de nuestro trabajo, vivíamos bastante preocupados. Paralelamente a la necesidad de encontrar soluciones a las situaciones externas, sobre lo que también encontrábamos qué leer, me dije que tenía que trabajar sobre mi *respuesta interior* a los problemas, porque estaba viendo que la mayor causa del *sentirse mal* proviene de esa respuesta y no del mundo exterior.

Con esos pensamientos, y con la intranquilidad propia de las circunstancias, pasaba los largos ratos en que no entraban clientes anotando en una libreta mis reflexiones sobre qué hacer con mi *respuesta interior* ante los problemas. Con esto iba armando una especie de *manual de instrucciones* para mí mismo, porque me daba cuenta de que me hacía falta ver las cosas claras y poner orden en mi propia vida, pasara lo que pasara en el mundo.

Mi primera *autoinstrucción* fue la de no sumar a la fealdad de los hechos la de nuestro contenido mental. Podían suceder múltiples cosas que no nos gustaran, pero ninguna de ellas era capaz de forzarnos a emitir un solo pensamiento negativo. Si no pensábamos, y especialmente si *no decíamos* nada negativo ante los problemas, empezábamos a impedir que estos nos estropearan como personas; empezábamos a ser capaces de sentirnos bien y hasta de enfrentarnos mejor con esa realidad que nos maltrataba.

Como fue pasando mucho tiempo en el que persistían los ratos sin clientes y mis reflexiones sobre qué hacer ante todo lo que no me gustaba, mi libreta se fue llenando de autoinstrucciones sobre diversos tipos de problemas.

Ese amontonamiento de textos me llevó a la idea de que si me servía a mí podría servirle a otros, y me dije que alguna vez le daría forma de libro.

Con el tiempo deduje para el conjunto el título más simple del mundo: *Cómo vivir bien*.

Tiempo de dificultades

A mediados de 1993 murieron el tío y la tía de Alicia. Como en esa vivienda quedó solamente la hermana, ayudamos a mudarse allí a su padre, que a su edad iba teniendo muchos problemas para moverse.

Continuamos con la escasez de ventas. Aunque varios aspectos de la economía del país se veían favorecidos por la estabilidad, no crecían el empleo ni el consumo.

Alguna vez descubrimos que a fuerza de someternos a su tormento la inflación llega a absorber toda nuestra capacidad de preocuparnos, hasta que terminamos sintiéndola como *el único problema*; pero un día nos damos cuenta de que *después de la inflación* quedan más problemas que resolver.

Entre ellos, que los precios se habían estabilizado en un nivel alto en relación a los de otros países, y el nivel de productividad no favorecía el crecimiento de la industria.

Cuando abrimos la librería empezamos a familiarizarnos con los artículos chinos, siempre más baratos que lo imaginable. No faltaban las acusaciones de que el régimen chino posibilitaba esos precios haciendo trabajar a los presos. Sin embargo, no tenía nada de extraño que millones de chinos de las áreas rurales mejoraran sus vidas yendo a trabajar en la industria por sueldos que al resto del mundo le parecían irrisorios.

En un principio recibíamos sacapuntas o reglas plásticas en cajitas con ilustraciones tradicionales chinas, como figuras de tigres y dragones. Después se instalaron en China cada vez más empresas occidentales, que incorporaron sus diseños a los empaques.

Competir con los artículos chinos no era solo una complicación para nuestro país, sino también para los más industrializados del mundo.

Los líderes y la opinión pública que celebraban la caída del comunismo habían pasado a encontrarse con un efecto que duraría tiempo: muchos millones de seres habían padecido una inimaginable escasez desconectados del mercado mundial, y ahora empezaban a ingresar, compitiendo con trabajadores que en Occidente hacían lo mismo por sueldos mucho mayores.

Esa brusca modificación no podía dejar de sacudir al mundo. Quienes toda la vida habían considerado *injusto* que tanta gente viviera allá lejos en medio de tanta escasez, ahora se resistían a aceptar que *era justo* que esos seres de los que se habían compadecido accedieran a una vida mejor por vía del trabajo.

Es fácil decir que *alguien debería hacer algo* por los millones de pobres que hay en el mundo. Pero cuando el que debe hacer algo es *uno mismo*, y lo que debe hacer es aceptar que esos pobres produzcan a menor costo lo que hasta ahora producía él, todas las prédicas se esfuman, o más bien se transforman en rezongos ante *"lo que no debería pasar"*.

En medio de esa situación del mundo transcurría la de nuestro país. La detención de la inflación no podía dejar de sentirse como una mejora; pero ahora veíamos la diferencia entre ese paso y la reactivación que tan rápidamente habíamos supuesto. Quedaban muchas cosas por arreglar, y muchos factores que hacían fuerza en sentido contrario.

Junto a los dilemas sobre el futuro, tanto en la opinión pública como en el periodismo había espacio para el pasado. La izquierda seguía recriminando los indultos de Menem y la falta de castigo a abundantes actos de la dictadura. Del lado opuesto los militares continuaban reclamando su derecho a la dignidad, y el reconocimiento de que no habían hecho otra cosa que cumplir con su obligación.

En ese conflicto cobró cierto protagonismo una figura: en varios programas periodísticos vimos una y otra vez a una señora, ya casi anciana, de expresión permanentemente disgustada pero altiva y firme, interviniendo siempre en defensa del honor de su hijo, un teniente del ejército muerto en combate contra la guerrilla.

Para ella los militares representaban invariablemente la patria y la dignidad, mientras que *la subversión* había sido la encarnación del mal sobre la tierra, y se negaba casi furiosamente a considerar que se trataba de personas con ideas defendibles o cuestionables. Solo cabía afirmar que su hijo había caído *enfrentando al mal*.

Como se volvió una cara conocida, por entonces me di cuenta de que vivía cerca de nuestra librería. Reiteradamente la veía pasar por allí, siempre impasible y silenciosa, y no pude menos que compadecerme de ella y de su drama; el drama de quienes en uno u otro bando habían heredado un sufrimiento que los perseguiría el resto de sus días.

Todos los otros, habiendo tomado armas o no, habíamos resultado menos dañados.

Ante eso no tenía sentido ni una palabra más. Solo cabía respetarnos en silencio.

Si alguien seguía pensando que habían existido *los malos*, no serviría de nada ninguna palabra que le dijéramos.

Solo cabía, si éramos capaces de sentirlo, darnos cuenta de cuánto sufrimiento había echado a rodar y se mantendría a nuestro alrededor.

La Reforma Constitucional

En agosto de 1994 se reunió la Convención Constituyente.

Abundaron los *veredictos* de que aquello se hacía exclusivamente para perpetuar a Menem en el poder. No dejaba de ser cierto, pero el radicalismo apoyó la idea porque había otros motivos para la reforma.

La Constitución en vigencia databa de 1853, cuando los ferrocarriles iniciaban su andar en sitios lejanos del mundo. En consecuencia, determinaba que las Sesiones Ordinarias del Congreso fueran de mayo a septiembre, porque después los representantes debían viajar a sus provincias para tener algo que representar, y aquellos viajes demandaban varias semanas.

Hasta ahora el Presidente gobernaba seis años, y cada dos años había una elección legislativa. Si el Presidente perdía la mayoría legislativa el país padecía un prolongado vacío de poder; si contaba con apoyo, no podía ser reelegido y debería volver seis años después. La nueva Constitución estableció presidencias de cuatro años extensibles a ocho si se reelegía al Presidente. Esto garantizaba más gobernabilidad. Una *cláusula transitoria* dispuso que la presidencia en vigencia fuera considerada *primer período* y posibilitara una reelección.

También se eliminaba un requisito de otra época: que nadie podía ser elegido Presidente si no era católico.

Como la Ciudad de Buenos Aires era sede del Gobierno Nacional, hasta ahora su Intendente era designado por el Presidente, para evitar que su gobierno residiera en medio de un entorno hostil. Un efecto de la imposibilidad de elegir un gobierno local era la facilidad con que la corrupción se extendía por los organismos administrativos. Con la nueva Constitución la ciudad adquiría la categoría de una provincia más, y el Intendente, en adelante llamado Jefe de Gobierno, podía ser elegido por los ciudadanos.

Por estos y otros detalles, si se dejaba de prestar tanta atención a un protagonista transitorio se entendía que la nueva Constitución se adaptaba a la realidad actual, y daba lugar a varias mejoras.

Nuevos intentos y nuevos problemas

Cerca de fin de año, preocupados por el bajo rendimiento de la librería, se nos consolidó la idea de invertir lo que nos había quedado de la venta del taxi en un rubro que había dado buen resultado a varios parientes españoles: los bares y restaurantes.

No conocíamos esa actividad *desde dentro*, pero sabíamos que la comida es lo que menos se deja de consumir.

Para familiarizarnos con el tema fuimos leyendo clasificados de los diarios en que se ofrecía asociarse a negocios gastronómicos iniciados o por iniciar. A partir de esto pasé a visitar sitios anunciados, sabiendo que a fuerza de preguntar y conversar iría enterándome de qué parecía convincente y qué no.

Habiendo escuchado a los que trabajaban en eso, y sabiendo que unos podían estar informándonos bien y otros no, llegamos al punto de decirnos que el único modo de saber más era ingresar a esa actividad.

Estaba claro que con el dinero no hay que permitirse descuidos ni apresuramientos. Dentro de eso, al llegar al punto en que se pensó todo lo que se tiene al alcance hay que decidir si se da el siguiente paso o se desiste.

Por más importancia que se le dé al *estar seguro*, hay ámbitos en el que el *estar seguro* nunca llega; lo que sí llega es *el momento de decidir*. Si se prefiere *no decidir* porque no se está completamente seguro, la alternativa es continuar sin decidir; y hay casos en que el resultado es toda una vida en la que no se hace nada.

No nos gustaba la opción de dejar las cosas sin hacer y quedarse pensando en lo que se podría haber hecho; éramos de los que preferían avanzar, y conocer los territorios por la vía de caminar sobre ellos.

Continué visitando a los que publicaban anuncios, y enterándome de más detalles y posibilidades. Un día visité un local en el cruce de dos avenidas en el barrio de Chacarita, donde se planeaba inaugurar una pizzería.

Luego de contárselo a Alicia y pensarlo unos días, nos dijimos que coincidía con lo que deseábamos. Con nuestro dinero podíamos suscribir un 10% de la SRL que se formaría, porque el local era alquilado y lo que había que incorporar eran instalaciones y equipamiento.

Suscribimos un pre-contrato y luego una escritura. El siguiente paso sería el comienzo de las obras.

Entretanto, en diciembre de 1994 empezamos a padecer un problema venido desde lejos. El nuevo presidente de México planeó una devaluación moderada de su moneda, pero ante la dificultad de controlarla acabó permitiendo la libre flotación, y la devaluación terminó siendo mucho mayor que la conveniente; hasta el punto de llevar a la ruina a muchas empresas y familias, y dejar al país casi sin reservas.

Esa crisis, que tomó el nombre de *Efecto Tequila*, afectó principalmente a los Estados Unidos; por sus voluminosas inversiones en México y porque el efecto posterior sería el ingreso a su territorio de innumerables mexicanos empobrecidos. Su primera medida fue intervenir con mucho dinero para evitar que se agravaran las consecuencias.

El siguiente efecto fue la repercusión sobre el mundo financiero. Como la mayoría de los inversores estadounidenses mira a América Latina *a través de México*, inmediatamente se debilitó la ola de confianza de que venía disfrutando Argentina.

Repentinamente *las cosas fueron peores*. Esta vez nadie se apresuró a comprar dólares, porque se conseguían invariablemente a un peso en el Banco Central; pero se redujeron las inversiones y el rendimiento de todos los negocios. Se diluyó la sensación colectiva de que nos incorporábamos al *Primer Mundo* y nuestro sentimiento particular de empezar un *avance hacia la riqueza*. Se nos reinstaló la convicción de vivir en un país con serios problemas.

Además de vender menos vivimos en primera fila un drama hasta entonces solo escuchado: se multiplicaba la delincuencia. Ya no se trataba de los clásicos delincuentes profesionales, sino de una creciente masa de jóvenes impulsados por la pobreza y alentados por la excesiva facilidad que las leyes daban al robo.

Una mañana en que atendía Alicia entró un sujeto que se llevó el dinero de la caja. En otro caso asaltaron al dueño de uno de los locales vecinos, que al no aguantar la situación intentó rebelarse y resultó herido de bala.

A propuesta de varios vecinos pagamos entre todos a un agente de policía para que en sus horas libres vigilara las inmediaciones. Al cabo de un tiempo, como para nosotros significaba pasar de ganar poco a quedar en déficit y casi *robarse a sí mismo*, decidimos dejar de aportar.

Cuando llegó la elección presidencial de 1995, muchos que habían votado contra Menem en 1989 pasaron a votar a su favor, y viceversa. Yo lo voté por las mismas razones: ahora en vez de miedo al peronismo teníamos miedo al radicalismo, por sus actitudes recientes y por sus argumentos de campaña. Para el Poder Legislativo voté a la Unión de Centro Democrático.

Como ya no quedaba claro qué significaba *peronismo*, buena parte de sus militantes se separaron del menemismo y crearon el *Frente Grande*, que obtuvo el segundo puesto.

Por encima de cualquier otra consideración pesó la vigencia de la Convertibilidad. No había miedo más extendido que el de volver a la inflación. La estabilidad había permitido abundantes planes de compras a crédito, y quienes estaban atados a estos subordinaban todo a evitarse riesgos. Se habló del *"voto-cuota"* como factor electoral.

Por entonces inicié mi ingreso al nuevo mundo que se expandía sobre las vidas de todos: la informática.

Había escuchado y leído al respecto, y en la librería vendíamos *diskettes*, por entonces de 5¼ y 3½ pulgadas, por consejo de nuestro contador. Los padres de los alumnos reclamaban que en las escuelas hubiera ordenadores, y nuestros hijos empezaban a conocerlos.

Precisamente en la escuela a la que iban ellos, a cien metros de nuestra casa, ofrecían un curso de introducción para adultos, y me anoté.

El profesor nos explicó brevemente en qué consistía un ordenador y pasamos al primer paso: aprender cómo encenderlo.

Acababa de salir al mercado el Windows 95, término enigmático que no sabíamos bien a qué se refería; pero los equipos de esa escuela trabajaban con el antiguo D.O.S.

Aprendimos las palabras a teclear para dar órdenes al equipo y ver cuáles eran sus contenidos. Supimos que en *el disco* había *directorios* y en los directorios había *archivos*; pero nos preguntábamos en qué consistía un *archivo*.

Para esto pasamos a crear archivos con el entonces asombroso programa *Quattro*, que se abría mágicamente al oprimir la *Q*, y empezamos a ver de verdad para qué servía un ordenador. En el fondo negro de la pantalla se nos aparecía una cuadrícula de líneas blancas; allí podíamos escribir números y fórmulas para que en una determinada casilla apareciera la suma de todas las cifras anotadas en un determinado rango. Con otras fórmulas se podía multiplicar o dividir. Comparé eso con las calculadoras de mano y la ineludible necesidad de volver a sumar todo para comprobar si no nos habíamos equivocado al teclear.

Aunque no lo practicamos allí, supe que la informática había dado origen a los *procesadores de texto*, que habían dejado atrás el fastidio de corregir con una goma o *papel corrector* lo tipeado en una máquina de escribir.

Hasta ahora escribía con un bolígrafo sobre un papel, y poco a poco tachaba palabras o frases para sustituirlas por otras más adecuadas. El resultado eran hojas repletas de tachaduras, sustituciones e intercalados, que en algún momento debía *pasar en limpio* para que se entendieran. Luego de tipearlo en una máquina de escribir quedaba todo muy pulcro y agradable; pero si se me ocurría que quedaría mejor con algún cambio debía empezar todo de nuevo, o hacer fuerza para engañarme a mí mismo y decirme *"está bien así"*.

Esa primera inmersión en el tema me convenció de que quería tener un ordenador, y que mis hijos lo necesitaban para familiarizarse con la *era informática* a la que ingresábamos.

Entre otras cosas, la *era informática* estaba incidiendo en qué compraba la gente en una librería, o mejor dicho en qué dejaba de comprar. Poco a poco se volvían innecesarios los *tiralíneas*, los *estilógrafos*, la *tinta china* y las plantillas plásticas con las que trazar dibujos sobre un plano, y los mismos *planos* dejaban de dibujarse sobre el papel especial que antes se vendía para ese fin, lo que a su vez relegaba al pasado el *tablero de dibujo*.

Este factor se sumaba a todos los otros por los que vendíamos menos que lo que cabía suponer. Como cada uno trabaja en un determinado rubro y las innovaciones suelen producirse en otro, un buen día su mundo resulta sacudido de raíz sin que haya tenido ocasión de preverlo.

En octubre abrió la pizzería en que habíamos invertido. Había demorado más de lo prometido, por la dificultad de encontrar suficientes socios para aportar los fondos necesarios. Al llegar la hora de la verdad, nos encontramos con que las primeras cifras de recaudación estaban muy por debajo de lo calculado. Nada indicaba que estuviera cerca la *salvación* que habíamos tenido en mente: el reparto mensual de ganancias.

Nos dijimos que aquello tenía que mejorar con el paso de los meses.

Mientras, éramos conscientes de que aun cuidando nuestros gastos vivíamos a costa de reducir el capital que nos permitía disponer de mercaderías.

En diciembre, la escasez de ingresos me convenció que era preferible hacer cualquier cosa antes que pasar el día preocupándome. Me enteré de que había una empresa que administraba muchos taxis y siempre necesitaba conductores. Me adjudicaron un turno de 5 a 17 horas, y luego de casi tres años volví a recorrer las calles.

Pese a las predicciones casi apocalípticas de tanta gente, los taxis seguían funcionando y proporcionando ingresos.

Me encontré con cambios en la ciudad. Se había reacondicionado la largamente abandonada zona de Puerto Madero, que ahora era un barrio casi céntrico con comercios, oficinas y viviendas.

Como era un área fuera de mi conocimiento, cuando un pasajero me pedía, natural y despreocupadamente, ir a una calle desconocida con nombre de mujer, yo enfilaba hacia allí y terminaba descubriendo dónde era. En algunas semanas el barrio fue incorporándose a mi memoria.

Con esa actividad agregada cubrimos nuestros gastos sin generar mayores desórdenes.

Empezamos 1996 con escasos rendimientos.

Tampoco mejoraban las recaudaciones en la pizzería.

Un efecto de elegir el aprendizaje por la práctica fue tomar conciencia de un factor al que habíamos dejado sin considerar al asociarnos: el componente humano de la sociedad.

En diversas reuniones, en que la cordialidad de la etapa previa pasó a ser sustituida por quejas y agresiones, vimos que en el grupo de socios escaseaban tanto la disposición a trabajar como las ganas de razonar. Los dos que habían publicado el anuncio y formado el grupo, que en medio del proceso habían dejado instalaciones sin pagar, habían aceptado como socio a cualquiera que apareciera con algo de dinero, generalmente cobrado por un despido, y quisiera asociarse sin más objetivo que el de tener un empleo.

Algunos habíamos llegado allí en condición de inversores sin intención de cubrir un puesto de trabajo. Otros habían hecho todo con más idea de tener trabajo que de invertir. Había uno que conocía el arte de preparar pizzas. Los demás venían de empleos no relacionados con la gastronomía ni con otro tipo de comercio.

En todos los casos primaba un viejo defecto de la mentalidad promedio argentina: la suposición de que los sueldos se ganan por razones de *justicia* y no porque ingrese dinero de verdad. Las primeras discusiones fueron por los sueldos que *le parecían justos* a los que ocuparían un puesto, mientras los ingresos reales no permitían acercarse a esas cifras.

Como siempre, cuando un negocio anda mal la mentalidad promedio da su inmediato veredicto: *alguien está robando.*

La sociedad contaba con tres gerentes; uno era de los que había promovido el grupo y otros dos fueron elegidos entre los que cubrirían puestos de trabajo. Tras varias reuniones fue visible que casi nadie aspiraba a otra cosa que a ganar mucho trabajando poco, y ni siquiera había inquietud por cuidar la empresa de la que tenían una parte y les proveía de un sueldo. Había tan poca disposición a pensar, y a hacer el mínimo de cálculos que necesitaba un comercio, que me fue entrando la idea de que yo, sin conocer el rubro gastronómico, podía cumplir mejor el papel de gerente, porque por lo menos tomaba una calculadora para considerar ingresos y egresos.

Me ofrecí para ese cargo por la mitad del sueldo de los que trabajaban ocho horas, para no incrementar los gastos del negocio. En un principio no prosperó la idea. Hasta que en mayo de 1996, luego de un juego de cambios imprevistos, fui votado como uno de los gerentes.

Dejé mi trabajo con el taxi, sabiendo que reducía mis ingresos, y empecé a ir a la pizzería todas las mañanas. La tarea más necesaria era adquirir una noción de cómo funcionaba aquello. Después de un tiempo vi que el costo de las materias primas representaba el 45% de la facturación. En consecuencia, necesitábamos facturar por un importe cuyo 55% fuera superior a nuestros gastos fijos, o sea unos 35.000 pesos de ese momento. Nuestra facturación era de 33.000 o menos; de modo que no estábamos muy lejos. Había que remontar las ventas o reducir los gastos fijos.

Ni lo uno ni lo otro resultaba fácil. Mientras tanto, la consecuencia era que nos atrasábamos en el pago de impuestos.

Ir allí cada día se asemejaba a ver una serie de terror que nunca acaba y de la que uno mismo es el protagonista. Los proveedores querían cobrar inmediatamente, y debíamos luchar para estirar los pagos en el tiempo. Por otra parte aparecían acreedores por la provisión de equipamiento e intimaciones de los organismos impositivos. Como si fuera poco, los socios que trabajaban veían su propia empresa como un enemigo que no tenía nada que ver con ellos y estaba allí para ser saqueado.

Siempre había estado convencido de que los que dicen *hablando se entiende la gente* prestan muy poca atención al mundo real, o tienen demasiadas ganas de que la vida sea fácil. Por si no hubiera suficientes pruebas contra ese desvarío, allí estaban nuestras asambleas de socios.

Dijéramos lo que dijéramos, los que trabajaban allí querían cobrar más, ocupar los puestos más cómodos o tener ayudantes, sin que jamás les entrara la idea de que eso requería dinero que tenía que venir de alguna parte. Casi todo lo que se hacía era presentar problemas *para que los resolviera otro.*

Alguna vez había escuchado la idea de que uno de los requisitos para que un país se desarrolle es la *capacidad asociativa* de sus habitantes. Ahora la comprobaba en toda su dimensión. Si una inmensa mayoría cree que asociarse no significa compartir tareas sino *recibir*, si no es capaz de mirar la realidad ni de aplicar sobre ella la dedicación necesaria para alcanzar un objetivo, todas las sociedades, desde un matrimonio hasta una nación, pasando por los diversos emprendimientos laborales, están condenadas a *no funcionar.*

Al adquirir una parte de aquella sociedad, pensando vagamente en oferta y demanda o diciéndonos que *ese tipo de negocio tiene que andar bien,* habíamos dejado sin atender ese factor que conocíamos muy poco. Al armar una sociedad para compartir responsabilidades y esfuerzos es fundamental *conocer suficientemente a los que la integrarán*, y no asociarse con quienes no hayan demostrado disposición a trabajar, respetar y pensar. Si se continúa con el plan como si esto no importara, se inicia el camino hacia un desastre.

Accediendo a la Era Informática

En agosto de 1996 dispusimos de tarjetas de crédito y compramos nuestro primer ordenador, acompañado de un escáner y una impresora.

Aunque no era fácil afrontar las cuotas, sabíamos lo que significaba para el aprendizaje de nuestros hijos, y vimos la posibilidad de ofrecer nuevos servicios en la librería.

En medio de disputas para que cada uno se lo dejara usar a los demás, fuimos familiarizándonos con ese mundo plagado de interrogantes.

Lo que había aprendido operando con D.O.S. pasé a verlo con Windows 95, y fui vislumbrando todo lo que se podía hacer.

Más de una vez, en medio de un casi éxtasis ante la visión de carpetas, archivos y posibilidades, recordaba que continuaba rodeándonos un mundo real en el que persistían las escaseces, deudas y amenazas.

Así y todo, no tuve dudas de que habíamos hecho bien con esa compra y debíamos avanzar por ese camino.

Ofrecimos en la librería *tipeo de textos*, en vista de que mucha gente aún no tenía un ordenador o no estaba acostumbrada a tipear. Luego agregamos trabajos con imágenes y diseños. Conseguimos algunos encargos, aunque no significaron mucha mejora en recaudación.

Aquello me sirvió también en la pizzería; para hacer cálculos y para imprimir cartelitos con que mostrar nuestros productos a quienes pasaban por la calle.

Con un poco más de práctica, volví de alguna manera a mi vieja época de la publicidad gráfica, pero ahora sin estilógrafos ni pegamentos. Diseñé y encuaderné un menú para que en cada mesa vieran nuestros productos con fotos, descripciones y precios.

Continuamos buscando otros medios con que recaudar más, como menús con descuento y ofertas a domicilio. Pero la realidad se resistía a obedecernos, y la tendencia de la gente era gastar menos porque podía menos.

También hice fuerza en el sentido contrario: bajar los gastos. En un caso en que se fue un empleado decidí no reemplazarlo, y desplazar el del turno noche a un horario intermedio, de modo que en las horas menos concurridas dejara de haber un ayudante en el mostrador para preparar café, lavar vajilla y otras tareas. Eso podía hacerlo sin demasiado problema el socio que atendía en la caja, pero tanto el de la tarde como el de la noche pusieron el grito en el cielo porque les parecía demasiado trabajo. Como siempre, se era capaz de pensar a la hora de cuidarse a sí mismo, pero no a la de comparar ingresos y egresos.

En medio de todo esto debimos pagar, con varios cheques posdatados, deudas contraídas al comprar instalaciones.

Sabíamos que esas deudas eran solucionables con el tiempo si obteníamos buenos ingresos. Pero lo que siempre falló fue el funcionamiento de todos los días.

Toda mi lucha fue para que aquello que habíamos creado siguiera funcionando. Si conseguíamos llegar a *no perder*, podría haber un futuro en el que ganáramos.

Un día uno de los otros gerentes renunció y se dedicó a manejar un taxi para ganar más, dando ya por perdida la inversión que había hecho. Quedamos el especialista en pizzas y yo. Como él no solía pensar más allá de en cómo hacer buenas pizzas, el resto de los problemas recaía sobre mí.

A comienzos de 1998, habiendo visto que las recaudaciones bajaban y en vez de acercarnos nos alejábamos del punto de equilibrio, y habiendo padecido reiterados períodos de hipertensión por ir a someterme cada día a lo mismo, tomé conciencia de que se volvía inevitable lo que desde hacía tiempo veníamos temiendo: aquello iba camino de dejar de funcionar, y todo lo invertido allí estaba perdido.

Envié a la sociedad una carta-documento en la que informaba que por razones de salud dejaría de asistir todos los días, y que iría una o dos veces por semana a revisar papeles y a llevar dinero al banco para pagar los abundantes cheques que nos perseguían. Lo haría sin cobrar nada, simplemente porque veía que los que quedaban no se harían cargo y todo terminaría de derrumbarse.

La sociedad no se molestó en elegir otro gerente, sabiendo de algún modo que eso tiene importancia cuando se comienza, y ahora ya no era el caso. Los que quedaban se limitaban a pretender que aquello siguiera existiendo para extraerle el escaso sueldo que cobraban, sin atreverse a ingresar al tema de cuánto podía durar.

A la fuerza debía pasar a una vida más tranquila. Pero lo cierto es que para tener una vida, tranquila o no, hay que poder pagar lo que se come.

En la librería también se reducían los ingresos, y había que inventar lo que fuera para pasar a otra situación.

Así se me ocurrió que, aunque no tuviéramos las instalaciones adecuadas, incorporáramos artículos de kiosco.

Los trajimos y los pusimos en sitios visibles. Sacamos la base del escaparate en que exhibíamos artículos de librería y pusimos un mostrador más cerca de la entrada. Luego agregamos una heladera comercial para las bebidas.

Mejoramos un poco las ventas, pero seguíamos lejos de lo necesario, y con el simple acto de subsistir reducíamos nuestro capital.

En septiembre, con mi familia reclamándome que dejara de sacrificar mi salud, y sabiendo que hiciera lo que hiciera la pizzería ya no tenía cómo mantenerse, informé que renunciaba y ya no iría por allí para nada. Los demás se organizaron para seguir atendiendo, aunque era visible que aquello no iba a durar.

Preferí dar todo por perdido, dejar de maltratarme con el pensamiento y *estar en otra parte* antes de que aquello me aplastara al terminar de derrumbarse.

Dejé de ir y dejé de mantener ese tema en mi mente. Pasó a ser un hecho del pasado, que no había sido como habíamos querido pero no se modificaría en nada porque lo recordáramos.

Habíamos salido perdiendo, pero la vida continuaba y nos interesaba continuarla.

Alguna vez, ante algún comentario de que hubiera sido mejor hacer viajes o compras agradables en vez de invertir allí, me dije y le repetí a quien fuera que estaba muy satisfecho de haber elegido invertir, y aunque esa elección significara la posibilidad de cometer errores seguía siendo la vida que me interesaba.

Se trataba de la diferencia entre las satisfacciones superficiales y la satisfacción por lo decidido en lo más profundo de uno mismo; de la diferencia entre los que se dieron cuenta de que ahí, en *lo más profundo de uno mismo*, está lo que vale la pena atender, y los que jamás concibieron que algo así exista o pueda sentirse.

Nos dedicamos a atender la librería y a buscar cómo mejorar aquella situación; lo que de por sí llevaba mucho trabajo.

Por las noches tuve la mente más libre para lo que en medio de tantas complicaciones había dejado de hacer: prestar atención a los cuentos que había escrito y a los que tenía a medio terminar en mi mente.

Ahora, informática mediante, escribir se parecía más a imaginar; era posible hacer y deshacer en una pantalla, incluso prescindiendo del papel, con la facilidad con que todo se hace y deshace en el mundo del pensamiento. Ya no era esclavo de hojas sólidas e inmodificables, que exigían dejarlas como estaban o empezar todo de nuevo.

Sabiendo que un autor desconocido no atrae compradores, y solo puede publicar si paga los costos, traté con una editorial especializada en autoediciones y le presenté una recopilación de cuentos.

Cuando volví me dijeron que a los evaluadores *les había gustado mucho*, y que si yo pagaba la edición la editorial aportaría todos los medios con que promocionar y distribuir el libro.

Durante la charla sobre los detalles del posible acuerdo insistieron en que valía la pena publicar aquello, apelando incluso a la idea de que sería lamentable que muriera sin dar a conocer lo que había escrito.

Dije que consideraría las condiciones propuestas y me retiré.

La información que vi sobre esa editorial era favorable; existía desde hacía muchos años y me gustaba el diseño de sus publicaciones. Cumplía bien su parte; pero su parte no consistía más que en imprimir el libro, informar de su existencia y organizar una presentación. Luego cobraría un porcentaje por cada ejemplar vendido; pero aunque no se vendiera ninguno ya había hecho su ganancia.

Recorrí varias librerías y no vi libros de esa editorial en las mesas. Las mesas más visibles son el escenario donde se juega la batalla por las ventas, y para llegar allí hay que representar la mayor promesa de ganancias, tanto para el librero como para las editoriales.

Visité otras editoriales que publicaban en las mismas condiciones. Mientras no se les presentaran obras demasiado malas para llevar su sello, todas desplegaban altisonantes elogios al autor y lo alentaban a publicar. Alguna me presentó un presupuesto en el que yo en vez de ganar pagaría más de lo que se recaudaría si se vendiera toda la edición. El negocio de todas era hacerme pagar mi parte e imprimir el libro.

Como *mi negocio* no podía ser solamente eso, me preocupé por ver en las librerías libros de esas editoriales. Había alguno en estantes secundarios; ninguno llegaba a los principales ni a las mesas. Tampoco se veían afiches u otros materiales promocionales que esas editoriales se ofrecían a imprimir. Ante mi comentario al respecto, alguna editorial me aseguró que disponía además de redes de promoción *online*, de las que no había modo de prever su efectividad.

Lo que más valoraría de vender cada ejemplar sería el hecho de que alguien me hubiera prestado atención. Si además aquello me aportaba dinero, significaría revertir la situación a la que me veía obligado desde hacía mucho: dejar la literatura para después porque era más urgente ganarme la vida.

Desde un principio estuve dispuesto a poner dinero para que la gente viera mi libro y decidiera entre comprarlo o no; pero de ningún modo pagaría para que mi libro no estuviera nunca en una mesa.

Llegado a ese punto, continué mi vida sin dar el paso siguiente. En este caso fui capaz de una opción distinta a las de obrar por impulso o *poner dinero para probar*.

A principios de 1999 me llamó uno de los socios de la pizzería, comentando que desde hacía unos días la veía cerrada. Todo indicaba que el propietario del local, al no poder cobrar alquileres atrasados, había recuperado su posesión y se había quedado con todo lo instalado. No me hice mucho problema, porque era el desenlace que se venía previendo. Simplemente aquello pasó a quedar más lejos en el pasado.

Entretanto, en mi preocupación por encontrar de dónde sacar ingresos reales, recordé algún comentario de que en adelante habría cada vez más ocupaciones relacionadas con la informática, entre las que cobraría importancia la reparación y mantenimiento de equipos.

En marzo me enteré de que en una dependencia municipal daban un curso de Reparación de PC, y me anoté.

Comencé a ir a clases a última hora de la tarde. En un par de semanas se me aclaró de tal modo ese mundo antes enigmático que lo sentí como una ocupación posible a no muy largo plazo.

Entre las clases y las charlas de recreo me familiaricé con los problemas más habituales y sus vías de solución. En seguida se hizo presente mi hábito mental o emocional de querer ver las cosas en marcha lo antes posible; en junio diseñé volantes en los que como servicio adicional de nuestra librería ofrecíamos la reparación de PC.

Hice fotocopias en la librería y las recorté. Como ese día había venido Martín, que andaba por los nueve años y medio, salió él a dejar los primeros volantes bajo las puertas del barrio.

Después continué repartiendo yo por otras calles, y antes del fin de junio hice y cobré mi primer trabajo: un cambio de fuente de alimentación, operación ya aprendida en los primeros días.

Poco a poco atendí otras llamadas y me tocaron casos más difíciles. En algunos recurrí a revistas que orientaban sobre cómo identificar los problemas y sus soluciones. Por esa vía las partes desconocidas de todo aquello se me volvieron más conocidas. No me faltaron dolores de cabeza y uno que otro error, que siempre se podía subsanar sin perjudicar al cliente.

En julio finalizamos el curso. En cuatro meses había entrado en el tema y perdido el miedo de empezar. De ahí en adelante continué aprendiendo con la práctica y algunas lecturas. No fue el modo más *académico* de iniciar la actividad; pero ese poco de audacia sobre terreno incierto significó la diferencia entre tener trabajo y no tenerlo, entre vivir pensando en algo que *se podría haber hecho* y obtener soluciones en la vida real.

Después, como efecto de haber visto nuestra publicidad, algunas personas se comunicaron conmigo para *pedirme trabajo* en el rubro. En varios casos informaron sus antecedentes, y era visible que habían estudiado más que yo. Les contesté que había poco volumen de trabajo, y me quedé pensando en hasta qué punto podemos quedar limitados por la falta de espíritu práctico o de confianza en sí mismo.

Alguna vez había leído que en este mundo no triunfa el más inteligente ni el más instruido, sino *el que piensa que puede*. Parece que el mayor problema en la vida práctica es ese no atreverse a dar el siguiente paso, ese quedarse pensando en *lo que nos falta*, cuando lo que realmente puede resolver todo son las *ganas de hacer*.

Si no hay ganas de hacer no se hace nada; y si no se hace nada nunca se aprende esa parte que nos falta.

Sobre el fin de los 90

Mientras daba esos primeros pasos en la nueva actividad y seguíamos enfrentándonos a la escasez de ventas, se acercaba la elección presidencial de 1999.

Menem había continuado con su intención de volver a ser reelegido. Un recurso, no muy apoyado por su mismo partido, había sido acusar a la Convención Constituyente de excederse en sus funciones; porque al calificar su presidencia de 1989 a 1995 como *primer mandato* pretendía lo que no tenía derecho a hacer: legislar sobre el pasado. En consecuencia se debería considerar primer mandato al actual, y autorizar la reelección.

Como la idea no convenció a casi nadie, y quienes la impulsaron fueron pocos, Menem debía retirarse durante por lo menos un período presidencial.

Por estas ambiciones, y por reiteradas noticias sobre corrupción, tanto Menem como el peronismo habían provocado en la gente un estado de cansancio que se reflejaba en las encuestas. También incidía el factor de que la estabilidad monetaria no se traducía en la tan anunciada prosperidad.

Estaba renaciendo el déficit fiscal, ahora pagado con endeudamiento. Por otra parte, la Ley de Convertibilidad impedía cualquier flexibilización para que el país se adaptara a la situación internacional; porque los costos internos no favorecían la competitividad de la industria, y porque Brasil, más algunos países de Asia, habían devaluado sus monedas y exportaban en mejores condiciones.

Una vez que la Convertibilidad había resuelto el mayor drama, nadie se atrevía al riesgo de salir de ella.

Así habían quedado atrás los años del optimismo, y todo hacía prever incertidumbre.

Sin embargo, estaba en marcha y crecía el peligro más preocupante: la opinión pública. Lo que más alimentaba la oposición a Menem era la vieja aspiración a que *todo fuera más fácil*. Desde el principio de su gobierno había quienes se quejaban de los ajustes y de la austeridad, porque simplemente esperaban que en vez de disciplina hubiera *reparto*.

Desde un principio se alzaban voces de disconformidad con *el modelo* propuesto por Menem, al que consideraban un plan *exclusivamente para los ricos*. Unos y otros se apresuraban a proclamarse en contra del *modelo*, sin aclarar jamás por qué *modelo* lo cambiarían.

Pocos apreciaban la conveniencia de haber privatizado empresas públicas y reducido gastos. Ahora, en vez de proponer mantener lo conseguido y disponer los medios para proseguir con lo que faltara, la queja era precisamente contra lo que había sido más necesario.

Abundaron las marchas *contra el plan económico*, como si fuera esencialmente malo y sus detractores conocieran una alternativa realmente posible.

En un caso se propuso un *apagón de protesta*, en el que todos apagaran las luces durante una hora. Yo no estaba *contra el plan económico*, y quería mostrar que era posible pensar otra cosa; de modo que seguí atendiendo el negocio con las luces encendidas. Algunos vecinos que se juntaron en la esquina a apoyar la medida de protesta me gritaron *¡apague la luz!* Pero yo me quedé dentro sin hacer nada, dispuesto a contestarles que no podían evitar que alguien creyera algo distinto.

La calle nos mostraba lo lejos que había quedado la sensación de que la estabilidad cambiaría todo. Entre una mayoría que simplemente *pasaba sin comprar* deambulaban los que vivían pidiendo monedas y los que buscaban a quién robarle. Mientras veíamos aquello y nos preocupábamos por nuestra propia posibilidad de continuar la vida, alguno de los que nos miraban desde fuera se habrá dicho *"estos son los ricos"*, como si estuviéramos a mucha distancia de sus dramas.

En esas condiciones llegó la elección. El justicialismo presentó como candidato a Eduardo Duhalde, mientras que la Unión Cívica Radical y el Frente País Solidario, integrado por peronistas no afines al menemismo, se presentaron juntos con la denominación de *Alianza*, cuyo candidato fue Fernando de la Rúa. Otra candidatura significativa fue la de Domingo Cavallo, que por razones nunca del todo aclaradas había dejado de ser Ministro de Economía en 1996.

Yo voté a Cavallo, el partidario más confiable del equilibrio fiscal. De la Rúa se promocionaba con la frase *"conmigo, un peso: un dólar"*. Sin embargo, el radicalismo venía mostrando cierta blandura ante lo que requería firmeza.

Finalmente ganó De la Rúa con un 48%, y no hubo segunda vuelta. Duhalde obtuvo un 38% y Cavallo un 10%. Los otros quedaron muy atrás.

El 10 de diciembre asumió el nuevo gobierno, y en pocos días estuvimos a las puertas del año 2000, que para los nacidos varias décadas antes había representado un horizonte detrás del cual nos esperaría un mundo inconcebiblemente distinto.

Desde entonces había habido innovaciones no previstas, pero de ninguna manera estábamos en un mundo nuevo. El mayor error de la imaginación colectiva había sido creer que para entonces habría desaparecido lo que no nos gustaba.

El 31 a la noche nos reunimos con más familiares que de costumbre, y entre todos brindamos por lo que deseábamos que fuera el futuro, aunque ni el pasado ni el presente nos garantizaban que a la realidad le interesara amoldarse a nuestros deseos.

En el nuevo milenio

El 1 de enero paseamos con nuestros hijos por Puerto Madero y el centro de la ciudad.

En uno de los ministerios que rodean la Plaza de Mayo vimos roturas dejadas por gruesos proyectiles en su frente de mármol, y una placa recordatoria de que estábamos ante un vestigio de un desencuentro entre argentinos que no debía volver a repetirse. Tal vez fueran disparos de los aviones vistos desde mi casa en 1955.

Aquello me estimuló a hacer un repaso de todo lo sucedido desde entonces. Lo que sentí como más lamentable no fue que unos argentinos hubieran disparado contra otros, cosa demasiado acostumbrada, sino todo lo que unos y otros habían supuesto que resolverían y nunca resolvieron.

Era mucho lo que seguía pendiente, y los que hoy seguíamos en pie, más los que iban llegando, teníamos a nuestro cargo la posibilidad de encararlo.

Al volver al trabajo, en un nuevo milenio donde todo se veía igual que antes, continué promocionando mi actividad de servicio técnico y consiguiendo más llamadas, aunque sin llegar a ingresos que representaran un cambio.

En abril vivimos un nuevo episodio de lo ya demasiado habitual en todas partes: entraron al negocio unos adolescentes que amenazaron a Alicia con un arma. Ella, cansada de aceptar lo que no tendría que suceder, se enfureció y empezó a gritarles que se fueran. Como podría haber ocurrido cualquier otra cosa ocurrió que salieron inmediatamente.

Cuando me lo contó me di cuenta de que lo último que teníamos que hacer era continuar en esa situación. Si era indispensable trabajar para comer, lo era todavía más no morir en el intento.

Los delincuentes, más improvisados que profesionales, ingresaban más cuando estaba Alicia que cuando estaba yo, y como unos habían escapado otros podían usar sus armas. Ella no había supuesto que respondería de esa manera, y nunca podíamos prever a qué nos llevaría la indignación ni qué consecuencias habría en otro caso.

Decidimos sin ni un instante de duda que ella no volviera a ir al negocio. No importaban las consecuencias; importaba que siguiéramos viviendo. Si yo tuviera que salir por algún trabajo era preferible atender menos horas.

Ella se puso a buscar trabajo por medio del diario, y en algunos días lo encontró en una tienda de ropa de la zona de Once.

Empezamos a mirar nuestro panorama más aliviados. Si no ganábamos bien con el negocio, la solución era que uno de los dos trabajara en otra cosa.

Pero al cabo de un mes, cuando yo me tomaba el descanso del mediodía en mi casa, imprevistamente llegó Alicia y me dijo que acababa de quedarse sin trabajo.

Luego de que la dueña del comercio repitiera que en medio de tanta crisis a ella le iba bien, de un día para el otro le dijo que todo estaba empeorando y debía reducir personal. Al parecer había necesitado que alguien pusiera orden en su oficina, pero sus planes no iban más allá.

Mientras Alicia volvió a buscar en el diario, esta vez para ver hasta qué punto se debilitaba toda la economía, yo me dediqué a forzar el pensamiento para encontrar cómo seguir adelante.

Como un kiosco vende más si da directamente a la calle, convenía modificar nuestro frente para atender a los transeúntes sin que entraran. En vez de usar todo el local como librería, que nos aportaba pocos ingresos, atenderíamos en una ventana de kiosco que abarcara la mitad del ancho del local, y en la otra mitad habilitaríamos una mini oficina para promocionar al área de servicio técnico. Dividiríamos estos dos sectores con paneles de madera y dejaríamos un amplio espacio al fondo, para guardar artículos y traer ordenadores que hubiera que reparar.

Lo hablamos y estuvimos de acuerdo. Preparamos pedidos de barras de aluminio y paneles de aglomerado; también encargamos la estructura con que convertir la mitad del frente en una ventana a la calle.

En septiembre inauguramos ese cambio, y Alicia pudo volver, porque los delincuentes no suelen exhibir armas en la vía pública.

Vendimos un poco más que antes, sin que eso llegara a equilibrar nuestras cuentas. Lo más serio era que, luego de varios años de gastar lo que no ganábamos, nos quedaba poco capital para disponer de suficiente volumen y variedad de mercaderías.

Lo reforzamos un poco con la venta de artículos de librería que no recompraríamos. Así y todo no revertimos la situación.

Nuestra posibilidad de mejora estaba en el área del servicio técnico, que al cabo de un año era menos irregular que al principio. Había publicado un anuncio en una guía telefónica de la zona, y poco a poco me aportaba nuevos clientes. Todo indicaba que por efecto de existir un local visible, continuar con la propaganda, atender más llamados de los clientes conocidos y ser recomendado a otros, mi volumen de trabajo tenía que ir creciendo.

En febrero de 2001 se le agravaron al padre de Alicia sus problemas de movilidad y quedó internado en el Hospital de Clínicas. Después de casi un mes en que fueron debilitándose sus defensas terminó falleciendo.

Pasamos ese período ante escenas de ancianos con graves dolencias, y ese panorama no pudo menos que forzarnos a reflexionar.

Habitamos el mundo esperando alcanzar lo mejor que imaginamos; pero viendo el final nada glorioso en el que desembocan tantos seres, nos salta inevitablemente la pregunta: *¿la vida tiene que ser esto?*

Algún llamado interior me forzó a rebelarme contra esa idea y a poner las cosas en su lugar: ¡No!... Esto es simplemente la salida. *¡La vida es lo que estuvo antes!*

Como pasamos un momento difícil al llegar al mundo, también podemos pasarlo al retirarnos. Pero entre uno y otro momento tenemos tiempo, y podemos elegir qué hacer con ese tiempo.

Todo lo que esperamos para nuestra vida está a nuestra disposición, y lo está más todavía si en vez de esperarlo nos movemos para hacerlo realidad. Podemos encontrarnos con momentos indeseables; pero lo que está en nuestras manos, y lo más determinante, será nuestra vocación de construirnos la vida que queremos.

Podemos vivir bien, si entendemos por esto poner en marcha nuestra voluntad y nuestros mejores sentimientos, y no prestamos demasiada atención a las circunstancias por las que pasamos.

La vida es todo eso que está, y podemos hacer, antes de morir. Si sufrimos al finalizarla, será como cuando salimos de un cine entre demasiado amontonamiento de gente. La salida puede resultar incómoda; pero antes de eso vimos y disfrutamos la película.

Esos días de hospital me convencieron de lo que parece que supiéramos pero no sabemos tanto: *antes de la muerte está la vida*, y está a nuestro alcance convertirla, si no toda al menos una buena parte, en lo que queremos que sea.

La economía sigue siempre ahí

Con o sin innovaciones de nuestra parte, la situación del país debilitaba el suelo que pisábamos. El rígido esquema que mantenía el valor de la moneda evitaba la inflación interna, pero esta había pasado a ser un problema lejano ante todos los que aparecían ahora. No había cómo competir con los precios internacionales; no había confianza en que el país cumpliera con los pagos de su deuda ni en que pudiera subsistir sin devaluar. De la paralización de las inversiones se pasó al cierre de empresas instaladas desde hacía muchos años.

En enero de 2001 el gobierno acordó con el FMI recibir un crédito de 40.000 millones de dólares para *blindar* la economía

288

ante la acumulación de vencimientos de la deuda y la creciente desconfianza de los inversores. Era necesario para enfrentar las obligaciones de pagos; pero se promocionó más de la cuenta como *salvación* ante problemas de fondo que no se resolverían por el simple recurso de *tener un respaldo*.

Fue un nuevo intento de creer y hacer creer que se había obtenido una solución, tan fácil y prestada como siempre, mientras se continuaba sin atacar a fondo los problemas reales. El desequilibrio causado por las exportaciones *caras* y el excesivo gasto público prosiguió generando miedo en todos los que podrían invertir.

En marzo de 2001 ingresó Ricardo López Murphy como Ministro de Economía, y su plan fue alcanzar el equilibrio fiscal al precio que fuera. Pero se trataba de un precio que nadie quiso pagar: inmediatamente hubo marchas de protesta contra los ajustes. Unos y otros sectores desataron su furia contra esas medidas que a todos les parecían mal; pero nadie tenía en la mente un plan que además de deseable fuera posible. Simplemente se decía *no*, se rechazaba todo intento de gastar menos y cualquier propuesta que significara incomodidad. Muy pocos se daban cuenta de que nadie nos regalaría la vida, y de que había una realidad que se nos estaba viniendo encima.

Una vez más, no se quería *solucionar*: se quería *odiar*, se quería suponer que *tenía que haber una forma más fácil*; una forma que nadie explicaba ni decía dónde encontrar.

Así, la alternativa de *dejar de empeorar* quedaba desbaratada.

Era el problema que el país conservaba desde hacía tiempo en sus más básicas raíces: lo que pensaba, o suponía, la mayoría de sus habitantes, y en este caso pasaba a pensarlo el mismo partido de gobierno, que se opuso al Ministro, al Presidente y a cualquier ejecución de lo propuesto. Como siempre, se opuso sin la menor idea de qué otra vía proponer.

Sin el apoyo de nadie, López Murphy presentó su renuncia.

Entonces De la Rúa trajo a escena al personaje al que la opinión pública atribuía poderes casi mágicos: Domingo Cavallo, con quien había competido en las elecciones de 1999 sin abstenerse de las agresiones usuales en las campañas. Ahora, con el apoyo no muy amplio de su partido, dejó a su criterio la decisión de qué hacer con la economía.

En medio de expectativas ante la presencia de una figura *poderosa* en el gobierno, papel que De la Rúa no había cumplido bien, se pasó a escuchar qué proponía.

En primer término solicitó que el Poder Legislativo lo autorizara a resolver medidas rápidas para desregular actividades y promover un *Plan de Competitividad* que mejorara las posibilidades de exportar.

Sin embargo, su aura de *figura mágica* no incidió en el criterio de quienes manejaban el dinero. Tanto los grandes inversores como los organismos de crédito siguieron desconfiando de la sostenibilidad de la moneda argentina y de las posibilidades de pago de la deuda.

Cavallo acentuó entonces las medidas contra el déficit fiscal; pero llegado cierto punto la reducción de los gastos debilita tanto el empleo y el consumo que se termina reduciendo la recaudación, con lo que automáticamente reaparece el déficit.

Ese empeoramiento generalizado determinó que ocurriera lo más previsible: en octubre hubo elecciones legislativas y el justicialismo obtuvo la mayoría en ambas cámaras.

En medio de lo que en la práctica se acercaba a *un vacío de poder*, los sectores menos *institucionalizados* del peronismo dieron rienda suelta a su sed de venganza y aspiraron a provocar un *derrumbe* similar al de los últimos meses de Alfonsín.

No tuvieron reparo en manifestar que "el pueblo demostró que quiere otro gobierno" y "nosotros estamos listos para gobernar".

Lo que nos trajo el nuevo milenio

Al brindar porque cruzábamos el umbral hacia otro milenio nos habíamos preguntado, en silencio y muy en abstracto, cómo iría a ser nuestra vida en él.

Y un buen día empezamos a entreverla.

Resulta que Diego, con 18 años y finalizando el secundario en el Colegio Carlos Pellegrini, se encontró con que sus compañeros no se ponían de acuerdo en el destino de su viaje de egresados, y la consecuencia fue que no lo hicieron todos juntos.

Entonces él prefirió un proyecto individual: viajar a Asturias a ver a los parientes con los que nos comunicábamos, y luego visitar otros sitios de Europa con vista a seguir estudiando allí.

Esto no se limitaba a la idea de dejar el país: pasó a ser la de proponer que lo hiciéramos todos.

No solo le importaba la idea de continuar juntos, sino nuestro futuro, con o sin él, en un sitio donde había visto suceder todo lo que sucedió. En algún momento nos presentó el centro de su preocupación: *"ustedes viven luchando y perdiendo; en otro país vivirían luchando y ganando"*.

Como sucede cuando algo no se pensó, o es más sentimiento que pensamiento, no tuve ninguna respuesta definida porque no la llevaba en ningún rincón de mi mente.

Siempre me cayó mal que alguien me preguntara por qué *no hacía* tal o cual cosa.

Si se tiene ganas de pensar, se sabe que hay ante nosotros infinidad de posibilidades, y vivir consiste simplemente en elegir las que nos interesan, ya sea que las veamos ante nuestros ojos o las supongamos. Basta ver la variedad de personas con que nos cruzamos para concebir ligeramente lo enorme, o casi inacabable, de esa variedad de posibilidades.

Los otros, como son otros, eligieron otras posibilidades. Nosotros elegimos las que quisimos. Así y todo, las múltiples opciones que desechamos quedaron como caminos sin tomar porque, como no tenemos tiempo para todo, transitamos un camino entre miles. Ese interminable resto de las posibilidades no solo quedó sin transitar: quedó también sin pensar.

Por lo tanto pensamos y elegimos lo que hicimos. Nunca pensamos en todo lo otro, ni nos habría alcanzado la vida para hacerlo.

De ahí que siempre tienda a enfurecerme cuando me preguntan por qué no hago o no hice algo. Es imposible que alguien haya pensado todo lo que no hizo, y más todavía que sepa por qué no lo hizo.

Como no me gustaba que mis hijos copiaran de los demás semejante sinsentido, cuando me hacían ese tipo de pregunta les contestaba siempre lo mismo: *"no hay un porqué de lo que no pasa"*.

Nunca tuve un porqué para no hacer lo que no hice; solo tuve *porqués* para lo que hice.

De los muchos *porqués* que habían llevado a infinidad de seres a irse a otros países, ninguno se había presentado muy claramente ante mí. Yo estaba donde estaba porque había nacido allí, porque era mi mundo conocido, porque una y otra vez y fuera como fuera había encontrado de qué vivir, porque tenía más o menos cerca gente a la que quería seguir viendo, porque en todas partes y en cualquier circunstancia hay algo que vale la pena hacer, porque vivía suponiendo que había cómo solucionar las carencias de nuestro país, y porque, más que nada, quería hacer mi parte para esa solución y vivía esperando verla.

Me dije que entre todo eso podía haber sido poco acertado lo de vivir suponiendo que estábamos cerca del *despegue*, que aunque el tiempo lo desmintiera *faltaba poco* para que las cosas funcionaran como tenían que funcionar, y que esta vida con la que fuera como fuera estaba satisfecho pasaría a transcurrir en condiciones mejores, ya posibles en varios lugares del mundo.

Pero esos porqués de lo que sí pasaba, continuar donde había nacido, solo tenían valor dentro de una condición básica que hasta ahora daba por sentada: vivir con mi familia.

Sabemos que alguna vez los hijos se van; pero que se vayan a los 18 años, y a lugares de donde podrán venir muy de vez en cuando, quedaba más allá de lo hasta ahora imaginado.

Ante esa perspectiva ya no importaba aquello que siempre había importado; ya no importaba la mezquina diferencia entre lo fácil y lo difícil. Lo único que podía importar es que *era posible otra cosa*.

En medio de todo lo que había ocurrido en el país nunca había irrumpido en mi mente la idea de irme. Pero ahora, sin que lo hubiera dispuesto yo, se me imponía la alternativa entre *perder más o perder menos*; y ante esta no me cabía ninguna duda: perdía menos si seguía teniendo mi familia.

En uno de los actos de protesta de por entonces, alguien había portado un cartel con la inscripción *"somos hijos de inmigrantes; no queremos ser padres de emigrantes"*.

Y uno de los efectos de mi nuevo trabajo había sido precisamente encontrarme con esos *padres de emigrantes*. Varias personas de cierta edad, cuyos hijos se habían ido y les habían dejado sus ordenadores, me habían llamado porque querían aprender cómo se usaba eso que nunca habían tocado, pero pasaba a servir para comunicarse con sus hijos.

Por lo que veía y por lo que imaginaba, no tuve ninguna duda de que *yo no quería vivir una de esas vidas*.

Era demasiado habitual y triste escuchar que *"uno con el tiempo se acostumbra…"*.

Me rebelé desde el fondo de mí mismo contra eso: ¿Por qué *acostumbrarse*?

Al precio que fuera, era posible otra cosa. Yo no quería *acostumbrarme*.

En las muchas conversaciones sobre el tema, era muy común que alguien dijera que emigrar es para los jóvenes, y que él había dejado de pensarlo porque *ya tenía la vida hecha*.

También me rebelé contra esa idea: nuestra vida nunca *está hecha*; sigue *haciéndose* hasta el día en que termina. Nunca tiene sentido permitir que una parte de ella se convierta en *vida indeseable* por el solo hecho de no querer molestarse.

Tal vez esa sea la verdadera causa de todos los *"no se puede"* y de todos los *"no hay más remedio"*. Cada tanto se nos viene encima la alternativa de hacer algo difícil, algo que puede no salir bien, o elegir lo que cueste menos trabajo y decirse *"la vida es así"*.

Si algo salía mal, no sería mucho peor que una vida vacía de lo que queríamos.

De modo que eso que tanto había escuchado de otros y nunca se me había ocurrido pasó a ser un posible próximo capítulo de mi vida. Alicia estuvo de acuerdo en lo mismo. Lo hablamos con nuestros hijos y dejamos claro que todas las posibilidades quedaban abiertas.

El 15 de diciembre acompañamos a Diego a Ezeiza, y nos despedimos sin saber de qué lado del océano volveríamos a encontrarnos.

El país revive su drama

El 10 de diciembre ingresó al Congreso la nueva mayoría, y los que buscaban convulsionar todo para hacerse con el poder tuvieron más condiciones a su favor.

El 1 de diciembre, ante la disposición de cada vez más gente a retirar el dinero de los bancos, el gobierno había restringido esas operaciones. Se podía retirar en efectivo una pequeña suma por semana. Toda otra operación debía realizarse sin salir del sistema bancario, pagando con cheques, tarjetas o transferencias. Tampoco se podía enviar dinero fuera del país.

Esto sumó incontables voluntades a las que ya desplegaban sus fuerzas contra el gobierno. Desde hacía tiempo se sucedían *cacerolazos* contra el plan económico, creyendo por pura desesperación que desistiendo del mismo habría alguna alternativa fácil y posible. Simplemente se gritaba *"esto no"*; sin que nadie propusiera qué hacer en el instante posterior al *no*.

El 13 de diciembre el sindicalismo, entusiasmado ante la debilidad del gobierno, decretó una huelga general. Desde entonces la agitación pasó a ser violencia. Como en 1989, hubo militantes que llamaron a la gente más carenciada a concentrarse ante los supermercados; primero para pedir comida, después para ingresar por la fuerza y llevarse todo, fuera comestible o no.

Ante la presencia de fuerzas policiales frente a algunos supermercados, mucha gente se desplazó hacia las inmediaciones y saqueó pequeños comercios, porque la policía no podía estar en todas partes.

Todo se volvió una lucha de los que no tenían nada contra los que tenían un poco. A los que necesitaban comida se sumaron los que siempre se habían dedicado a robar, y los que salían a romper cosas sin ningún plan posterior, o suponían que aquello desembocaría en la aparición de un gobierno *bueno* que resolvería todo.

El 18 atendí todo el día el kiosco, porque no quería contribuir a sumar indicios de anormalidad. En nuestra zona no se vio nada inusual, aunque, como en 1989, circularon comentarios sobre multitudes que avanzaban hacia el centro destruyendo y saqueando. Luego supimos que lo único real eran los intentos de multiplicar la alarma.

El 19 a la mañana, ante la preocupación por todo lo escuchado, decidimos que ese día no abriríamos el kiosco. Nos quedamos mirando noticias.

Y esas noticias llegaban lejos. Diego, que desde el 16 estaba en casa de una prima de Alicia en Madrid, se había ido de un país en el que se percibía una mala situación; pero de un día para otro escuchó hablar de saqueos y destrucción a un nivel que nunca había visto ni sospechado. Desde allá no podía saber a qué grado de peligro estábamos expuestos.

Nos envió un mail cargado de preocupaciones y miedo por lo que podría pasarnos. Incluso nos sugirió que podía convenir que nos fuéramos unos días a Uruguay.

Le contestamos que no se hiciera tantos problemas, que estábamos en casa viendo noticias, y nuestro barrio no era un área de desastre ni nada parecido. Se tranquilizó un poco, pero lo poco que podía quien escuchara todo aquello desde lejos.

Esa tarde vimos hasta qué punto la informática se había vuelto protagonista de los conflictos. Por vía de una cadena de mensajes se fijó una determinada hora para iniciar un *cacerolazo contra el plan económico*.

Y a esa hora empezó a llegarnos el ruido por las ventanas.

Una vez más, me dije que los problemas del país no nos llevaban a otra opción que la de equilibrar las cuentas, y que el costo de ese esfuerzo nunca sería tanto como el de vivir en una economía enferma. O poníamos orden o el desorden nos aplastaba.

Ahí caí en cuenta de que estaba pensando aquello en primera persona: *poníamos* orden. Me tomaba los problemas y soluciones como cosa *nuestra*, mientras que para los que protestaban eran cosa *de otros*, de unos pocos a los que no se les ocurría otra cosa que hacer sufrir a la gente.

Esos que golpeaban cacerolas con tanta euforia estaban convencidos de saber más que los presidentes y ministros, de *ser los buenos* y de decir *no* a lo que no les gustaba; aunque ninguno se preguntaba qué se podría hacer en lugar de eso.

Sería entendible que la ignorancia no permitiera otra cosa que indignación; pero se sentía que en ese golpetear entusiasmado había como un rebosar de alegría; alegría por estar mostrándole a *ellos*, los que disponían todo para hacer sufrir a la gente, que la gente les gritaba a la cara que *no les creía ni los quería*.

Y lo peor es que era una alegría tonta; la alegría de despreciar a alguien todos al unísono y decirle que no se le cree, sin darse cuenta de que todo terminaba ahí. No era la alegría de conseguir una solución ni de saber que se la fuera a conseguir.

Como otras veces, o más todavía, me convencí de que habitar en medio de tal aversión al pensamiento significaba una condena a *vivir mal*, de que esos que golpeaban cacerolas y votaban por lo más fácil *eran nuestros socios* a la hora de decidir qué hacer con nuestro país, y saltaba a la vista que no nos habían tocado los socios que necesitábamos. Cualquier iniciativa por una sociedad más razonable sería derribada por esa mayoría que no veía más allá de las próximas horas.

Convencidos de que no estábamos yendo hacia algo bueno, a última hora de la tarde escuchamos que se había decretado el *estado de sitio*.

De la Rúa había hecho su parte para alimentar la exasperación que nos rodeaba. Seguramente le había parecido más *civilizado*, democrático y casi tranquilizante que el presidente fuera *poco visible*, que no apareciera a cada momento como una figura demasiado empeñada en imponer su voluntad. Pero en medio de lo que sucedía hubiera hecho falta una figura más sólida; no la sensación de *ausencia* que se había acabado imponiendo.

Cuando no se demuestra fortaleza se demuestra debilidad; y ahora estábamos viendo las consecuencias.

Nos sentimos necesitados de salir a ver qué pasaba en las calles.

En nuestra zona no se veían los más carenciados ni los más furiosos. Era gente que, sin intención de romper nada, iba lentamente hacia el centro, golpeando cacerolas o portando banderas y carteles. Era gente a la que le dolía que las cosas fueran como eran, y se empeñaba en mostrarlo.

Era muy entendible que quisieran estar allí, saliendo a ver qué pasaba, compartiendo la calle con quienes padecían lo mismo que ellos y a su vez mostrando que se sentían mal. Sin embargo, se adivinaba el peligro de que ese sentirse mal desembocara en el empeño de *desbaratar todo.*

Aquel caudal en marcha no era entusiasmante: era triste, por sus causas y por sus previsibles consecuencias.

Después de un rato nos volvimos a casa y continuamos mirando noticias. Lo que habíamos visto en la calle se repetía en todas partes.

Entre todo lo que se gritaba fue pasando a primer plano una consigna: *¡Que se vayan todos!*

Cuando crece el malestar crecen las ganas de golpear y hasta de destruir. Pero ¿qué se puede esperar cuando además de destruir no se concibe otra cosa? ¿Todo lo que se espera de la vida se alcanzará con el simple acto de destruir?

Si los malos son *todos,* ¿va a haber un futuro mejor mediante el gobierno *de nadie*?

Como si fuera poco ese sentimiento generalizado de destruir sin pensar en el minuto siguiente, había dirigentes políticos dispuestos invariablemente a aprobar y enaltecer cualquier cosa que gritara una multitud en una calle.

Tanto lo uno como lo otro sugería que no íbamos hacia nada parecido a una solución.

La televisión nos mostró cada vez más gente en la Plaza de Mayo, cercada en su mayor parte con vallas para que nadie llegara muy cerca de la Casa de Gobierno.

Al día siguiente, luego de enviarle mails a Diego para que se enterara un poco más y supiera que estábamos en casa, vimos que a medida que avanzaba la mañana se acumulaba más gente en los alrededores de la plaza. La policía se lanzaba contra los grupos en marcha y los dispersaba hasta cierto punto, pero el avance continuaba por otras calles.

Junto a esas imágenes, y a una prolongada repetición de lo mismo, nos llegaban los comentarios de los periodistas.

Volvió a caerme mal la invariable consideración de que todo lo que haga una masa lo suficientemente voluminosa de gente *está bien.*

Una cosa es respetar la soberanía de la ciudadanía, porque es la condición básica para organizar la sociedad sin violencia, y otra es mirar la realidad a través del *dogma de fe* de que la ciudadanía, o la mayoría constituida en cada situación, *tienen siempre la verdad*.

No hay por qué creer, como todo el que gana una elección, que *el pueblo no se equivoca*. Como se puede equivocar un individuo, se pueden equivocar millones al mismo tiempo.

El conocimiento no se adquiere al *ser mayoría*; se adquiere al *aprender*.

Una mayoría de voluntades detrás de una idea determina que esa idea sea la que por ley se debe aplicar; pero de ninguna manera significa que constituya la elección más sabia ni más útil. La historia argentina muestra reiterados casos en que no lo fue.

Pero como *el cliente siempre tiene razón*, tanto políticos como periodistas eligen dar la razón a su cliente: la opinión pública.

Si la opinión pública elige a un mentiroso o ignorante, a nadie se le ocurre decir que *el pueblo* es responsable de su propia ruina. Si una masa suficientemente grande de irrespetuosos quiere forzar a un presidente a irse, lo más habitual es que nadie se atreva a hablar contra ellos, porque si son *el pueblo* "está bien lo que hacen".

Que la elección de la mayoría deba *ser respetada* a la hora de formar gobierno no significa que esa elección no pueda resultar perjudicial, ni que nadie pueda cuestionarla a la hora de pensar. Si la mayoría, como cualquier individuo, comete un error, se entregará el gobierno al candidato que haya elegido; pero la ley establece simplemente eso; no establece que *esté prohibido decir que fue un error*.

Ahora abundaban los que encumbraban el *"¡que se vayan todos!"* al nivel de la más pura expresión de sabiduría, como si fuera posible *el gobierno de nadie*.

Este criterio de *satisfacer al cliente* determinó la actitud de los medios de difusión y de los partidos ante lo que estábamos viendo. Y lo que estábamos viendo duró muchas horas.

La Plaza de Mayo fue una vez más el escenario de todo lo que no queríamos. La Libertad desde su pirámide y Belgrano desde su caballo volvieron a ver la furia, el fuego y la sangre que les tocaba presenciar desde no recordaban cuándo.

Esa tarde, sabiéndose casi sin alternativas, De la Rúa anunció públicamente que proponía al Partido Justicialista formar un gobierno de unidad para enfrentar la emergencia y empezar a estabilizar el país.

Nadie le respondió. Como unos justicialistas estaban alimentando la convulsión en las calles, otros colaboraron con su indiferencia. Unos y otros acariciaban la consolidación de la idea echada a rodar en 1989: *"en este país solo puede gobernar el peronismo"*.

Cuando caía la noche, y en las calles se incrementaban las muertes, De la Rúa presentó su renuncia. Casi inmediatamente se retiró en helicóptero, para atenuar la tensión que pesaba sobre la Casa de Gobierno y sobre el país.

Lo reemplazó el Presidente Provisional del Senado, y el 23 de diciembre la Asamblea Legislativa nombró presidente a Adolfo Rodríguez Saá, gobernador de San Luis.

Los desórdenes fueron desactivándose y pasó a haber un compás de espera respecto a qué haría el nuevo gobierno.

En su primera aparición ante el Congreso, Rodríguez Saá informó que el país suspendería los pagos de su deuda con los acreedores privados. El anuncio fue respondido con una salva de aplausos de la mayoría de los legisladores y espectadores.

Entre la acumulación de respuestas irreflexivas se destacaba y casi glorificaba la idea de *no pagar*; como si la deuda no fuera efecto de haber gastado de más, sino una pretensión de seres perversos que intentaban lo que no les correspondía.

Ese camino de *alejarse de la responsabilidad* nos había llevado a lo que vivíamos, y ante cada empeoramiento de la situación se respondía con una irresponsabilidad mayor. Ahora se pasaba de ser indiferente ante esa conducta a festejarla como un acto de justicia.

Entretanto, nosotros pasamos la primera Navidad sin Diego.

En los siguientes días se sucedieron reuniones entre los gobernadores y principales figuras del justicialismo. Como la designación de un Presidente había sido fruto del consenso entre ellos, se proponían que también lo fueran las medidas a tomar; especialmente la respuesta a las urgencias económicas y la duración del recién formado gobierno provisional.

No solo creció el desacuerdo entre ellos sino el de la gente en general. Como se nombraron para algunos cargos a personajes con antecedentes de corrupción, volvieron los cacerolazos.

Tras esa sucesión de desacuerdos, el 30 de diciembre Rodríguez Saá se trasladó a San Luis y desde allí emitió un mensaje: no tenía más alternativa que renunciar a su cargo.

Lo reemplazó el Presidente de la Cámara de Diputados, y finalizamos el año sin idea de cómo podría continuar aquello.

El 2 de enero la Asamblea Legislativa eligió por amplia mayoría a la figura más visible y sólida del justicialismo: Eduardo Duhalde.

En esa situación se encaró el problema que más había contribuido a paralizar el país: la pérdida de competitividad a causa de mantener un tipo de cambio rígido. El 6 de enero se derogó la Ley de Convertibilidad, y el gobierno asignó al dólar el valor de 1,40 pesos.

Paralelamente se dispuso la *pesificación* de la economía. Todas las deudas en dólares pasarían a pagarse en pesos a razón de 1,40, aunque desde ese momento conseguir un dólar real costaba 3 pesos o más.

Como los endeudados en dólares se habrían visto imposibilitados de pagar, y muchísima gente habría perdido directamente su casa, para evitar mayores desastres se dispuso el pago de esas deudas en pesos a 1,40 por dólar; pero eso determinó que los bancos debieran a su vez pagar lo mismo a los titulares de depósitos y cuentas en dólares.

Pocos días antes Duhalde había prometido que "el que depositó pesos recibirá pesos; el que depositó dólares recibirá dólares".

Bastó ver la existencia real de dinero, y calcular las consecuencias de cada medida pensable, para darse cuenta de que había hablado de algo que no se podía.

La solución, si podía llamarse así, fue sacrificar a los que tenían dólares en los bancos para no arruinar a los que tenían deudas. Se dio más importancia a esto que al derecho de propiedad, y el efecto fue que se multiplicaron las manifestaciones; ahora complementadas por ataques violentos contra los bancos.

Empezamos a ver que los frentes de los bancos eran protegidos con empalizadas de madera o metal. Al no poder ir más allá, la gente llenaba esas vallas de carteles y pintadas en las que quedaba claro lo que pensaba: los bancos le habían robado; porque *siempre los que tienen les roban a los que no tienen.*

La medida tomada por Cavallo apenas un mes antes, por la que se podía disponer de poco efectivo pero se seguía teniendo el dinero en las cuentas, había sido insignificante comparada con lo que terminó cayendo sobre las cabezas de todos.

Esta "salida", abiertamente discordante con la ley, se repararía varios años después por la lenta vía de procesos judiciales.

Mientras tanto, la devaluación del peso comenzaba a producir su efecto, no muy festejado pero indispensable para la continuación de la vida. En las poblaciones fronterizas, los habitantes de los países vecinos pasaban a hacer sus compras diarias en el nuestro, donde repentinamente conseguían todo más barato.

Poco después, algunas fábricas podían volver a funcionar, para competir en buenas condiciones con los productos importados y en varios casos para exportar.

Yo sufrí el efecto contrario, porque los componentes de los ordenadores se volvieron inmediatamente más caros. Por otra parte, la gente estuvo más dispuesta a reparar sus equipos que a comprar otros.

Mientras, fuimos recibiendo los mensajes de Diego. Pasó unos días en los pueblos asturianos con integrantes de su familia materna. Asistió presencialmente al ingreso del Euro en la vida cotidiana de la gente. Después fue a Francia a ver a dos primas de Alicia, hijas de un tío que había debido emigrar al final de la Guerra Civil.

Nos comentó que por el momento no mantenía su idea inicial de vivir en España, para la que nosotros estábamos casi preparados. Se tomaría el vuelo de vuelta a principios de febrero.

En esas condiciones fuimos a recibirlo y volvimos a estar todos en casa, escuchando lo que nos contó de cada visita y mirando infinidad de fotos.

Entre eso que parecía un retorno a la normalidad, si tal cosa existiera, fue aflorando la idea que había empezado a impregnársele: continuar sus estudios en Francia.

Con o sin palabras, se incorporó a nuestra presunción sobre el futuro una nueva serie de suposiciones, ninguna del todo delineada pero tampoco del todo ausente: tal vez cambiáramos todos nuestro asentamiento presentido, tal vez no hiciéramos nada, o tal vez no hiciera nada él.

Sin saber más sobre el futuro nos dedicamos a definir el presente. Poco a poco había crecido mi volumen de trabajo con el servicio técnico, había ido aprendiendo sobre la marcha y había hecho un curso sobre redes informáticas.

Lo que ganaba no era mucho, pero los ingresos del kiosco no agregaban una suma que valiera la pena, además de que el largo período de déficits nos había reducido el capital necesario para disponer de mercaderías.

Como lo que más me convenía era dedicar más tiempo a mi nueva actividad, todo se combinaba para dejar atrás la etapa del kiosco.

Volviendo a cambiar la disposición de los paneles de aglomerado, convertí el frente del local en un área de recepción para recibir trabajos de servicio técnico. Encargamos a un herrero un marco con bisagras, para convertir la parte superior en la puerta de entrada en una mini ventana por la que responder algunas consultas, siguiendo la tónica de muchos negocios que por razones de seguridad atendían sin abrir su puerta.

Inauguramos estos cambios en abril de 2002.

Habían pasado diez años desde que una vez, en un país que parecía ingresar a la prosperidad, habíamos abierto nuestra librería. Y habíamos aprendido hasta qué punto la realidad discurre por carriles muy distintos de los que imaginamos.

Entre dos mundos

Me dediqué exclusivamente al servicio técnico, y en vez de contraer deudas comenzamos a pagarlas.

En mis momentos sin trabajo me dediqué a hacer ejercicios de informática en el ordenador del área de recepción, y a escribir la versión digital de mis viejas anotaciones sobre cómo enfrentarme con los problemas de la vida.

En la parte interna del local disponía de una mesa sobre la que reparar equipos y de un espacio para descansar en los ratos libres, sin la antes constante molestia de ser visto desde la calle. Cuando debía trabajar a domicilio venía Alicia a atender consultas.

Un día, yendo a casa de un cliente, pasé ante un depósito de electrodomésticos. Ante su entrada estaba, cumpliendo la función de vigilante, el señor que en un tiempo trabajaba en la oficina de Tipografía Clancy y nos pagaba los sueldos.

Nos saludamos, y le pregunté cómo había continuado aquel mundo. Me contó que les había disminuido cada vez más el trabajo y que uno de los dueños había sufrido un ataque de hipertensión, hasta que llegado un punto indemnizaron a todos y cerraron.

Había sido el desenlace previsible ante el avance de la informática. Todo lo que antes se hacía allí lo resolvía un ordenador personal. Ya no hacía falta encargar fotolitos; la tipografía de plomo y los linotipos se habían convertido en piezas de museo. Los linotipistas, antes entronizados en la *aristocracia obrera*, habían pasado a ser buscadores de empleo tan comunes como cualquier otro.

Me dije que así como me habían tocado diversos dramas a la hora de ganarme la vida, me había salvado de aquel.

Ahora había pasado al lado de los favorecidos por la revolución informática. Gracias al local y a la guía telefónica mis perspectivas de trabajo mejoraban.

Entretanto, regresaba a la escena del país un antiguo protagonista cotidiano: el dólar. Volvió a ser la preocupación de todos; hubo algunas semanas de miedo ante su liberación, pero luego se mantuvo en torno a los 3 pesos.

Como el gobierno no respondió a ese cambio aumentando salarios, ni lo hizo la actividad privada por miedo a la recesión de los pasados meses, los precios argentinos permanecieron más bajos en relación a otros países, y se reactivaron actividades antes casi paralizadas.

Por nuestra parte, Diego siguió comunicándose con la familia de Francia e informándose sobre diversos centros de estudio. Fue convenciéndose de que ese era el país en que quería vivir y estudiar.

Ante el comentario de modificar nuestros planes para continuar todos juntos, no estuvo tan de acuerdo como cuando hablábamos de vivir en España. Allí comenzó una etapa de desajuste familiar que de alguna manera teníamos que solucionar.

El esfuerzo de moverse a otro continente, de reubicarse y de arriesgarse a que empeorara algún aspecto de nuestras vidas, se justificaba si con eso evitábamos un empeoramiento mayor: quedar separados por mucha distancia. Si era indeseable para nosotros, nos parecía peor todavía que por no hacer nada quedaran separados nuestros dos hijos.

Y, yendo más lejos, se justificaba si era un objetivo que quisiéramos todos a la vez. Solo queriéndolo todos a la vez podríamos resolver las dificultades que se nos presentarían.

No tenía sentido tomarse todo ese trabajo para quedar en distintos países.

Mientras no se definiera qué haría Diego y qué queríamos todos a la vez, esos planes no tuvieron más remedio que quedar en suspenso. Simplemente no hablamos de nuestro futuro porque no teníamos idea de cómo iría a ser.

Diego no podía ser aceptado en una universidad francesa si no alcanzaba una comprensión avanzada de su idioma, que hasta entonces no conocía. A tal fin empezó a asistir a un curso que dictaba la Alianza Francesa, mientras algunos le comentaban que esa comprensión avanzada no se podría alcanzar sino al cabo de varios años. No les hizo caso y siguió adelante.

Yo propuse que lo que él hubiera aprendido unas semanas antes comenzara a enseñárnoslo a nosotros, fuera cual fuera la utilidad que le diéramos alguna vez. De modo que todos los domingos Martín, yo, Alicia y su hermana María Teresa fuimos recibiendo sus clases.

Continuamos sin saber cuál sería nuestro *después*. Fui teniendo más clientes y más trabajo, mientras en el país crecía la actividad antes paralizada por la sobrevaluación del peso.

Aunque esto anduviera mejor, continuaban las marchas y protestas por lo sucedido con los depósitos bancarios.

Si bien no había perspectivas inmediatas de desastre, la pobreza seguía instalada en amplios sectores de la sociedad. Se había multiplicado la cantidad de gente que recogía cartón de la basura para venderlo con escasa ganancia en plantas de reciclaje. Muchos de ellos pedían alguna moneda a cualquiera que pasara.

También se había multiplicado la delincuencia y los peligros al andar por la calle o atender comercios. Nosotros respondíamos consultas por teléfono o a través de la ventana en la parte superior de la puerta. Solo le abríamos al que trajera un equipo para reparar.

Un día fuimos a la Facultad de Derecho, donde Diego recibiría su diploma de egresado del Colegio Carlos Pellegrini.

Junto a autoridades, alumnos y padres cantamos el Himno Nacional.

Por primera vez escuchaba el Himno concibiendo un futuro en que podía estar lejos. Me acompañaron los recuerdos de otros casos: las fiestas de la escuela primaria, los muchos casos en que junto al resto de la gente soñé un país mejor, la militancia política y el sentir el Himno como la invitación a completar la gesta de los primeros tiempos, la Semana Santa del 87 en Plaza de Mayo, la escuela de nuestros hijos, y siempre aquella aspiración a lo que esperábamos para más adelante. El Himno no había sido, por lo menos para mí, el cantar a una gloria alcanzada, ni una mentira porque la gloria brillara por su ausencia: había sido en todos los casos un recordar junto al resto de la gente el camino que compartíamos, el canto a lo que soñábamos para alguna vez, el canto constantemente repetido a eso hacia lo que queríamos ir.

No llegué a concebir cómo sería la vida escuchando aquello desde lejos.

Después hablaron algunas autoridades, principalmente sobre los problemas que enfrentaba el país y el empeño de la educación en responder a todo eso como le correspondía.

Diego y sus compañeros recibieron sus diplomas. Unos y otros se aventuraban hacia sus vidas sabiéndose en un lugar difícil.

Mientras iba delineando su futuro, cursó con algunos de sus compañeros un ciclo básico de Ciencias Económicas, y continuó estudiando francés. En algún momento completó los cursos ofrecidos por la Alianza Francesa y, necesitado de más práctica, recurrió a un profesor particular.

Y continuó dándonos clases a nosotros; aunque se percibía que a aquello le faltaba lo más básico: compartir la convicción de irnos todos a Francia.

No solíamos hablar del tema; pero era visible que no sentíamos todos lo mismo.

Llegó el momento en que Duhalde, que había tomado el gobierno sin hablar de plazos, resolvió llamar a elecciones para que asumiera un nuevo presidente el 25 de mayo de 2003.

Con el país bastante *normalizado*, se fijaron las reglas. El justicialismo, poco dispuesto a celebrar elecciones internas, resolvió que sus candidatos se presentaran bajo fórmulas independientes, consideradas peronistas pero con nombres que no aludieran directamente al partido. Así hubo tres candidatos: Carlos Menem, Adolfo Rodríguez Saá, ex presidente interino, y Néstor Kirchner, gobernador de Santa Cruz y hasta ahora con poca incidencia a nivel nacional. Con el mismo criterio se presentaron tres candidatos de origen radical: Ricardo López Murphy, Elisa Carrió y Leopoldo Moreau.

El 27 de abril fue la elección. Menem obtuvo un 24% y Kirchner un 22%, de modo que ambos debían ir a una segunda vuelta.

Yo voté por López Murphy, considerando su intento de equilibrar las cuentas cuando fue ministro. Quedó en tercer lugar con un 16%.

A medida que se acercaba la segunda vuelta crecía la intención de voto por Kirchner, ya que, como efecto de su cercanía con la corrupción y de su estilo personal de gobierno, la figura de Menem había provocado un generalizado cansancio. Aunque se lo estimara por asociarlo a un período de estabilidad, había muchas ganas de dejarlo atrás y pasar a otra cosa.

Cuando las encuestas predecían cerca de un 70% de votos para Kirchner, Menem declaró ser víctima de una campaña empeñada en *demonizar* su figura, y anunció su renuncia a la segunda vuelta.

De modo que el 25 de mayo asumió Kirchner, iniciando una etapa que no daba mucho lugar a previsiones, ya que sabíamos muy poco sobre él.

En su discurso inicial comentó que exactamente 30 años antes, cuando había asumido Cámpora, él había sido uno de los argentinos que desde la plaza había soñado con un país mejor. Recordé que yo había sido otro, también soñando e intentando, aunque enfocado hacia un distinto modelo.

Y no nos concentramos mucho en el nuevo gobierno, porque Diego nos informó que había sido aceptado en la Universidad Jean Moulin, de Lyon, y estaba reservando su pasaje a Francia para el 24 de junio.

En poco más de un año había aprendido el idioma como para asistir a una clase y entenderla. Volvimos a darnos cuenta del poco sentido que tiene hacer caso a los que sin parar a pensar viven diciéndonos que *no se puede* alguna cosa.

No existe el no *se* puede, con pronombre impersonal: existe el *no puede* una determinada persona. Es casi un crimen por negligencia decir no *se* puede, como si todos pudieran exactamente lo mismo.

Y no es un problema de capacidad o incapacidad: es un problema de intención o falta de intención. Si a alguien no le interesa algo, no hará fuerza por conseguirlo.

Y si lo obligan sus profesores, hará lo posible para no ser expulsado, pero vivirá en un mundo muy distinto al de quien desea ese algo con todas sus fuerzas.

Lo que tiene menos sentido en este mundo es una discusión sobre si *se puede* lo que uno quiere y otro no.

Lo que lograron nuestros hijos fue mérito de ellos mismos; pero si nosotros les aportamos algo fue una vida en la que casi nunca les tocó escuchar un *no se puede*.

Así las cosas, nos preparamos para el día de su partida. Repetíamos que queríamos volver a vivir juntos, pero en realidad no nos habíamos dedicado a preparar ningún plan. La despedida sería en esas condiciones, sin saber qué vendría más adelante pero sin reprocharnos por no intentar otra cosa.

Fuimos a Ezeiza, y también fueron varios de sus compañeros. Diego estuvo hablando con unos y otros tratando de quedarse lo más que podía. Cuando le quedaban pocos minutos para irse terminaron las charlas y empezaron los abrazos.

Resistimos como pudimos y lo vimos pasar al otro lado.

Nos quedamos frente a sus amigos. Les agradecimos en nuestro nombre la vida que había tenido Diego junto a ellos.

Y nos volvimos a casa.

Nos costó aceptar que ahora éramos menos.

Al otro día empezamos a recibir sus noticias. Como allá las clases empezaban en septiembre, disponía de un par de meses para acomodarse y encontrar un trabajo. La familia francesa lo ayudó hasta cierto punto, pero todos vivían lejos de Lyon. Desde antes del viaje se había informado para ir a trabajar en la vendimia francesa, que por tradición le interesa a gente de varios países y regiones. Lo hizo durante la duración habitual y quedó muy contento con la experiencia, a pesar del esfuerzo que suele requerir.

Después consiguió un empleo con horario elástico en un Mc Donald's de Lyon, ideal para continuar cuando estuviera estudiando.

En los siguientes meses fuimos recibiendo noticias de cómo empezaba a estudiar y a construir su nuevo mundo de personas y sitios conocidos, mientras nosotros intentábamos definir lo que haríamos.

Yo confiaba en que en cualquier país podría repetir mi propaganda inicial y trabajar en el servicio técnico a domicilio, dando por sentada la necesidad de cambiar de idioma. Me anoté en un curso de francés de un colegio y lo acompañé con lecturas para aprender por hábito. Intenté que Alicia y Martín practicaran conmigo; pero no se les veían ganas de hacerlo.

Aunque Diego se veía muy entusiasmado en su nuevo mundo, no mencionaba planes ni búsqueda de información para posibilitar nuestro traslado.

Viendo que nadie acompañaba mi intento de acabar con aquella barrera de la distancia, pasamos a una etapa de desagradable indefinición. No hablábamos del tema ni de cómo imaginábamos nuestra vida de un tiempo después.

Cuando se entrecruzan dos opciones, y cada una nos presenta sus partes indeseables, el resultado es una inmovilidad en que tendemos a dejar todo para después, como si eso que no decidimos fuera a ocurrir algún día sin nuestra intervención.

Puede ocurrir sin nuestra intervención la infinidad de sucesos que vemos a nuestro alrededor, pero no nuestro acto de movernos de un sitio a otro.

Lo nuestro era una inmovilidad de definiciones, pero con una permanente ebullición de llamados internos en una dirección o en la otra.

Se enfrentaban hora tras hora la facilidad de lo conocido y la desabrigada incomodidad de lo desconocido. De un lado nos reclamaba el mundo en que nos movíamos, con una casa a la que volver cada día y un medio ya existente de ganarse la vida; la gente que nos quería y que podíamos seguir viendo; las noticias diarias sobre cómo andaba el país, alarmantes pero familiares, con personajes que se habían vuelto parte de nuestro hábito de pensar. Lo conocido, incluyendo sus dificultades, nos sugiere calidez; un ambiente en que nunca estuvimos nos despierta una incontrarrestable sensación de frío.

Pero todo eso era un solo lado de las cosas. Sabíamos que estaba lo otro; estaba saber que nuestra vida se volvería más pobre si no hacíamos otra cosa que dejarla así.

No es que la vida pueda volverse peor *por lo que nos tocó*: la vida es mejor o peor *por lo que hacemos*.

Puede haber circunstancias indeseadas que vengan solas; pero nunca duelen tanto como nuestro estado interior; nuestra convicción de qué es lo que pudimos hacer y no hicimos. La satisfacción de *hacer* siempre pesa más que cualquier insatisfacción por *lo que pasa*.

Ningún efecto indeseado de haberse movido hacia lo que se quiere es tan malo como *vivir sin lo que se quiere.* Cualquier efecto de *haber arriesgado* se acepta con dignidad; y una vida con dignidad es la única que se puede vivir sin reprocharse nada a sí mismo, pase lo que pase en el paisaje que uno suele tener alrededor.

Seguía viendo *padres de emigrantes* en mi trabajo; y seguía sabiendo que no éramos la familia que habíamos sido; y seguía siendo enemigo a muerte de la propuesta de *acostumbrarse.*

Y no dejaba de decirme que ese malestar por dejar las cosas sin hablar y sin hacer no podía alargarse mucho sin traer consecuencias: su única perspectiva sería seguir creciendo y seguir empeorando todo.

Esa era la vida que no quería; la vida que no tenía que aceptar.

Llegaron las fiestas de fin de año, con las llamadas a Diego y con la tristeza propia del caso.

Ante todos los comentarios sobre sentirnos mal le repetí que no estábamos ante una desgracia a la que hubiera que resignarse: estábamos ante las consecuencias de lo que decidíamos hacer o dejar de hacer.

El primer día de 2004 encaramos el tema con Alicia; nos dimos cuenta de que tarde o temprano teníamos que responder a lo que vivíamos, y nos pusimos a trazar nuestro proyecto de irnos a España.

El plan de irnos

Alicia había sentido siempre más accesible la idea de vivir en España; porque le significaba estar rodeada de lo ya conocido, recibir alguna ayuda como emigrante retornada y no verse ante la barrera del idioma.

Esa opción significaba tomarnos un gran esfuerzo para continuar siendo una familia separada por la distancia. Nunca le había encontrado sentido a calificarla de buena.

Ya con toda la evidencia de que no podía forzar a los demás a lo que no querían, dejé atrás la idea de que con esa opción *conseguiríamos muy poco*, porque la opción de no hacer nada era peor.

Me pareció mejor dar ese salto sobre el océano, hacia una sociedad en la que no viviéramos esperando lo que tal vez no llegaría, y en la que hubiera mejores posibilidades para Martín, que pasara lo que pasara quedaría más cerca de su hermano.

Estudiamos el tema y dimos más forma al plan. Alicia tenía familia en Asturias, con la que siempre se había comunicado más que con la de Francia. A primera vista podríamos vivir en Oviedo, pero nos pareció una ciudad pequeña para mi necesidad de conseguir muchos clientes.

Necesitábamos estar rodeados de más gente. Descartamos Madrid porque los alquileres eran muy caros y nos aumentaría la dificultad para establecernos. Descartamos Barcelona porque allí se dictaban clases en catalán, y Martín debía proseguir el secundario ese mismo año. Por referencia de otros argentinos emigrados supimos que en Valencia, la tercera ciudad en población, había un buen nivel de actividad, y Martín no tendría problemas porque se dictaban clases en castellano.

Proseguimos nuestra investigación a partir de ahí. Vino la etapa de ir al Consulado y otros organismos para conocer todos los detalles. Consultamos también a empresas de mudanzas internacionales.

El plan de irnos no nos eliminó la preocupación por la vida del país; porque era cuestión de principios más que de utilidad. En abril participamos en una *marcha por la seguridad*, luego del secuestro de un joven que finalizó con su muerte. De inmediato su padre habló ante los medios: *"Acompáñenme a protestar contra las leyes débiles que alientan la delincuencia"*.

Sabiendo que era nuestro mismo sentimiento, y estaba fallando lo que no tenía que fallar, nos sumamos al llamado. Ese día cerré el local dejando en la puerta un cartel: *"Hoy adherimos a la Marcha por la Seguridad. Si los legisladores no votan otras leyes nosotros votaremos otros legisladores"*.

Y nos fuimos a la concentración ante el Congreso, donde se reunieron más de doscientas mil personas, forzando a que en todos los medios se discutiera sobre qué había que hacer. Fue nuestra última presencia en la vida pública argentina, y no llegamos a tener noticias sobre qué efecto produjo.

En junio ocurrió que nuestro gato Rayito, ya con más de 14 años y con serios problemas respiratorios, sufrió un empeoramiento brusco y murió casi inmediatamente. Consiguió morir en la casa donde siempre había vivido, salvándose de nuestro plan de mudanza y de un viaje en condiciones que le serían difíciles. Solicitamos que se cremaran sus restos y conservamos las cenizas en una urna que nos llevaríamos con nosotros.

Seguimos informándonos de qué pasaba en nuestro país, con la intriga inicial sobre cómo sería el gobierno de Néstor Kirchner. A primera vista seguía reacomodándose todo lo desintegrado en 2001. Un día vimos que luego de una reunión con el FMI dijo *"ganamos por goleada"*, tomándose todo como un enfrentamiento contra enemigos perversos y al mismo tiempo *inferiores*, que fuera como fuera *no podrían con nosotros*. Fue un indicio de que continuaba en el poder una corriente de ideas demasiado vieja y repetida, carente del *afán de reformas en profundidad* que necesitaba el país.

En los meses posteriores tramitamos los pasaportes argentinos y españoles. Nuestros hijos tenían automáticamente la nacionalidad española y solo necesitaron oficializarla. A mí me agregaron en el pasaporte argentino una etiqueta de visado que me daba, por estar casado con una española, los derechos de residente, condición en la que podía iniciar cualquier actividad independiente.

Luego empezó la etapa de vender los muebles de nuestra casa y las instalaciones del local. No nos preocupamos por salir perdiendo respecto a lo pagado alguna vez. Eso había tenido sentido mientras nuestra vida continuaba allí. Ahora vendría la etapa de empezar todo de nuevo, y si encontrábamos de qué vivir y cómo asentarnos nos daríamos por muy satisfechos.

Todas las pertenencias, incluyendo la misma casa en que se vive, tienen valor y sentido en relación a la vida que se quiere. Lo que importa son las personas, la relación entre ellas y las perspectivas de cómo vivirán. Sin eso, todas las cosas que habían sido valiosas dejan de serlo. Yo había visto casos de gente que, luego de un largo esfuerzo por construirse una casa, se había divorciado y descubierto que todo lo valioso se le había vuelto insignificante.

También había tenido todo el sentido y todo el valor del mundo nuestra casa. Pero eso valió hasta el día en que dejamos de estar juntos. De ahí en adelante no nos importaría pasar a ser inquilinos ni vivir en condiciones menos seguras. Lo único que nos importaba era cuánto habría de deseable y digno de vivir en nuestra vida.

En los últimos meses del año vendimos el departamento donde habían vivido la hermana y el padre de Alicia, de modo que podríamos enfrentar sin mucha dificultad nuestro primer período en España. Para evitar los riesgos de todo el que andaba con dinero por las calles argentinas, nos distribuimos lo cobrado entre Alicia, Martín y yo, y en seguida fuimos a dejar una parte en una cuenta bancaria y cambiar otra por cheques de viajero, mientras que la tercera la mantuvimos en dólares.

Lo primero que hice al otro día fue comprar una cámara digital, y fotografiar todos los sitios de Buenos Aires por los que anduve, como para seguir poseyendo cada parte del mundo en que habíamos vivido.

Lo días siguientes terminamos de reservar los pasajes, y planeamos visitas para despedirnos de parientes y amigos. Fue triste, pero con la calma de quien sabe por qué está haciendo lo que hace.

Después de vender o regalar todo lo que no nos llevaríamos, y de entregarle el resto de las cosas a la empresa de mudanzas internacionales, nos quedamos únicamente con los colchones en que dormimos la última noche en nuestra casa.

Al otro día, 30 de noviembre, nos levantamos temprano y dejamos los colchones en la calle. Después hicimos las últimas llamadas y desconectamos el teléfono.

A las 10 llegaron un coche en que iríamos Martín, Alicia, su hermana y yo, y una furgoneta que llevaría nuestras maletas.

Nos despedimos de nuestra casa y de los 16 años que habíamos vivido allí, saludamos a los vecinos que vimos al salir e ingresamos al coche. Al levantar mi último pie del suelo me dije que no pisaría Buenos Aires hasta nadie sabía cuándo.

Recorrimos el camino a Ezeiza, tantas veces visto al acompañar a otros y al trabajar con el taxi. Continué tomando fotos de todo. Al ver las primeras colas de aviones sobresalir por encima de los árboles supimos que ya estábamos ahí.

Casi a la entrada del aeropuerto vimos un amplio cartel de propaganda: *"No te vayas; viene Kirchner"*.

Llegamos, descargamos las dos maletas de cada uno e ingresamos. Allí nos esperaban una tía de Alicia y una amiga, ambas con sus maridos.

Estuvimos charlando un rato, tomando algo y comprando euros con nuestros últimos pesos argentinos.

Llegó la hora de entrar y nos despedimos, esta vez siendo nosotros los que pasaban al otro lado.

Atravesamos trámites y controles a los que no estábamos acostumbrados; llegamos a nuestra puerta de embarque y vimos que ante esta, a diferencia de ante otras, no había ningún avión.

Nos dijeron que habría una demora. Después de un rato nos ampliaron la explicación: como en el avión había un baño que no funcionaba, solo estaría autorizado a salir con dos tercios de los pasajeros registrados. Saldría cuando los demás hubieran desistido voluntariamente.

Para solucionar el problema nos ofrecieron la mitad del valor de cada pasaje si aceptábamos pasar a un vuelo de las once de la noche. Como eran más de las tres de la tarde y no sabríamos cuánta sería la demora, aceptamos el cambio.

Hacía falta comunicárselo a Diego, que junto a la prima de Alicia que vivía en Asturias nos habían alquilado un departamento en Oviedo y estarían en el aeropuerto a las 7 del día siguiente.

Por entonces no había en Ezeiza ordenadores conectados a disposición de la gente. Para usar un teléfono debimos recurrir a las pocas monedas argentinas que nos habíamos guardado como recuerdo. Llamamos al celular de Diego, y como estaba lejos nos comunicamos mal y se nos cortó en seguida. Llegamos a decirle que había un retraso.

Fuimos a comer y nos quedamos paseando por el aeropuerto, no muy cómodamente porque llevábamos abundante equipaje de mano.

Nuestro entretenimiento fue ver como otra gente hacía colas y se iba. El tiempo no pasa igual para el personal de las aerolíneas, que cada día administra alteraciones o no, que para los pasajeros encerrados fuera de su ambiente habitual, sin comodidades a su alcance y sin nada que hacer durante no saben cuánto.

Después de las seis de la tarde, cuando hubieron desistido los suficientes pasajeros, partió el avión en que habíamos debido irnos. La diferencia de nuestra demora no sería tanta.

Vimos cómo iba anocheciendo y nos dijimos que cuando volviera el sol no estaríamos en ese mundo de siempre. Pasamos unos ratos sentados, pensando en todo lo que acababa y empezaba, y otros mirando escaparates que ofrecían todo lo imaginable a quienes se entretuvieran comprando.

Algunos de esos artículos eran admirables obras de diseño, y significarían la concreción de un sueño para sus compradores; aunque se vuelven una presencia agradable pero vacía para quien los contempla el día en que pasa de una vida a otra.

Entre pensamientos, paseos y charlas, llegó nuestra hora de abordar. Nos tocaron los cuatro asientos del bloque central, entre los dos pasillos.

Dispuesto a aprovechar lo último que se viera por las ventanillas, me cayeron mal algunos que, sentados junto a ellas, las cerraban completamente. Me parecieron demasiado reacios, demasiado insensibles, y tal vez disgustados, ante un mundo siempre digno de mirar.

Y nos pusimos en marcha, al principio lenta y pensativamente.

Llegamos a la pista de despegue e iniciamos la aceleración. En seguida sentimos que ya no estábamos en el suelo.

Me reingresó un pensamiento muy repetido en los últimos meses: ese esfuerzo intenso y estruendoso que nos separa del suelo se parece mucho al que necesita una persona para despegarse de donde siempre estuvo. Solo un motivo suficientemente valioso nos mueve a desplegar esa energía.

Al otro lado de las ventanillas nos saludaba una infinidad de luces. El mundo donde había empezado mi vida seguía visible por unos minutos.

Mientras miraba esas luces como para llevármelas en la memoria, se me sucedieron escenas del país que iba quedando atrás: la casa de los primeros tiempos con mis padres y hermanas, mis amigos, mi empezar a enterarme de cómo era el mundo, los trabajos, los sueños, la militancia, los combates, las manifestaciones, los mundiales de fútbol y los festejos en aquellas mismas calles...

Todo aquello era posible de dejar pero digno de haberse vivido. No tenía sentido juzgarlo sino recordarlo.

Poco después no había más luces. Solo oscuridad; solo nosotros yendo hacia lo que habíamos decidido.

Poniendo pie en España

Continué con la mente entre el pasado y ese presente por el momento vacío y silencioso.

Después de un rato de monotonía fui durmiéndome. Al pensar en aprovechar el tiempo para dormir, el mismo intento me quitó el sueño.

Como íbamos hacia el noreste y el sol venía hacia el oeste pareció acelerársenos el tiempo, y en poco más de tres horas empezó a llegarnos luz exterior.

Para no quedarme continuamente en el asiento salí a andar varias veces por el pasillo. Siempre era lo mismo. Allá abajo solo había océano.

Con o sin impaciencia el tiempo pasa. Cambiamos los relojes a la hora de España.

En algún momento se vio que allá abajo había tierra.

Fuimos mirando una pantalla con la figurita del avión sobre un mapa. Muy lentamente para nuestro deseo fue acercándose a donde tenía que estar Madrid.

Escuchamos la recomendación de sentarse y ajustarse los cinturones. Pronto estuvimos perdiendo altura y viendo crecer paisajes, caminos y edificios.

Poco después el suelo pasaba muy cerca y muy rápido bajo nosotros. Siempre es un alivio ver que en ese momento aparece una pista.

Y es un alivio sentir que tocamos tierra, nos sacudimos un poco y escuchamos ruedas que giran. El viaje terminaba como debía terminar, y estábamos donde tanto nos habíamos imaginado desde lejos.

Nos acercamos al punto en que debíamos detenernos, mientras mirábamos cada detalle de lo que nos rodeaba.

Nos detuvimos, y después de lo que siempre parece demasiado tiempo se abrió la puerta. Bajamos concentrados en lo que significaba aquel momento y pusimos pies en España.

Tuve tiempo de tomar un par de fotos al avión en que habíamos venido.

Aliviados por volver a estar de pie, pasamos los controles de documentos y fuimos a los baños a lavarnos la cara. En las puertas de los baños alguien había dejado inscripciones despreciativas contra los inmigrantes.

Eran poco más de las tres de la tarde. Caímos en cuenta de que en media hora salía el avión a Asturias y no sabíamos cómo llegar hasta él.

Comenzamos a preguntar y fuimos orientándonos. Con cierta angustia llegamos a tiempo. Como nuestras tarjetas eran para el vuelo de esa mañana al que no habíamos llegado, nos escribieron a mano en ellas nuestros nuevos números de asiento.

Volvimos a ingresar, acomodar equipajes y escuchar instrucciones de seguridad.

Enfilamos hacia la pista de despegue, y antes de ingresar a la misma nos dimos cuenta de que nos quedábamos detenidos demasiado tiempo.

Nos informaron que determinado dispositivo no respondía bien, y por razones de seguridad había que revisarlo. Como suele suceder, no nos dijeron cuánto se tardaría.

Allí notamos que en España estaba mucho más extendido el uso de celulares. Gran parte de la gente llamaba a alguien para informarle que llegaría más tarde. También nos dimos cuenta de que se tomaban aquello con demasiado dramatismo, con tono de estar sufriendo una desgracia y términos como *calamidad*.

Ingresaron al avión unos técnicos y se quedaron rato largo en la cabina. En medio de esa demora sin novedades me dormí un rato.

Después de no sé cuánto tiempo supimos que el desperfecto no se había solucionado, y como no se permitía volar en esas condiciones deberíamos salir para que nos asignaran otro avión.

Debimos bajarnos y reingresar al edificio del aeropuerto. Nos preocupamos por Diego, que sabía del atraso del primer vuelo pero no del segundo. Dedujimos que como tanta gente había hecho llamadas le habría llegado de algún modo la noticia.

Mientras caía la noche, esperábamos y nos decíamos que llevábamos demasiado tiempo recorriendo aeropuertos, hicimos nuestra primera compra en España: unos ricos bocadillos de jamón serrano.

Después nos enteramos de que el avión de reemplazo saldría a las nueve de la noche. Esta vez nos cambiaron las tarjetas de embarque retocadas por simples papelitos con nuestros números de asiento.

Volvimos a ir hasta el avión y a acomodarnos en los asientos. Nos encaminamos hacia la pista y, esta vez sí, entramos a esta y despegamos.

El viaje a Asturias fue corto. En menos de una hora aterrizamos, salimos, y en un salón del aeropuerto nos encontramos con nuestras maletas grandes, que habían venido en el primer avión, apiladas junto a una pared.

Sacábamos nuestras tarjetas para solicitar que nos las entregaran, cuando de pronto me encontré, allí a mi lado, con Diego abrazando a Alicia.

Luego de todo un día de preocupación, apenas nos vio se metió allí sin preguntar si podía. Todos lo abrazamos, después de un año y medio sin verlo.

Le contamos nuestro historial de retrasos y problemas para comunicarnos. Él nos contó que, luego de haber escuchado nuestra llamada, inconclusa y poco clara, había estado allí a las siete de la mañana, cuando se suponía que llegaríamos. Al no vernos salir de ese primer avión había empezado a preguntar en todos los mostradores; pero el personal del aeropuerto le repitió una y otra vez que tenía prohibido informar la identidad de los pasajeros. Al ver que tampoco llegamos en un vuelo de esa tarde había vuelto a preguntar, y hasta se había enfurecido por la continua negativa a informarle.

Ahora, quince horas después de lo programado, nos había visto aparecer.

Salimos a otra sala y allí estaba Rogelia, la prima de Alicia y María Teresa. Las abrazó entre lágrimas, porque las había visto por última vez hacía cuarenta años, cuando eran unas niñas que su padre se llevaría hacia un país lejano.

Tomamos un autobús hacia Oviedo. Fui mirando el exterior para ver de qué se trataba el mundo en que estábamos. La oscuridad no nos permitía enterarnos mucho; se veían caminos y una que otra casa.

Llegamos a la estación de autobuses de Oviedo, ya viendo escenas de ciudad, y para llevarnos a todos y nuestras maletas hicieron falta tres taxis. El taxista que me tocó a mí soltó algún rezongo porque íbamos con demasiado equipaje.

En seguida estuvimos en el apartamento que nos habían alquilado. Lo miramos un poco, acomodamos las maletas y salimos a una pizzería que había cerca.

Pedimos unas pizzas, brindamos por nuestro reencuentro, nos tomamos fotos y vimos al otro lado de las ventanas el mundo que nos rodeaba. Eran calles de lo más normales y tranquilas; costaba creer que era otro continente.

Nos contamos más detalles del viaje y de lo hecho en los últimos meses. Luego volvimos al apartamento, conversamos un rato y nos fuimos a dormir.

Así finalizamos ese movido 1 de diciembre de 2004, nuestro primer día en España.

Después de dormir bien tras un largo período sin camas, nos levantamos a desayunar. Diego y Rogelia habían llenado la nevera con cosas ricas.

Pasamos el día recorriendo Oviedo y empezando a ver de qué se trataba todo aquello.

Los dos siguientes días viajamos a los pueblos donde Alicia y María Teresa habían nacido y pasado sus primeros años. Visitamos su casa natal, que su tío había vendido a unos vecinos en 1990.

Aunque era invierno fueron unos días sin nieve. Nos rodeaban montañas medio envueltas en niebla y nubes, suelos ondulados en los que se paseaban caballos y ovejas, caminos pedregosos y casas con chimeneas humeantes.

En Campo de Caso, el pueblo más grande de la zona, había un restaurante donde trabajaba Rogelia. Allí nos prepararon una fabada asturiana, plato ideal para los días de invierno.

Estuvimos visitando parientes y personas de las que habíamos oído hablar desde lejos. Algunas habían visto a Alicia y María Teresa en su infancia; otras nos conocían por los comentarios que siempre circulan en las familias.

El domingo volvimos a Oviedo. Diego se fue para retomar su trabajo y sus estudios en Lyon; y esa noche partimos Martín y yo a nuestra primera misión: conocer Valencia, ver el panorama y alquilar un sitio en que iniciar nuestra vida allí.

Viajamos en autobús hasta Madrid, aprovechando para dormir durante el viaje sin recurrir a un hotel.

Llegamos a primeras horas de la mañana. Nos pusimos a andar por las calles céntricas y nos encontramos con sitios que habíamos visto en fotos y películas. Como era 6 de diciembre, Día de la Constitución, no había actividad y se veía todo muy vacío, porque además el frío no alentaba a estar en la calle.

Llegamos a la Puerta del Sol y comimos en una sandwichería frente a la misma. Estuvimos allí cerca de una hora, hablando de lo que veíamos y de nuestros planes.

Cuando salimos, a eso de las once, el mundo parecía haber cambiado repentinamente; en vez de calles vacías nos encontramos con transeúntes por todos los rincones. Existía la costumbre de salir a una determinada hora.

Paseando por las calles peatonales vimos una multitud agolpada en una esquina. Pensamos que habría ocurrido un accidente o sería un acto de protesta; pero era simplemente el momento en que abriría sus puertas El Corte Inglés, y todo el mundo esperaba para entrar a comprar.

En una avenida vimos pasar una marcha de *antimonárquicos*, que por ser el Día de la Constitución habían salido a manifestarse contra la monarquía, con abundantes banderas republicanas y carteles de partidos de izquierda.

Después anduvimos por la Plaza Mayor, también llena de gente, adornos navideños y puestos de venta.

Seguimos recorriendo sitios y acercándonos a la terminal en que tomar un autobús a Valencia, aprovechando nuevamente la noche para dormir durante el viaje.

Partimos cerca de la medianoche y en ese viaje dormimos bien, por efecto de venir descansando poco y sin comodidades.

Valencia

Llegamos a la estación de autobuses de Valencia antes de que amaneciera. Al salir nos vimos ante el antiguo cauce del río Turia.

Ya habíamos leído que luego de una trágica riada ocurrida en 1957 el río había sido desviado más al sur de la ciudad, y ahora quedaba allí un *cauce del río* sin río, lleno de parques en que pasear y practicar deportes.

Vimos que al otro lado del cauce unas flechas indicaban la dirección hacia el centro de la ciudad; pero como esa calle se veía desierta y no sabíamos cuánto habría que caminar, preferimos preguntar sobre los transportes disponibles.

Entonces hicimos nuestro primer viaje en los autobuses urbanos de Valencia. Mientras iba amaneciendo llegamos a la Plaza del Ayuntamiento.

Allí estaba el edificio del Ayuntamiento, cubierto por tubos de luces navideñas que por el momento seguían encendidas.

Y había varios sitios en donde desayunar. Nuestro primer desayuno en Valencia fue en El Templo del Café.

Ya habíamos aprendido que en España no existen nuestras queridas *medialunas*. Lo más disponible es el *croissant*, una especie de medialuna muy grande, demasiado esponjosa y dulce para mi gusto, que se sirve en un plato y debe cortarse con tenedor y cuchillo.

Como todos los latinoamericanos, excepto los que vieron ruinas incas y aztecas, miramos y tocamos con cierto asombro las construcciones que llevaban allí varios siglos. Recorrimos lo que pudimos hasta que empezó una molesta llovizna. Luego de ver algunos hoteles caros encontramos un hostal aceptable a un precio menor.

Después de acomodarnos en la habitación empezamos con nuestra tarea: ver en el diario anuncios sobre alquileres, cosa difícil cuando no se conocen los barrios ni sus características. Sabíamos que en esas condiciones no podríamos hacer la elección óptima; pero sería útil para empezar a estar allí y enterarnos de lo demás con el tiempo.

En nuestra primera noche en España nos habíamos enterado de que la numeración de las calles no era igual que en Argentina u otros países de América. En Europa tienen números únicamente las entradas de viviendas, no los locales comerciales. Estos números van aumentando de a dos independientemente de a cuánta distancia estén. Como efecto los números, incluso de las calles más largas, son demasiado *bajos* para nuestra costumbre. Cuando antes de viajar los veía en Internet me preguntaba si las ciudades no serían demasiado pequeñas, aun sabiendo que no podía ser así.

Además, como las ciudades europeas no fueron *fundadas* a partir de un plano rectilíneo, sino que sus calles se originaron en pasajes entre casas improvisadas siglos atrás, no había calles largas ni paralelas, al menos en su parte más antigua. Por lo tanto nadie medía la distancia en *cuadras* como nosotros. Para referirse a la distancia se decía *"a cinco minutos"* o *"a veinte minutos"*, como si todo el mundo caminara a la misma velocidad. Me dije que ser taxista en Valencia requeriría depender pura y exclusivamente de la memoria, sin ninguna referencia a la *altura* en que una calle se cruza con otra.

Enterados de estas condiciones, lo que veíamos en el diario lo repasábamos con un mapa turístico que nos habían dado. Esa tarde fuimos a un locutorio a consultar por algunos alquileres anunciados. Lo primero que supimos es que no sería fácil, porque pedían abales bancarios y empleos con cierta antigüedad. No faltaron indicios de desconfianza al escucharnos y detectar que no éramos españoles.

Desde el locutorio enviamos mails a Alicia y a Diego para contarles nuestras primeras novedades desde allí. Cuando fuimos a algunas inmobiliarias supimos un poco más sobre el tema. Nos mostraron algunos departamentos, a los que allí en vez de departamentos los llaman *pisos*.

Cuando años atrás me contaban que algún pariente español *se había comprado un piso*, yo respondía *"ahora le faltan las paredes y el techo"*.

Al día siguiente, recorriendo un poco más la ciudad y visitando inmobiliarias, supimos que para nuestro objetivo era necesario un teléfono, y que allí se tomaban como demasiado raro que alguien no lo tuviera.

Fuimos al local de una empresa telefónica y consultamos. Entre los muchos términos a corregir ante los que aparentemente hablan el mismo idioma, supimos que lo que llamábamos un *celular* era para los españoles un *móvil*.

Para tener una línea *móvil* hacía falta una cuenta bancaria con un determinado saldo mínimo en los últimos meses. Si no se cumplían esas condiciones la solución era una línea *prepaga*, a la que se incorporaba saldo disponible comprando una tarjeta. Era más caro por minuto de consumo, pero útil para recibir llamadas.

Salimos de allí con nuestro primer *móvil* español. Esa noche informamos nuestro número mediante nuevos mails.

Al otro día cumplimos una aspiración muy propia del que viene desde lejos: llegar hasta la orilla del Mar Mediterráneo. Ya no era un lugar mítico presente en los libros de historia; *estaba ahí*, y aunque hacía mucho frío nos acercamos y tocamos sus aguas.

En ese momento nos llamó Alicia, enterada de nuestro número telefónico, y le hicimos escuchar el sonido del mar.

Después nos llamó Diego y le contamos nuestras novedades.

Seguimos invirtiendo nuestro tiempo en visitar inmobiliarias y conocer la ciudad, con no pocas molestias porque llovía casi permanentemente. Supimos que en Valencia suele llover poco, pero esos días el clima pareció empeñarse en complicarnos la vida.

Los *pisos* que vimos no nos gustaron mucho, y en todos los casos requerían condiciones legales que no podíamos cumplir. Una solución a nuestro alcance podría ser ofrecer al locatario el pago de todo un año por adelantado. De todos modos, como no parecía que aquello fuera a resolverse inmediatamente, pensamos en comenzar por un paso intermedio: contratar un alquiler *por día* en cualquier lugar, que resultaba más barato que un hotel, y establecernos todos allí hasta que consiguiéramos algo más estable.

De modo que al día siguiente conseguimos un apartamento temporal, pagamos un par de semanas, le avisamos a Alicia y emprendimos el regreso a Oviedo.

Llegamos a la noche, contamos lo vivido en esos días, dormimos, y a la mañana siguiente salimos los cuatro con todas las maletas hacia la terminal de autobuses.

Pasado el mediodía estuvimos en Madrid, comimos, descansamos un rato, fuimos en dos taxis a la estación desde donde había servicios a Valencia, y a la tarde nos tomamos el autobús.

Llegamos a Valencia pasada la medianoche.

Nuestro primer paso fue ir hasta la fila de taxis que esperaba a la salida. Nos acercamos al primer taxista a preguntarle si podía llevar dos personas con la mitad del equipaje, e inmediatamente contestó que no. Le dijimos que ya habíamos podido hacerlo en Oviedo y en Madrid; pero se mantuvo en lo mismo: *“No, eso no se puede”*.

Ante esa negativa a escuchar, o disposición a agredir, o a presionar en busca de un pago extra, la única respuesta digna fue dar media vuelta e irnos sin decir nada.

Fuimos hacia la avenida que pasaba frente a la estación. Por el camino nos encontramos con otro taxi y preguntamos lo mismo. Cuando nos dijo que fuéramos a la parada le contesté *“esos no quieren llevarnos”*, y su respuesta fue *“entonces yo tampoco”*.

Ante esa actitud lo único que cabía, si uno quería respetarse a sí mismo, era seguir caminando. Gracias a los mapas tenía idea de por dónde ir, aunque no era cerca. Si continuábamos a pie acabaríamos llegando, y fuera la hora que fuera tendríamos dónde descansar. Si nos quedábamos allí no conseguiríamos nada.

Como entre todos sumábamos ocho manos y las maletas y bolsos eran más, debimos avanzar unos metros y retroceder a buscar lo que faltaba. Poco a poco fuimos avanzando.

Después de unos cientos de metros vimos venir un taxi por la avenida. Lo paramos, preguntamos si podía llevar a dos y comunicarse con otro taxista para que viniera, y nos dijo que sí.

Al poco rato estábamos yendo en taxis hacia nuestro alojamiento. Llegamos, nos acomodamos y nos fuimos a dormir.

Nos levantamos, desayunamos, y salimos Alicia, Martín y yo a continuar en conjunto nuestra búsqueda. Fuimos ubicándonos mejor en el mapa, consultamos en inmobiliarias, y vimos *pisos* que no acabaron de gustarnos.

Allí nos enteramos de que en unos pocos edificios había *porterías* con encargados o conserjes; y en esos casos los gastos eran más altos. Saltó a la luz la diferencia con lo que pasaba en Argentina, donde los sindicatos tienen demasiado poder y el resto de la gente demasiado poco. Allí todos los edificios deben tener un *encargado* porque lo dice la ley, y si no se contrata uno viene el sindicato a presionar o a denunciar al edificio. El efecto es que hay que pagar gastos todos los meses porque incluyen el sueldo del encargado, generalmente más alto que el de muchos vecinos que se ven obligados a pagar por un servicio que no quieren.

En otros países, como habíamos visto en películas y series, hay a la entrada del edificio buzones en que se dejan las cartas para cada vivienda, y cada uno las recoge por su cuenta. Para limpiar escaleras y pasillos viene una persona unas pocas horas por semana, y la gente paga por eso una pequeña cuota por trimestre.

En nuestra búsqueda queríamos librarnos de esa carga la que aquí no estábamos obligados.

Finalizamos ese día sin ninguna perspectiva a la vista.

Al día siguiente, luego de un par de visitas, una inmobiliaria nos llevó a ver un piso, y asombrosamente reunía todas las condiciones: cuatro habitaciones, muebles, ninguna necesidad de arreglos, un balcón y dos baños.

Les dijimos que por no tener documentación de respaldo ofrecíamos pagar todo un año por adelantado. Quedaron en que nos contestarían al otro día.

Al otro día aprobaron el pedido y por la tarde acudió el dueño a firmar el contrato. En los últimos días habíamos ido retirando efectivo de los cajeros automáticos y pagamos un año de alquiler.

Salimos con las llaves en nuestras manos.

Como ya teníamos un domicilio nos apuramos a concretar un trámite pendiente: inscribir a Martín en un instituto secundario. Para poder incorporarse al año lectivo iniciado debía comenzar antes del fin de diciembre. Eso quería decir pocos días, porque la semana siguiente empezarían las mini vacaciones de Navidad. Luego de algunas corridas quedó todo resuelto, y tenía dónde seguir sus estudios sin interrupciones.

Al día siguiente nos llevamos todo al nuevo piso, y a los diecisiete días de haber llegado a España tuvimos dónde vivir.

Claro que nos faltaba el modo de pagarlo. En no mucho tiempo deberíamos empezar a trabajar.

Fuimos enterándonos de cómo eran las inmediaciones, y el 24 de diciembre vino Diego desde Lyon. Conoció nuestra casa y volvimos a nuestra acostumbrada cena de Navidad.

Se quedó un par de días, en los que tanto él como nosotros aprovechamos para conocer Valencia. Vimos torres medievales que en un tiempo defendían lo que había sido una ciudad amurallada; recorrimos el cauce del río y paseamos por los barrios que lo rodeaban; llegamos a las espectaculares construcciones de la Ciudad de las Artes y las Ciencias, inauguradas sobre el inicio del milenio.

Volvimos, esta vez todos juntos, a la orilla del Mediterráneo. Después, Diego partió hacia su mundo habitual y nosotros seguimos acostumbrándonos al nuestro.

En ese casi desconocido ambiente comenzamos el año 2005.

Empezando a trabajar

Nuestros primeros días del año se parecieron a unas vacaciones en las que recorríamos un sitio desconocido para ver de qué se trataba, aunque con la inquietud de saber que tendríamos que pagar nuestra vida.

Nos anotamos en los organismos españoles que registran a los demandantes de empleo. Martín comenzó a ir al instituto secundario.

Por medio del diario Alicia consiguió un trabajo temporal. Se trataba de una empresa que envasaba alimentos, y mientras durara la cosecha de naranjas necesitaba gente para revisar los gajos que serían envasados en frascos. Así empezamos a conocer el ambiente laboral de España.

Yo vi que, en vez de quedarme esperando que me llamaran los organismos en que me había anotado, me convenía hacer propaganda de mi servicio a domicilio. Me inscribí como trabajador autónomo para cumplir los requisitos legales.

Mientras tanto, di el paso de restaurar una condición de nuestra vida que nos importaba mucho. Vi que en un diario figuraba una institución que regalaba gatitos. Fui hasta allí, en el Jardín Botánico de Valencia, cerca de donde vivíamos, me volví con nuestro primer gatito español y toda la familia estuvo muy contenta. A la hora de buscarle un nombre, Martín sostuvo que tenía que ser el de alguien a quien se admirara, y el nombre aprobado fue Coby, en memoria de Kurt Cobain.

En febrero diseñé unos volantes y comencé a distribuir propaganda, con el interrogante de qué respuesta obtendría en España.

A los pocos días sonó mi primera llamada. Era una señora a la que no le funcionaba el módem. Fui a mirarlo y vi que su equipo tenía un slot de un formato que ya no se usaba. Recorrí algunos comercios buscando un módem de ese formato.

En medio de eso me di cuenta de que andar por la calle se había convertido repentinamente en otra cosa; ya no estaba recorriendo un nuevo mundo para conocerlo: estaba trabajando. Mi sentimiento no estaba ya enfocado al *qué va a pasar*, sino viviendo el momento con la satisfacción de tener algo que hacer, como en tiempos no tan lejanos pero casi olvidados.

Finalmente no pude encontrar ese tipo de módem en los comercios, y esa primera llamada no se tradujo en un primer trabajo. Continué con mis recorridos para repartir propaganda.

Entretanto nos llegó todo lo que habíamos enviado en la mudanza internacional. Estuvimos varias horas descargando un camión y subiendo nuestras pertenencias por el ascensor. Nos quedó un amontonamiento de cajas que fuimos acomodando poco a poco. Con todo eso llegaron nuestros ordenadores. Montamos uno en la habitación que usaríamos como oficina y otro en el dormitorio de Martín. Poco después contratamos un servicio de conexión a Internet, teléfono y televisión, con lo que nuestra vida cotidiana pasó a ser más parecida a la de antes.

En marzo recibí una llamada que realmente derivó en el primer trabajo cobrado. Poco a poco se sucedieron otras, y aquello iba cobrando un ritmo mejor que el de los primeros tiempos en Argentina.

En una visita casual a un comercio, escuché que la señora que atendía estaba hablando por teléfono sobre la dificultad de conseguir gente con ganas de trabajar y cierto nivel de responsabilidad. Le pregunté de qué se trataba y me dijo que tenía una empresa de limpieza en la que necesitaba cubrir vacantes.

Le di mi número de teléfono, y a los pocos días llamó. Así Alicia consiguió un nuevo trabajo, ya que el anterior había sido por una temporada breve.

Este tampoco le duró, porque era en condiciones nada convenientes; pero gracias a una compañera que conoció allí se conectó con el equipo de limpieza de unas discotecas, y allí valió la pena quedarse porque pagaban mejor.

Entre eso y el incremento de llamadas por el servicio técnico mejoramos nuestros ingresos; pero aún no cubrían nuestros gastos cotidianos.

En marzo presenciamos nuestras primeras Fallas Valencianas. Teníamos una ligera idea sobre en qué consistían, pero para saberlo había que estar ahí. En esos días fuimos escuchando cada vez más pirotecnia, y nuestra costumbre argentina nos despertaba la sensación como de que se estuviera terminando el año. En contraste con lo visto con el uso de la pirotecnia en Buenos Aires, aquí no tuvimos ninguna noticia de accidentes ni de quemados; porque estaba rigurosamente reglamentada la fabricación, venta y uso de la pirotecnia, con rangos de edades para los que se autorizaba cada artículo.

En los días siguientes vimos camiones llevando grandes figuras de colores y gente comenzando a montarlas en la calle por medio de grúas. Cada grupo de vecinos o *falleros* organiza su falla. Los barrios más pudientes recaudan a tal fin cientos de miles de euros, y contratan a los diseñadores más cotizados. En mis salidas a distribuir volantes fui tomando fotos de todas las fallas que veía, y encontrándome con bandas musicales de hombres y mujeres con indumentaria valenciana.

Cada día a las dos de la tarde, en la Plaza del Ayuntamiento se disparaba una *mascletá*, algo así como un concierto compuesto de explosiones de pirotecnia. Como hay artistas en el diseño y armado de las fallas, también hay artistas de la pirotecnia, que se esfuerzan por combinar sonidos de forma que produzcan un efecto cautivante como el de la música. A esa hora se juntaban miles de personas en las calles adyacentes para presenciar y escuchar la *mascletá* del día. Luego hay equivalentes nocturnos, no solo audibles sino visibles, similares a los *fuegos artificiales* de otras partes del mundo. Los valencianos se toman casi como obligación moral llevar a sus hijos para que desde sus primeros meses se acostumbren al ruido.

En los últimos días se otorgan premios a las mejores fallas, por su diseño, belleza u originalidad. Un factor difícil de contrarrestar es la espectacularidad que consiguen los que pusieron más dinero. Todas las fallas, y los locales donde se reúnen los falleros de cada barrio, ostentan galardones recibidos el año actual o los anteriores.

El 19 de marzo nadie trabaja en Valencia. Ese día a última hora se queman las fallas. A la noche fuimos a la más cercana a nuestra casa, y en medio de un amontonamiento de vecinos pasamos un rato largo esperando ver cómo se quemaba. Pero resulta que los *falleros* se tomaban todo de otra manera, y prolongaban la noche hablando entre ellos, encendiendo petardos y disfrutando de estar juntos luego de varios días que esa noche llegarían a su fin. Cerca de la una de la mañana dispararon una andanada de fuegos artificiales, y vimos que desde otros barrios llenaban el cielo con el mismo espectáculo. Finalmente quemaron la falla, siempre con cierta tristeza por ser el fruto de varios meses de trabajo y dedicación entre todos. La quema en sí no duró mucho; luego de unos minutos de fuego intenso y calor que se sentía a distancia, las figuras de cartón fueron cayendo y solo quedaron cenizas. Siempre se mantiene cerca una dotación de bomberos, que al final moja las cenizas que quedan. Después viene un equipo municipal de limpieza y todo termina.

Después de esa quema de la falla en cada barrio queda la falla central, organizada por el Ayuntamiento. Como los demás quisieron irse a dormir, me fui yo solo hasta la Plaza del Ayuntamiento. Allí el amontonamiento de vecinos y turistas era tal que quedé a doscientos o más metros de la falla. También pasamos un rato largo con un fondo de pirotecnia y música valenciana. Al final, luego de una sesión de fuegos artificiales, se encendió la falla. Por ser más alta fue más prolongado y espectacular su aspecto por encima de los miles de cabezas que la rodeaban.

Mientras se iniciaba la rápida limpieza de los restos fuimos dispersándonos, bastante obstruidos por nuestro amontonamiento. Por el camino me detuve en una de las *churrerías* que se instalan en las calles para esa ocasión y pedí un chocolate con churros. Al continuar hacia mi casa vi más máquinas y limpiadores a pie quitando los restos de las fallas. El cielo de toda la ciudad continuaba enturbiado por humo en dispersión.

Al otro día a primera hora las calles estaban completamente limpias y se retornaba a la actividad de siempre, en la que seguramente los falleros ya extrañaban lo vivido y esperaban el siguiente año.

Llegó el verano, con la consiguiente extrañeza de sentir calor los meses en que antes sentíamos frío. Habiendo llegado en invierno y pasado el verano, nos sentimos como residentes con cierta antigüedad.

Entretanto, Diego se había encontrado con que el ámbito que más coincidía con su vocación era *Sciences Po*, o el Instituto de Estudios Políticos de París, del que cursaría su primer ciclo en Poitiers. Nos había contado que lo que más le interesaba era estudiar *economía del desarrollo*, para investigar las causas por las que unos países se desarrollan más que otros y encontrar cómo contribuir a ese proceso.

En agosto Alicia consiguió trabajo en un colegio importante de Valencia, en horarios que le permitían continuar con lo de las discotecas. A partir de ahí nuestros ingresos superaron a nuestros gastos, y pudimos decirnos que estábamos establecidos.

No había sido lo que se dice difícil, en vista de haber llegado con algo de dinero. Lo gracioso del caso fue que luego de toda una vida preocupándonos porque *aumentaba el dólar*, llegamos a España con dólares y nos encontramos con que *aumentaba el euro*; porque un año atrás costaba poco más de un dólar y ahora estaba a más de 1,30; situación transitoria que más adelante fue corrigiéndose.

Abundaban los inmigrantes en situaciones más difíciles. Muchos latinoamericanos, aprovechando el *boom* inmobiliario, se incorporaban por cuenta propia o ajena al área de la construcción. Más problemas tenían los provenientes de Europa del Este, no siempre con documentación legal, y más todavía los africanos, sobrevivientes de travesías que no todos finalizaban, que se dedicaban a vender todo tipo de artículos en las calles.

Al cumplir un año de estadía en España, nuestra nueva vida había tomado forma; yo tenía más clientes e iba conociendo las calles y los modos de viajar. También nos habituábamos a la gente, su modo de ver la vida y su modo de llamar las cosas; porque no por hablar nuestro mismo idioma le ponían a todo el mismo nombre.

Sabiendo que con un año de residencia podía solicitar la ciudadanía española, comencé a preguntar por ese trámite; porque, recordando aquello que me caía mal en mi país, no quería ser un extranjero que no votara.

Así me enteré de que no sucedería tan rápido, porque debido a que había muchos inmigrantes anotados me dieron una cita para marzo de 2007. Entretanto, debía ir tramitando varios documentos para presentar.

Aunque desde lejos y sin mucho detalle, seguíamos prestando atención a qué pasaba en Argentina. Supimos que con parte de las reservas se habían pagado al FMI más de 9000 millones de dólares, con lo que no quedaban deudas por las que este organismo pudiera imponer condiciones. Kirchner comentó esto con su clásico tono de confrontación y desprecio.

Desde la salida de la convertibilidad el bajo valor relativo del peso había mejorado las exportaciones; pero no se veía intención de pasar de *país favorecido por una circunstancia* a país con bases sólidas para el desarrollo. No se buscaba una mejora de la productividad ni un saneamiento estructural de la economía. Incluso se re-estatizaron algunas empresas. Aunque había mejorado la situación, no me gustaba la actitud general del gobierno.

Cuando llegaron las fallas de 2006 volvimos a mirar todo aquello que había pasado a ser conocido; pero precisamente por eso nos llamó menos la atención. Tomamos muchas menos fotos que el año anterior. Nos dimos cuenta de que para quienes intervienen cada año en ellas tienen otro sentido.

Así como hay grupos humanos nacidos de la aspiración a cambiar el mundo, hay otros cuya aspiración es que todo siga siendo igual. Quienes recuerdan una infancia con seres queridos protagonizando esas fiestas se sienten como obligados a que estas continúen llenando sus vidas como en aquel principio, y con todo lo que hacen se sienten parte de un pueblo satisfecho de ser como es y de continuar viviendo lo mismo.

En julio de 2006, Alicia volvió un sábado con una perrita en brazos, porque hacía algunos días había aparecido en la discoteca y se empeñaba en quedarse junto a los que trabajaban allí. Entonces Alicia se ofreció a adoptarla. La llamamos Amelie; se acostumbró a convivir con nuestro gato y pasó a ser parte de la familia.

Un día de ese año estuve viendo en el Canal de Historia un documental sobre la Revolución Francesa y la actuación de Robespierre. Las vicisitudes de su ascenso y caída me pusieron en evidencia que casi todas las revoluciones y casi todos sus protagonistas presentan, en sus virtudes y en sus defectos, una serie de rasgos curiosamente reiterados. Metiéndome más a fondo en la idea me encontré intentando identificar esos rasgos y buscándole explicaciones. Casi sin preverlo me di cuenta de que estaba esbozando una historia que merecía ser contada, porque era la historia de todos los que alguna vez quisieron cambiar el mundo.

El paso siguiente fue autoasignarme la tarea de contarla, con todo lo que se me ocurría al respecto por haber protagonizado uno de esos intentos, y darle forma de libro. Se me ocurrió un título: *Soñar un mundo nuevo; historia de la aspiración más apasionante y peligrosa*. De ahí en adelante mantuve ante mis ojos aquella tarea, que requeriría mucho tiempo y mucho estudio, pero que me sentía casi obligado a encarar; porque las explicaciones conocidas sobre la caída de los sueños de cambio no acababan de conformarme.

Aunque, como otras veces, mi gran prioridad era la de conseguir en qué trabajar para vivir, me dije que valía la pena empezar y concentrarme en el tema, llevara el tiempo que llevara.

Mientras continuaba con mi trabajo y otras preocupaciones mantuve ese asunto en mi cabeza, y en los ratos libres comencé a dar forma a la introducción y a algunas partes; esta vez no sobre un papel sino sobre un archivo informático, con la comodidad de poder deshacer, rehacer o agregar todo lo que quisiera.

En marzo de 2007 presenté los documentos necesarios para el trámite de solicitud de ciudadanía. Me aceptaron todo, pero ahí se abría otro largo período hasta que hubiera un fallo favorable y me llamaran.

En abril vino Diego, luego de cumplir como parte de su carrera una pasantía en una fundación de Costa Rica. Después del verano continuaría en el campus de *Sciences Po* en París.

334

Por su parte María Teresa, la hermana de Alicia, ingresó a un empleo estable y se mudó a un apartamento en los alrededores de Valencia.

Sobre los últimos meses de 2007 empezamos a recibir noticias sobre la *crisis subprime,* como efecto de que en Estados Unidos se habían concedido demasiados créditos hipotecarios *de alto riesgo,* en condiciones menos exigentes que las que tradicionalmente recomendaban las normas de los bancos, y ahora circulaban por el mundo muchos valores *contaminados* por su alta probabilidad de impago.

La propagación del miedo provocó el pinchazo de la *burbuja inmobiliaria* española. Desde años atrás crecía en España la solicitud de créditos para comprar inmuebles, y la demanda produjo un duradero incremento de precios, que a su vez tentó a muchos a adquirir inmuebles sin más fin que el de venderlos más caros al cabo de un tiempo. Esa cadena de causas y efectos determinó que se construyera cada vez más porque *se vendía todo en seguida.* Por ese camino, en el que gran parte de las compras se debía a la especulación, en algún momento hubo muchos más inmuebles que los que realmente necesitaba la gente para alojarse.

Y la consecuencia fue la misma que la de todas las burbujas: un día los precios dejan de aumentar. Entonces todos quieren vender lo que poseen, pero se encuentran con que de un día para otro nadie compra. Lo que marchó en una dirección pasa a marchar en la otra, y todos empiezan a perder.

La construcción había llegado a abarcar un porcentaje tan alto de la economía que su caída arrastró hacia abajo todas las actividades de España. Se nos insinuaba una etapa en que las cosas empezarían a *andar mal* hasta no sabíamos qué punto.

Hubo quienes nos comentaron que justamente al venirnos a España volvíamos a encontrarnos con una crisis. No dejaba de ser cierto; pero los que habían visto nuestras noticias desde lejos ni se habían aproximado al sentimiento de estar en medio de lo que se dice una crisis. En Argentina, *crisis* no significaba un determinado empobrecimiento: significaba dejar de tener un futuro ante los ojos, verse a pocos pasos de *la desintegración de la*

sociedad y casi sentir que dejaba de haber suelo bajo nuestros
pies.

Con la mente en dos países

En diciembre finalizó el mandato de Néstor Kirchner, quien en vez de presentarse a la reelección promovió la candidatura de su esposa Cristina Fernández, que resultó elegida.

Continuó la etapa de crecimiento aunque sin saneamiento. Se mantuvieron los controles de precios y el intervencionismo.

Luego de que el precio de la soja se hubiera mantenido bajo y hubiera agravado los momentos más críticos de la convertibilidad, a los pocos años comenzó a aumentar y facilitó las cosas al nuevo gobierno. Sin embargo, no resultaron del todo favorecidos los productores agrícolas, porque a medida que exportaban a un precio más alto el gobierno les aumentaba las retenciones y les dejaba un porcentaje menor de lo cobrado.

En marzo de 2008 las entidades representativas de los productores declararon un cese de actividades en protesta por estas retenciones. Luego sumaron a esta medida otras de acción directa, como cierre de caminos, bloqueo de puertos y manifestaciones callejeras. Poco después el efecto llegó a los puntos de abastecimiento; comenzaron a escasear productos alimenticios.

Este enfrentamiento no tardó en cargarse del matiz de una *lucha de clases*. Mientras los productores buscaban cobrar lo que realmente valían sus productos en el mundo, el gobierno y sus defensores recalcaban que no tenían derecho a quejarse los que siempre habían resultado beneficiados en un país que padecía enormes carencias, y era hora de que alguien cambiara esa situación.

Mientras unos se enfurecían porque se les retenía la mayor parte de sus ganancias, otros se burlaban de ellos porque *era absurdo* que los que vivían en la abundancia hicieran el papel de maltratados.

Hubo movilizaciones en defensa de los productores agrarios y otras en defensa del gobierno. Sus protagonistas no fueron solo los involucrados, sino amplios sectores identificados con una actitud política o con la contraria. En varios casos llegaron a la violencia al encontrarse en calles y plazas.

En algún momento la presidenta dijo que *los dueños de la tierra* habían sido los promotores de los sucesivos golpes de estado padecidos por el país, y que ahora volvían a la carga. Aseguró que si esas retenciones se consideraban un error *"no se estaba entendiendo lo que significaba el peronismo"*.

Finalmente la situación de paro agrario se resolvió cuando el Congreso, con no pocas discordancias dentro del oficialismo, modificó la ley de retenciones. La situación pasó a ser más favorable a los productores, aunque el conflicto de fondo entre dos modos de ver la economía continuó con la intensidad de siempre.

Mientras mirábamos esto desde lejos, a nuestro alrededor se sentía el efecto de la crisis financiera, que, como en casi todos los casos, acaba pasando a ser *crisis* a secas.

El Producto Bruto Interno de España creció en 2008 mucho menos que en 2007, para luego ingresar en el área de las caídas. El desempleo comenzó su curva ascendente.

Ya no se percibía, como cuando llegamos, la sensación de que *todo iba mejorando*. Al miedo generalizado se agregó la disposición a lanzar opiniones sobre el porqué de lo que ocurría y sobre en qué desembocaría todo.

Volvía a ver hasta qué punto la marcha de una sociedad queda trazada por la mentalidad mayoritaria de sus integrantes.

Las ganas de informarse y entender las causas de los problemas eran pavorosamente escasas. Lo único que abundaba era la intención de *lanzar furia* contra lo que más comúnmente se concibe; y eso que más comúnmente se concibe, o se supone, es la existencia *de unos pocos* culpables de todos los males que se ve aparecer.

En algún sitio había leído una frase de Henry Ford, sin duda muy compenetrado con la tarea de hacer funcionar las cosas: *"no busque culpables, busque soluciones"*.

Ahí radica la diferencia decisiva entre los que hacen y los que no hacen algo serio por su vida. Lo que más falta en este mundo son mentes encaminadas hacia las soluciones; porque casi todas se enfrascan espontáneamente en la búsqueda de culpables.

En el mundo real, lo que sucede es efecto de la interacción de infinidad de personas y fenómenos, y esa interacción se da a través del tiempo. Una situación indeseada con la que nos encontremos puede ser efecto de lo que hicieron o dejaron sin hacer no se sabe cuántos protagonistas durante no se sabe cuánto tiempo.

Si queremos soluciones necesitamos estudiar y desentrañar todo ese entretejido de causas; y en caso de que hayamos aprendido lo suficiente debemos aplicar sobre la realidad las medidas capaces de modificarla en el sentido que deseamos.

Aún en ese caso, a la hora de llevar adelante esas medidas nos encontraremos con que no tenemos el poder absoluto sobre la realidad. En el mismo mundo en que habitamos nosotros habitan seres que no tienen ganas de estudiar ni de desentrañar nada, cuya mente no piensa en multiplicidades de causas ni en sumas a través del tiempo. Para ellos todo es más simple, y tal vez demasiado simple: todo lo que sucede es efecto de lo que pasa ahora mismo, y no tiene múltiples causas sino una sola, y lo único que suponen que puede actuar como causa son las personas, y la única razón de que una persona produzca un efecto es que *quiera producirlo*.

En ese mundo real, con esos habitantes reales, cuando el más capaz de pensar intenta poner en marcha su proyecto de solución se encuentra con que está rodeado de *todos los otros*, los que no se pusieron a pensar en soluciones, o si lo piensan es para declarar culpable al primero que no les caiga bien, y de allí en adelante pretender lincharlo, o, sin ir tan lejos, dedicarse a odiarlo infructuosamente.

El ejemplo más repetido en casi todas las sociedades es el de cuando se reducen la actividad y la riqueza. Para los que solo conciben causas simples e inmediatas, si no hay riqueza es porque *alguien se la robó*. No conciben que la riqueza exista porque se la produce; solo piensan que la riqueza *estaba naturalmente*, porque sí; y si de pronto no la vemos hay que buscar al que la robó, descargar sobre él toda nuestra furia y recuperar lo robado. De ese modo, al recuperar lo robado, todos viviremos mejor, hayamos o no hayamos producido riqueza con nuestras manos.

No importa que esta visión de las cosas sea real o falsa: importa que es *fácil de pensar*, y ofrece la *esperanza* de un cambio cercano y satisfactorio.

Si alguien alcanza a concebir una solución a los problemas reales, es muy poco posible que llegue a aplicarla; porque será interferido por todos los que preferirán una *apariencia de solución*, más sencilla de pensar o más cómoda de aplicar.

Luego, lo más posible es que esa mayoría lleve al gobierno a alguien que proponga una apariencia de solución tan sencilla y cómoda como la que desean.

Ese problema se nos presentará en casi todas las sociedades. Si tiene alguna vía de solución es que haya mucha más gente con más cultura. Cuando hay más gente con más cultura el efecto es que los países sean más desarrollados y más ricos.

No faltan los que saben esto y se esfuerzan por que haya mejores sistemas educativos. Esto es solo una parte de la solución; la otra es precisamente la más difícil: que haya más gente con ganas de aprender, y tenga ante ella gente con ganas de enseñar.

Otros vaivenes

En abril de 2009, al cabo de prolongados trámites, completé el último paso de la adquisición de ciudadanía, y andar por la calle con mi DNI español se tradujo en una tranquila sensación de *estar en casa*.

Como aquello representaba mi ingreso al mundo de los votantes, completé también mi repaso de las opciones de voto disponibles. En ese momento había en España poco más que dos opciones: el Partido Socialista, que por su afán de *repartir* y concentrarse en lo inmediato debilitaba la disposición a la inversión, y el Partido Popular, que tendía a establecer mejores bases para el crecimiento, pero me pareció excesivamente conservador en otros aspectos; con el agravante de que su líder, Mariano Rajoy, recurría en sus discusiones parlamentarias a agresiones personales tan irrespetuosas que se me volvió inaceptable la idea de votarlo. En el poco habitado resto del espectro político encontré un partido que, aunque pequeño, se acercaba más a mi voluntad: Unión Progreso y Democracia.

Durante 2009, como veníamos haciendo siempre, llamábamos de vez en cuando a mi hermana Alicia, para conversar sobre las vidas de unos y otros y enterarnos de cómo iba todo por allá.

En una de esas llamadas la escuché decir que debería hacerse análisis y tratamientos; pero lo que más me afectó fue su tono de lamentación y su perceptible incoherencia al comentar detalles y entremezclar un tema con otro.

Algo andaba mal. No era un malestar de los que llegan y se van de vez en cuando.

En posteriores llamadas mostró fluctuaciones de su estado anímico y de su capacidad de comunicarse. Unos años atrás había sufrido una alteración cerebrovascular no muy seria ni duradera.

Después la comunicación fue solo con su marido y sus hijos. Nos contaron que quedó internada, con períodos intermitentes pero no muy serios de mejoría.

Después de unos meses, recibí la previsible llamada en que me informaron que había muerto.

Tenía 63 años y no había mostrado antecedentes de mala salud.

Era la que había llegado a más edad en todo el grupo familiar, del que ahora solo quedaba yo.

Desde que estábamos en España había mantenido la idea de que algún día podría invitarla a visitarnos, y a ir juntos al pueblo de nuestros abuelos. Pero todo se desvaneció antes de lo previsto.

Ser el último en continuar con vida, el único testigo de un pasado que aunque ya no estaba había valido la pena, me hizo sentir como comprometido a una misión: convencerme en nombre de todos ellos de que era posible alcanzar más felicidad y quedarse más tiempo en este mundo.

Cada paso que diera, cada momento en que alcanzara una parte de lo que todos venimos a buscar al mundo, era un modo de cumplir con lo que ellos habrían querido.

Cuando llegué a una edad no alcanzada por nadie de la familia en que me asomé a la vida, sentí que cada buen momento era de algún modo el triunfo de quienes me habían rodeado en aquel principio.

Mientras tanto, el debilitamiento general de la economía se hacía notar también en mi trabajo. Luego de un comienzo mejor que en Argentina, a partir de 2008 mis ingresos fueron progresivamente menores.

Intenté iniciar otras áreas de actividad. Practicando por mi cuenta fui aprendiendo nociones de diseño web, centrándome en el lado estético y sin adentrarme en terrenos más complicados. Hice algunos trabajos para clientes que ya me conocían, pero no obtuve otros por vía de la publicidad.

Mis conocimientos, adquiridos vía cursos breves y ejercicios en solitario, no eran suficientes para incursionar en actividades más complejas y rentables. No le encontré sentido a empezar desde un principio, casi como estudiante secundario, para conseguir al cabo de varios años lo que necesitaba ya mismo.

Las distintas áreas de conocimiento en las que me sentiría bien habrían tenido sentido varias décadas atrás. Ahora, si algún aprendizaje se me volviera rentable al cabo de varios años, posibilidad no del todo segura, coincidiría más o menos con el momento de jubilarme.

Siempre me había disgustado ver a quienes pensaban más en la jubilación que en el trabajo, el aprendizaje o la alegría de concretar sueños. Nunca había sido uno de ellos; pero resulta que tampoco lo de concretar sueños me había salido muy bien.

Tenía bastante claro por qué: durante distintas etapas de mi vida mi finalidad no había sido la de ganar dinero, ni la de capacitarme para conseguirlo posteriormente. Mi presente no consistía en otra cosa que en estar pagando el precio de ese pasado.

Muchas veces hablamos de *arriesgar la vida por un ideal*, con la fácil suposición de que ese *arriesgarse* es lanzarse contra un peligro y morir.

Es un esquema exageradamente simple y *cortoplacista*. En caso de que muramos desapareceremos y ya no experimentaremos consecuencias. Pero alguna vez descubrimos que ese *arriesgar la vida* puede tener un desenlace más profundo y de largo plazo, que requiere más seriedad y valentía que el simple *vencer o morir*: ese desenlace es el de que nuestra vida continúe en condiciones desventajosas.

Una vez supimos que nos arriesgábamos y aceptamos el desafío; pero supusimos que no había más riesgo que la muerte; que las opciones serían morir o vivir en un mundo donde se habrían acabado los problemas. No nos imaginamos en un mundo donde continuaran los problemas y hubiéramos aprendido muy poco para desempeñarnos en él.

Si ahora estaba pagando las consecuencias de haber renunciado a capacitarme para ganar dinero, tenía que reconocerlo claramente, y, como ante todo lo que alguna vez decidimos, no lamentarme.

Arriesgar la vida había sido, aunque no lo hubiera previsto, arriesgarme a lo que enfrentaba ahora. Pues bien; era hora de darme cuenta y no arrepentirme. La *valentía* que tanto había ensalzado alguna vez consistía también en recibir con dignidad las consecuencias.

Si después de aquellos ideales había pasado al de ganar dinero, mis posibilidades habían quedado debilitadas por mis decisiones pasadas. Tanto esto como uno que otro error habían determinado que este ideal no se concretara para nada bien.

Sin embargo, nada me llevaría a traicionar mentalmente esta aspiración. Ganar poco no me inducía a repetir la triste doctrina de que *los ricos ganan mucho porque son malos*. Todas mis ideas sobre el autodesarrollo, la audacia, el ahorro y la dedicación seguían vigentes.

Y no estaba de más considerar que había trasmitido esa inquietud más o menos bien a la siguiente generación, que podría plasmarla mejor que yo.

En 2010 Diego finalizó su último año en el Instituto de Estudios Políticos de París, con una especialización en *Economía del Desarrollo*, y dentro de esta en los problemas concernientes a América Latina.

Como consecuencia obtuvo el primer empleo propio de su carrera. La Agencia Francesa de Desarrollo le ofreció un cargo en su oficina de Bogotá.

Aquello empezó a tener su lado paradójico: luego de abandonar nuestro mundo anterior y cruzar el océano para vivir todos más cerca, el que se había ido en primer término volvía a cruzarlo en el sentido opuesto.

Fuera como fuera, no pudimos sentir otra cosa que alegría por ese ir adelante en su carrera, impregnada por el ideal de hacer aportes al desarrollo de los países y crear mejores posibilidades para la gente.

En eso estaba nuestra vida, cuando España ganó su primer Mundial de Fútbol.

Escuchamos pirotecnia y bocinazos, vimos vehículos con banderas y gente contenta por las calles; pero lo que más nos llamó la atención fue la diferencia de intensidad o *masividad* con lo visto en Argentina. Los vehículos con banderas eran *algunos*, que circulaban por calles tan transitables como de costumbre, mientras que en las aceras alguna gente festejaba y otra no.

En los viejos festejos argentinos estaba *toda* la gente, incluyendo viejos y viejas, en aceras y balcones, y el tránsito se atascaba porque todo el mundo salía con banderas, y no concebía otra cosa que estar inmerso en esa multitud que sentía lo mismo. Además, el cielo y la tierra rebosaban de *papelitos*.

La diferencia más visible es que en España festejar era propio de *alguna* gente, mientras otra podía haber mirado los partidos pero no pasar más allá de sentirse contenta. Un periodista español había observado que el fútbol despierta pasión en todas partes; pero que en Argentina y Uruguay alcanza poco menos que la categoría de *religión*.

Otro factor es que España, por ser una amalgama de lo que habían sido pequeños reinos, no vive de la misma manera el sentimiento de *nación*. Hay regiones que se sienten naciones y desearían independizarse; mientras que en otras comunidades o provincias la gente tiende a sentirse más parte de una provincia que de una nación. Otra razón, efecto de la historia más reciente, es que todo lo que suene a *patriotismo* tiende a ser visto como *franquismo*, y no cae bien a todos.

344

En octubre nos enteramos de que en Argentina había muerto Néstor Kirchner. Ya existían como corrientes antagónicas el *kirchnerismo* y el *antikirchnerismo*, y se diluía la sospechada posibilidad de que intercambiando turnos entre él y su esposa sustituyeran la alternancia constitucional por una especie de dinastía familiar.

Si bien el país había salido de su etapa más dramática, sustentado por el mantenimiento de un tipo de cambio favorable y los buenos precios de los productos agrícolas, seguía sin encarar el saneamiento económico que necesitaba desde tiempos inmemoriales.

En julio de 2011, con Diego ya establecido en Colombia, fuimos a visitarlo unos días. Estuvimos en Bogotá, donde nos encontramos con un rasgo latinoamericano que habíamos dejado de ver, como los puestos callejeros en que la gente vendía comidas típicas y artesanales. Nos gustó esa facilidad de parar en cualquier momento y sin complicaciones a comer algo, que a su vez era facilidad para improvisar un modo de ganarse la vida. En España todo eso estaba prohibido, excepto en algunas festividades, y la posibilidad de tener en qué trabajar era menos flexible.

También estuvimos en Cartagena de Indias, donde el encuentro fue con costumbres más antiguas, como vestidos típicos y carruajes con caballos, conviviendo con rascacielos, hoteles y puertos desde los que partir hacia distintas islas del Caribe.

La abundancia de construcciones sobrevivientes de siglos anteriores me llevó a preguntarme por qué escaseaba todo eso en Buenos Aires, con un origen histórico similar. La explicación parecía estar en la euforia desatada a principios del siglo XX por el sentimiento de ser los *nuevos ricos*, que había llevado a demoler y reedificar toda la zona céntrica. Allí queda mucha arquitectura del comienzo del siglo XX, pero casi nada de antes. Más adelante surgió la preocupación por no llevarse por delante todo lo antiguo, pero ya quedaba poco para conservar.

Nos volvimos muy contentos por todo lo visto, y porque la nueva generación empezaba a hacer sostenible la posibilidad de viajar y mantenernos en contacto.

Pasado el verano español, Martín ingresó a la Universidad Politécnica de Valencia para especializarse en Programación.

A primera vista pareciera difícil ir a la Universidad en países donde estudiar no es gratis. Sin embargo, nuestros hijos se hicieron acreedores a becas en base a la nada milagrosa pero poco extendida *disposición a aprender*. Cuando hay disposición a aprender porque se tiene ganas y se disfruta de encontrarse con el conocimiento, en vez de acogerse a lo que exigen los profesores se estudia mucho más, y es perfectamente posible alcanzar las notas con las que se accede a becas.

Los *indignados*

Desde mayo de 2011 España aportó su parte para que continuáramos presenciando conflictos.

Luego de un par de años en un clima de *crisis* no existente cuando llegamos, un día escuché a un amigo de Martín comentar algo así como que dejaría de inquietarse por sus estudios y su trabajo para *sumarse a la revolución*.

Puesto a dar más explicaciones, dijo que estaba iniciando su marcha un movimiento por la *democracia real*.

Desde diciembre de 2010 se había extendido la *primavera árabe*, que había obtenido como primer logro la dimisión del presidente de Túnez, y había generado movimientos de protesta contra gobiernos dictatoriales de la región.

Bajo esta inspiración, y sostenida sobre la disponibilidad de comunicación aportada por las redes sociales, creció la propuesta de movilizarse en España; no ya para derribar una dictadura, sino por *más democracia*.

Se comenzó reclamando una representación directamente proporcional, sin las normas que restringen el acceso de las listas con pocos votos. Se propuso más *democracia directa* en más áreas, y que las votaciones promovidas por *iniciativa legislativa popular* fueran en todos los casos *vinculantes*.

Como continuaba el efecto de la crisis financiera generada por el relajamiento de las condiciones para otorgar créditos, gran parte de la indignación era contra los banqueros en su carácter de *raza perversa* que perjudicaba al resto de los mortales.

Abundaban los carteles que exigían la *nacionalización* de bancos.

Otro blanco sobre el que disparar era la corrupción, como efecto de casos muy visibles que estaban siendo juzgados. No fue de extrañar que el siguiente paso fuera lanzarse contra todos *los políticos*, y tras el mismo se diera el de reunir a políticos, banqueros y empresarios en lo que pasó a definirse como *el enemigo*.

Fue la manifestación espontánea del *sentirse mal*.

Abundan los que tienen a qué oponerse y por qué indignarse. De modo que en seguida se llamó a aquello *movimiento de los indignados*. Todo era deseo de mostrar indignación y de golpear; aunque no se tuviera claro hacia qué dirigir los golpes.

Solo estaba claro que había indignación, disgusto y aspiración a que todo fuera de otra manera. Y ese *todo* abarcaba *todo*, desde lo que tenía sentido reformar hasta cualquier cosa que molestara a los poco adictos a la reflexión.

Esos sentimientos se hicieron visibles en forma de carteles e inscripciones: "No somos anti-sistema: el sistema es anti-nosotros"; "No somos mercancía en manos de políticos y banqueros"; "No nos representan"; "Si no nos dejáis soñar no os dejaremos dormir"; "Rescatar a las personas, no a los bancos"; "Nuestros sueños no caben en vuestras urnas"; "Sin trabajo, sin casa, sin futuro, sin miedo".

El mayor centro de concentración fue la Puerta del Sol, en Madrid, donde la primera noche mucha gente acampó en carpas y decidió quedarse allí. Esa decisión se repitió en las plazas centrales de casi todas las ciudades.

Ante la falta de definición respecto a *sobre qué golpear*, en esas *acampadas* se organizaron reuniones en las que recoger propuestas.

La lista de propuestas fue muy similar a lo visto en carteles y pancartas. Algunas, como cambios en las formas de representación y medidas contra la corrupción, tenían mucho sentido como medio de *limpiar* las estructuras de gobierno. Otras, consistentes en *asignaciones de dinero*, se limitaban a exponer *un solo lado* de la propuesta: decían dónde poner dinero pero no *de dónde sacarlo*. Otras presentaban como *derecho* la posesión de cosas materiales; sin considerar que, al ser las cosas materiales fruto del trabajo, alguien quedaría forzado a producirlas para *los que tienen derecho*. Otras proponían eliminar la *precariedad laboral*, como si la seguridad viniera de las leyes y no de que la economía *necesite* trabajadores.

El deseo de *otra realidad* englobaba posibilidades sensatas y factibles junto a *fantasías* ya probadas y descartadas.

Abundaban los que deseaban cambios, sin que ese deseo los hubiera llevado a observar cómo funciona el mundo.

Y cuando hay movilizaciones y reclamos, los periodistas mediocres hacen lo mismo que los políticos mediocres: se empeñan en *gustarle* a la gente. No se interesan en saber si lo reclamado es posible; se dedican en todos los casos a *idolatrar* a los reclamantes, y a subirlos al podio de *los que tienen razón*. Creen nobleza lo que en realidad es desconocimiento. Presentan como glorioso lo que en realidad es triste.

La *indignación* es una fuerza capaz de arremeter contra lo que *falta limpiar* en una sociedad. Hasta cierto punto merece ser bienvenida. El siguiente paso es darse cuenta de cuál es ese *cierto punto* y contra qué conviene arremeter; porque en la misma realidad coexisten lo que debe limpiarse y lo que conviene mantener. Si se aplaude como *noble* cualquier impulso nacido del disgusto, vuelve a ocurrir lo que ya ocurrió en muchas sociedades: se acaba destruyendo lo que no convenía destruir, y empeorando las vidas que se deseaba mejorar.

Además de esa falta de consideración sobre *contra qué arremeter*, parecía faltar la de *por qué medio* hacerlo. El primer impulso a que lleva el disgusto es el de *gritar*, y sentirse acompañado por todos los que gritan lo mismo.

Si además de eso se quieren soluciones no se puede finalizar ahí; es necesario articular una fuerza que actúe sobre la realidad.

Si la fuerza hoy vigente son los legisladores que votan en el Congreso, los que quieren otra realidad deben elegir entre tres opciones: la primera es *convencerla* mediante reclamos; la segunda es *derribarla* para sustituirla por otra, y la tercera es *convertirse en parte de ella* ganando bancas en las siguientes elecciones.

Si no se da ninguno de esos pasos, todo se limitará a una voluminosa reunión de víctimas, o, peor aún, de quejumbrosos.

Esa tercera posibilidad, la menos violenta y menos utópica, representaba para los reclamantes una contradicción con la médula de sus sentimientos. Si la indignación era casi en primer término contra *los políticos*, seres presuntamente infrahumanos, inmorales y despreciables, no podía sonar bien que la *gran solución* fuera ingresar al poder legislativo, o sea *convertirse en políticos*.

Esta contradicción solo podía superarse mirando más a fondo de lo que se tenía ganas: el mal no está en que haya representantes decidiendo; el mal está en que haya representantes corruptos, o poco conocedores de los problemas que enfrentan.

Si se presentan candidatos con buena intención y buenas ideas, ya se estará constituyendo la *fuerza solucionadora* con que se sueña. Pero habrá que darse cuenta de que incluso esos candidatos serán llamados *políticos*.

Así, no se podrá emerger del drama consecuente si no se emerge de una creencia cargada de resentimiento y soberbia: el bando propio no es el de los únicos merecedores del calificativo de *humanos,* ni la realidad estuvo hasta ahora en manos de seres infrahumanos, entre idiotas y malignos, ante los que solo caben el odio y la reprobación.

Decirse que hay unos seres monstruosos conocidos como *los políticos*, y lanzarles todos los insultos imaginables, sirve para descargar furia y convencerse de que uno es *el bueno* en un mundo donde todo es culpa de otros; pero no sirve para solucionar nada.

Mientras ocurría todo eso en las plazas, el 22 de mayo tenía lugar aquello contra lo que se había iniciado la protesta: las elecciones comunitarias y municipales.

Las imágenes de los informativos, y las coberturas de algunos periodistas sobre el tema, daban la sensación de que el país se hubiera levantado en masa contra *el sistema.* Los protagonistas de esos actos eran algunos miles de personas; pero los protagonistas de la elección, que fueron millones, prefirieron en primer término la opción menos parecida al *movimiento de los indig-*

nados. Ganó en la mayoría de los distritos el Partido Popular, en algunos casos con candidatos investigados por corrupción.

En noviembre, el PP accedió al gobierno con mayoría absoluta, y entre otras cosas votó una reforma laboral con la que, acentuando lo que los indignados llamaban *precariedad laboral*, consiguió que creciera el nivel de empleo. Varias empresas prefirieron mantener sus fábricas de España mientras las cerraban en otros países.

El efecto de la corrupción sobre las elecciones no se manifestaría hasta la siguiente legislatura, en la que el PP obtuvo menos bancas. Más adelante, los procesos judiciales sobre casos de corrupción estimularían la caída de su gobierno por vía de una *moción de censura* de los partidos de izquierda.

En 2014, una de las iniciativas nacidas con los *indignados* tomó forma en *Podemos*, partido de izquierda similar a los ya existentes, que logró representación parlamentaria sin mucha diferencia con lo que hasta entonces había estado ocurriendo.

Así y todo se prefirió recordar al *movimiento de los indignados* como una especie de gesta gloriosa que estuvo a un paso de cambiarlo todo, un estallido de dignidad que luego fue traicionado por sus malos integrantes o desoído por el *poder establecido*.

Algunas organizaciones originadas en ese momento se disolvieron; otras permanecieron, aunque no transformaron mucho el mundo. Hubo quienes lamentaron que su corporización más durable fuera un partido *como los otros*, integrado por *políticos* que se sentaban en el Congreso a votar leyes o investir gobiernos.

Si alguien había esperado otra cosa, más parecida a un *apocalipsis purificador*, habrá tenido que darse cuenta que era un sueño muy desconectado de este mundo. En este mundo rige el poder de la fuerza o el de las bancas del Congreso; y este puede producir buenos resultados, aunque algunas veces ganen los que no nos gustan y otras se voten leyes poco efectivas para que la realidad funcione bien.

Al fin y al cabo, esa *fuerza que incide sobre la realidad* estuvo siempre representando las ideas y costumbres de la mayoría de la gente. Si la sociedad que resulta de esto no nos hace muy felices no es culpa *del sistema*: es culpa de esas ideas y costumbres mayoritarias.

Tal vez esos que llenaron plazas y pintaron carteles no coincidían tanto con las ideas y costumbres más establecidas. No sucedió que fueran neutralizados por *los malos*, sino simplemente por una mayoría que siguió tan representada como siempre.

Cuando emerge un sueño y acaba sin plasmarse, tanto el periodismo, deseoso de agradar a sus oyentes, como la mitología popular, deseosa de que todo sea más satisfactorio y más fácil, se sumergen en el triste veredicto de que *falló la realidad*.

Muy pocos se atreven a reconocer que *falló el sueño*, por haber creído muy posible lo poco posible, por no darse cuenta de que el mundo que vemos es efecto de las personas que somos, y por suponer que la realidad se subordinaría a nuestro simple impulso de indignarnos y lanzarle reclamos.

Unos días en nuestro viejo mundo

A fines de 2012 Diego finalizó su contrato en la Agencia Francesa de Desarrollo, y a partir de las relaciones iniciadas en esa etapa obtuvo un cargo en el Banco de Desarrollo de América Latina, en este caso en sus oficinas de Montevideo.

Las derivaciones de su carrera lo llevaban a continuar alejándose, esta vez para quedar casi a la misma distancia que en un principio. Así y todo, ya no nos parecía haber hecho un movimiento inútil; porque todo lo que pasaba en Argentina nos convencía de que al estar lejos salíamos ganando. Mis reiterados problemas de salud habían tenido en casi todos los casos un origen nervioso, y detrás de este un origen socioeconómico. Ahora era visible que una moneda estable es uno de los mejores aportes a la salud. A veces me pregunté qué habría pasado si hubiera seguido expuesto a todo lo de antes.

En febrero de 2013 Diego ingresó a su nuevo trabajo en Montevideo, y nos invitó a visitarlo durante las vacaciones de verano de Alicia.

Como era de suponer, el viaje incluiría un cruce hasta Buenos Aires, para ver nuestro viejo mundo y los parientes que quedaban en él. Empezamos a comprar recuerdos de Valencia para llevarles a todos.

Volamos de Valencia a Barajas y a la noche iniciamos nuestro vuelo transoceánico. Llegamos a Montevideo en horas de la mañana, y allí estuvo Diego esperándonos.

Nos llevó con su coche, y en seguida estuvimos en el departamento que alquilaba. Al elegirlo había desechado otros más grandes porque había quedado cautivado por la vista desde su ventanal. Como estaba en Punta Carretas, que incursiona en el río hacia el sur, desde allí, en el piso 11, se veía una extensa planicie de agua y más allá otra saliente donde se alzaba el centro de Montevideo.

Al mediodía salimos a hacer compras, y bastó caminar unos metros para encontrarnos inesperadamente con una sencilla pero inigualable escena de otros tiempos: un edificio en construcción donde los trabajadores habían montado una parrilla y empezaba a difundirse el olor de un asado. Eso jamás se veía ni olía en España, y casi se nos había olvidado que continuara existiendo.

Al otro lado de una avenida estaba lo que había sido la cárcel de Punta Carretas, sobre la que tanto habíamos escuchado en la época de los Tupamaros, ahora reconvertida en un Centro Comercial. En el subsuelo había un supermercado, donde protagonizamos otro reencuentro emocionante: en la sección de comidas preparadas había matambres, milanesas, empanadas, vitel toné, pasteles de carne, panqueques, y todo lo que en un tiempo habíamos tenido cerca y últimamente nos había quedado lejos.

A veces había estado cerca de pensar que en Europa eran deliberadamente malos por empeñarse en no preparar esas cosas tan ricas.

En una breve salida me había enterado de que poner pie en Uruguay era ya *estar de vuelta*.

Con esfuerzo para elegir un par de manjares entre tantos, nos llevamos lo necesario para la primera comida en nuestro viejo mundo.

Paseamos un poco por el centro comercial. Entre lo que siempre suele verse en esos sitios me llamó la atención un local de artículos artesanales donde había mates revestidos en cuero y con finas terminaciones metálicas. En Argentina había cierta tendencia a que el mate permaneciera como *costumbre de pobres*; mientras que aquí también existían los mates para ricos, porque era una afición arraigada en todas las clases.

En todas las clases y en todos los sitios; porque en Uruguay es lo más habitual del mundo llevarse un termo y tomar mate en las calles y los medios de transporte. En algún momento me pregunté cómo se podría sobrevivir con un mate en los atestados colectivos o subterráneos de Buenos Aires.

El primer fin de semana recorrimos Colonia y sus alrededores. Allí vivimos otro reencuentro, esta vez con el *olor a Río de la Plata*. En algún momento pasamos junto a la antena de Radio Colonia, protagonista de buena parte de la historia argentina. Una noche, saliendo de un restaurante y paseando junto al río, vimos que al otro lado titilaban algunas luces de Buenos Aires.

Y el sábado siguiente iniciamos el cruce del río. Antes del amanecer tomamos un autobús en Montevideo hasta el puerto fluvial de Colonia. Diego nos saludó y se fue, porque trabajaría hasta el miércoles y luego cruzaría el río para reencontrarnos.

Pasamos los controles aduaneros. Allí presenciamos un buen recurso que ahorraba tiempo a los viajeros: para no demorarles la salida revisándolos cuando llegaran, habían instalado en el puerto de Colonia un área de *ingreso a Argentina*, donde funcionarios argentinos revisaban documentos y equipajes para dar por aprobado el ingreso al país. De ahí en adelante solo quedaba ingresar al barco, llegar y salir libremente.

Vimos que en el horizonte iba creciendo un punto para transformarse en el barco en que viajaríamos. Llegó, salieron los que venían de la otra orilla e ingresamos nosotros. Al cabo de un rato estábamos sentados junto a la ventanilla, mirando la superficie del río y descubriendo que nos acercábamos de verdad a nuestros sitios y seres conocidos.

Luego de un rato largo viendo nada más que río, hicimos un ligero viraje y nos dimos cuenta de que ante nuestras ventanillas había ya edificios e instalaciones portuarias.

El barco atracó en el puerto de Buquebus, y luego de demasiado tiempo para nuestra impaciencia nos abrieron paso para salir. Después de ocho años y medio volvimos a poner pie en nuestro país.

Allí continuaban los edificios vistos en viejos tiempos desde las calles. Entre ellos había otros levantados cuando no estábamos. Nuestra primera sensación fue de natural familiaridad, como si hubiéramos estado pasando por allí todos los días.

Luego de otra etapa de impaciencia ante las impiadosas cintas transportadoras de equipaje, tomamos nuestras maletas y salimos. Nos esperaba mi sobrina Marcela junto a su marido y su hija. Luego de abrazarlos, tomarnos algunas fotos e ir hasta su coche, estuvimos recorriendo las calles por las que alguna vez habíamos ido.

Nos llevaron a su casa. Allí nos acomodamos, nos contamos novedades y nos sentamos a la mesa.

El marido de Marcela seguía apegado a una casi abandonada costumbre: traer a la mesa una botella de *vermut*, con soda y varios platitos de quesos, fiambres, anchoas y aceitunas. Era una satisfacción de mis viejos tiempos, que no solía compartir con mis hijos porque ellos no le encontraban gracia.

Esa noche nos prepararon empanadas argentinas, y vinieron otros sobrinos a vernos. Desde el día siguiente empezamos las planificadas visitas a parientes y amigos.

Nos establecimos en casa de una tía de Alicia que vivía en San Telmo. Desde allí veíamos los rascacielos construidos en Puerto Madero, y hasta cierto punto nos sorprendimos de que algunos inversores hubieran confiado tanto en Argentina. Tal vez los habrían tomado desprevenidos los vaivenes de mejor a peor y viceversa, o tal vez el mercado inmobiliario fuera menos fluctuante que otros.

Por las mañanas hicimos algunos trámites para disponer de los datos necesarios a la hora de jubilarnos.

No faltó una visita a Plaza de Mayo, para ver que todo aquello seguía como cuando estábamos allí, tal vez habiendo visto un poco más de concentraciones, dramas, y gente reuniéndose a esperar otro futuro.

Cerca de donde nos alojábamos sigue existiendo el edificio donde en un tiempo vivió Quino, en la calle Chile 371, cuyo frente trascendió hacia el mundo como el sitio en que Mafalda y sus amigos se sentaban a reflexionar.

En los bares disfrutamos de poder pedir por sus viejos nombres todo lo que queríamos. Además, nos encontramos con nuestras amadas medialunas y con lo que en España a nadie se le ocurría hacer: sándwiches de miga.

Me llamó la atención que en los bares argentinos sea posible ver desde dentro hacia fuera y desde fuera hacia dentro, mientras que en los españoles parece estar todo dispuesto para que no se vea. En casi todos hay cristales esmerilados que se constituyen en barrera entre dos mundos.

Me pregunté si los dueños quieren que los clientes entren sin haber mirado qué hay o cuánta gente está allí, o si se trata de una imposición de la demanda, porque la gente prefiere beber o comer sin que se la vea. Sigo sin resolver ese enigma, aunque en los últimos años noto cierta tendencia a aceptar más la *visibilidad*.

La satisfacción de sentirse en el mundo que nos había rodeado desde la infancia, de disfrutar esa serenidad solo alcanzable en lo íntimamente conocido, era cruelmente erosionada por el recuerdo de que todo eso había pasado a residir sobre suelo inestable, sobre un territorio amenazado por la incertidumbre de no saber de qué y hasta cuándo se podría vivir.

La calle Lavalle, cuyas tiendas y cines me habían fascinado en las incursiones de mi infancia, se veía demasiado saturada de *pancherías, sandwicherías* y locales de artículos baratos para turistas.

Todo lo que nos atrapaba por ser nuestro pasado, al mismo tiempo nos entristecía al mostrarnos que *ya no era lo mismo*. Burbujeaba en nuestro interior la tentación de vivir allí; pero sabíamos que inevitablemente nos encontraríamos con *todo lo otro*.

Por las tardes íbamos a la visita programada de cada día, a partir del jueves en compañía de Diego. Fuimos viendo a parientes y amigos, recordando el pasado y escuchando sus experiencias de los últimos años. En todos aquellos que en otros tiempos hablaban de posibilidades futuras tendía a establecerse el hábito de *no esperar*.

En esos días, previos a las Primarias Abiertas, el gobierno lanzaba la consigna *"2003-2013, la década ganada"*. Se podía decir que la situación había mejorado respecto a la casi desintegración social de 2001, pero no que el gobierno estuviera preocupado por sanear todo lo que era fácil ver que faltaba.

Por su parte, Mauricio Macri iba haciendo su parte para ganar visibilidad. A lo largo de la Avenida 9 de Julio se ejecutaban las obras del carril especial para transporte público, con sus estaciones y andenes, destinado a despejar y acelerar el tránsito de norte a sur. Se inauguraría unos días después de que nos fuéramos.

El siguiente domingo nos tomamos el Buquebus a Colonia para volver a Montevideo. El último fin de semana recorrimos la costa atlántica de Uruguay, en un marco fuera de lo común porque estábamos en invierno.

Finalmente regresamos a Valencia, donde nos reencontramos con Martín y le contamos lo vivido.

Volvimos a la vida de todos los días con la misma naturalidad con que habíamos vuelto a caminar por Buenos Aires. Sabíamos que allá continuaba aquel viejo mundo, cambiado pero al fin y al cabo el mismo, al que nos ligaba nuestro sentimiento y nuestra jamás doblegada preocupación por el futuro.

En junio de 2014, a un paso de mis 65 años, presenté mi solicitud de jubilación.

Siempre me había disgustado ver a la gente pensar en la jubilación; porque en el fondo significaba no dedicarse a vivir el presente ni intentar logros más entusiasmantes que un ingreso regular.

Pero resulta que a fuerza de vivir el presente y aferrarme a sueños no rentables había debilitado mi posibilidad de progresar por vía del trabajo. En los años más recientes había querido hacerlo, y continuar trabajando sin ponerme a calcular mi edad, pero el rubro en que estaba embarcado, por efecto de la crisis internacional y de cambios tecnológicos, había ido debilitándose. Luego de probar diversos recursos para ganar más, unos con poco resultado y otros sin ninguno, me había dado permiso para dejar de hacerlo porque ya veía cerca la opción de jubilarme.

En los últimos meses lo que recaudaba trabajando era menos que los aportes previsionales que debía hacer. Los mantuve con esfuerzo, y llegué a completar mi período de residencia en España con todos los meses aportados.

No había ocurrido nada similar en Argentina, donde se habían alternado períodos en que no me había interesado en el tema y otros en que directamente no había podido aportar.

Tanto por perseguir ideales *no rentables* como por arriesgarme en nombre de sueños de prosperidad, el lado *previsional* de mi vida había quedado una y otra vez en un lejano segundo plano, y ahora me tocaba recibir las consecuencias.

Y las recibí sin arrepentimientos ni quejas. En ningún momento dudé de que volvería a elegir todo lo que elegí.

Luego de tanto decirme que *no importaba morir*, la opción de vivir con poco dinero no tenía por qué asustarme.

Nuestra casa en Valencia

A mediados de 2014, Diego nos comentó que el banco en que trabajaba ofrecía créditos para la compra de una vivienda. Como él no sabía dónde continuaría residiendo, y como por tratarse de un organismo internacional podía también financiar compras en España, nos dijo que quería aprovechar esas condiciones para que tuviéramos una casa nosotros.

En pocos días nos pusimos de acuerdo, y el paso siguiente fue iniciar nuestra búsqueda.

Tras el fin de la burbuja inmobiliaria, en cualquier ciudad española había infinidad de propiedades sin vender, y los precios eran mucho más bajos que años atrás.

Otra diferencia con las búsquedas de nuestros viejos tiempos es que ya no tenía sentido consultar los diarios. Todo estaba en Internet, y en una escala antes no imaginada.

En Internet y en las inmobiliarias habré visto entre mil y dos mil propiedades similares a la que buscábamos. De todas esas, unas doscientas merecieron figurar en la base de datos que creé.

De esas doscientas habré visitado unas ochenta, y en cada visita parecía aguardarnos una decepción. Siempre hay algún detalle que termina no gustándonos, o que el anunciante se ocupó de que no se viera en las fotos. Al encontrarnos con tanta oferta, tendemos a dejar todo en suspenso creyendo que entre todo lo que hay para ver aparecerá la oferta ideal e insuperable. Es un sueño que nunca se hace realidad. Le adjudiqué a cada propiedad un puntaje, y luego de varios meses llegué a una lista de unas pocas con 9 puntos. A ninguna le puse 10, porque el nivel de *todo perfecto* nunca se nos aparece.

Llega un punto en que a fuerza de repeticiones se nos forma una especie de sabiduría automática semi inconsciente, que nos dice cuánto se puede conseguir por determinado precio, y nos sugiere que por mucho que sigamos buscando es muy poco posible ver algo mejor que lo ya visto.

Luego de medio año de búsqueda llegó el momento en que vino Diego a pasar la Navidad con nosotros, y aprovechamos el par de días disponibles para hacer un repaso final sobre los escasos pisos *casi elegidos*. Estuvimos de acuerdo en uno; días después lo visitamos con Alicia y Martín, y el 30 de diciembre firmamos el pre-contrato.

Hasta ahora tenía la experiencia de cómo se hacían esas compras en Argentina, donde solo tenía sentido medir los valores en dólares, y aunque las escrituras los expresaran en pesos el comprador ponía sobre la mesa sus paquetes de dólares en efectivo, el vendedor los contaba, firmaba y se los llevaba encima, con no poco miedo de salir con ellos a la calle.

En España, como el Euro era la moneda de curso legal y estaba todo más institucionalizado, se debía solicitar un *cheque bancario*, cuyo pagador no era la persona titular sino el banco, que se emitía a nombre exclusivo del vendedor. Este tenía la total seguridad de que podría cobrar su cheque, a no ser que ese día dejara de existir el banco.

Luego de un período de solicitudes de documentación y comprobaciones, en marzo de 2015 firmamos la escritura, en la que concedimos al vendedor unos días para pagar la nueva propiedad que compraba y mudarse a ella.

En abril nos entregó nuestro piso, hicimos unas ligeras reformas, y antes de que acabara el mes estuvimos viviendo ahí.

En esos días nos despedimos del propietario que nos había alquilado el piso al que entramos cuando no sabíamos nada sobre Valencia ni teníamos forma legal de respaldar la operación. Todo se había sostenido sobre la buena voluntad suya y nuestra, y habíamos pasado allí más de diez años.

Siempre *es otra cosa* vivir en una casa propia. No solo se puede pensar en cambiar lo que se quiere, sino que nace la desconocida serenidad de saber que *seguiremos allí*, y que no hay que incluir el concepto *alquiler* entre las cuentas de cada mes. Es como si eso que llamamos *descanso* adquiriera la capacidad de alcanzar más nivel de quietud.

Por poco previsibles combinaciones de circunstancias, en una vida cargada de inestabilidad había cumplido tres veces *el sueño de la casa propia*.

Por un lado podía calificarme de *afortunado*, pero por otro veía en aquello un lado triste; porque en dos casos lo había alcanzado gracias a lo ganado por las generaciones anteriores, y en este último gracias a la generación posterior.

Las idas y venidas del país, o las elecciones tomadas a lo largo de mi vida, no me habían permitido llegar a aquello por mi propio trabajo.

De todos modos nos tomamos con la mayor alegría ese ingreso a una etapa de más tranquilidad.

Continué prestando servicios a algunos de mis clientes anteriores, y tomándome con calma la advertencia de que el trámite de la jubilación argentina demoraría mucho y mantendría paralizado el de la española.

Entre los arreglos en la nueva casa figuró el montaje de una biblioteca sobre una pared que quedaba libre. Pudimos sacar todos los libros que habíamos guardado en cajas, y tuve tiempo de ponerme tranquilamente a estudiar historia, el factor más necesario para mi proyecto de relatar los sueños de cambiar el mundo.

Desmenuzando la historia

Precisamente por ponerme a estudiar más en serio que en el pasado, como observador y no como interesado en que la historia termine plasmando mis deseos, fui adentrándome en el núcleo de los problemas habidos con los sueños de cambio: cobijar un deseo y suponer que este acabará imponiendo su forma a eso que hoy es de otra manera y llamamos *la realidad.*

Una y otra vez el hombre sufre el drama de que la realidad no sea como le gustaría. Aunque abunden los que se resignan o esperan que cambie sola, hay quienes eligen otra opción: lanzarse sobre la realidad para cambiarla.

Unos se lanzan a modificar la porción de la realidad que tienen cerca, para mejorar en algo su vida; y otros, no conformes con objetivos tan individuales, sueñan con cambiar *toda* la realidad, incluyendo la vida de *todos* sus habitantes.

Allí aparece una evidencia no siempre respetada: para trabajar sobre algo hay que saber *cómo es* ese algo; qué causas determinaron que sea como es y qué causas deberían introducirse para que sea de otra manera.

En alguna medida lo hacen todos los seres que *trabajan.*

Una vez el hombre se puso a golpear piedras para darles forma. Hizo falta que conociera las características de la piedra para saber cómo golpearla; también le hizo falta una idea clara de qué forma quería obtener. Por ese camino plasmó objetos útiles y obras de arte, o desperdició piedras y tiempo.

Después, entre muchos otros tuvo el sueño de volar. Ante una realidad que lo mantenía en el suelo, fue descubriendo que la parte de la realidad con que tratar en este caso era *el aire.* Como la gravedad nunca deja de existir, volar consiste en *sostenerse sobre el aire.*

Tras probar varios artilugios, un día el hombre tuvo a su disposición los *motores,* y con ellos la energía necesaria para separarse del suelo. Después su tarea fue combinar un motor con los aditamentos necesarios para interactuar con el aire; de ahí el nombre de *aero-náutica.* Por ese camino consiguió un día dejar de vivir atrapado en el suelo, y dominar cada vez mejor su nuevo poder.

Tiene sentido pensar todo esto porque *conseguir lo que se quiere* no consiste en despreciar la realidad ni en sojuzgarla por la fuerza, sino en considerarla, conocerla y relacionarse con ella con el máximo respeto. Si intentamos volar sin ese respetuoso cuidado, la realidad nos devuelve violentamente al suelo y nos mata.

Muchos intentos de *hacer otra realidad* cometieron el error de no saber con qué trataban. Como al volar tratamos con el componente de la realidad que llamamos *aire*, al modelar sociedades tratamos con el componente que llamamos *hombre*.

Viendo que en distintos sitios y épocas existieron hombres muy diferentes, no fue descabellada la ocurrencia de modificarlos de la manera más conveniente, para que a partir de ese componente básico hubiera sociedades mejores.

Hubo y hay métodos de lo más diversos, como los gobiernos *teocráticos*, la prédica espiritual, los gobiernos autoritarios, la *selección por exterminio* de los diversos racismos, los programas educativos o las posibilidades actuales de modificación genética.

El intento más extendido y reciente fue el comunismo, con su hipótesis de modificación por vía de la reeducación y la práctica socioeconómica.

Partiendo de lo visto en distintas sociedades, Marx echó a rodar el postulado de que *no existe el hombre en general*.

Cualquier observación tiende a darle algún grado de razón; pero tarde o temprano desembocamos en el interrogante de fondo: ¿qué es lo que determina que apliquemos a seres tan distintos la denominación común de *hombres*? ¿Qué es lo que, a pesar de todas sus diferencias, tienen de igual los hombres para quedar englobados en un mismo concepto?

El mismo hecho de que en todos los casos los llamemos *hombres*, y al hacerlo sepamos de qué estamos hablando, demuestra que estamos viéndoles algo en común. Tal vez sea una tarea interminable intentar acordar en qué coinciden todos los humanos; pero en vez de embarcarnos en eso podemos limitarnos a evitar dos errores: creer a los hombres *demasiado iguales* o creerlos *demasiado diferentes*.

El comunismo, sin caer en la contradicción lógica de afirmar que los hombres no tienen nada en común, parece haber extendido al máximo la idea de que tienen muy pocas características *fijas*, y de que es muy mayoritaria su área *modificable*.

Incluso es posible otro género de error: creer que todos somos exactamente iguales en esas características fijas, y que a su vez somos iguales en tener nuestra *área modificable* vacía y disponible para modelar.

La experiencia real es que incluso en una misma época, cultura, país o clase social, hay personas inexplicablemente diferentes, hasta el punto en que todos seguimos discutiendo y presentando teorías sobre qué determina que cada individuo sea como es.

Es fácil concebir que la sociedad más productiva de todas las posibles sería una en que todos, absolutamente todos, se movieran en la misma dirección y con la misma fuerza.

Es fácil caer en la tentación de proponerse ese objetivo; porque ¿quién puede cuestionar el deseo de volver *buenos* y generosos a todos los seres?

Y es fácil dar el siguiente paso: convencerse de que si todos los hombres fueran *buenos* actuarían al unísono de esa manera; y suponer que si no lo hacen ya mismo es porque tienen malas costumbres; costumbres que pueden ser disueltas por una buena educación y reemplazadas por costumbres mejores.

Una sociedad nueva daría lugar a un *hombre nuevo*; y ese hombre nuevo trabajaría generosamente para el bien de todos sus semejantes.

Los habitantes de una sociedad donde *todo fuera de todos* tendrían que sentir, pensar y actuar de otra manera que los de las viejas sociedades individualistas. Si algunos no lo hacían se debía a que les quedaban demasiados resabios de la *era burguesa*. Esto se solucionaría *reeducándolos*; y si eso no era suficiente deberían quedar recluidos de por vida.

Ya puesta en marcha esa sociedad sin propiedad privada, además de los *aburguesados* irredimibles saltaban a la vista los *poco dispuestos a pensar*, que no hacían más que tareas muy simples y tal como se les indicaban. Escaseaba el *trabajo intelec-*

tual, indispensable para organizar y perfeccionar toda actividad económica.

Se había supuesto que la sociedad podía sacarse de encima a *la burguesía*, y traspasar su función de dirigir la producción a los integrantes de la *sociedad sin clases* que fueran designados por la *cúpula planificadora*.

Pero resulta que la ya exterminada *burguesía* había consistido en individuos no designados por nadie, sino emergidos por su propio afán, por su propia disposición y capacidad para pensar, y motorizados por la aspiración a recibir ellos mismos el resultado de lo que hicieran.

Desaparecidas las condiciones que alentaban la *germinación* de tales individuos, la iniciativa y la creatividad pasaban a brillar por su ausencia, y la *economía planificada* se volvía poco menos que implanificable.

Los iniciadores de una revolución, generalmente muy pensadores y simultáneamente muy inclinados a soñar, tienden a suponer que esas cualidades que ven en sí mismos existen naturalmente en todos los humanos. Es uno de los errores básicos cuando se posee una concepción del hombre poco coincidente con la realidad. La idea de que los hombres pueden ser modelados y remodelados lleva a los líderes a creer posible dotarlos de todas las cualidades y virtudes imaginables.

Allí es donde sus teorías sobre el hombre comienzan a fallar, y donde los líderes comienzan a ponerse violentos contra los que se resisten a adquirir tan indiscutibles virtudes.

En esa sociedad que debería encaminarse a la perfección no solo no aparecen los capaces de dirigirla, sino que el común de los hombres, que bastaría con que se volvieran generosos, no trabajan con el entusiasmo que *daba por sentado* el ideal puesto en marcha.

Porque resulta que entre esas características del hombre en general, que según el marxismo no existe, hay una no solo presente en el hombre sino en todos los animales: el principio de *economizar energía*. Se consume energía, trabajosamente obtenida mediante el alimento, cuando se experimenta una *insatisfacción*. La insatisfacción es la causa que pone en marcha la energía que nos moverá a luchar para darle lo que nos reclama.

Como otra característica humana muy común es la escasa vocación por pensar a largo plazo, el efecto más natural es que en una sociedad en que cada uno recibe bienes como resultado del trabajo de todos, y ve cada día que si disminuye su esfuerzo no disminuye su satisfacción porque *el conjunto de todos* sigue trabajando, cada individuo reducirá instintiva y progresivamente su inversión de energía, porque al reducirla se siente más cómodo y no percibe ningún efecto indeseado.

Como esto solo es verdad a corto plazo, y como escasean los individuos que piensen más allá del corto plazo, la consecuencia es que cada individuo produzca menos, y a largo plazo se reduzca la suma de riqueza que genera el conjunto.

Así, alguna vez se llega a una sociedad cuyos líderes siguen creyendo que construirán el paraíso en la tierra, pero el resto de sus integrantes padece una insatisfacción que no puede modificar con nada de lo que haga.

Alguna vez me había dicho que todo trato *intermedio* con la burguesía, en el que se la forzara a servir a la sociedad ganando poco, acabaría siendo inútil. De acuerdo a esto, la única solución de raíz sería eliminar completamente a la burguesía por vía de la expropiación. Ahora me daba cuenta de que tampoco se ganaría nada con esa eliminación; porque en la *sociedad sin clases* no aparecían seres capaces de cumplir su función.

Si *burguesía* es voluntad de moverse para producir, inteligencia enfocada a saber qué y cómo producir, y capacidad de incrementar la eficiencia, la burguesía genera riquezas que nadie genera de otra manera; y por lo tanto *hace falta*.

Y si esas capacidades solo se ponen en marcha ante la posibilidad del beneficio propio, la sociedad más próspera no será la que extermine a la burguesía, ni la que la obligue a *sacrificarse* contra su voluntad, sino la sociedad que la deje existir, moverse y ganar.

El resto de la gente, que envidia a la burguesía o se indigna por lo que gana, tal vez la odie pero la necesita; porque le ofrece precisamente lo que quiere: artículos deseables a buen precio y puestos de trabajo por los que cobrar un sueldo.

Aunque la sociedad resultante de estas relaciones no sea la mejor en todos los aspectos, es la más capaz de producir bienes; o sea lo que quiere la gente.

Si no se mantiene ese estado de cosas, en el que los que quieren ahorrar, invertir, inventar y pensar se benefician de su actitud, y los que quieren pensar poco encuentran cómo ganarse la vida cumpliendo tareas simples, la sociedad desembocará en todos los casos en *opciones peores*.

Podemos comprobarlo al mirar el mundo: hay sociedades pujantes y sociedades estancadas.

Qué hay detrás de los deseos de cambio

Es muy común preguntarnos si sería posible otro tipo de sociedad. Al hacerlo nos encontraremos con tantas respuestas como variedad de personas. Algunas muy pensadas; otras, efecto de algún impulso.

La idea de en un mundo *sin propiedad privada* puede ser efecto de distintas actitudes. La más abundante es la más superficial y propia del *pensar a corto plazo*: la suposición de que la riqueza no es algo que *se produce* sino algo que *existe*, y como la tienen unos pocos no la tiene el resto de la gente. Para esta visión de corto plazo, la *solución* es quitar a los ricos esa riqueza *ya existente* y repartirla entre todos.

Ese pensamiento a corto plazo no concibe lo poco que duraría esa riqueza *ya existente* si se dedicara a alimentar a millones de personas. Por su aversión a tomarse la tarea de pensar, y por limitarse al deseo de *succionar* lo que ganó otro, tiene sentido la indignación moral de los anticomunistas contra esta aspiración.

Tal vez entre los adherentes al comunismo sean mayoría los *amantes de la vida fácil*, que lo desean porque creen que es únicamente eso.

Si fuera únicamente eso, yo habría estado siempre en contra. No me gusta la gente que vive odiando, ni la que se niega a pensar, ni la que quiere vivir a costa de bienes *recibidos*.

Como hay *comunismo superficial*, también hay *anticomunismo superficial*; ese que no concibe otra cosa que la existencia de vagos y succionadores, y los desprecia con no poca razón.

Pero resulta que el comunismo *original*, propuesto una vez por Marx, no se parece en nada a esa mera aspiración a *succionar*: el comunismo se propuso como *sistema de producción*; consistió en la idea de que una sociedad donde los medios de producción fueran de todos sería más productiva que la sociedad donde eran de pocos.

El comunismo no proponía expropiar los medios de producción para *vivir de lo ajeno*, sino para pasar a hacerlos trabajar de otra manera; porque en manos de la burguesía no producían todo lo que realmente podían.

No se proponía esto porque fuera un acto de *justicia distributiva*, sino porque la burguesía se había convertido en un obstáculo que la humanidad debía sacarse de encima. Esos medios expropiados serían simplemente los primeros disponibles, a los que la sociedad sin clases agregaría otros para edificar un futuro mejor *por la vía de producir más*.

El verdadero comunismo no fue el mediocre deseo de consumir lo que hizo otro: fue la propuesta de mejorar la vida *trabajando*.

A la hora de decir *es mejor otra cosa* hay que darse cuenta de que lo que falló no fue simplemente la inmoralidad de succionar: lo que falló fue también el comunismo serio y "científico"; la idea de que en una sociedad sin burguesía se liberarían las fuerzas productivas y se generarían más bienes.

Como hay un anticomunismo superficial, limitado a odiar a los succionadores y vagos, también hay, aunque escasee como todo lo que requiere pensar a fondo, un anticomunismo *profundo*, consistente en darse cuenta de que ese proyecto de sistema productivo no podía funcionar, porque intentaba que la materia básica de la sociedad, el hombre, se convirtiera en lo que no podía convertirse.

El verdadero hecho histórico no fue que fracasaron los mediocres que esperaban vivir de lo ajeno, sino que quedó en evidencia la inviabilidad del comunismo *científico*, con su vaticinio de que se produciría más si no hubiera propiedad privada, y de que nuevas relaciones de producción darían a luz a un *hombre nuevo*.

Yo nunca fui de los que imaginaron una *venganza* en la que nos apoderáramos de lo que tenía la burguesía para consumirlo, ni esperé vivir mejor en base a lo que tenían otros. Fui de los que quisieron dar origen a una sociedad distinta, asentada sobre bases sanas y consistentes.

Viendo que esa propuesta *sin propiedad privada* no generaba una sociedad que fuera adelante sanamente, pasé a estar convencido de que la sociedad que funcionará bien será una sociedad *con propiedad privada y con burguesía*, en la que los que piensen a largo plazo y quieran ganar tomen la iniciativa de poner las cosas en movimiento, y puedan conseguirlo sin que nadie los interfiera ni desaliente.

Viendo y viviendo otros cambios

A fines de 2015 vimos desde lejos la asunción presidencial de Mauricio Macri.

La idea de que si hay buenas condiciones para la burguesía terminará ganando la totalidad de la gente no es muy capaz de atraer el voto mayoritario. Sin embargo, el voto *por cansancio* contra un determinado gobierno puede llevar al poder a alguien que aplique este principio.

Está claro que no basta con saber qué hacer para que la economía funcione bien. Llevamos toda la vida escuchando a los que más o menos saben qué hacer. El gran problema es que quien lo sabe consiga los votos necesarios; y un problema aún mayor es conseguir esos votos sin presentar ideas difíciles de entender. Y como si fuera poco tampoco conviene decir que *lo que hay que hacer* es aplicar medidas que comenzarán significando dificultades y esfuerzos.

En consecuencia, todos los candidatos terminan lanzando al público ideas fáciles y agradables, que de tan fáciles y agradables quedan casi vacías de significado.

Si por ese recurso, o porque la gente se hastió del gobierno anterior, gana las elecciones alguien que planea medidas serias, nace la posibilidad de que después de un tiempo con buenos resultados, o simplemente sin desastres, siga obteniendo el apoyo de las urnas.

Por esa vía es posible que, aunque las medidas difíciles no consigan el voto mayoritario, se las pueda aplicar y se inicie un período de reformas que generen crecimiento, y que los resultados económicos den lugar a más apoyo electoral.

De todos modos es difícil, porque hay elecciones cada dos años y en ese período nadie alcanza muchos cambios visibles.

Pero como pase lo que pase persisten nuestras ganas de soñar, nos mantenemos a la expectativa de que *esta vez sea posible*.

Para quien ya no vive en Argentina hay dos caminos: dejar atrás todo pensamiento sobre el país y vivir lo mejor posible donde se esté, o bien mantenerse, por una especie de deuda moral persistente y poco explicable, pendiente de lo que sigue pasando, y esperar ver al menos desde lejos lo que se soñó durante tanto tiempo.

Nosotros continuamos siempre en este segundo grupo.

En esta situación nos mantuvimos atentos a qué haría Macri. Al parecer ajustaría todo muy gradual y cuidadosamente, para no provocar convulsiones económicas ni anímicas.

Lo importante era que sugería desde el principio una seriedad institucional ausente en el gobierno anterior. Ya no habría controles ni *cepos cambiarios*, con lo que se estableció en seguida una sensación de alivio.

También era muy necesario cuidar lo que se decía, y lo hizo con cierto cuidado. Un detalle que no me gustó fue que inició su mandato prometiendo *"pobreza cero"*.

Era lo que se dice una expresión imprudente. Por mucho éxito que alcanzara, bastaba con que cuatro años después unos pocos se sintieran pobres para que toda la oposición se ensañara furiosamente con él.

Así, a nuestra vida cotidiana se agregó el prestar atención a qué pasaba en Argentina, y el querer ver indicios de que por fin se iniciara la *nueva etapa* esperada toda la vida.

A fines de 2016 Martín finalizó su carrera universitaria e ingresó como programador a una empresa de asesoramiento e información financiera.

Además de sus avances en el área informática se introdujo por vocación propia en temas tecnológicos, filosóficos y de desarrollo de las facultades humanas, sobre los que en varios casos me recomendó libros y autores.

El pasado y el presente

En febrero de 2017, a casi tres años de solicitarla, comencé a cobrar la jubilación argentina, con lo que se destrabó el trámite de la española y pasé a una etapa de mayor tranquilidad.

En el verano de 2017 cumplí con una aspiración traída casi desde la infancia: ir al pueblo de mis padres y abuelos.

Desde mis primeros años vi que mi familia conservaba una postal de principios del siglo XX con la inscripción *Saluti da Dosson*, donde había una foto de la *Piazza Guglielmo Marconi*, en la que figuraba la *Parroquia San Vigilio*, y otra donde se veía la *Via Peschiere*, y en ella la casa donde vivía mi familia. Frente a la misma aparecían unos niños, que según me contaron deberían ser algunos de mis tíos.

Esa generación anterior a la nuestra nos hablaba de su vida en Dosson, de su casa a la vuelta de la iglesia y de las campanas que escuchaban cada día. En las fiestas de fin de año cantaban canciones provenientes de aquella región y, en un mundo donde ni siquiera sus hijos sabían de aquello, sentían que continuaban siendo lo que siempre habían sido.

Aunque fuera en forma de recuerdo, aquello se volvió parte de nuestra infancia; y cuando entendimos un poco más el mundo se nos incorporó el deseo de ir a aquel sitio que se nos aparecía casi como el origen de la vida.

De la generación anterior, bastante ocupada en la tarea de vivir y criar a sus hijos, solo pudo volver allá un tío que era soltero y ganaba más o menos bien. Seguramente toda la familia sintió que hacía aquel viaje en su nombre; porque ese día, en 1952, se reunió a despedirlo en el puerto de Buenos Aires. Conservamos la foto de todos los que se juntaron ante la escalera del barco, en la que ya figurábamos nosotros. También nos quedaron fotos de nuestro tío ante la iglesia del pueblo y ante la que había sido la casa de la familia, que se veía más o menos como en la vieja postal.

Pasó el tiempo, nuestros padres y tíos fueron muriendo y yo dejé de estar en Argentina. En la familia que fue quedando, algunos no se interesaron por el pasado, mientras otros seguimos pensándolo y queriendo conocerlo mejor. Como también en la generación anterior había existido ese interés, nos habían quedado anotaciones sobre los padres, abuelos y bisabuelos de los que una vez se habían ido de Italia a un país que les prometía un mejor futuro.

En ese futuro empezó un día a existir Internet, y después Google Maps. Por esos medios busqué y encontré el pueblo del que desde siempre habíamos escuchado hablar. Creé un sitio web con mapas e imágenes del pueblo, fotos y datos de nuestra familia, para que los que quedaran y se interesaran siguieran con ese pasado a su disposición.

Viviendo en Europa se hacía más posible ese viaje, y continuamos proyectándolo para un *más adelante* no tan lejano. En 2016 le dije a Diego, que siempre nos visitaba en las vacaciones de verano, que en vez de pensarlo en abstracto le pusiéramos fecha. De ese modo nos lo fijamos en la mente para las siguientes vacaciones.

Compramos pasajes de Valencia al aeropuerto de Treviso, uno de los más utilizados para viajar a Venecia. En las proximidades de la ciudad de Treviso está Dosson. Alquilamos allí una casa cercana a la Via Peschiere, donde había vivido mi familia.

En julio llegó Diego, también interesado en esa incursión hacia nuestro pasado. Martín no se preocupó tanto por el tema y no quiso ir. Viajamos Alicia, Diego y yo.

Los hijos de mi hermana Alicia, fallecida en 2009, nos pidieron que también lo hiciéramos en nombre de ella, porque había estado toda su vida entre los que deseaban aquel retorno.

Partimos de Valencia y en menos de dos horas estuvimos en Treviso. Pusimos pie en Italia sintiendo que era algo más que cualquier sitio visitado; porque la patria de nuestros padres se acerca mucho a ser la nuestra.

Como Dosson está muy cerca de ese aeropuerto nos tomamos un taxi. En seguida estuvimos en la casa que habíamos alquilado. Acomodamos nuestras maletas y salimos con la impaciencia propia del caso.

Íbamos por la calle que conducía a la iglesia, y casi empezábamos a ver su torre, cuando empezó a llover.

Entramos a un bar que vimos cerca y esperamos, dándonos cuenta una vez más que la lluvia no es en todas partes igual. Se intensificó hasta un nivel poco habitual en Valencia, y daba la sensación de que duraría mucho.

Nos quedamos en una mesa, empezando a familiarizarnos con los menús en italiano y los nombres de lo que queríamos pedir. Permanecimos un par de horas, mirando cómo era y qué hacía la gente de aquel lugar.

Cuando paró la lluvia empezaba a oscurecer; de modo que recorrimos un poco las inmediaciones de nuestra vivienda. Allí vimos que las casas, tipo chalet con jardín al frente, se parecían mucho a las de algunos alrededores de Buenos Aires, donde muchos italianos habrían llevado sus costumbres.

Por la noche cumplimos otro objetivo de los que visitan Italia: ir a una pizzería. Allí cerca había una muy espaciosa, que cuando llegamos estaba completamente ocupada, y debimos esperar un rato hasta que hubo disponible una mesa. Se veía mucha más gente de la que hubiéramos previsto en un pueblo pequeño, y visiblemente acostumbrada a reunirse allí. Esa escena, así como el aspecto de las casas vistas, indicaba que el pueblo había dejado muy atrás el aura de pobreza que nos mostraban las viejas fotos.

El día siguiente amaneció despejado, y pudimos ir hasta la parroquia y la Via Peschiere. Allí comprobamos lo empezado a ver en Internet: continuaba existiendo la estructura de la casa de mis abuelos. Solo se le habían hecho reformas exteriores, y ahora funcionaba allí la Osteria Al Borgo Antico (*el pueblo antiguo*).

Nos tomamos fotos ante la parroquia y la casa, para sumar a las imágenes de los viejos tiempos. Ahora esas calles eran vías de circulación rápida, por lo que no fue cómodo tomar fotos a la distancia adecuada.

Llamamos a la puerta de la Osteria y reservamos una mesa para esa noche. Al vernos tanto rato tomando fotos por las inmediaciones, el personal había estado observándonos como sujetos sospechosos o fuera de lo común.

Continuamos paseando por el pueblo. Allí cerca había un cementerio en el que vimos sepulturas de varios Zamuner. Ninguno coincidía con datos de los antepasados conocidos.

Esa noche volvimos y festejamos mis 68 años con excelentes platos italianos en *Al Borgo Antico*, sabiendo que un siglo antes habrían estado entre las mismas paredes mis abuelos, mi padre y mis tíos.

Al día siguiente continuamos recorriendo el pueblo, donde como efecto de tanto mirar el mapa y las fotos me sentía *como en mi barrio*, con la sensación de andar por el lugar más familiar del mundo. En un comercio consultamos una guía telefónica del pueblo y encontramos dos *Zamuner*. Entendiéndonos como pudimos con el señor que atendía allí, conseguimos que los llamara. Uno nos recibió en su casa, le mostramos nuestra lista de antepasados y no encontró ninguna coincidencia con los suyos. El otro vino el día siguiente hasta donde nos alojábamos, y como Diego pudo entenderse en inglés con la señora que nos alquilaba la casa, ella le tradujo todo al italiano. Tampoco encontró coincidencia con nuestros antepasados. Dijo tener noticias de que en un tiempo habían vivido unos Zamuner en Via Peschiere, donde ahora estaba Al Borgo Antico.

Esa noche, luego de más paseos y una cena en otra pizzería, fuimos a una heladería. Allí el que atendía detectó que hablábamos en español y nos preguntó por nuestra procedencia. Resultó ser un argentino de Rosario, que había emigrado y ahora vivía bastante bien, pero dudaba entre quedarse allí y volver, porque le costaba mantenerse lejos de sus seres queridos y su mundo de costumbres. Le comentamos que habíamos venido a Dosson porque allí habían vivido mis abuelos, que un día se habían ido a Argentina para vivir mejor.

La única respuesta que pudimos dar a su interrogante fue que no hay ni puede haber un único *consejo infalible* para todos los emigrantes o candidatos a serlo. Cada uno descubrirá, *viviendo su propia vida*, con qué opción gana o pierde más. Será una cuestión de sentimientos, en la que no habrá ni acierto ni error.

Al día siguiente, cumplida la misión de reencontrarnos con nuestro pasado, nos despedimos de Dosson, tomamos un autobús a Treviso y de allí un tren a Venecia. Frente a la estación ferroviaria abordamos un *vaporetto* hasta el sitio donde habíamos alquilado un apartamento.

Como es de imaginar, todo resultaba una fiesta para la vocación de tomar fotos. Tanta satisfacción se entremezcla con cierta angustia de saber que esas proezas de la creación humana son amenazadas por el mar.

En lo que ahora son hoteles con sectores donde tomar algo mirando los canales, pudimos ver los vestigios de épocas de abundancia en sus paredes, columnas y cielorrasos, con ornamentos realizados por artistas que empleaban los materiales más inusuales y costosos.

Lo mismo, llevado a su máxima expresión, se hace presente en la Basílica de San Marcos. No solo hay belleza en el conjunto, sino que en cada rincón nos encontramos con la obra de seres que se habrán dedicado con devoción religiosa a trabajar sin la menor preocupación por cuánto demorarían. Ver todo eso nos sugiere que la gente de otra época tiene que haber sentido el tiempo de otra manera; no parece que les importara terminar su obra, sino simplemente *estar allí*, concentrándose en cada detalle y olvidando el resto de las cosas. Hay tanto trabajo en cada una de sus paredes que nunca llega a ingresar en la mente de quien va de visita, porque cuando la vista es atrapada por algún detalle pierde la capacidad de asimilar todos los otros.

Venecia es el ejemplo extremo de hasta qué punto la explotación del turismo transforma todo. En las calles antiguas y estrechas cuesta trabajo caminar porque van y vienen turistas de todos los orígenes y aspectos, a los que se suma la gente que intenta venderles cualquier cosa. En el área céntrica hay tantos hoteles, locales comerciales y apartamentos turísticos, que para la gente que vive y trabaja allí no quedan sitios a precios medianamente alcanzables. La mayoría reside en pueblos vecinos, y debe viajar al centro a través del *Ponte della Libertá*, de más de tres kilómetros de largo. Además, tiene problemas para proveerse de todo lo que no constituya un artículo para turistas.

Visitamos la isla de Murano, con sus talleres que desde hace siglos trabajan con el cristal, y sus comercios donde se venden desde carísimas obras de arte hasta artículos accesibles para el común de los turistas. Quienes atienden los comercios clásicos de este rubro, que en todos los casos saben varios idiomas, se apresuran a informar que venden verdaderos productos de su arte tradicional y no *imitaciones chinas*, que fluyen sobre cada sitio donde haya turistas dispuestos a comprar todo lo que ven.

En los restaurantes y otros sitios nos sorprendió ver tantos rasgos y gestos que nos recordaban a personas conocidas en Argentina, seguramente descendientes de los millones de italianos que se convirtieron en un componente casi esencial del país.

Después de cuatro días nos fuimos a Florencia.

Allí la cita es con el arte.

En el Museo de la Academia nos maravillamos ante todo, pero nos dimos cuenta de que el arte no se lleva bien con las visitas momentáneas. Concentrarse en lo que hay allí requeriría muchas visitas tranquilas y prolongadas. Si no, todo lo que podría transportarnos a un nivel superior de la existencia acaba transformándose en una repetición que se nos vuelve indiferente.

Viendo que detrás de las obras más voluminosas y admiradas reposaba una infinidad de esculturas pequeñas a lo largo y alto de las paredes, me dije que si sus creadores hubieran esperado ser recordados por sus obras habían terminado consiguiendo muy poco. Lo único que podía haber dado sentido a lo que hicieron habría sido la satisfacción inmediata de concentrarse y crear. Eso es *vivir el arte*, y nadie se lo puede quitar al que lo vive. El que espere ser recordado llevará las de perder; porque entre lo que se produjo a lo largo de tantos siglos pasará casi desapercibido.

También visitamos la Galleria degli Uffizi, donde además de multitudes haciendo cola para ingresar había grupos de militares que, conscientes de estar ante uno de los tesoros culturales de Occidente, disponían todo lo posible para prevenir ataques terroristas.

Allí vivimos más o menos lo mismo. Por mucha satisfacción que nos despierte una obra de arte, la repetición de esas percepciones termina saturando la mente, y al final se camina casi con indiferencia ante todo.

Entre otras cosas caímos en cuenta del auténtico peso de *la riqueza*. Cuando nos referimos a la fortuna de alguien en unidades monetarias, por más cifras astronómicas que digamos siguen siendo cifras, pensables pero no visibles. Sin embargo, tantas salas y pasillos con interminables filas de esculturas nos dan una real sensación del poder de quien pudo comprar todo aquello.

Nos volvimos a casa muy contentos por ese encuentro con nuestro pasado y con el de la humanidad, convencidos de haber cumplido con la aspiración que traíamos desde la infancia. Envié fotos y comentarios a mi familia, en la que algunos continuaban soñando con ese viaje y otros seguían sin interesarse.

Las vacaciones de 2018 fueron otra cita con el pasado, en este caso más reciente. Viajamos con Diego a Lyon, para rememorar juntos sus primeros pasos en Francia y en su carrera universitaria. Paseamos por el interior de la Universidad Jean Moulin, por el local de Mc Donald's donde trabajó y por los sitios que frecuentaba en esa época, cuando iba contándonos todo en sus mensajes y esperaba compartirlo algún día con nosotros.

Reedición del drama argentino

En 2019 nos tocó ver lo que ya no pensábamos que pasaría. Yo venía dando por sentado que si tantos argentinos se habían cansado del kirchnerismo y habían votado a otro gobierno, aunque su elección no hubiera sido muy pensada mantendrían su apoyo al nuevo rumbo cuando vieran buenos resultados.

Pero resulta que esos resultados no aparecieron.

Como me tocaba mirar todo desde lejos, fue más lo que imaginé que lo que vi. Como Mauricio Macri era empresario, se oponía al kirchnerismo y hablaba de cambio, me mantuve, sin informarme con mayor detalle, en la idea de que encaraba el ajuste que desde hacía décadas necesitaba el país.

Comenzó eliminando, como compromiso ético y de respeto a la legalidad, el recurso del *cepo* y las restricciones cambiarias. La primera consecuencia fue que hubo más gente comprando dólares y provocando una escalada de los 9 a los 14 pesos. Se pensó que sería una reacción momentánea, y que con el tiempo la confianza en el nuevo gobierno tranquilizaría el panorama.

Pero esa esperada confianza dependía de que se viera al gobierno tomando decididamente las riendas de la situación, reduciendo el gasto público y eliminando la necesidad de emisión monetaria.

Sabiendo que por un lado se lo esperaba pero por otro produciría más padecimientos y más oposición, Macri optó por la extrema prudencia y por un ajuste muy gradual, mientras sustituía la emisión por endeudamiento y confiaba más de la cuenta en que un crecimiento de la actividad disminuyera el déficit.

Sobre la mitad de 2018, a la desconfianza generada por la escasa reducción del gasto público y la perspectiva de no poder endeudarse indefinidamente se sumó una disminución de liquidez por causas externas, y el efecto fue una nueva corrida cambiaria. El dólar, que se había mantenido a unos 18 pesos, pasó la barrera de los 20 y luego la de los 30.

El supuesto regreso de los inversores pasó a ser una utopía poco imaginable.

Macri informó que, para evitar la incertidumbre respecto a la continuidad del endeudamiento, había decidido volver a tratar con el FMI. Una vez más nos tocó ver multitudes indignadas, para las que el FMI era la encarnación del mal en la Tierra, y quien tratara con él se convertía en el traidor más imperdonable.

El FMI acordó ayudas cercanas a los 50.000 millones de dólares, las más altas dadas a un país, sabiendo que semejante riesgo podía valer la pena si así alejaba el fantasma de un nuevo gobierno peronista.

El dólar se estabilizó por algunos meses a unos 37 pesos, mientras era visible que el gobierno no utilizaba lo prestado para encarar medidas serias sino para tranquilizar al mercado cambiario.

Seguía sin verse una reducción del gasto público. El exceso de prudencia y el empeño en el gradualismo habían empeorado lo que se suponía que iba a mejorar.

Y en 2019 entró en juego el factor más temido y determinante: las encuestas tendían a mostrar que la gente se proponía volver a votar a Cristina Fernández. Desde entonces las corridas hacia el dólar no tuvieron relación con la acción del gobierno, sino con la perspectiva de cuál sería el siguiente.

La inmediatista mayoría de la opinión pública, con su esquema de que *si vivimos mal hoy es malo el gobierno de hoy*, dejaba de lado cualquier consideración sobre las finalidades de cada partido, y acababa destruyendo una y otra vez la posibilidad de llevar su propia vida hacia otro rumbo.

En las primarias de agosto vimos que la ventaja del kirchnerismo era demasiado amplia como para esperar otra cosa. Allí el dólar pasó de 44 pesos a casi 60. En octubre ganó en primera vuelta Alberto Fernández, ex Jefe de Gabinete del gobierno kirchnerista, protagonista del único caso en el mundo en el que un candidato a vicepresidente eligió al candidato a presidente. Cristina Fernández aprovechó su caudal de votos para llevarlo al triunfo, pero prefirió quedarse con la vicepresidencia.

El 10 de diciembre asumió el nuevo gobierno.

Para medio país fue la venganza de lo ocurrido cuatro años antes; para la otra mitad fue una decepción que superaba lo esperado.

Se cumplían 36 años del retorno de la democracia. En cada aniversario se escuchaban tristes referencias a las *asignaturas pendientes* o promesas incumplidas de la misma, con el persistente sentimiento de que esta realidad tan diferente de la soñada en 1983 se debía a que la democracia no era lo que parecía, o directamente *había fallado*.

Detrás de esos lamentos actuaba una *fantasía infantil*, una suposición de que la democracia era una especie de entidad supraterrenal con el poder de proveernos de felicidad.

Quien pudiera sacarse de encima esa fantasía infantil se daría cuenta de que la democracia *en ningún momento había fallado*. La democracia no es una maquinaria o entelequia mágica proveedora de felicidad, sino una *herramienta* a disposición de los ciudadanos para constituir un gobierno.

Si no se obtiene lo deseado, la falla no está en la herramienta; está en el que la utiliza.

La democracia no falló; porque siempre la gente eligió candidatos y estos asumieron de acuerdo a las reglas. La función de la democracia, elegir un gobierno de acuerdo a la voluntad de la mayoría, nunca dejó de cumplirse.

Si el resultado esperado es la riqueza y la prosperidad, hay que darse cuenta de que esa no es la función de la democracia como herramienta, sino la función de las personas que, desde los poderes ejecutivo y legislativo, deciden qué condiciones establecer para que la sociedad produzca esa riqueza.

Eso que llamamos *gobernar* consiste en aplicar decisiones sobre la realidad para que esta se mueva en la dirección deseada. Sobra decir que solo se consigue que la realidad se mueva en la dirección deseada cuando *se la conoce suficientemente*.

Una mente cargada de fantasías que no coinciden con la realidad no conseguirá los resultados que desea. En tal caso, la responsabilidad de todo lo que pase o no pase será suya, porque no se ocupó de conocer suficientemente eso con lo que estaba tratando.

Si ese alguien que no ejerce bien su responsabilidad fue elegido por millones de votantes, la responsabilidad fue también de estos; porque supusieron que las ideas de ese candidato eran adecuadas.

Si gobernar, o tratar con la realidad, requiere *conocimiento*, también lo requiere el acto previo de *decidir quién gobernará*. La democracia inviste a los ciudadanos con el poder de decidir cómo tratar con la realidad. La condición básica para que esto produzca el futuro deseado es que quienes tienen ese poder *conozcan* la realidad.

El poder de incidir sobre la realidad se puede ejercer bien o mal. Si se obtienen malos resultados no es culpa del mecanismo por el que se elige un gobierno, sino de la *mentalidad inmediatista* de los electores y los elegidos.

Cuando se glorifica la democracia porque siempre conducirá a que se imponga la voluntad del pueblo, no se quiere decir que como el pueblo quiere su propio bienestar ya está todo resuelto. De ninguna manera está resulto; porque el pueblo no utiliza la democracia para elegir directamente entre disfrutar y sufrir, sino para elegir un medio: la persona o partido que actuará sobre la realidad.

Con esto no basta para alcanzar el futuro que se desea; hace falta que esa persona o partido hagan lo adecuado.

Y si el gobierno elegido conoce suficientemente la realidad y *hace lo adecuado*, el siguiente paso es que el pueblo tenga claro *qué es lo adecuado*; porque es muy posible que lo adecuado sea planificar a largo plazo, y que ante esto la mayoría de la gente, disgustada por no recibir satisfacciones inmediatas, odie, obstruya y hasta derribe al gobierno al que había confiado la misión de *traerle la felicidad*.

Siempre concluiremos en lo mismo: la democracia pone todo en manos del pueblo, y en esto no falla. Lo que puede fallar son las personas.

Como cualquier persona puede equivocarse y tomar decisiones que acaben perjudicándola, la suma de millones de votos puede ser una acumulación de decisiones perjudiciales respecto a cómo tratar con la realidad.

Para tratar bien con la realidad hace falta aprender, pero resulta que no todos tienen ganas de aprender. Para llevar la realidad al estado de cosas deseado hace falta encarar tareas difíciles, pero resulta que demasiada gente desecha en seguida lo difícil.

Se puede presentar a esto la objeción de que *nadie es culpable de no saber*. Es cierto, y nadie está declarando culpable a nadie. Pero resulta que cada ciudadano, culpable o no, llega un día a la mayoría de edad y, sepa más o sepa menos, tiene a su disposición un voto sobre el futuro de su país. El poder *ya está* en manos de los ciudadanos, que con o sin culpa, con o sin conocimiento, *ya están decidiendo* cómo se gobernará la sociedad que habitan.

El gran problema no es que se echen o dejen de echar culpas: el gran problema es que si nuestras decisiones nos llevan a vivir mal convendría cambiarlas; y si para cambiarlas hace falta saber más, *conviene* saber más.

Para complementar la democracia, y conseguir que la realidad sea como deseamos, es fundamental sumarle hoy y siempre la *educación*; y no exclusivamente en el sentido académico del término. Hay una forma básica de la educación consistente en la *rectitud*, en la disposición a trabajar en vez de robar o pedir, en la decisión de luchar contra las dificultades en vez de evadirlas.

El ejercicio de la democracia cuando no hay suficiente educación lleva a una alternativa cómoda pero nada conveniente: que las propuestas de los candidatos se limiten a ser *fáciles*; tan fáciles que terminen no diciendo nada.

En las campañas electorales abundan las frases creadas para gustar, para que todo el mundo esté de acuerdo y ningún votante se aleje. Esto contribuye a que se perpetúe la poca disposición a aprender.

Si un político se propone hacer *lo que necesita el país*, debe saber que lo primero que necesita el país es gente más enterada de cuáles son los problemas y cuáles las soluciones. Parte de su tarea, y en última instancia de su plan de gobierno, debe ser *generar cultura*; porque el primer fundamento del bienestar o malestar de una sociedad es la *cultura* de sus integrantes. Los buenos o malos gobiernos elegidos, y los resultados de lo que hagan, son *un efecto* de esa causa.

Generar cultura no será efecto exclusivo de las escuelas y los planes de educación; también se puede y se necesita generar cultura cada vez que quien se cree apto para gobernar se comunica con el pueblo. En vez de decir lo más efectivo para quedar bien con todo el mundo y conseguir votos, debe elegir la opción de decir lo más efectivo para que la gente sepa cuáles son los problemas y cuáles las soluciones. En el primer caso obtendrá más votos en la elección; en el segundo obtendrá más apoyo cuando esté proyectando soluciones.

Es necesario, y aunque sea difícil es posible, que los mensajes de los candidatos digan algo más concreto y convincente para que crezca la comprensión de los problemas y la disposición a enfrentarse con lo difícil. Si no, se podrá ganar elecciones pero no se podrá conseguir respaldo para las medidas serias que un día harán falta.

Macri, como muchos otros, estuvo entre los que se limitaron a las expresiones fáciles y abstractas, como *no volver al pasado*. Como consecuencia, no obtuvo la fuerza necesaria para sustentar los cambios difíciles que reclamaba la situación.

Todo esto no pudo llevarme a otra cosa que a la convicción de que los verdaderos dueños del país, los votantes, terminaban una y otra vez disolviendo la posibilidad de llevar sus propias vidas por otro rumbo.

La idea de llegar a ver ese cambio de rumbo, aunque ya no incidiera en mi situación de cada día, era una deuda moral que desde siempre continuaba preocupándome, y si no había resultado esta vez parecía poco posible presenciarla durante el curso de mi vida.

Me convencí de que Argentina y su futuro habían pasado a ser *un amor perdido*, ante el que la mejor opción era no dedicarle más pensamiento ni espera, y continuar la vida como fuera posible.

Pasando a otra cosa

En diciembre de 2019 registré como propiedad intelectual el libro *Soñar un mundo nuevo*.

Empecé 2020 con el plan de enviarlo a editoriales previamente estudiadas.

En eso estaba, cuando mis planes pasaron a verse tan alterados como los del resto del mundo.

Al principio nos enteramos de que, como habíamos leído en 2003, en algunas partes de China se extendía el contagio de un virus. En aquel entonces no había pasado de un suceso que comenzó y terminó allá lejos. Esta vez escuchamos que algunos viajeros habían trasladado el problema consigo, y de un día para otro nos encontramos con más y más casos en Europa. Cuando se supo de qué se trataba había tantos contagiados que la única opción fue restringir los movimientos y contactos entre la gente.

Nuestras vidas pasaron a consistir en movernos menos y enterarnos de todo por televisión. Además de las noticias sobre contagios en más y más países aparecían las de actividades suspendidas. No pudimos menos que decirnos que abandonar algunas actividades puede ser fácil, pero ¿qué pasa cuando abandonamos la de trabajar para vivir?

Como hacía más de un año que había dejado mi trabajo de servicio técnico, no tuve problemas al respecto; pero me pregunté qué habría pasado cuando visitar a mis clientes era mi única fuente de ingresos.

Era el problema de muchísima gente, y no siempre se resolvía bien. Muchos habían pasado a depender de subsidios y planes de emergencia, como el colegio donde trabajaba Alicia; pero para otros se disolvía sin remedio toda posibilidad.

En medio de todo eso, y sabiendo que estábamos entre los menos afectados, mis planes con el libro pasaron, como los de muchos otros, al mundo *online*.

Lo publiqué en Amazon, y mi tarea siguiente fue informarme sobre cómo conseguir que la gente se enterara de su existencia. Entre otras recomendaciones leí la de estar presente en las redes sociales.

Me registré en Twitter, me enteré poco a poco de cómo funcionaba y fui encontrándome, entre otras cosas, con quienes discutían sobre la situación argentina; de modo que en poco tiempo volvió a mi mente todo eso que, en mi intento de pasar a vivir en paz, había decidido dejar de pensar.

Cuando se deja de pensar en un *amor perdido* queda claro que se dejó de esperar algo para la propia vida. Esto tiene todo el sentido del mundo si el objetivo es *no sufrir*. Sin embargo, preocuparse por Argentina era *algo más* que esperar algo para la propia vida.

Antiguas enseñanzas espirituales se refieren a una lucha interior, o por lo que está más allá de uno mismo, como una respuesta *porque es lo que hay que hacer*, sin la menor inquietud por el triunfo, la derrota o ese factor comparativamente insignificante que llamamos *resultado*. Lo que tiene sentido es *estar presente* haciendo lo que nos corresponde. No por lo que vayamos a obtener sino porque *queremos* estar presentes, concentrados en *qué hacemos* y no en lo que vaya a venir después.

La situación de un país depende de qué tenga la gente en su pensamiento y sentimiento; y esto depende de qué escucha decir a lo largo de su vida. De ahí que todo lo que digamos ante los demás sobre qué entendemos por bueno o malo actuará como fuerza en una u otra dirección.

Es una tarea que, más que proponerme, me pongo a ejecutar cada día.

Sé que en cualquier discusión entre tendencias políticas hay un *sentimiento de bando* que actúa a modo de *antivirus* y neutraliza todo lo que no coincida con lo que uno eligió.

No intento convencer a los que sientan, y como efecto piensen, lo contrario a lo que digo. Me importa el hecho de que no solo existen los que se aferraron a una idea y pretenden imponerla; en todas partes están los que miran la realidad con ganas de empezar a entenderla, y para ellos, que alguna vez pueden votar por el saneamiento necesario, vale la pena todo esfuerzo por discutir y proponer.

Como el afán de una sociedad sana va más allá de toda ubicación y circunstancia, participo tanto en los problemas de Argentina como en los de España.

En verano vino Diego, en condiciones bastante afortunadas porque en ese momento Uruguay, con muy pocos contagios, era uno de los puntos de procedencia más aceptados.

Esta vez no viajamos a ninguna parte; porque moverse entre restricciones y cuarentenas significaría más molestia que satisfacción.

Un día, en medio de nuestras charlas sobre historia y sociedades, me comentó que tendría mucho sentido que escribiera sobre cómo y por qué había pasado de una posición política a otra que solía verse como diametralmente opuesta.

Lo que había vivido para protagonizar ese cambio no solo les interesaría a mis hijos; podía interesarle a más gente.

Mi primera ocurrencia fue que en tal caso unos me odiarían por mi pasado y otros por mi presente.

Y me dije que lo que viví no era nada muy fuera de lo común. Alguna vez había leído lo de *"si alguien no es socialista a los veinte años no tiene corazón; si sigue siéndolo después, no tiene cerebro"*. La primera vez me cayó mal; pero con el tiempo le encontré mucho sentido.

Tampoco me consideré un personaje tan destacado como para que el mundo demandara mi *autobiografía.*

Solo hubo ganas de contarlo, y saber que alguien podía tener ganas de leerlo.

El porqué de esto

Tal vez todo sirva para explicármelo mejor a mí mismo, y solo por eso valga la pena.

Lo que más habitualmente escucho decir sobre la adhesión al socialismo o al comunismo es que nace de la envidia, del no aceptar *ser menos*, del simple deseo de apropiarse de lo de otro y pasar a vivir de lo que produjo ese otro.

No puedo menos que decir que hay gente que siente eso, que es mucha, y que yo no simpaticé nunca con ella.

Los que quieren suplantar el trabajo por la succión de lo que poseen otros, los que predican que todos deberíamos tener lo mismo, los que se limitan a vivir esperando que *venga* el comunismo, no fueron ni son los que se ponen en marcha para hacer revoluciones.

La mayoría de los seres con que me encontré en mi viejo intento no eran ese tipo de *esperadores del gran reparto*. No pensaban en repartir sino en *un nuevo modo de producir*.

Mi primer impulso, mi primera motivación, no tuvo ninguna relación con el *tener o no tener*; tuvo relación con una *confrontación* que iba haciéndose cada vez más visible ante mí.

Habiendo visto desde mi infancia *golpes de estado* que establecían el poder de la fuerza, y habiendo visto caer esa fuerza sobre la espalda o cabeza de todo el que se moviera para reclamar, no pude menos que entusiasmarme al ver que algunos resolvían dejar de ser víctimas y disparaban los primeros tiros contra los iniciadores del uso de la fuerza.

Como siempre sucede cuando hay un poco de dignidad, no se puede aceptar el papel de espectador. Si alguien toma armas por lo que nos parece bien terminamos exigiéndonos no dejarlo solo, como si fuera una lucha que no nos importara, como si esperáramos recibir gratuitamente el resultado del sacrificio de otros.

Era precisamente lo contrario a la acusación preferida de los detractores del comunismo; no nos movía la intención de aprovechar lo que hicieron otros: nos movía justamente la de no aprovecharnos, la de estar a la par de los que se esforzaban y arriesgaban.

Y la conclusión que veía al fin de todo esto era una especie de *escena cumbre* que se había instalado en el imaginario colectivo: el pueblo levantándose, imponiéndose sobre sus maltratadores y cambiando todo. Tras esa *fiesta* largamente soñada no suponía un *tomar riquezas*.

La idea de qué se haría a partir de ahí fue posterior al inicio de mi militancia. Nunca se me ocurrió nada parecido a *succionar* a la burguesía ni a apoderarse de su riqueza para contrarrestar la escasez. Lo que tuve en la mente no fue ni más ni menos que *dejar la burguesía atrás*, y empezar al día siguiente, con los medios de producción que hubiera y con los que crearíamos, a organizar una sociedad sin los desórdenes de la ya vista, y edificar nuestro propio futuro en base al trabajo de todos.

Cuando dejé atrás todo esto no fue por encontrarle alguna inmoralidad. La violencia que aceptaba como necesaria no tenía por objetivo apoderarse de riquezas para consumirlas, sino *derribar un obstáculo*, una estructura social que obstruía la posibilidad de que la humanidad utilizara de un nuevo modo los medios de producción y los avances tecnológicos.

Mi dejar atrás estas ideas se debió a una *consideración de resultados*. La realidad mostró que la abolición de la propiedad privada no constituía una *liberación de las fuerzas productivas*; no aumentaba la generación de riqueza; no transformaba al hombre en un ser dispuesto a trabajar *para todos* como antes trabajaba para sí mismo.

Aquello no era *inmoral*: era *fantasioso*.

Tampoco sucede que uno tome conciencia *de un día para otro* de que no estaba en lo cierto. Las ideas poco consistentes se debilitan y se disuelven muy gradualmente a través del tiempo; y muy a través del tiempo van asentándose las convicciones impuestas por la observación cotidiana.

Las ideas sobre qué es bueno o qué es malo para la sociedad se entrelazan con nuestros sentimientos. No son temas que pensemos con indiferencia: en el mundo del sentimiento son *el bien o el mal*.

Por eso existe la *pasión*; por eso nos lanzamos a matar y morir. De cuánto esté convencido de esas ideas dependerá cuánto se valore cada uno a sí mismo. Nos sentimos *buenos* porque les somos fieles. Nadie decide *pasarse al bando de los malos* mientras le dure la convicción de que *son los malos*.

No cambiamos de ideal político-social porque un día nos sentemos a pensar. Solo cambiamos si el tiempo va asentando en nosotros lo que nos muestra la realidad.

Eso que viví muy a través del tiempo no fue un *cambio de principios*. Mis principios siempre fueron los de preocuparme por *la sociedad* más que por mi situación. Mi finalidad, desde el principio hasta ahora, fue querer una sociedad *sana*, que por sostenerse sobre bases sanas pudiera mantenerse en el tiempo y posibilitara el desarrollo de lo mejor del hombre.

Nunca se me ocurrió decirme que en mi vida haya habido un viraje ni un *cambio de rumbo*. Siempre me sentí yendo en una misma dirección: la que va de *entender menos* a *entender más*.

Mi único cambio, tal vez grande, tal vez pequeño, fue pasar de la idea de que en una *sociedad sana* no debía haber burguesía ni propiedad privada a la idea de que la sociedad funciona mejor *con burguesía*.

Si la *burguesía* son los seres que ponen pensamiento, voluntad y dinero para que haya producción, y si al eliminarla su función no es bien cumplida por el proletariado, el estado o *la sociedad sin clases*, terminamos descubriendo que *es mejor no eliminarla*.

Por mucho que se discuta si es justo, o si *corresponde* que el que pone una fábrica se lleve una parte de lo producido, lo cierto es que si ese alguien no está seguro de recibir esa parte *no habrá fábrica*.

En vez de elucubrar, nos toca elegir entre impedírselo o permitírselo.

La gran disyuntiva no es elegir entre lo que nos parece justo y lo que no: la gran disyuntiva es saber si a los trabajadores que necesitan un sueldo, y a los consumidores que necesitan bienes, les conviene o no que existan las fábricas.

Si las fábricas existen porque los que inventan, planifican e invierten desean beneficios, la sociedad más provechosa será una sociedad en la que obtengan esos beneficios; y en la que los demás, incluyendo el Estado, sus estructuras y sus leyes, no los obstruyan.

Decidir *que haya burguesía*, pero que sea constreñida por leyes que le complican su desempeño y le reducen su posibilidad de ganar, no es una *ingeniosa solución intermedia*: es un modo más de determinar *que haya menos riqueza*.

Estimular a la burguesía no significa *indiferencia* ante el resto de los seres. Solo será una sociedad sana la que ofrezca las mejores posibilidades para todos sus integrantes, sabiendo que lo más sano es que las posibilidades se transformen en logros *mediante el trabajo*.

Una sociedad con libertad para enriquecerse puede generar medios para favorecer a los que nacieron en medio de escasas posibilidades. Lo importante es favorecerlos sobre la base más sana: la capacitación para trabajar.

Tiene sentido pagar impuestos para sostener la existencia de la sociedad, dando por sentado que esa condición básica debe incluir los medios para que todos aprendan a sustentar y mejorar su vida mediante la *producción*.

Lo importante es que ninguna ley, estructura ni sistema impositivo debilite la disposición a producir, tanto en los inversores como en los trabajadores.

Todos los seres vivos se mueven porque *presienten una satisfacción* como efecto de lo que harán. A más presentimiento de satisfacción, más actividad; a menos presentimiento de satisfacción, menos actividad. A menos actividad, menos riqueza producida y disponible; y todos tenemos claro que no es eso lo que queremos.

Una tesis *fantasiosa* sobre cuál sería la sociedad más próspera no es un *sueño inofensivo*, del que despertamos para ver que la realidad continúa tal como era. La tesis fantasiosa del comunismo no fue inofensiva; fue muy perjudicial para las sociedades en que tomó forma.

En los años 70 podríamos habernos dado cuenta, pero teníamos demasiadas ganas de convencernos de que el mundo iba a cambiar. Las décadas siguientes mostraron hasta qué punto el mundo se empeña en seguir siendo como es.

Quienes en uno y otro momento se rebelaron contra la realidad que encontraron y creyeron posible cambiarla fueron, como fuimos en mi época, seres que desearon mucho y observaron poco. Nunca fueron la personificación de la inmoralidad ni *la encarnación del mal*.

Tampoco fueron la encarnación del mal los que tomaron armas para evitar revoluciones. En medio de pasiones, mitificaciones, mezquindades y no poco odio, el núcleo de uno y el otro bando fueron quienes se movilizaron por *lo conveniente para la sociedad*; aunque creyendo conveniente todo lo contrario a lo que creía el bando opuesto.

Si existió esa preocupación en el que entonces fue mi bando, no puedo menos que saberla presente en quienes combatieron del otro lado.

El prolongado espectáculo de matanzas al que asistimos dese el principio de los tiempos no parece haber consistido en enfrentamientos entre *buenos y malos*.

Entremezclados, y tal vez poco visibles entre los que mataron por desesperación, por odio o por cobrar un sueldo, estuvieron los que se enfrentaron a la muerte porque se sintieron obligados a intervenir para salvar al mundo de *lo que no debía suceder*.

Ese núcleo de nobleza, esos *buenos* a quienes sus convicciones llevaron a un bando o al otro, son los capaces de ir más allá del odio o de la conveniencia; son los que cuando capturan a un enemigo sienten que están ante alguien muy parecido a ellos.

Ese núcleo de nobleza se hace presente, en uno u otro puesto, a la hora de hacer fuerza por el futuro. Aunque la propuesta a la que me sumé no era conveniente para el mundo, estoy muy satisfecho de que me haya llevado a encontrarme con personas ejemplares y a *asimilar nobleza*.

Gracias a eso que vi y sé que existe, no dudo de que puede haber representantes nobles en todas las propuestas.

Quienes dicen una y otra vez que *todos nos mienten*, y creen estar invariablemente ante engañadores y aprovechadores, sienten eso porque *jamás percibieron una gota de nobleza en ellos mismos*.

Mientras otros dicen "no hay nobleza", yo digo "todos son nobles hasta que no se demuestre lo contrario".

Que pueda haber seres nobles en cualquier grupo ¿significa que *no hay bandos*? ¿Significa que no hay unas opciones mejores que otras?

Significa que no hay una gran diferencia de *sentimientos*; pero existe, y de ninguna manera debe tomarnos descuidados, la diferencia de *pensamientos*.

Para saber qué es lo mejor para nuestras sociedades descubrimos, a fuerza de errores y catástrofes, que hace falta saber por qué y cómo funcionan las sociedades; hay que conocer al hombre, la materia prima de toda sociedad, y saber qué proponerle. Pretender buenos resultados *sin conocer al hombre* es condenarse a que no los haya.

Si la fórmula es *saber*, estamos ante un grave problema; porque lo que más escasea en este mundo es el deseo de saber.

Es un problema aún más serio que la existencia de *los malos*.

Mientras la mayoría no tenga una clara idea de qué hace falta para que la sociedad funcione bien, las elecciones serán un juego de azar que puede dar cualquier resultado, o, peor todavía, que dará horribles resultados; porque serán elegidos los que presenten las fantasías más agradables y más en sintonía con el *pensar poco*.

No solo puede haber resultados desastrosos como los ya vistos, sino que si ese juego de azar lleva al gobierno a alguien con un buen plan, la mayoría hará fuerza contra él porque *propone algo difícil*.

Que haya más gente *sabiendo* lo que hace falta depende de la *educación*; pero hay que saber que esta no es un producto espontáneo de que haya instituciones educativas. Todo eso se queda a mitad de camino si quienes deben enseñar van al aula solamente a cumplir una obligación por la que se les paga. Hacen falta *ganas de enseñar*; ganas de que quienes tenemos adelante crezcan y piensen.

Y hace falta educación a través de las mismas campañas electorales. En vez de repetir frases agradables *que caigan bien a todos* los candidatos serios deben explicar, con términos entendibles pero contundentes y entusiasmantes, por qué será bueno que gobiernen ellos y no otros.

Y hace falta encender el primer motor de la educación: las ganas de aprender. No habrá ganas de aprender en quienes oyen hablar a sus padres de cualquier tontería que vieron en televisión, de todo lo que *no se puede* o de que no hay nada interesante que lograr en la vida.

Está claro que puede ser mucho pedir; pero es visible que en los países donde hay más *ganas de aprender* la vida se acerca mucho más a lo que nos gustaría.

No es fácil ni es alcanzable en poco tiempo, pero no hay otra fórmula: hace falta *desarrollo humano*; porque son los humanos los que hacen sociedades mejores o peores.

Cuando las sociedades dan malos resultados, es muy común que crezca el desacuerdo hasta el punto en que estalle la violencia.

Y cuando estalla la violencia volvemos a lo ya dicho: los enfrentamientos no suelen ser entre *buenos y malos*, aunque los protagonistas sientan que sí. Se enfrentan los defensores de una solución y los defensores de otra, y seguramente hay *buenos* en ambos bandos.

Si no se trata de una diferencia moral, de nobleza o de ausencia de nobleza, ¿tuve alguna vez enemigos?

Enemigo es alguien que propone lo que no queremos.

En tal caso se puede estar dispuesto a destruirlo o morir en el intento. Sin embargo, quien es capaz de *ponerse en el lugar del otro* ataca al enemigo considerándolo *un obstáculo* a eliminar; pero sabiendo que no es más que un grupo humano luchando por soluciones, ante el que no hay razón para el odio ni para el desprecio.

Alguien dijo "después del primer muerto, nadie recuerda por qué empezó la guerra".

Es difícil que en medio de la sed de venganza veamos a los que matan a nuestros compañeros como *un grupo humano luchando por soluciones*. Aun así, quien piensa más en solucionar que en matar puede concebir que los que tiene enfrente son seres similares a él.

Y si aun así sigue siendo difícil, puede ser que si no muere en el intento llegue a esa comprensión con el correr del tiempo.

Hoy no concibo como demasiado distinto a mí a ninguno de los que alguna vez tomaron armas contra otros.

En cambio, tal vez conciba como distintos a los que *nunca hicieron nada*.

En este mundo de seres que buscan la felicidad propia o general no parece haber *malos*, sino buscadores que no aciertan cómo o por dónde buscar.

Si hoy me queda alguna sensación de que en alguna parte hay enemigos, tal vez sean quienes lo fueron desde siempre: los que toman lo primero que ven sin consideración por la gente, o los que en vez de tomar se dedican a destruir, o a desistir de todo porque es más fácil.

Los que buscan *sin humanidad* se lanzan sobre lo primero que ven y lo toman aunque sea de otro. Muchas veces se asocian con otros como ellos para ser más capaces de succionar lo ajeno. Su asociación puede ser una banda de delincuentes, o revestirse de *sentimiento social* y forzar a los demás a darles lo que quieren porque según ellos *es un acto de justicia*.

Entre la multiplicidad de movimientos sociales y políticos que presenciamos abundan los que, aunque proclamen defender el bien común, no se dedican a otra cosa que a succionar, sin preocuparse por qué pasará al día siguiente.

Lo que anda mal en una sociedad depende de hasta qué punto esté extendida esta actitud.

Y hay quienes ni siquiera buscan lo deseable, ni honesta ni deshonestamente. Ya sea porque todo les salió demasiado mal, o porque no conciben cómo arreglar su vida, vuelcan toda su energía al acto de destruir. Como destruir con las manos es más riesgoso, se dedican a destruir con emociones y palabras. Siempre le llevarán la contra a cualquiera que intente soluciones. No porque tengan en mente una solución mejor, sino porque desean que todos sufran y todo acabe mal.

Y están los que no buscan ni destruyen, sino que esquivan todas las dificultades tomando la vía de *no hacer nada*.

Unos y otros, que por diversas vías encarnan el peligro de *volverse menos humano*, son lo más parecido a lo que siempre sentí como *enemigos*.

Pero me limito a trazarme un panorama de qué es lo que no me gusta en este mundo donde no parece haber *malos* propiamente dichos. No voy más allá; no se me ocurre que haya que encarar el exterminio de eso que no nos gusta. Cuanto mucho debemos vivir atentos para que ninguna manifestación de la *deshumanización* se imponga sobre nosotros.

Hay infinidad de seres poco afines a nosotros y a nuestra idea de *lo bueno*. Parte del *ser bueno* consiste en no violentarse contra ellos, y en aprender a vivir sin molestarse demasiado.

Entre todo lo que escuché decir sobre la cultura, lo más definitorio fue que la cultura es *aquello que hace más humano al hombre*.

Ante todo lo que no me gusta, ante todo lo que signifique *ser menos humano*, la respuesta que una y otra vez tendrá más sentido será la *educación*.

La educación, en el sentido más amplio y profundo de la palabra, es lo más capaz de salvar vidas individuales y echar las bases de sociedades mejores.

Está claro que esto ya se repitió muchas veces; está más claro todavía que por mucho que esperemos de la educación no podemos pedirle que resuelva más de lo posible, ni que lo haga ahora mismo.

Hay quienes no están al alcance de la educación, porque nunca les interesará entrar a un aula ni tomar un libro.

Lo que sí es posible es incrementar la fuerza para empezar con quienes van llegando al mundo; porque lo que reciban en sus primeros años determinará hacia qué llevarán sus vidas.

En ese empeño por lo que se puede es fundamental la forma más poderosa de educación: lo que recibe cada uno de la familia en que nació.

Si algo aprendí en mi intento de entender el mundo y modificarlo en lo que se pueda, es que lo que se puede no es mucho.

Mi prestar atención a la vida política nace de haber visto que el modo en que funcione una sociedad se interrelaciona con eso que llamamos la *cultura* de sus integrantes, para dar por resultado, o no, un mundo que se acerque a lo que queremos.

Eso es lo que siempre me movió, de la manera que entendí en cada momento, y lo que sigue requiriéndome hoy.

En este mundo que siempre puede mejorar, y sabiendo que no conviene esperar demasiado, continuaré haciendo mi parte.